Gerhard Hirscher · Karl-Rudolf Korte (Hrsg.)

Information und Entscheidung

AF144965

Gerhard Hirscher · Karl-Rudolf Korte (Hrsg.)

Information
und Entscheidung

*Kommunikationsmanagement
der politischen Führung*

Westdeutscher Verlag

Bibliografische Information Der Deutschen Bibliothek
Die Deutsche Bibliothek verzeichnet diese Publikation in der Deutschen
Nationalbibliografie; detaillierte bibliografische Daten sind im Internet über
<http://dnb.ddb.de> abrufbar.

 **Hanns Seidel Stiftung** Der vorliegende Band geht auf ein Projekt
der Hanns-Seidel-Stiftung zurück (www.hss.de).

Redaktion: Timo Grunden, Universität Duisburg-Essen.

1. Auflage Dezember 2003

Alle Rechte vorbehalten
© Westdeutscher Verlag/GWV Fachverlage GmbH, Wiesbaden 2003

Lektorat: Frank Schindler

Der Westdeutsche Verlag ist ein Unternehmen von Springer Science+Business Media.
www.westdeutscher-verlag.de

Umschlaggestaltung: Horst Dieter Bürkle, Darmstadt
Umschlagbild: Mit freundlicher Unterstützung der Bundesbildstelle, Berlin

Gedruckt auf säurefreiem und chlorfrei gebleichtem Papier

ISBN 978-3-531-14025-4   ISBN 978-3-322-90492-8 (eBook)
DOI 10.1007/978-3-322-90492-8

Inhalt

Gerhard Hirscher / Karl-Rudolf Korte
Einführung   7

I. Politikberatung von innen

Karl-Rudolf Korte
Maklermacht
Der personelle Faktor im Entscheidungsprozess von Spitzenakteuren   15

Michael Felder / Dieter Grunow
Das administrative Kommunikationsmanagement
Von der Implementations- zur Entscheidungsvorbereitung   29

II. Kommunikationsprozesse in Regierung und Opposition

Michael Mertes
Bundeskanzleramt und Bundespresseamt
Das Informations- und Entscheidungsmanagement der Regierungszentrale   52

Erhard Kathmann / Peter Kuleßa
Politikmanagement in der SPD-Bundestagsfraktion
Koordination innerhalb und außerhalb der stärksten Regierungsfraktion   79

Michael Eilfort
Politische Führung in der CDU/CSU Bundestagsfraktion
Beratung und Information für den Fraktionsvorsitzenden   93

III. Kommunikationsstrategien in Staatskanzleien

Gerd Mielke
Politische Planung in der Staatskanzlei Rheinland-Pfalz
Ein Werkstattbericht   122

Dirk Metz
Kommunikationsstrategien in Hessen
Controlling als politisches Management in der Hessischen Landesregierung 138

IV. Politikberatung von außen

Susanne Cassel
Politikberatung und Politikerberatung
Zum Dilemma wissenschaftlicher Politikberatung in Deutschland   146

Dirk Messner
Wissenschaftliche Politikberatung
Einige Anmerkungen zu einem schwierigen Verhältnis   163

Claus Giering
Raus aus dem Elfenbeinturm
Zehn Erfolgsfaktoren angewandter Europaforschung   184

V. Politische Kommunikation in der Mediendemokratie

Klaus Kamps
Politisches Kommunikationsmanagement in der Mediengesellschaft
Zur Professionalisierung der Politikvermittlung   197

Thomas Leif
Distanz aus der Nähe
Medien und Politikberatung – Besichtigung eines schwierigen Terrains   211

Stefan Raue
Die Grenzen der spin-doctors
Was können Politik und Politikberatung
überhaupt von uns Journalisten lernen?   224

VI. Kommunikationsmanagement im internationalen Vergleich

Axel Murswieck
Politikberatung in der französischen Regierung   232

Roland Sturm
**Entscheidungs- und Informationsmanagement in der
britischen Regierung**
Präsentation, Patronage und Politikkontrolle   246

Christoph Strünck
All the president's men?
Macht und Mythos amerikanischer Regierungsberater   260

Literaturverzeichnis   282
Autorenverzeichnis   298

Einführung

Gerhard Hirscher / Karl-Rudolf Korte

Regieren bedeutet die Herbeiführung und Durchsetzung von verbindlichen Entscheidungen. Demokratisches Regieren erfolgt dabei stets im Spannungsverhältnis von „Authentizität" und „Effektivität".[1] Letzteres bezieht sich auf die Kompetenz und Fähigkeit der regierenden Akteure, eine zur Lösung von gesellschaftlichen Problemen notwendige Gesetzgebung zu formulieren und durchzusetzen. Authentizität meint die demokratische Legitimität von Regierungshandeln: Der Wille des wählenden Souveräns muss sich in den verabschiedeten Gesetzen widerspiegeln. In der ökonomischen Krise geraten die Kriterien Effektivität und Legitimation zunehmend in Widerspruch. Angesichts der für jeden sichtbaren Verwerfungen auf dem Arbeitsmarkt und der Krise der öffentlichen Finanzen wird der Politik Mutlosigkeit vorgeworfen. Auf die Reformrhetorik folge keine Reformpolitik. Aus Angst vor dem Wähler würden die vermeintlich offenkundigen, aber schmerzhaften Problemlösungen immer weiter verschleppt.

Dabei wird in der Regel übersehen, dass Sachfragen stets mit Machtfragen eng verbunden sind. Legitimation gehört zu den elementaren Machtressourcen von politischen Spitzenakteuren. Formal erhalten die regierenden Akteure ihre Legitimation durch die von der Verfassung vorgeschriebene Prozedur der freien Wahl und Regierungsbildung. Tatsächlich müssen nicht alle vier oder fünf Jahre, sondern täglich Mehrheiten geschmiedet und die Wiederwahl gesichert werden. Politische Rationalität bedeutet folglich, Problemlösungsstrategien mit Machterhaltungsstrategien in Einklang zu bringen.[2] Entscheidungen können nicht einfach verkündet werden, sie bedürfen einer Mehrheit, einer Legitimation in Partei, Koalition und Öffentlichkeit. Dies gilt erst recht im Föderalismus deutscher Prägung, der bis zur Unkenntlichkeit verflochten ist. Was auf einer politischen Ebene entschieden wird,

---

[1] Scharpf, Fritz W. (1993): Versuch über Demokratie im verhandelnden Staat, in: Czada, Roland/Schmidt, Manfred G. (Hg.): Verhandlungsdemokratie, Interessenvermittlung, Regierbarkeit, Opladen, S.25-50/S.27

[2] Grundsätzlich zu dem Gesamtumfeld vgl. Korte, Karl-Rudolf/Fröhlich, Manuel (2003): Politik und Regieren in Deutschland. Prozesse, Strukturen, Entscheidungen, Paderborn u.a.

hat meist Auswirkungen auf andere, die an dieser Entscheidung gar nicht beteiligt waren. Es gilt also, die Sachrationalität der geplanten Maßnahme mit der politischen Vermittlungs- und Durchsetzungsrationalität abzuwägen. Politische Führung ist deshalb häufig mehr pragmatische Moderation als hierarchische Steuerung. Der Erfolg einer Problemlösungsstrategie ist daher in einem kaum zu überschätzenden Maße von einer erfolgreichen Kommunikationsstrategie abhängig: Politikmanagement ist in erster Linie Kommunikationsmanagement.

Kommunikationsmanagement, die Selektion, Interpretation und gesteuerte Weitergabe von Informationen wird in diesem Band als Politikberatung von innen analysiert. Die formelle wie informelle Organisation der Informationsverarbeitung der politischen Führung soll den Zusammenhang von Information und Entscheidung aus unterschiedlichen Perspektiven nachzeichnen. Die Autoren orientieren sich dabei an den folgenden Schlüsselfragen:

1. Auf welcher Informationsgrundlage entscheiden die politischen Spitzenakteure (wie z.b. Kanzler, Minister oder Fraktionsvorsitzende)?
2. Wie gestalten die handelnden Spitzenakteure das entscheidende Kommunikationsmanagement?
3. Welche Anteile haben dabei personale, administrative und systemische Faktoren?

In Kapitel 1 stehen das personale und administrative Kommunikationsmanagement im Mittelpunkt. *Karl-Rudolf Korte* zeigt, dass der formalen administrativen Informationsverarbeitung im Hause eines Spitzenakteurs eine informelle Ebene bei- bzw. übergeordnet ist. Hier kommt Personen mit Maklermacht eine besondere Bedeutung zu. Ihre exzeptionelle Stellung und ihr privilegierter Zugang zum Spitzenakteur ist in der Regel nicht aus dem Organigramm der Regierungszentrale oder des Ministeriums zu entnehmen. Machtmakler leiten ihre zentrale Position aus dem engen Vertrauensverhältnis zu ihrem Herrn oder Herrin ab. Sie dienen ihm als Berater und als Koordinator der formalen und informellen Netzwerke. Der Einfluss der Machtmakler, der vor allem als Vermittlungsmacht zur Geltung kommt, ist abhängig vom jeweiligen Führungsstil des Spitzenakteurs. Bei einem personenzentrierten Führungsstil ist der Einfluss größer als bei einem Spitzenakteur, der sich primär auf die Zuarbeit aus „seinem Hause" bezieht. Hier spielen die formalisierten Informationswege eine größere Rolle.

Die veränderten Anforderungen und damit auch den Wandel des formalen, administrativen Kommunikationsmanagements beschreiben *Michael*

Felder und *Dieter Grunow*. Die gängige Vorstellung von einer zweigliedrigen Aufgabenteilung, die der politischen Führung die Entscheidungen und der Verwaltung die Implementation zuordnet, lehnen die Autoren als zu simplifizierend ab. Die administrativen Informationsressourcen sind nicht nur Implementationswissen, sondern auch ein wesentlicher Teil des beratungsrelevanten Wissens. Als Schnittstelle zwischen politischer Führung und Bürgern ist das administrative Kommunikationsmanagement mit verschiedenen Rationalitäten konfrontiert: Die sachfragenorientierte Effektivität muss im Entscheidungsprozess genauso sicher gestellt werden wie demokratische Legitimität, hier im Sinne von Transparenz und Bürgernähe. Hinzu kommt eine politische Rationalität, welche die machtpolitischen Interessen der Spitzenakteure berücksichtigen muss. Verwaltung, so Felder und Grunow, „entscheidet nicht nur programmatisch, sondern auch opportunistisch".

Kommunikationsmanagement bedeutet nicht nur die Verarbeitung, sondern auch die gesteuerte Weitergabe von Informationen. Am Beispiel der Kommunikationsprozesse in Regierung und Opposition wird dieser Dualismus zum Thema des zweiten Kapitels.

Michael Mertes beschreibt das vielschichtige Zusammenspiel der politischen Spitzenakteure und der Regierungszentralen einerseits und der Journalisten andererseits. Die symbiotische Verbindung beider Seiten ergibt sich aus einer Mischung ähnlicher und widersprüchlicher Interessen, aus dem Nutzen der Medien für die politischen Akteure und dem Profit, den Journalisten aus exklusiven Informationen ziehen. Zudem werden Facetten der Themen Information und Botschaft, öffentlicher und nichtöffentlicher Information und dem nicht damit übereinstimmenden Begriffspaar „stage – backstage" erörtert. Des weiteren befasst sich Mertes mit dem Input- und Outputmanagement des Kanzler- und Presseamts innerhalb der Grenzen der grundgesetzlichen Aufgaben-, Rollen- und Machtverteilung. Er vertritt die These, dass es beim Outputmanagement auf den „informationellen Erstschlag" und beim Inputmanagement vor allem auf die Sicherung der „informationellen Zweitschlagskapazität" ankommt.

Die Arbeitsstrukturen und -abläufe der Fraktionsgremien der SPD-Bundestagsfraktion, sowohl politisch-fachlich als auch verwaltungstechnisch, werden von *Erhard Kathmann* und *Peter Kuleßa* in ihrer Abhandlung über die Organisations- und Koordinationsaufgaben der Regierungsfraktion beschrieben. Politische Grundsatzfragen werden vor allem innerhalb des Geschäftsführenden Vorstandes, des erweiterten Fraktionsvorstandes und der Versammlung der SPD-Fraktionsmitglieder diskutiert. Durch die Teilnahme der Parlamentarischen Staatssekretäre an den Sitzungen des erweiterten

Fraktionsvorstandes ist es möglich, auf kurzem Weg Informationen aus der Bundesregierung zu aktuellen Gesetzgebungsvorhaben und Fragestellungen zu erhalten.

Den Kommunikationsprozessen auf den harten Bänken der Opposition widmet sich *Michael Eilfort*. Am Beispiel der CDU/CSU-Fraktion im Deutschen Bundestag veranschaulicht er die Entscheidungsgrundlagen, Handlungsabläufe und -zwänge, die operativen Ziele und das Informationsmanagement eines Fraktionsvorsitzenden der Opposition. Gerade in der Opposition ist es schwer, Geschlossenheit herzustellen. Ein Fraktionsvorsitzender benötigt daher einen kleinen, zuverlässigen Kreis von loyalen Beratern ohne politische Eigeninteressen. Diese entscheiden, wo kommuniziert werden muss und wo nicht. Eilfort identifiziert sieben Funktionen, welche die „Chefkoordinatoren" auszufüllen haben.

Die Besonderheiten der Kommunikationsstrategien in deutschen Staatskanzleien stehen im Mittelpunkt des dritten Kapitels. Politische Planung auf Landesebene unterscheidet sich in vielerlei Hinsicht von der Bundesebene. *Gerd Mielke* und *Dirk Metz* berichten in ihren Beiträgen von ihren Erfahrungen aus der Landespolitik. Zu den Besonderheiten der Landespolitik, so Mielke, gehört eine wachsende „gefühlte" Bedeutungslosigkeit, die auch am schwachen Medieninteresse im Vergleich zur Bundespolitik deutlich wird. Die gleichzeitig zu beobachtende überragende Position des Ministerpräsidenten führt zu Kommunikationsstrategien des „permanent campaigning", der „simple stories" und des „Chefsachen-Prinzips", die am Beispiel der Kampagne „Bürgerschaftliches Engagement" in Rheinland-Pfalz verdeutlicht werden.

Dirk Metz beschreibt die Bemühungen der hessischen Landesregierung, ihre Kommunikationsstrategien von der Tagespolitik unabhängiger zu gestalten. Sie setzt auf feste Vorgaben und zeitliche Rahmen. Der Bürger soll die Regierungstätigkeit durch regelmäßige Veröffentlichungen von Daten und Fakten zu Wahlversprechen direkt kontrollieren können. Aber auch die Regierung Koch ist nicht vom „Management by Zufall" gefeit, wie das Beispiel der Medienberichterstattung über die Wisconsin-Reise des Ministerpräsidenten zeigt.

Wie verarbeitet die Politikberatung von innen die Eingaben der Wissenschaft? Das Verhältnis von wissenschaftlicher Information und politischer Entscheidung wird im vierten Kapitel näher analysiert. *Susanne Cassel* geht davon aus, dass politische Entscheidungsträger vorwiegend daran interessiert sind, Einkommen, Prestige und Einfluss zu gewinnen und weniger danach streben, die soziale Wohlfahrt der Bevölkerung zu mehren. Auf Grundlage der Public Choice-Theorie expliziert die Autorin drei zentrale Thesen:

1. Politiker sind nicht besonders offen gegenüber Ratschlägen aus den Think Tanks und können es auch nicht sein.
2. Wissenschaftliche Beratung kann nur erfolgreich sein, wenn sie zwischen der öffentlichkeitsbezogenen Politikberatung und der Politikerberatung unterscheidet.
3. In der Bundesrepublik Deutschland ist wissenschaftliche Beratung der Politik so erfolglos, weil Politikberatung und Politikerberatung institutionell nicht klar getrennt sind.

Der Widerspruch zwischen politischem Machterhalt und ökonomischer Effizienz bedingt die Unterscheidung zwischen Politikberatung (Adressat ist die Öffentlichkeit) und Politikerberatung (Adressat ist der Politiker). Darüber hinaus sollte die institutionelle Ausgestaltung der wissenschaftlichen Beratung der Wirtschaftspolitik die politische und finanzielle Unabhängigkeit der Berater sowie eine marktwirtschaftliche Organisation der Politikberatung und eine Qualitätssicherung gewährleistet sein.

Dirk Messner sieht durchaus Möglichkeiten für eine wirkungsmächtige wissenschaftliche Politikberatung. Aber sie kann sich nicht allein auf hochwertige Expertisen verlassen. Sie muss die „Eigenheiten, Logiken und Dynamiken des politischen Systems" berücksichtigen. Wissenschaftliche Politikberatung, so Messner, ist kein Handwerk, „das dazu in der Lage wäre, durch Reparaturen an diesen und jenen Stellschrauben der Gesellschaft oder kluge Reparaturvorschläge die Dinge unmittelbar zum Besseren zu bewegen". Die wissenschaftliche Politikberatung muss die Erkenntnisse der Organisationsforschung ernst nehmen, will sie ihre Einflussmöglichkeiten realistisch einschätzen können.

Auch *Claus Giering* formuliert Bedingungsfaktoren für eine erfolgreiche wissenschaftliche Politikberatung. Seine zehn Erfolgskriterien entstammen seinen Erfahrungen aus der europapolitischen Beratungstätigkeit des Centrums für Angewandte Politikforschung (CAP). Giering argumentiert, dass gerade der Bereich der langfristigen Analyse, der Erarbeitung von Zukunftsthemen in der schnelllebigen Welt der Politik eine bedeutende Rolle zukommt. Am Beispiel der europäischen Verfassungsdebatte zeigt er, dass Politikberatung im Idealfall bereits Antworten auf noch nicht gestellte Fragen bieten sollte, um so rechtzeitig auf die Politikgestaltung Einfluss nehmen zu können.

Die Mediendemokratie ermöglicht es politischen Spitzenakteuren, das persönliche Image zu pflegen, Meinungen zu bilden und sich damit die Machtressource Legitimation zu erarbeiten. Diesen Möglichkeiten einer gezielten Steuerung der öffentlichen Kommunikation widmet sich das fünfte Kapitel. *Klaus Kamps* skizziert die Entwicklung der politischen Kommunikation und unterscheidet dabei drei Phasen. Im heutigen „dritten Zeitalter" der politischen Kommunikation ist ein fundamentaler Wandel in Richtung Professionalisierung und Rationalisierung politisch-strategischer Kommunikation zu verzeichnen. Professionalisierung bedeutet Planung, Einsatz und Kontrolle von Kommunikationsinstrumenten und weniger inhaltliche Positionierungen.

Thomas Leif geht der Frage nach, welchen Stellenwert die Medien bei der öffentlichen Kommunikationssteuerung haben und wie ausgeprägt die Inanspruchnahme professioneller PR-Beratung durch Politiker entwickelt ist. Er stellt dabei fest, dass Medien aufgrund ihrer Unberechenbarkeit nicht an oberster Stelle der Öffentlichkeitssteuerung stehen. Vielmehr werden Medien als indirekte Beratungsform durch die Auswertung der Berichterstattung genutzt. Die PR-Beratung, so Leif, sei in Deutschland noch gänzlich unterentwickelt, weil die Zuhilfenahme von Profis als Schwäche auslegt wird.

Aus der Innenansicht eines Journalisten beschreibt *Stefan Raue* die Spielräume der gezielten Steuerung der öffentlichen Kommunikation durch Spitzenakteure und ihre spin-doctors. Er kommt zu einem dezidierten Fazit: „Die Beeinflussung der medialen Agenda, die Vorfeldarbeit, die Informationen und die Desinformation, die strategische Kampagnenplanung – in ihrer tatsächlichen Schlagkraft im Wahlkampf sind sie schlichte Legende." Aber dieser Umstand resultiert nicht aus einem ausgeprägten Sinn für journalistische Unabhängigkeit, Qualität oder Gewissenhaftigkeit. Das Journalistenleben, so Raue, ist geprägt durch Eitelkeit, Gier, Größenwahn, Nervosität und Einsamkeit. Dieses eigentümliche Charakterprofil zeichnet Journalisten aus und macht eine gezielte Steuerung unmöglich.

Das sechste und letzte Kapitel wirft einen Blick auf das Kommunikationsmanagement in den Regierungszentralen in Frankreich, Großbritannien und den Vereinigten Staaten. *Axel Murswieck* betont die Bedeutung der cabinets ministériels für die Informationsverarbeitung der politischen Führung Frankreichs. Die einmalige Mischung aus politischer Kompetenz und sachlicher Expertise der cabinets sichert die Machtstellung der Minister und des Premierministers. Wenn die Spitzenakteure die cabinets personalpolitisch und organisatorisch zu nutzen wissen, werden sie zu einer effektiven persönlichen Beratungs- und Machtressource.

Roland Sturm beschäftigt sich mit dem Kommunikationsmanagement der britischen Regierung. Institutionelle Basis der Politikberatung von innen sind im britischen Falle das Prime Minister's Office und das Cabinet Office. Das Informationsmanagement des britischen Premierministers stützt sich aber weniger als das deutscher Bundeskanzler auf die Loyalität seiner Beamten oder Parteifreunde. Es existieren eine Vielzahl von Beratungsgremien, die in direkter Konkurrenz zur Ministerialbürokratie stehen und sich um die Gunst und Aufmerksamkeit des Premiers bemühen. Dieses Nebeneinander von Entscheidungszentren führt aber auch zu Dysfunktionalitäten. Das Büro des Premierministers, so Sturm, „ist kein monolithischer Block: persönliche Loyalitäten, vermeintliche Sachzwänge und die Notwendigkeit der überzeugenden Kommunikation von Politikergebnissen kreieren ein volatiles Gleichgewicht, das auch das geschickteste Informationsmanagement nicht auf die Dauer stabilisieren kann."

Auch in der U.S.-amerikanischen Regierung ist das im deutschen System starke Prinzip des neutralen Berufsbeamten schwach ausgeprägt. Aus diesem Grund haben persönliche Berater des amerikanischen Präsidenten eine herausragende Stellung in der internen Politikberatung des Weißen Hauses. *Christoph Strünck* widmet sich ihren Einflussmöglichkeiten auf die amerikanische Politik. Generell genießen diese Berater ebenso wie andere wissenschaftliche Think Thanks mehr Vertrauen in der Öffentlichkeit und bei den politischen Eliten als ihre Pendants in Europa. Aber der Dualismus von persönlichen Beratern und Ministerialbürokratie bringt auch hier Konflikte mit sich, die den Präsidenten in der Exekutive schwächen können. Der überproportionale Einfluss der Berater des Präsidenten wirft zudem Fragen nach ihrer Legitimation und Kontrolle auf, die der Autor ausführlich diskutiert.

Grundsätzlich werden in diesem Buch die Zusammenhänge zwischen den personalen, administrativen und systemischen Faktoren aufgezeigt. Das Kommunikationsmanagement ist nur mit Kenntnis dieser Faktoren analysierbar und gleichermaßen auch aktiv gestaltbar. Wir sind uns darüber bewusst, dass mit „Information und Entscheidung" nur ein erster systematischer Versuch gestartet wurde, das komplexe Kommunikationsmanagement des politischen Spitzenpersonals aufzuzeigen. In der Regierungsforschung hat das bislang keine besondere Beachtung gefunden. Kenntnisse über die Politikberatung von innen sind jedoch auch für die wissenschaftliche Politikberatung notwendig. Ohne Kenntnisse der politischen Ablauf-, Einfluss- und Selektionsprozesse kann eine Optimierung des Informationsmanagements nicht erfolgen. Dazu kommt noch, dass die Spitzenpolitiker gerade auf ihre Unabhängigkeit bei der Informationsgewinnung wert legen: Der Mythos der

Unangreifbarkeit resultiert aus fehlender Transparenz. Damit kann und will sich die Regierungsforschung nicht zufrieden geben. Deshalb sehen wir in diesem Buch einen ersten Baustein, dem weitere Forschungen folgen müssen. Die Entstehung dieses Buches hängt inhaltlich mit Kooperationstagungen zusammen, die einmal jährlich zwischen der Hanns-Seidel-Stiftung (Akademie für Politik und Zeitgeschehen), der Forschungsgruppe Deutschland (C.A.P. Universität München) und der Forschungsgruppe Regieren (Universität Duisburg-Essen) in Wildbad Kreuth veranstaltet werden. Unser Dank gilt der Hanns-Seidel-Stiftung, welche die Tagung und das Buchprojekt finanziell unterstützte. Gleichzeitig möchten wir uns bei Dipl. Soz.-Wiss. Timo Grunden (Forschungsgruppe Regieren, Universität Duisburg-Essen) bedanken, der für die Gesamtredaktion verantwortlich ist. Ihm ist es zu verdanken, dass die Vielzahl der Beiträge ein in sich abgerundetes Bild ergibt. Schließlich gilt unser Dank auch Frank Schindler, der als Lektor des Westdeutschen Verlages das Projekt inhaltlich und technisch innovativ betreute.

Maklermacht
Der personelle Faktor im Entscheidungsprozess von
Spitzenakteuren

Karl-Rudolf Korte

1. Drei Dimensionen des Politikmanagements

Das Politikmanagement der Regierungen ist komplex. Regierungshandeln erschöpft sich nicht nur in der Gesetzesinitiative oder in der Ausführung der Gesetze. Regieren ist auch keineswegs nur opportunistische Anpassung an veränderte Stimmungen des Wahlvolkes. Ebenso wenig kennzeichnet ein alltägliches „Sich-Durchwursteln" der Spitzenakteure hinreichend das Regieren. Vielmehr können Routinehandlungen gleichermaßen beobachtet werden wie grundlegende Strategieentwürfe. Die jeweiligen Entscheidungen, Initiativen oder Unterlassungen, kurzum das Regierungshandeln als Ganzes, sind aber abhängig von den Informationsgrundlagen der Regierenden. Die politische Lageanalyse ist das Fundament jedweder Regierungssteuerung.

Doch wie konstituiert sich eine Lageanalyse und Problemdeutung? Nach welche Kriterien erstellt ein politischer Spitzenakteur eine Risikoeinschätzung? Damit rückt die Thematik des Informations- und Kommunikationsmanagements ins Zentrum des Regierens. Systematisch sollen drei Fragen das Themenfeld zwischen Information und Entscheidung strukturieren:

- Auf welcher Informationsgrundlage entscheiden die politischen Spitzenakteure (wie z.B. Kanzler oder Minister oder Fraktionsvorsitzende)?
- Wie gestalten die handelnden Spitzenakteure das entscheidende Informationsmanagement?
- Welchen Anteile haben dabei personale, administrative (Stichwort politische Verwaltungsführung), systemische Faktoren?

Die *systemischen Faktoren* des deutschen Regierungssystems verweisen vor allem auf das Strukturmerkmal der verhandelnden Wettbewerbsdemokratie: Eine Vielzahl von sogenannten Nebenregierungen müssen bei Entscheidungsprozessen berücksichtigt werden. Hinzu kommen die unterschiedlichen Logiken von Kanzler, Parteien-, Koalitions- oder Mediendemokratie, denen Spitzenakteure je nach Publikum oder Problemlage entsprechen müssen.[1]

Die *administrativen Faktoren* beziehen sich auf die verschiedenen Arten von bürokratischer Rationalität.[2] Gemeint ist der Einfluss auf die Regierungssteuerung, der sich auf die Zuarbeit der Ministerialbürokratie, der politischen Verwaltung bezieht.[3] Mit politischer Verwaltungsführung ist aber auch gleichzeitig der gesamte Prozess einer politischen Verwaltung mit kodifizierten Regeln und Richtlinien, hierarchischen Kompetenzstrukturen, geregelter Arbeitsteilung und exakt definierten Verfahrensweisen für die Erfüllung der öffentlichen Aufgaben gemeint.[4] Den Alltag bestimmen dabei Routineabläufe, in welche die Spitzenakteure nur selten persönlich eingebunden sind. Ob und in welchem Ausmaß sich der politische Spitzenakteur überhaupt auf Vorschläge „seines Apparates" einlässt oder diese nur als eine Entscheidungsgrundlage neben anderen bewertet, wird weiter unten ausführlich problematisiert. Die Möglichkeiten der Einflussnahme nehmen zu, wenn man den Grad der Politisierung der Führungsebene innerhalb der Bürokratie mit einbezieht. Man kann feststellen: Je stärker die Besetzung dieser Führungsebene – also z.B. die Abteilungsleiter in einem Ministerium – politischem Zugriff unterliegen, desto geringer ist das Potenzial für bürokratische Verselbstständigung und Beeinflussung politischer Entscheidungen durch bürokratisches Management.[5]

Für unseren Kontext bleibt wichtig, dass Regierungsbürokratien einen nicht zu unterschätzenden Einfluss auf die Entscheidungsfindung ausüben können. Der Einfluss ist sicherlich am größten im Bereich der Routineabläufe und am geringsten in der tagespolitischen Programmgestaltung. Regierungssteuerung ist somit in Abhängigkeit von den formalisierten, admini-

---

[1] Vgl. Korte, Karl-Rudolf (2001): Regieren, in Korte, Karl-Rudolf/Weidenfeld, Werner (Hg.): Deutschland Trend Buch – Fakten und Orientierungen, Bonn, S.515-546; Korte, Karl-Rudolf (2003): Populismus als Regierungsstil, in: Werz, Nikolaus (Hg.): Populismus – Populisten in Übersee und Europa, Opladen, S.209-222; Grundsätzlich dazu: Korte, Karl-Rudolf/Fröhlich, Manuel (2003): Politik und Regieren in Deutschland, Paderborn u.a.

[2] Vgl. Grunow, Dieter/Felder, Michael in diesem Band

[3] Vgl. Gebauer, Klaus-Eckart (1994): Zur Optimierung von Koordination und Planung in einer Regierungszentrale, in: Verwaltungs-Archiv, H.4, S. 485-521

[4] Vgl. Grunow, Dieter (1994): Bürokratietheoretische Ansätze, in: Nohlen, Dieter (Hg.): Lexikon der Politik, Bd. 2 Politikwissenschaftliche Methoden, München, S. 59-63

[5] Vgl. Derlien, Hans-Ulrich (1996): The Politicization of Bureaucracies in Historical and Comparative Perspektive, in: Peters, B. Guy/Rockman, Bert A. (Hg.): Agenda for Excellence 2. Administering the State, Chjatham, S. 149-162

strativen Prozessen des Informationsmanagements zu bewerten, die als Politikberatung von innen bezeichnet werden sollen.

Wie sich jedoch der Spitzenakteur *(personaler Faktor)* auf diese formalisierten Wege der Informationsverarbeitung – von innen – eines „Hauses" (dem Ministerium, dem Kanzleramt) einlässt, ist von seinem persönlichen Führungsstil abhängig. Das Beziehungsfeld zwischen Information und Entscheidung ist somit auch auf den Faktor des handelnden Akteurs zuzuspitzen.

Die Entscheidungsvorbereitung lebt vom Einfluss der personalen Faktoren. Für das Informationsmanagement der Spitzenakteure sind Personen mit Maklermacht (beratender Vermittlungsmacht), die nachfolgend ausdifferenziert wird, unverzichtbar. Für die Optimierung des Informationsmanagements ist nicht die Selektion der Informationsflut oder die Organisation des „Hauses" entscheidend, sondern vorrangig die Arbeitsteilung zwischen Spitzenakteur und Makler. Für die policies einer Regierung haben die Personen mit Maklermacht großen Einfluss. Dieser liegt weit über der aus dem Organigramm (dem Organisationsschema) ersichtlichen Stellung des Maklers. Diese Thesen gilt es nachfolgend zu untermauern.

2.   Politikberatung von innen

Durch welche Formen lässt sich das Informationsmanagement charakterisieren? Welcher Art ist die sogenannte Politikberatung von innen, die zur Entscheidungsvorbereitung gehören kann? Bedeutsam sind die folgenden sieben Beratungsformen:

- Die formale Zuarbeit der Planungsabteilung und die Vorbereitung in der Exekutive bzw. Verwaltung (Organisationskreislauf)
- Informelle Netzwerke zur Zielfindung (die Hierarchien in Parteien werden nicht nach formellen politischen Kategorien gebildet, sondern kommen durch Sympathie, durch informelle Formen der Kommunikation zustande)
- Runde Tische oder Bündnisse auf Zeit (formell-institutionell, mit den Tarifpartnern oder Interessengruppen)
- Persönliche Berater und Vertraute innerhalb und außerhalb der Exekutive
- Das parteipolitische Umfeld (Gremien, Flügel, Machtzirkel)

- Die Medien als Seismograph, als Coacher und Agendasetter (mit vertrauten Journalisten werden Argumentationsketten auf ihre Wirksamkeit getestet)
- Wissenschaftliche Expertisen (können formell angefordert werden als Politikberatung von außen)

Das Informationsmanagement ist wichtig für den Spitzenakteur, weil Information zu einer zentralen Machtressource gehört. Die Information kann sich sowohl auf die policies beziehen – im Sinne einer problemlösenden Argumentationskette – als auch auf herrschaftssichernde Indikatoren: Welchen machtpolitische Stellenwert hat die Information, wer ist dafür, wer dagegen? Die Maxime lautet: Nicht wie man Entscheidungen trifft, sondern wie man sie machterhaltend vorbereitet, ist wichtig. Sachfragen sind mit Machtfragen immer verbunden. Zielpunkt sollte sein, die Vielfalt an Informationen bis zum Spitzenakteur durchlässig zu halten. Nur wer sich langfristig die Unabhängigkeit sichert, alternative Beratungsquellen zur Entscheidungsvorbereitung nutzen zu können, kann die Ressource Information zur Machtstabilisierung einsetzen. Politische Macht bedeutet immer auch Entscheidungsalternativen zu haben. Alternative Beratungsquellen neben den aufbereiteten schriftlichen und mündlichen Vorgängen der eigenen Verwaltung können persönliche Berater ebenso sein wie Telefonate mit wichtigen Parteimitgliedern. Auch gilt es wieder die Sachrationalität der geplanten Maßnahme mit der politischen Vermittlungs- und Durchsetzungsrationalität steuernd abzuwägen.

Abstrakt kann man sich dieses permanent ablaufende Informationsmanagement als Teil der Politikberatung von innen in einem dreistufigen Strategieprozess vorstellen:

- Informations- und Ideengewinnung (Problemdefinition, Risikoeinschätzung, Lageanalyse)
- Informations- und Ideenauswertung bzw. Verarbeitung (wie kommuniziere ich wann das Problem?)
- Informationsinterpretation (Zuweisung der Information durch die Suche nach Sach- und Machtkoalitionen)

Konkret hat das formelle und informelle Informationsmanagement aus Sicht des Spitzenakteurs darüber hinaus folgende konkrete Gründe:

- Es gilt einen „geistigen Fitnesskurs" zu absolvieren: Sachkenntnisse, Argumentationsmuster und Gegenpositionen müssen genauso angeeignet werden wie der Stand der Willensbildung und organisatorische Details. Gleichzeitig wird ein möglicher Mitsteuerungsbedarf geprüft. Stets werden Informationen gewichtet und selektiert.

- Die Gewichtung und Selektion der Informationen erfolgt in erster Linie nach politischer Rationalität: Täglich müssen Mehrheiten geschmiedet und die Wiederwahl gesichert werden. Das heißt, Sachverhalte und Probleme werden auf ihre Brisanz, ihre Koppelung zu anderen Themen und vor allem nach persönlichem Schaden oder Nutzen bewertet.

- Herrschaftswissen wird fragmentiert: Unterschiedliche Netzwerke nutzen a) formalisierte Dienstwege und b) ad-hoc-Gruppen. So erfolgt eine Inklusion bzw. Exklusion von wissenden Personen. Zudem muss das Prestigebedürfnis der „Höflinge" befriedigt werden: Alle sollen das Gefühl haben, an der Entscheidungsvorbereitung beteiligt zu sein. So kann sich die Rivalität im Haus (dem Ministerium, dem Kanzleramt) oder zwischen den Ressorts austoben („Spielwiese")[6].

Entscheidend bleibt zu klären, wo die Informationen wann zusammenlaufen. Idealtypisch laufen die Informationen beim Spitzenakteur zusammen (Informationspyramide). Faktisch erfolgt dies in der Regel und zum überwiegenden Teil vermittelt über Personen mit Maklermacht im unmittelbaren Umfeld des Spitzenakteurs. Das können sein: Pressesprecher, Regierungssprecher, Büroleiter, Abteilungsleiter, Amtschefs, Planungschefs. Um ein Beispiel zu geben, was konkret Maklermacht kennzeichnet, soll eine Äußerung von Wolfgang Schäuble aus dem Jahre 1996 herangezogen werden. Schäuble war als enger Vertrauter von Bundeskanzler Helmut Kohl von 1984 bis 1989 Chef des Bundeskanzleramtes, danach bis 1991 Bundesinnenminister, bevor er Vorsitzender der CDU/CSU Bundestagsfraktion wurde. Das Zusammenspiel zwischen Kohl und Schäuble galt über viele Jahre als vorbildlich, weil es geräuschlos und effizient ablief. Schäuble besaß gegenüber Bundeskanzler Kohl Maklermacht:

„Wir (gemeint sind Schäuble und Kohl; d. Verf.) haben ja eigentlich immer ein sehr enges Vertrauensverhältnis gehabt, d. h. er hat mich weitgehend machen lassen. Aber natürlich im Rahmen der Grundrichtung. Und die Grundrichtung

---

[6] Vgl. Mertes, Michael (2000): Führen, Koordinieren, Strippen ziehen. Das Kanzleramt als des Kanzlers Amt, in: Korte, Karl-Rudolf/Hirscher, Gerhard (Hg.): Darstellungspolitik oder Entscheidungspolitik? Über den Wandel von Politikstilen in westlichen Demokratien, München, S. 62-84

war deswegen auch nicht problematisch, da ich aus heutiger Sicht – aber mit
dem Vorbehalt der Erinnerung – sagen würde, ich habe von Anfang an im
Grunde das Prinzip haben können: ich mache das schon richtig, so wie er es
wollen würde, wenn er es wüsste. Deswegen haben wir da nie irgendwelche
grundsätzlichen Probleme gehabt Ich habe ihn informiert, meistens im Gespräch, ob nun in seinem Büro oder im Bungalow (gemeint war der Bonner
Kanzler-Bungalow; d. Verf.). Bei ihm ist auch wichtig, man muss ein Gefühl
dafür haben, wann er mit was belästig werden will und mit was nicht. Er darf
aber nie das Gefühl haben, dass man ihn hintergeht oder ihm etwas verheim-
licht. Das hat er bei mir nie gehabt und nie haben müssen. Und natürlich haben
wir über manche Fragen gesprochen, wobei für ihn wichtig war, dass da die
Linie klar war, dann musste darüber nicht so viel Abstimmung passieren... Im
Nachhinein würde ein normaler Mensch das aber nicht glauben können, denn
wie gesagt, so furchtbar viel haben wir uns da nicht abgestimmt. Aber was er
wissen musste, hat er gewusst, und wenn er mehr gewusst hätte, wäre alles so
gemacht worden, wie er es gewollt hätte, weil das dem so entsprach."[7]

Kohls Informationsmanagement lief maßgeblich über den Chef des Kanzleramtes. Anders handhabt es auch nicht Kanzler Schröder mit Frank Walter
Steinmeier, dem derzeitigen Chef des Kanzleramtes. Um die tägliche Arbeit
zu koordinieren, pflegten alle Kanzler eine morgendliche Lagebesprechung
(„Morgenlage") anzusetzen.[8] Diese Lagebesprechung ist primär kein Entscheidungsgremium, sondern eine Informationsrunde. Sie ist ausschließlich
auf den Kanzler bezogen. Der persönliche Charakter dieser Besprechungs-
runde dominiert. Die Lage dient der Einordnung und Interpretation der politischen Tagessituation: Welches Thema liegt wie an? Wie brisant ist die
Problematik, dass sich die Lage damit bereits beschäftigen muss?

In diesem Kreis werden allerdings Entscheidungen vorgezeichnet. Denn
durch die Selektion der Informationen ist der Filter geschaffen, um die gesellschaftliche Konstruktion der Wirklichkeit, die Realitätswahrnehmung der
Kanzler in diesem Augenblick, zu konstituieren. Jede Neueinschätzung der
Lage durch die Beteiligten bedeutet bereits eine Entscheidung. An die Stelle
der sogenannte „Kleinen Lage" („Kleeblatt")[9] bei Kanzler Helmut Schmidt
trat bei Kanzler Kohl die Morgenlage mit veränderter Funktion. Jeden Morgen saßen um 8.30 Uhr im Arbeitszimmer des Kanzlers zusammen:

---

[7] Zit. n. Korte, Karl-Rudolf (1998): Deutschlandpolitik in Helmut Kohls Kanzlerschaft – Regierungsstil und Entscheidungen 1982-1989, Stuttgart, S.210f
[8] Vgl. Korte, Karl-Rudolf (Anm. 7), S.27ff.; Busse, Volker (2001): Bundeskanzleramt und Bundesregierung, Heidelberg
[9] Täglich mit fast 20 Personen; Kleeblatt: einmal in der Woche mit Chef des Kanzleramtes und Chef
des Presse- und Informationsamtes der Bundesregierung, dem Staatsminister im Kanzleramt und dem
Kanzler selbst.

- Der Chef der Bundeskanzleramtes
- die jeweiligen Staatsminister des Kanzleramtes
- der Leiter der Abteilung 2 Außenpolitik
- die persönliche Referentin des Kanzlers
- drei bis vier Öffentlichkeitsarbeiter: Abteilungsleiter 5 „Kommunikation und Dokumentation", der Chef des Presse- und Informationsamtes und zusätzlich der Chef-Redenschreiber. Häufig auch der Leiter der Abteilung Inland des Presse- und Informationsamtes der Bundesregierung.

In der Regel eröffnete Eduard Ackermann, Kohls Pressemann, mit einem Überblick über die Presselandschaft die Runde. Kohl verteilte nach dem Pressevortrag Aufträge an die Teilnehmer. Mit dem Regierungssprecher klärte er Verlautbarungen des Tages ab. Termine und weitere Aufgabenverteilungen wurden koordiniert. Festzuhalten bleibt, dass sich die Morgenlage aus engen persönlichen Vertrauten von Kohl zusammensetze. Die Morgenlage war nach administrativen Gesichtspunkten heterogen. Staatsminister, Abteilungsleiter, Gruppenleiter saßen zu einer Informationsbesprechung zusammen. Normalerweise trafen sich die Beamten nur auf hierarchisch gleichen Ebenen, also nur Abteilungsleiter, nur Gruppenleiter usw.
Die Morgenlage erfüllt bei Kanzler Gerhard Schröder ganz ähnliche Aufgaben. Ein kleiner ausgewählter Kreis trifft sich dreimal wöchentlich. Mit dabei waren von Beginn an neben dem Kanzler:[10]

- Der Chef des Kanzleramtes
- der Regierungssprecher
- die Leiterin des Kanzlerbüros
- der Staatsminister im Kanzleramt
- aber auch der SPD-Fraktionsvorsitzende und der SPD-Generalsekretär.

Daneben existiert ein sogenannter „Steinmeier-Kreis". Schröder setzt grundsätzlich nur auf Niedersachsen in seiner näheren Umgebung. Zum Steinmei-

---

[10] Vgl. Vorrink, Chatrin (2001): Die Führungsstile der Bundeskanzler Willy Brandt und Gerhard Schröder im Vergleich, Köln (Magisterarbeit, http://www.karl-rudolf-korte.de/Mag_Vorrink.pdf); Krause-Burger, Sybille (2000): Wie Gerhard Schröder regiert. Beobachtungen im Zentrum der Macht, Stuttgart, S.34; Korte, Karl-Rudolf (1999): Das System Schröder. Wie der Kanzler das Netzwerk seiner Macht knüpft, in: Frankfurter Allgemeine Zeitung vom 25. Oktober; Michael Mertes in diesem Band; Murswieck, Axel (2003): Des Kanzlers Macht. Zum Regierungsstil Gerhard Schröders, in: Egle, Christoph u.a. (Hg.): Das rot-grüne Projekt. Eine Bilanz der Regierung Schröder 1998-2002, S. 117-135

er-Kreis gehören außer dem Chef des Kanzleramtes folgende Personen, die regelmäßig teilnehmen: Schröders Büroleiterin Krampitz, Regierungssprecher Anda und dessen Stellvertreter Steg (der schon in Hannover zu Schröders Vertrauten gehörte und in Schröders erster Legislaturperiode im Kanzleramt als Redenschreiber fungierte) sowie des Kanzlers Kommunikationsberater Hesse (jetzt Chefredenschreiber, jedoch nicht in die Amtshierarchie des Kanzleramtes eingebunden). Nur ein Ministerium ist in der Regel im „Steinmeier-Kreis" vertreten: das von Wirtschaftsminister Clement. Dessen Planungschef Cordes gehört in der Regel mit zu dem Zirkel.[11]

Die Aufgabe dieser informellen Kreise und Lagebesprechungen besteht darin, sich ein Bild von der politischen Lage zu machen und Reaktionsmuster – der Steinmeier-Kreis erarbeitet auch Strategieentwürfe – darauf zu entwickeln. Führen, Koordinieren, Strippen ziehen verdichtet sich als Aufgabenstellung in solchen handverlesenen Informationsrunden.

Gerade die Arbeitsweise des Leitungsbereichs ist wesentlich geprägt durch den wöchentlichen Arbeitsrhythmus von Parlament und Regierung. In der Sitzungswoche von Bundestag und Bundesrat finden typischerweise folgende wichtige Termine regelmäßig statt, auf die sich das Informationsmanagement des Tages ausrichten muss:

Montags	
vormittags:	Sitzung der beamteten Staatssekretäre
mittags:	Bundespressekonferenz
nachmittags:	Sitzung von Fraktionsvorständen
Dienstags	
morgens (häufig):	Koalitionsgespräch
vormittags:	Sitzung der Arbeitsgruppen der Fraktionen
nachmittags:	Sitzungen der Fraktionen
außerdem dienstags:	Sitzungen der meisten Landesregierungen
Mittwochs	
vormittags:	Kabinettsitzung
mittags:	- Regierungsbefragung
	- Bundespressekonferenz
nachmittags:	Fragestunde im Bundestag
ganztags (vorwiegend vormittags):	Ausschusssitzungen im Bundestag

---

[11] Vgl. Lohse, Eckhart (2003): Strategie ohne Festlegung, in: Frankfurter Allgemeine Zeitung vom 4. Januar

Donnerstags	Plenar- und gelegentlich Ausschusssitzungen des Bundestages
Freitags	
vormittags:	Plenar- und Ausschusssitzungen des Bundestages
spät-vormittags:	Bundespressekonferenz
außerdem etwa monatlich:	Sitzung des Bundesrates
Dies macht deutlich, dass Spielräume für sonstige Termine begrenzt sind.	

Quelle: Busse, Volker (2001): Bundeskanzleramt und Bundesregierung, Heidelberg, S.123

3. Informationsmanagement durch Maklermacht

Zurück zum Informationsmanagement, das maßgeblich durch die Personen im Umfeld des Kanzlers mit sogenannter Maklermacht strukturiert wird. Es muss jedoch keineswegs immer der Behördenchef sein, der über Maklermacht verfügt. Das Aufgabentableau solcher Personen mit Maklermacht ist differenziert:

Reziprozität: Das Verhältnis der Personen mit Maklermacht zu ihrem Chef besteht in einer wechselseitigen Vermittlung der verabredeten Information mit dem, und Weitergabe der aufgenommenen Informationen während des Vermittlungsprozesses an den Chef. Der Spitzenakteur beauftragt den Vermittler eine spezifische Aufgabe in seinem Sinne zu erledigen.

Sonderstatus: Personen mit Maklermacht haben eine exzeptionelle Stellung innerhalb der Organisation oder des Apparates, ohne dass diese in jedem Fall vom Organigramm formal abgeleitet werden könnte. Unter Umständen haben die Machtmakler sogar eine geringe positionale Autorität. Das können z.B. Gruppenleiter aus einer Fach-Abteilung sein, zu dem der Spitzenakteur ein vertrauensvolles Verhältnis aufgebaut hat. Kanzler Kohl favorisierte Lagerunden, in denen nicht nur die Spitzen der Leitungsebene mit am Tisch saßen. Gerhard Schröder räumt diesen Sonderstatus den „Hannoveranern" ein.

Abgeleitete Autorität: Personen mit Maklermacht besitzen eine vom Spitzenakteur abgeleitete Autorität. Neben der Beherrschung des bürokratischen Apparates ist ihre Entscheidungsmacht von der Führungsstärke des Spitzenakteurs abhängig. Bei einem personenzentrierten Regierungsstil wird vor allem die Nähe und der direkte Zugang zum Spitzenakteur ihre wichtigste Machtressource.

Informationsvorsprung und Krisen-Sensor: Machtmakler zeichnet die situationsadäquate Flexibilität ihres Einsatzgebietes und eine elastische Interpretation von Handlungsabläufen aus. Sie selektieren wichtige Themen von unwichtigen und entscheiden (mit), welche Sachverhalte und Informationen zu einem bestimmten Zeitpunkt auf dem Tisch ihres Spitzenakteurs landen. Hierbei ist die erfahrungsgesättigte persönliche Einschätzung von Priorität wichtig.

Chef der Netzwerke: Personen mit Maklermacht sind ein Knotenpunkt von Gesinnungsgemeinschaften, anderer Chef-Netzwerker oder „alter Kameraden". In jedem Fall sind sie Knotenpunkt der informalen Organisation von Arbeits-, Kommunikations- und Herrschaftsstrukturen. Machtmakler besitzen vor allem Vermittlungsmacht, was ihnen informale Mitsteuerung ermöglicht. Vermittlungsmacht bedeutet aber nur teilweise auch Entscheidungsmacht, aber gerade deshalb verfügen sie über große Informationsressourcen. Solche Mitsteuerungsbeziehungen sind immer Machtbeziehungen.

Vertrauensvorsprung/Maklerprovision: Machtmakler haben ein über lange Jahre gewachsenes Vertrauensverhältnis zu ihrem Spitzenakteur. Zusammen bilden sie ein „Paar", das sich durch reziproke Tauschverhältnisse und wechselseitige Vertrauensübertragung auszeichnet. Sie sind ein zweckorientiertes Erfolgsduo, manchmal sogar eine Schicksalsgemeinschaft: Sie durchlaufen gemeinsame politische Stationen. Karrieresprünge des Spitzenakteurs ziehen Karrieresprünge des Machtmaklers nach sich und sind sein „Erfolgshonorar" bzw. die „Maklerprovision".

Kalkulierte Selbstkasteiung: Die Person mit Maklermacht sollte in der Regel keine eigenen politischen Ambitionen hegen. Scheu vor allzu viel Öffentlichkeit ist ebenso hilfreich wie die Bereitschaft zu Entbehrungen auf Zeit. Chefkoordinatoren mit Maklermacht wissen

> „wo gezielt zu schweigen ist, wo kommuniziert werden muss, was zu tun ist, um Besprochenes oder Notwendiges umzusetzen, wo Verbündete gesucht, Gegengeschäfte angeboten und Enttäuschte zumindest verbal aufgefangen werden

müssen." So etwas „bedarf einer festen Vertrauensbasis, eingespielter Abläufe und genauer Kenntnis des handelnden Politikers"[12]

Vermittler der Botschaft des Herrn: Machtmakler dienen als „Sprachrohr" ihres Herrn oder ihrer Herrin. Sie müssen immer und überall als Ansprechpartner bereit stehen. Gleichzeitig betreiben sie Informationsmanagement als Informationsselektion und minimieren das Risiko von Indiskretionen. Denn wer gute Darstellungspolitik betreiben möchte, muss die dafür benötigten Informationen unter seine Kontrolle bringen. Nur Diskretion sichert Interpretationshoheit – vor allem die Souveränität, den Zeitpunkt der Veröffentlichung einer brisanten Information selbst bestimmen zu können. Die Informationsselektion erfolgt jedoch nicht nach objektiven Rationalitätskriterien, sondern nach persönlicher Rationalität. Machtmakler managen die Wissenden!

Sparring-Partner: Personen mit Maklermacht sind auch Trainingspartner für den Argumentationsschlagabtausch. Hier kann sich der Spitzenakteur argumentationstechnisch fit machen, ohne dass dieses Üben öffentlich wird. Die Härte des wechselseitigen Austausches ist dabei grenzenlos.

Koordination: Machtmakler sind der Dreh- und Angelpunkt im Policy-Zirkel. Ohne ihre Beteiligung, ohne ihren „Segen" und ihre Kenntnisnahme läuft nichts. Durch ihre Mitsteuerung beeinflussen sie politische Inhalte und die Herstellung von verbindlichen Entscheidungen im Allgemeinen.

Sie sind Haupt-Netzwerker und betreiben Koordination als Informationsmanagement. Dabei bedeutet die Gewichtung der alltäglichen Informationsflut nicht automatisch Komplexitätsreduktion. Zuweilen muss die Komplexität von Sachverhalten auch ausgehalten oder ihr potenzieller Mehrwert bei der Entscheidungsfindung geöffnet und erschlossen werden.

Koordination bedeutet auch die konzeptionelle Beteiligung von politischen Akteuren und die prozedurale Abstimmung im Entscheidungsprozess. Die eigenverantwortliche Koordinierung der Linie ist von der Teilhabe am politischen Informationsfluss geprägt. So kommt dem Makler und seinem Stab nicht nur lenkende, sondern auch motivierende Bedeutung zu. Durch seine Koordinationsfunktion trägt er zur Entlastung der formalen Handlungsebene bei.

---

[12] Eilfort, Michael in diesem Band

Personifiziertes Frühwarnsystem: Zu ihren wichtigsten Aufgaben gehört effektives Konfliktmanagement. Dazu bedienen sich Personen mit Maklermacht häufig der „Geheimdiplomatie". Insbesondere sogenannte „Vorfeldmethoden" kommen hier zur Anwendung: Telefondiplomatie, Begegnungen mit wichtigen Akteuren, die Inszenierung von Pseudo-Ereignissen, das Arrangieren von Infotainment, das Streuen von gezielten Indiskretionen usw. Machtmakler besitzen ein hohes Störpotenzial für politische Gegner oder Rivalen. Für ihren Spitzenakteur hingegen betreiben sie Konfliktprävention und sind ein Seismograph für politische Brisanz.

Abschirmung und karitative Funktionen: Der Makler schirmt seinen Herrn oder seine Herrin gegenüber Dritten ab, vor allem auch gegenüber dem eigenen Haus (Ministerium, Kanzleramt, Parteizentrale etc.). Nach langen Arbeitstagen muss er sich auch als Seelentröster oder, wenn es sich dramatisch zuspitzt, als Blitzableiter für den angestauten Unmut seines Spitzenakteurs betätigen. Gerade solche Abschirmungsversuche machen den Makler im eigenen Hause nicht besonders populär.

Das Ausmaß der Maklermacht, die Einflussmessung, ist abhängig von der Persönlichkeit des Spitzenakteurs und von seinem Politikverständnis bzw. seinem Führungsstil.[13] Dabei kann ein klientelistischer/personenzentrierter von einem legalistischen/positionsorientierten Politikstil unterschieden werden.

Der Einfluss des Maklers ist bei dem erstgenannten Führungsstil sicherlich größer als bei einem Spitzenakteur, der sich primär auf die Zuarbeit aus „seinem Hause" bezieht. Hierbei werden die formalisierten offiziellen Informationswege eine größere Rolle spielen. Kanzler Kohl war, wie das Kapitel über die Führungsstile zeigte, sicherlich eher personenzentriert ausgerichtet als Kanzler Schmidt, der sich auch angesichts rudimentärer Parteimacht (er war als Kanzler kein Parteivorsitzender) primär auf das Kanzleramt und positionsorientiert auf die Leitungsebene für sein Informationsmanagement einließ. Schröder wiederum neigt eher dem klientelistischen Modell zu.

---

[13] Vgl. Benzner, Bodo (1989): Ministerialbürokratie und Interessengruppen, Baden-Baden; Merz, Hans-Georg (2001): Regierungshandeln im Lichte einer Befragung deutscher Bundesminister, in: Kempf, Udo/Merz, Hans-Georg (Hg.): Kanzler und Minister 1949-1998. Biographisches Lexikon der deutschen Bundesregierungen, Wiesbaden, S. 36-81

4. Fazit

Information und Entscheidung sind wechselseitig miteinander verwoben. Die eingangs gestellten drei Fragen (Auf welcher Informationsgrundlage entscheiden die politischen Spitzenakteure? Wie gestalten die handelnden Spitzenakteure das entscheidende Informationsmanagement? Welchen Anteile haben dabei personale, administrative, systemische Faktoren?) sind folgendermaßen zu beantworten:

Die Informationsgrundlage der Spitzenakteure ist äußerst komplex. Schnelligkeit charakterisiert den Informationsweg. Die Entscheidung selbst ist in Abhängigkeit von der Informationslage zu treffen. Je höher die politische Brisanz desto eher wird sich der Spitzenakteurs selbst damit befassen. Welche Informationen er von wem und auf welchem Wege an sich heranlässt, wie er sie gewichtet, ist kennzeichnend für den jeweiligen Regierungs- bzw. Führungsstil.

Für die Gewichtung der Anteile von personalen, systemischen und administrativen Faktoren des Informationsmanagements gilt das ebenfalls. Systemisch bedingt, hat die Leitungsebene schnellsten und umfassendsten Informationszugang. Die politische Verwaltung liefert organisationsspezifisch und weitgehend unabhängig von den jeweiligen Leitungsebenen die Informationen. Letztlich hängt es am Duo – Chef und Makler –, welches Gewicht der Spitzenakteur den personalen Netzwerken zur Lageanalyse beimisst.

Schreiten die Prozesse der Informalisierung und der Personalisierung des Regierungshandelns als unabhängiges Informationsmanagement voran, verlieren die formalisierten Prozesse der Ministerial- und Regierungsbürokratie an Einfluss. Alternative Entscheidungsstrukturen sind in der unmittelbaren Nähe der Spitzenakteure durch Personen mit Maklermacht geschaffen worden. Eine Akzentverlagerung von den formalisierten in die informalisierten Strukturen lässt sich auch bei diesem Themenzugang des Politikmanagements feststellen. Die Vitalität der Spitzenakteure im Umgang mit diesem Mix aus formalisierten und informalisierten Informationswegen ist machtsichernd elementar. Verkümmern die Informationswege oder wird daraus nur noch „Hofberichterstattung", dann ist auch die Entscheidungsfindung davon betroffen. Die Entscheidungselite wird zahlenmäßig immer ein kleiner Kreis und durch persönliche Loyalität zum Spitzenakteur charakterisierbar sein. All diese Prozesse der Informationsbeschaffung und Selektion bis hin zur Entscheidungsfindung laufen im Regierungsalltag permanent und pausenlos ab. Das soll der Problemlösung ebenso dienen, wie der Machtabsicherung: frühzeitige Information sichert Gefolgschaft (Mitwisser einbinden), nachlässige, unvollständige, positiv-gefärbte Informationen wecken schnell Widerstände. Trotz der Dominanz der Machtmakler im Politikmanagement legt die politische Elite großen Wert auf Unabhängigkeit bei der Informationsgewinnung, denn der Mythos der Unangreifbarkeit resultiert aus fehlender Transparenz.

Das administrative Kommunikationsmanagement
Von der Implementations- zur Entscheidungsvorbereitung

Michael Felder / Dieter Grunow

Alle aktuellen Beschreibungen der Beziehungen zwischen Politik und Verwaltung stimmen darin überein, dass an die Stelle der Eigenständigkeit und Unabhängigkeit von Politik und Verwaltung eine zunehmende Überlappung zwischen beiden Bereichen getreten ist.[1] Auch wenn die Grenzziehung noch nie absolut war, so hat der Bereich der gemeinsam wahrzunehmenden Aufgaben und Funktionen im historischen Prozess doch zugenommen. Neben der Politikdurchführung erweiterte sich das Aufgabenspektrum der Verwaltung um die Beteiligung bei der Politikformulierung und im Zuge der wohlfahrtsstaatlichen Entwicklung auch um die Funktionen Interessenausgleich und Interessenartikulation[2].

Argumente über das *administrative* Informationsmanagement sind deshalb nicht ohne explizite Abgrenzungsüberlegungen zu formulieren. Es wäre zu einfach, das Informationsmanagement des politischen Spitzenpersonals als generell „administrativ" zu umschreiben, weil es überwiegend auf Zulieferung von der Verwaltung basiert. Ebenso unzureichend wäre allerdings eine strikte Zurechnung von Organisationen zu Politik, Verwaltung, NGOs, Zivilgesellschaft i.w.S. Deshalb wird im Folgenden der Versuch unternommen, einige Besonderheiten des *administrativen* Informationsmanagements hervorzuheben, die auch bei der internen Beratung der Politik eine wichtige Rolle spielen. Zum Ausgangspunkt kann die Kernfunktion der öffentlichen Verwaltung – die Herstellung inneradministrativ wie gesellschaftsbezogen *bindender* Entscheidungen – gemacht werden. Daraus kann die große Bedeutung von Informationserfassung, -speicherung und -verarbeitung in der Verwaltung abgeleitet werden. Dies gilt vor allem für diejenigen öffentlichen

---

[1] Vgl. Aberbach, Joel/Putnam, Robert/Rockmann, Bert (1981): Bureaucrats and Politicians in Western Democracies, Cambridge, Massachusetts

[2] Die Transformation von Staatlichkeit schreibt in der Gegenwart diesen expansiven Trend fort. So kommt der Verwaltung in der „Übergangsgesellschaft" nach Böhret (2002) die Aufgabe einer Entwicklungsagentur zu. Veränderte Rahmenbedingungen (Schlagwort: Globalisierung) und neue Problemlagen (Schlagwort: Ökologie) sind für ihn der Kontext, in dem die Verwaltung die Rolle eines „Anwaltes fürs Kommende" übernehmen muss.

Aufgaben, die jenseits von Eingriffen und Kontrollmaßnahmen der gesellschaftlichen Entwicklung und Wohlfahrtsfunktionen dienen.

Spätestens seit den 70er Jahren wurde (mit dem rapiden Ausbau des Wohlfahrtsstaates) die Frage nach der Informationsverarbeitungskapazität des Staates kritisch erörtert.[3] Seitdem gibt es immer wieder Vorschläge für Modelle und Instrumente des Informationsmanagements in der öffentlichen Verwaltung. Vergleicht man Umfang und Dynamik von Informationen, die potenziell für die Verwaltung von Bedeutung sind, so ist es nicht verwunderlich, dass die Steuerung dieser Ressource – im Vergleich mit Personal und Geld – wesentlich höhere Anforderungen stellt. Insofern ist es wenig überraschend, dass sich die Instrumente der Informationsverarbeitung z.T. nicht bewährt haben (wie z.B. das „Frühwarnsystem" der Bundesregierung in den 70er Jahren) oder ständigen Veränderungen unterliegen (vom „Planing Programming Budgeting" System, über das „Management by Objective" zum „Neuen Steuerungsmodell"). Selbst mit neuen technischen Hilfsmitteln der Informationsverarbeitung (einschließlich Internet) scheint der Wettlauf mit den Anforderungen, die an das Informationsmanagement gestellt sind, nicht zu gewinnen zu sein.

Es liegt also nahe, nicht so sehr die einzelnen Instrumente und Techniken der Informationsverarbeitung zu überprüfen und zu überarbeiten, sondern die Grundvorstellung von Verwaltungshandeln und von den Schnittstellen zwischen Verwaltung, Politik und Bürgern zu überdenken und daran das Informationsmanagement auszurichten. Um davon einen Eindruck zu gewinnen, lässt sich der diesbezügliche Begriffswandel zitieren: Hatte Renate Mayntz in den 70er Jahren noch von „Normadressaten" als Bezugspunkten der Implementation politischer Programme gesprochen, geht es den 90er Jahren vor allem um Netzwerke, in denen Verhandlungsprozesse ablaufen.[4] Gleichzeitig hat aber (nicht zuletzt wegen der Finanzkrisen) die Betonung von Implementations*wirkungen* nachhaltig zugenommen. Die Verwaltungsmodernisierung der letzten 10 Jahre firmiert deshalb nicht zu Unrecht unter dem Stichwort „Neues Steuerungsmodell" – von der Inputsteuerung zur Effektsteuerung (Impact, Outcome). Die Veränderung, die dies für das Informationsmanagement bedeutet, muss hier nicht hervorgehoben werden. Es ist verständlich, dass diese weitreichenden Ziele bisher kaum verwirklicht wurden. Im Vordergrund steht deshalb vielmehr die Binnenmodernisierung,

---

[3] Vgl. Ronge, Volker/Schmieg, Georg (1973): Restriktionen politischer Planung, Frankfurt a.M.

[4] Vgl. Mayntz, Renate (1995): Politische Steuerung: Aufstieg, Niedergang und Transformation einer Theorie, in: von Beyme, Klaus/Offe, Claus: Politische Theorie in der Ära der Transformation, PVS-Sonderheft 26, Wiesbaden, S. 148-168

die das Informationsmanagement im Hinblick auf die Steuerung der Finanz-
mittel verbessert (Stellenkostenrechnung, Ansätze der KLR, Controlling,
Benchmarking, Berichtswesen).

Es ist nicht überraschend, dass die kommunale Ebene bisher besonders
intensiv mit diesen Modernisierungsmaßnahmen befasst war: Sie steht in
besonderem Maße unter dem Druck, die o.a. Kernfunktion der öffentlichen
Verwaltung nachzuweisen und damit – systemtheoretisch argumentiert – ihre
Selbstreferenzialität zu erhalten. Gelingt dies nicht, so ist die ersatzlose
Streichung der öffentlichen Aufgaben durch Privatisierung wahrscheinlich.
Allerdings ginge damit auch eine wesentliche Fähigkeit der Verwaltung zur
Politikberatung verloren: die Fähigkeit, das Implementationswissen in den
Prozess politischer Entscheidungsfindung und -begründung einzubringen.
Und dahinter verbirgt sich – u.U. noch wichtiger – die Kenntnis über die
Situation und Interessen der Bevölkerung. Diese vereinfachte Darstellung
lässt auch die Alternative sichtbar werden: Regieren mit kommerziellen Be-
ratungsorganisationen (und von ihnen organisierten Kommissionen – vgl.
Hartz) und Meinungsumfragen. Vorerst ist dies aber nur ein Zukunftsszena-
rio. Im Folgenden soll nun untersucht werden, wie das aktuelle Informationsmanagement der Verwaltung zwischen Selbstreferenz und den Schnittstellen zu Politik und Bürgern aussieht. Die o.a. Funktionsbestimmung setzt
voraus, dass dafür nicht nur einige politiknahe Akteure oder Verwaltungs-
einheiten (parlamentarische Staatssekretäre; Spiegelreferate im Bundeskanzleramt) berücksichtigt werden. Es geht zunächst um die grundlegende
Architektur der Verwaltung und ihrer Schnittstellen zur Politik und sodann
um spezifische Strategien der Schnittstellengestaltung durch das Informationsmanagement. Die Beschreibung der Binnenkomplexität des Verwaltungssystems muss den Besonderheiten in der Bundesrepublik Rechnung tragen.
In wie weit diese Überlegungen auch für andere Verwaltungs-Architekturen
gilt, wird hier nicht erörtert.

1. Politisches versus administratives Informationsmanagement

Bereits in der klassischen Formulierung der Bürokratieproblematik durch
Max Weber wird der Zusammenhang zwischen Leistungsfähigkeit, Herrschaft und Information für die Beziehung zwischen Politik und Verwaltung

systematisch entwickelt.[5] Eine spezifische Art von Information, nämlich das Fachwissen der Beamten, bildet die Grundlage für die Machtstellung der Verwaltung und für die Leistungsfähigkeit der bürokratischen Maschine. Die Janusköpfigkeit der modernen Bürokratie, ihre technische Überlegenheit und die Gefahr einer Dominanz der Verwaltung über die Politik, hängt dabei eng mit der Form zusammen, in der die Information gespeichert wird (Akten), und in der Art und Weise, wie die Kommunikation strukturiert (Schriftlichkeit, Hierarchie etc.) wird. Die Informationsspeicherung und die Strukturierung der Kommunikation als die beiden zentralen Merkmale der Wissenslogistik und des Informationsmanagements folgen dem Muster formaler Rationalität und sind damit Bestandteil eines gesellschaftsübergreifenden Rationalisierungsprozesses.

Die „Max-Weber Welt" ist – wie einleitend schon erwähnt – in den letzten Jahrzehnten tiefgreifend erschüttert worden. Sowohl das Vertrauen in die Zweckrationalität allgemein als auch die Gewissheit, dass sich durch sie Informationen handlungsleitend strukturieren lassen, ist im Zuge postmoderner Zweifel und steuerungspessimistischer Grundpositionen verschwunden. Die neue Sichtweise beruht zwar einerseits auf einer Neubewertung von Einflussfaktoren, vom informalen Verwaltungshandeln bis zur Verwaltungskultur, Beobachtungen realer Veränderungen erhärten jedoch eher das Bild einer postbürokratischen Verwaltung. Informationen sind dabei nach wie vor eine entscheidende Machtressource politischen und administrativen Handelns. Die Möglichkeiten der Monopolisierung und der absoluten Geheimhaltung wurden durch die neuen Informations- und Kommunikationstechnologien sowie durch die Entwicklung von Informationsfreiheitsgesetzen zumindest erschwert.

Schließlich werden durch die Verwaltungsmodernisierung mit den Leitbildern des „New Public Managements" Frontstellungen gegen die „Max Weber-Welt" bezogen. Ob sich bereits die Strukturen eines neuen Verwaltungsmodells herausgebildet haben, ist fraglich. Es scheint immer noch zu gelten:

> „(...) die meisterhafte Vollendung der klassischen Organisationskonzeption mit diesen einfachen Mitteln durch Max Weber fasziniert uns, weil wir wissen, dass wir sie kritisieren, nicht aber, wie wir sie ersetzen können".[6]

---

[5] Vgl. Weber, Max (1988): Parlament und Regierung im neugeordneten Deutschland, in: Ders.: Gesammelte Poltische Schriften, Tübingen, S.306-443
[6] Vgl. Luhmann, Niklas (1968): Zweck-Herrschaft-System. Grundbegriffe und Prämissen Max Webers, in: Mayntz, Renate (Hg.): Bürokratische Organisation, Köln, Berlin, S. 36-55/S.46

Die Festlegung auf ein Rationalitätsprinzip sowie die klassischen bürokratischen Strategien der Informationsspeicherung und -ordnung sowie der Strukturierung von Kommunikation werden jedoch der Komplexität der Kommunikations- und Handlungsstrategien im politisch administrativen System nicht mehr gerecht. Die Gestaltung und daher auch die Beschreibung des administrativen Informationsmanagements muss sich vielmehr darauf konzentrieren, wie unterschiedliche Rationalitätskriterien in Organisationsnetzwerken miteinander verknüpft werden. Den jeweiligen Rationalitätskriterien kommt dabei eine Vermittlungsfunktion zwischen Institutionen und Handlungsorientierungen zu, die sich in den jeweiligen Organisations- und Kommunikationspraktiken manifestiert.[7]

Im Anschluss an Weber lassen sich nach wie vor unterschiedliche Handlungsorientierungen zwischen Politik und Verwaltung feststellen, hinter denen sich auch verschiedenartige Formen des Informationsmanagements verbergen. Die Unterscheidungen folgen dabei nicht (mehr) einer dominanten Logik, sie treten vielmehr in Kombination miteinander auf und sie sind geprägt durch die Strukturen des politisch administrativen Systems der Bundesrepublik Deutschland. Die rechtliche Normierung durch das Grundgesetz bringt unterschiedliche Ordnungsmuster hervor, die wesentliche Organisationsdimensionen prägen.[8] Folgende Punkte können dabei als zentral[9] erachtet werden:

1) Das Prinzip der *Gewaltenteilung*, als ein „Grundprinzip politischer Herrschaftsgestaltung",[10] führt zur Ausdifferenzierung von Handlungsmustern zwischen Politik und Verwaltung. Die Bildung von Präferenzen und von Mehrheiten aufseiten der Politik und die Herstellung gesellschaftlich bindender Entscheidungen aufseiten der Verwaltung sind Prozesse, die mit jeweils spezifischen Anforderungen an den Umfang des Informationsbedarfes, seiner zeitlichen Verfügbarkeit und der Ordnung von Information einhergehen.

---

[7] Vgl. Lepsius, Rainer-Mario (1996): Institutionalisierung und Entinstitutionalisierung von Rationalitätskriterien, in: Göhler, G. (Hg): Institutionenwandel, Leviathan Sonderheft 16, S. 57-69
[8] Vgl. Becker, Bernd: (1989): Öffentliche Verwaltung. Lehrbuch für Wissenschaft und Praxis, Percha, S.159ff
[9] Der empirische Nachweis, dass „organization matters" ist u.E. hinreichend erbracht – ungeklärt bleibt allerdings oft die Frage „wie?" vgl. Egeberg, Morton (1999): The impact of bureaucratic structure on policy making, in: Public Administration (1), S.155-170
[10] Steffani, Winfried (1997): Gewaltenteilung und Parteien im Wandel, Wiesbaden, S.29

Während die Politik im Spannungsfeld von Darstellungspolitik und Entscheidungspolitik[11] eine Fokussierung vornehmen muss, die es ihr erlaubt zu mobilisieren, ist der Informationsbedarf der Verwaltung durch ihre Multifunktionalität gekennzeichnet. Politikvorbereitung und Implementation, die Planung von mehrstufigen Entscheidungen und die Qualität der erbrachten Leistungen sind nur einige der zu berücksichtigenden Aspekte. Die Zeithorizonte, über die Informationen verfügbar sein müssen, sind im Bereich der Politik durch die Aktualität und bei der Verwaltung durch die für die Prozesssteuerung unentbehrliche Kontinuität geprägt. Der politische Prozess zeichnet sich dadurch aus, dass das Interessen- und Wertberücksichtigungspotenzial eine knappe Ressource darstellt, während bei der Verwaltung das Informationsverarbeitungs- und Kommunikationspotenzial den Engpass bildet. Die Problemlösungsperspektive der Verwaltung bedarf politikfeldspezifischer Informationen, die hinsichtlich der Machbarkeit (Implementationsfähigkeit) strukturiert sein müssen. Die Machtperspektive der Politik dagegen zielt, um Mehrheitsfähigkeit zu garantieren, auf das Allgemeine, die Informationen müssen hinsichtlich der Konsequenzen für die eigene Wiederwahl sortiert sein. Politik und Verwaltung verfügen hinsichtlich des sachlichen Inhaltes vielfach über die gleichen Informationen. Die einzelnen Informationsbestandteile müssen jedoch nach unterschiedlichen, jeweils miteinander verflochtenen Rationalitätskriterien sortiert sein und unterscheiden sich von ihrem Umfang.

2) Hinsichtlich der Art und Weise, wie innerhalb der Verwaltung Informationen verarbeitet werden, bietet das *Rechtsstaatsprinzip* Orientierungspunkte. Es ersetzt innerhalb des politisch administrativen Systems Außenbindungen durch Innenbindungen und fesselt die Systemrationalität der Verwaltung an die verfassungsrechtlichen Dimensionen „Vorrang der Verfassung", „Vorrang des Gesetzes" und den „Vorbehalt des Gesetzes". Während durch diese verfassungsrechtlichen Grundsätze die Beziehungen zwischen Gesetzgebung und Gesetzesvollzug beschrieben werden, werden die verwaltungsinternen Prozesse durch Entscheidungsprogramme in der Form einer Konditionalprogrammierung gebunden:

„Wenn bestimmte Bedingungen erfüllt sind, muss oder kann in bestimmter Weise gehandelt werden. Durch diese Programmform wird dreierlei gewährleistet, nämlich 1. daß das Entscheidungsprogramm in dem System, das nach ihm

---

[11] Vgl. Korte, Karl-Rudolf; Hirscher, Gerhard (Hg.) (2000): Darstellungspolitik oder Entscheidungspolitik? Über den Wandel von Politikstilen in westlichen Demokratien, München

entscheidet, planmäßig und folgenbewußt ausgearbeitet werden kann; 2. daß das entscheidende System sich durch die Form seiner Programme mit seiner Umwelt verbindet, indem es ein Entscheiden von im Voraus bestimmten Umweltereignissen abhängig macht; und 3. daß das Entscheiden nicht nach partikularen, auf persönlichen Beziehungen zum Entscheidenden beruhenden Rücksichten erfolgt, sondern nach universellen Kriterien."[12]

Hinsichtlich der Informationsverarbeitung ergeben sich daraus Anforderungen sowohl für die interne Ordnung von Information als auch für die selektive Wahrnehmung von Umweltinformation. Die Logik einer deduktiven Aufgabensetzung erfordert ein hierarchisch strukturiertes Verfahren, in dem Subsumtionsentscheidungen getroffen werden müssen. Der Bereich der benötigten Informationen ist klar festgelegt und die Kommunikationslasten sind deutlich reduziert. Nur unter diesen Voraussetzungen kann konditionale Programmierung ihre Leistungsfähigkeit unter Beweis stellen, nämlich die Reduktion von Komplexität nach innen und die Garantie von Erwartungssicherheit nach außen.

Die Politik ist über den fachspezifischen Bezug und die mittelorientierte Vorgehensweise der Verwaltung irritiert. Aus ihrer Perspektive geht es um die Institutionalisierung abstrakter Wertgesichtspunkte, die Ressourcen für ein „Potenzial an noch unbestimmten Entscheidungen"[13] schaffen und Abwägungsentscheidungen ermöglichen. In der „politischen Gesellschaft"[14] in der virtuell alles zur Entscheidung steht und in der die jeweils erreichten (Wert-)Ordnungen stets prekär sind, erweisen sich die Informationsreduktionsstrategien der Konditionalprogrammierung jedoch als ungeeignet. Die Verwaltung bleibt davon nicht unberührt. Das Vordringen der Finalprogrammierung, die von unbestimmten Zweckmittelschemata ausgeht, stellt eine der zentralen Ursachen für die zunehmende Überlappung von Politik und Verwaltung dar. Der Verwaltung werden lediglich Ziele gesetzt und Gesichtspunkte genannt, die sie bei der Zielerreichung zu beachten hat.

Das Wertberücksichtigungspotenzial der Verwaltung wird dadurch gesteigert. Diese Entwicklung steht in einem engen Zusammenhang mit der Zunahme wohlfahrtsstaatlicher Aufgaben. Aus der Perspektive des Informationsmanagements ist die zunehmende Bedeutung von Leistungsaufgaben

---

[12] Luhmann, Niklas (1971): Gesellschaftliche und politische Bedingungen des Rechtsstaates, in: Ders.: Politische Planung, Wiesbaden, S.53-65/S.57
[13] Luhmann, Niklas (1971): Opportunismus und Programmatik in der öffentlichen Verwaltung, in: Luhmann, Niklas: Politische Planung , Wiesbaden, S.165-180/S.168
[14] Greven, Michael (1999): Die politische Gesellschaft. Kontingenz und Dezision als Probleme des Regierens und der Demokratie, Opladen

auf Kosten von Eingriffsentscheidungen mit einer Steigerung des Informationsrücklaufes verbunden. Während dieser bei der Anwendung von Befehlsgewalt relativ gering ist, operiert die „zuteilende Verwaltung" in einer komplexen Umwelt und wird mit widersprüchlichen Interessen und Informationen konfrontiert. Da die Verwaltung sich nicht vollkommen von der politischen Programmierung lösen kann und stattdessen zu einer Praxis des „ziellosen, druckabhängigen Schlenderns durch die Landschaft der Zwecke und Werte"[15] übergehen kann, muss sie sich an multiplen Rationalitätskriterien orientieren und Strategien im Spannungsfeld von „Opportunismus und Programmatik"[16] entwerfen.

3) Aus dem *Bundesstaatsprinzip* und dem *Verwaltungsföderalismus* ergeben sich weitere Differenzierungen zwischen Politik und Verwaltung. Aus der Perspektive der Politik dominiert hier das Rationalitätskriterium der Konkurrenzdemokratie. Die Konzentrationsbewegungen im deutschen Parteiensystem haben einen bipolaren Wettbewerb entstehen lassen, der immer wieder die Tätigkeit des Bundesrates überlagert. Die Opposition nutzt den Bundesrat, um sich gegenüber der Regierung zu profilieren, indem programmatische Differenzen akzentuiert werden. Hierzu müssen komplexe Problemlagen (z.B. Steuergesetzgebung) in zugespitzte Positionsbestimmungen (z.B. Entlastung, Gerechtigkeit) transformiert und der innovative, reformorientierte Charakter hervorgehoben werden. Das Informationsmanagement muss sich zu diesem Zweck an der Konflikt- und Profilierungstauglichkeit orientieren. Der politische und wissenschaftliche Diskurs über den bundesdeutschen Föderalismus folgt vielfach dieser Logik, indem die „Reformblockaden" hervorgehoben werden.

Aus der Perspektive der Verwaltung müssen die konfliktorientierten Rationalitätskriterien in Übereinstimmung gebracht werden mit der Realität des Verwaltungsföderalismus und auf einen Erhalt von Diversität zielen. Die administrativen Verflechtungen zwischen Bund, Ländern und Kommunen erzwingen hier eine Ausrichtung an den Rationalitätskriterien von Verhandlungssystemen. Dies ist Folge des schwach ausgeprägten Verwaltungsunterbaus des Bundes und der (jeweils unterschiedlich geregelten) Vollzugsverantwortung für die Landes- und Kommunalverwaltungen. Die übernationalen Einbindungen der Verwaltungen u.a. durch die europäische Integration verstärken die Konsenszwänge. Neben den Grundsatz der „wechselseitigen

---

[15] Luhmann (Anm. 13), S.177
[16] Luhmann (Anm. 13)

Bundestreue" tritt die „Gemeinschaftsverträglichkeit" des Verwaltungshandelns der bundesdeutschen Verwaltungen. Auch in diesem Bereich stehen die einzelnen Rationalitätskriterien nicht unvermittelt nebeneinander. Die Verwaltung muss vielmehr die „politischen Impulse" aufnehmen und zugleich die fachbezogenen kommunikativen Beziehungen erhalten. Die Vorteile von dezentralisierten und regional vorhandenen Organisations- und Informationsressourcen stellen eine Stärke des Verwaltungssystems dar und müssen gegen die von der Politik favorisierte „Vereinheitlichung" verteidigt werden. Dies kann in Zusammenarbeit mit politischen Bündnispartnern erreicht werden, indem beispielsweise die „Darstellungspolitik" der Opposition mit den „Bestandssicherungsstrategien" der Verwaltungen konvergiert. Wichtiger jedoch ist die permanente Reproduktion dieser Strukturen durch die vertikalen (zwischen dem Bund und den Ländern) und horizontalen (zwischen den Ländern) Koordinations- und Kooperationsregeln und -formen. Diese vielfältigen und unübersichtlichen Mechanismen entbehren vielfach einer verfassungsrechtlichen Formalisierung. Von zentraler Bedeutung sind die Ausschüsse des Bundesrates, die Ländervertretungen beim Bund und die interministeriellen Bund-Länder-Ausschüsse auf Beamtenebene. Langfristige Orientierungen, Sachbezogenheit und institutionelle Stabilität bilden in ihnen die Ordnungskriterien für Entscheidungen und das Informationsmanagement. Ausgehend von der Notwendigkeit untereinander Festlegungen zu treffen und Verpflichtungen einzugehen, entwickelten sich unter den Bedingungen eines zunehmenden Planungsbedarfes Fachbruderschaften. Ihre Existenz verweist zum einen auf einen immer wieder kritisierten „geschlossenen Kreislauf im Exekutivbereich"[17] und zum anderen auf den hohen Grad an vertikaler Segmentierung.

4) Die politikfeldspezifische Segmentierung ergibt sich aus den in Art. 65 GG festgelegten Normierungen zur *Regierungsorganisation*. Die Grundsätze sind – wenn auch mit stärkeren Abweichungen in den Stadtstaaten – für die Regierungen der Länder prägend. Konzentrations- und Dekonzentrationsmuster bilden einen dreifachen Mischtyp bestehend aus Kanzlerprinzip (Konzentration durch Richtlinienkompetenz), Kollegialprinzip (Koordination durch Kabinett) und Ressortprinzip (Dekonzentration durch Eigenverantwortung für den Geschäftsbereich). Die Stellung der einzelnen Prinzipien

---

[17] Lehmbruch, Gerhard (2000): Parteienwettbewerb im Bundesstaat. Regelsysteme und Spannungslagen im politischen System der Bundesrepublik Deutschland, Wiesbaden

zueinander ist letztendlich nicht eindeutig normiert, ihre Variabilität zeigt sich in der Abhängigkeit von den jeweiligen Regierungsstilen der Bundeskanzler[18] und in einer für die Praxis immer wieder unterstellten Dominanz des Ressortprinzips. Da der Bundeskanzler nur eine allgemeine Richtlinienkompetenz und keine unmittelbare Weisungsbefugnis den einzelnen Ministern gegenüber besitzt, ist der Ressortpartikularismus stark ausgeprägt. Die Programmentwicklung, für die jeweils eine Federführung festgelegt wird, vollzieht sich sehr stark durch einzelne Ministerien.

Die horizontale Differenzierung nach einzelnen Bereichen ist historisch entstanden, die fünf klassischen Ressorts (Finanzen, Außen, Innen, Krieg und Justiz) sind immer noch als eigene Verantwortungsbereiche erhalten. Es ist jedoch aus dem Bereich der allgemeinen inneren Verwaltung durch Ausgliederung eine Vielzahl neuer Ressorts entstanden, die sich zudem in einem Prozess der permanenten Umgliederung befinden. Die Kriterien hierfür werden von Politik und Verwaltung unterschiedlich gesetzt. Der Politik geht es dabei oft nicht primär um eine verwaltungspolitische Gestaltung, sondern um genuin politische Aspekte wie die angemessene Verteilung von Posten innerhalb der Koalition, den Beweis von Handlungsfähigkeit durch symbolische Politik (wie z.B. jüngst durch die Zusammenlegung von Wirtschaft und Arbeit in einem „Superministerium") oder aber um wahltaktische Kalküle (so z.B. durch die Gründung des Bundesministerium für Umwelt nach der Reaktorkatastrophe von Tschernobyl und im Vorfeld einer Landtagswahl). Aus der Perspektive der Verwaltung sind dagegen die fachliche Nähe und das (gewohnte) ineinander greifen von Prozessen maßgebliche Kriterien für die organisatorische Zusammensetzung.

Die Konsequenzen, die sich aus dem Zuschnitt der Ministerien für das Informationsmanagement ergeben, sind relevant, da sich durch die organisatorische Zusammenlegung unterschiedlicher Bereiche „Informationsknotenpunkte" mit einem spezifischen Profil und einer strategisch ausgerichteten Selektivität bilden, die zu einer Aufmerksamkeitsteilung führen.[19]

Der häufige Wechsel der Kombinationen vor allem im Sozial- und Infrastrukturbereich und die vergleichsweise geringen Anpassungsschwierigkeiten, die dabei festzustellen sind, verweisen jedoch darauf, dass die Bedeutung der Fachgebietsgliederung nicht überschätzt werden sollte. Dies

---

[18] Vgl. Korte, Karl-Rudolf (1998): Deutschlandpolitik in Helmut Kohls Kanzlerschaft. Regierungsstil und Entscheidungen, Stuttgart
[19] Vgl. Scharpf, Fritz W.: (1973): Fallstudien zu Entscheidungsprozessen in der Bundesregierung, in: Mayntz, Renate/Scharpf, Fritz W. (Hg.): Planungsorganisation. Die Diskussion um die Reform von Regierung und Verwaltung des Bundes, München, S. 68-90

ergibt sich aus der inneren Struktur der Ministerien. Unterschieden werden kann zwischen der politischen Leitung (Minister und beamteter Staatssekretär), den Abteilungen und Unterabteilungen, denen eine zentrale Vermittlungs- und Koordinationsfunktion zukommt und den Referaten.

Die Referate bilden die zentralen Arbeitseinheiten der Ministerien und in ihnen sind die Informationsbestände gespeichert. Problem- und Lösungskenntnis sowie differenzierte Umweltkontakte werden hier kontinuierlich akkumuliert und bilden ein Wissensreservoir, das für wechselnde politische Initiativen die notwendigen Ressourcen zur Verfügung stellt. Dies ist für das Zusammenspiel von Politik und Verwaltung von zentraler Bedeutung. Die für eine Medienöffentlichkeit fokussierten politischen Initiativen müssen für den Entscheidungsprozess inhaltlich angereichert werden, indem differenzierte Aspekte entlang der politischen Leitlinien platziert werden. Die Auswirkungen auf die rechtlichen Regelungswerke müssen bilanziert und der Erhalt ihrer Architektur gesichert werden. Schließlich müssen Implementationserfahrungen in den Prozess der Policy-Gestaltung rückvermittelt werden.

Da bei Umstrukturierungen die Referatsstrukturen meist intakt bleiben, ist die Arbeitsfähigkeit der Verwaltung im Reorganisationsprozess sichergestellt. Die damit einhergehende Kontinuität verweist jedoch zugleich auf die Grenzen einer verwaltungspolitischen Gestaltung durch den Ressortzuschnitt und auf die Kontinuität der Informationsstrukturen. Diese sind nicht nur horizontal segmentiert, sondern auch dezentral in den einzelnen Referaten konzentriert. Die Vorteile dieser Informationspools für die Multifunktionalität und die Flexibilität bringen zugleich das Problem der Koordinierung auf die Tagesordnung. Die Informationen liegen nicht in zentralisierter Form vor und alle Versuche der Schaffung von Aufgabenplanungskapazitäten im Bundeskanzleramt scheiterten bisher.[20]

Die wechselseitige Verstärkung von horizontaler und vertikaler Differenzierung in den Formen der Politikverflechtung[21] ist durch die administrative Interessenvermittlung mit der Umwelt des politisch administrativen Systems verbunden. Die Strukturen des Verwaltungs- und des Verbändesystems sind das Resultat eines wechselseitigen Anpassungsprozesses, in dessen Verlauf sich stabile Informationskanäle herausgebildet haben. Entwick-

---

[20] Vgl. Schatz, Heribert (1973): Auf der Suche nach neuen Problemlösungsstrategien: Die Entwicklung der politischen Planung auf Bundesebene, in: Mayntz, Renate/Scharpf, Fritz W. (Hg.): Planungsorganisation. Die Diskussion um die Reform von Regierung und Verwaltung des Bundes, München, S. 9-67
[21] Vgl. Scharpf, Fritz W./Reissert, Bernd/Schnabel Fritz (1976): Politikverflechtung. Theorie und Empire des kooperativen Föderalismus in der Bundesrepublik, Königstein

lungsgeschichtlich wird die zunehmende organisatorische Ausdifferenzierung der Verwaltung mit der Herausbildung von Interessenverbänden in Zusammenhang gebracht.[22] Zugleich lassen sich im Rahmen von Klientel- oder Capture-Beziehungen Prozesse feststellen, bei denen Interessenverbände die Abspaltung von Ressorts forcieren, um ihren eigenen Zugang zur Verwaltung zu erleichtern.

Für die Verwaltung basieren die Verflechtungen mit den organisierten Interessen aus der Perspektive des Informationsmanagements auf einem „austauschlogischen" strategischen Kalkül, nämlich der Sicherstellung des notwendigen Steuerungswissens und zwar sowohl für die Politikvorbereitung wie für die Implementation. Auch hier zeigen sich Unterschiede zwischen Politik und Verwaltung. Der Informationszufluss hat für die Verwaltung eine weitaus wichtigere Bedeutung als für die Politik. Während für die Politik meist neokorporatistische Einbindungsstrategien im Vordergrund stehen, braucht die Verwaltung die Informationsressourcen, und zwar in differenzierter und sequenzialisierter Form. Die Organisation der Austauschbeziehungen im Kontext breiter Bündnisse (z.b. Bündnis für Arbeit) vonseiten der Politik und der Erhalt der klientelistischen Segmentierung kennzeichnen die unterschiedlichen Bedürfnisse.

Zusammenfassend kann festgehalten werden, dass die Differenz zwischen politischem und administrativem Informationsmanagement in der Multidimensionalität des Verwaltungshandelns besteht. Administratives Informationsmanagement findet in unterschiedlichen Bereichen statt, besitzt unterschiedliche Funktionen, vollzieht sich in unterschiedlichen Formen von Programmierung und muss sich an unterschiedlichen Interessen orientieren. Die Verarbeitung von Komplexität wird dadurch zur zentralen Problemperspektive des administrativen Informationsmanagements. Komplexität meint dabei nicht primär die Anzahl der Elemente und die Summe der Koppelungen zwischen ihnen. Jegliches Informationsmanagement zeichnet sich dadurch aus, dass es eine quantitative Reduktion vornehmen muss. So schwer die Aufgabe im Einzelnen für die Verwaltung auch sein mag, sie stellt kein Spezifikum des administrativen Informationsmanagements dar. Komplexität im hier verwendeten Sinne bezieht sich auf die Art und Weise der Selektivität, die einen hohen Grad an Diversität erhalten muss. Zugespitzt formuliert ist Komplexität sowohl die Ursache als auch die Lösung des Problems. Strategien der Komplexitätsreduktion müssen mit Strategien des Komplexitäts-

---

[22] Vgl. Lehmbruch, Gerhard (1987): Administrative Interessenvermittlung, in: Windhoff-Héritier, Adrienne (Hg.): Verwaltung und ihre Umwelt, Opladen, S.11-43

aufbaus und -erhaltes einhergehen und Strukturerweiterungen schaffen. Für das Informationsmanagement erwächst daraus konkret die Anforderung, dass es auf Wissensteilung und nicht auf Wissenszurückhaltung orientiert sein muss.

2. Strategien des administrativen Informationsmanagements

Die angeführten organisatorischen Ordnungsmuster bilden eine solide Infrastruktur, innerhalb derer flexible Strategien spontan aufgebaut werden können. Organisationsstrukturen institutionalisieren sinnhafte Handlungszusammenhänge, die kommunikative Beziehungen ermöglichen.

Da Entscheidungsprozesse vor allem Informationsverarbeitungsprozesse sind, ist das Informationsmanagement von zentraler Bedeutung für das administrative Handeln. Seine Qualität ist von (technischen, rechtlichen und organisatorischen) Ressourcen und der Kommunikationspraxis der Verwaltung abhängig. Ein fehlerhaftes Informationsmanagement wird von der Öffentlichkeit aufmerksam registriert. Sinnlose Statistiken, unvollständige Akten, nicht zeitgemäße Informationen (zu früh oder zu spät) sind Standardargumente der öffentlichen Bürokratiekritik.

Die Informationssysteme innerhalb der Verwaltung zeichnen sich durch einen hohen Grad an rechtlicher Normierung sowohl durch Gesetze als auch durch Geschäftsordnungen aus wie Regelung der Dienstwegekommunikation, Regelung der eingehenden Post und Postbehandlung, Akteneinsicht, Unterrichtungspflichten, Schreibdienste und vieles andere mehr. Im Gegensatz dazu finden sich relativ wenig generalisierte Theorieaussagen über die Strukturierung von Informationssystemen der Verwaltung. Bernd Becker begründet dies folgendermaßen:

„Die Effektivität von Informations- und Kommunikationssystemen, gemessen über alle Merkmale guter Aufgabenerfüllung, steht fast immer im Widerspruch zu den speziellen Strukturfunktionen in der öffentlichen Verwaltung, die sich aus dem verfassungsgesetzlichen und gesetzlichen Systemprogramm ergeben. Insofern ist die Ausschöpfung des gesamten Merkmalsraumes der Strukturdimension 'Information und Kommunikation' weder präskriptiv möglich noch empirisch beobachtbar."[23]

---

[23] Becker, Bernd (Anm. 8), S.622

Um nicht bei Einzelfallbeschreibungen zu landen, bedarf es offensichtlich abstrakterer theoretischer Perspektiven. Eine rein institutionalistische Betrachtung erweist sich hier als unzureichend.[24] Zum einen kann sie nicht erklären, wie es der Verwaltung gelingt, zwischen den unterschiedlichen Anforderungen des Informationsmanagements umzuschalten und/oder zu vermitteln, indem sie praktikable Lösungen findet. Zum anderen kann sie das Spannungsverhältnis zwischen dauerhafter Organisationsstruktur und einer sich immer wieder neu herausbildenden Organisationspraxis nicht darstellen. Diese – insbesondere für das programmierte Verwaltungshandeln – typische Konstellation wird von Menne-Haritz als Differenz von Absicht und Realisierung dargestellt.

> „Es ist das Verhältnis von absichtlich mit Hilfe von Einschränkungen geöffneter Kontingenz und der Selektion, die sie schließt, aber nicht aufbraucht, sondern eher vertieft und ausbaut."[25]

Eine allgemeine Beschreibung des Informationsmanagements der Verwaltung bedarf daher einer Analyse von Prozessen, durch die das Verhältnis von Operation und Struktur immer wieder reproduziert wird. Ein Blick auf die Akteursstrategien liefert hier erste Hinweise, indem die Machtdimension des Informationsmanagements fokussiert wird. An sie schließt eine stärker systemische Betrachtung an. Mit dieser Analyseperspektive können Strategien zur Bearbeitung des Komplexitätsproblems analysiert werden. Die von Becker begründete „Unmöglichkeit" einer allgemeinen Beschreibung ist letztendlich eine Konsequenz des Komplexitätsproblems der Verwaltung. Durch eine abstraktere Vorgehensweise können Beobachtungen der Problemverarbeitungsstrategien und funktionale Anforderungen an die Verwaltung in die Kennzeichnung des Informationsmanagements einbezogen werden. Die systemische Perspektive fokussiert nicht nur inhaltlich auf das Komplexitätsproblem, sie erlaubt auch den Zusammenhang von Binnen- und Umweltkomplexität zu untersuchen und die Schnittstellenproblematik zu thematisieren.

---

[24] Vgl. Grunow, Dieter (2003): Institutionenbildung aus systemtheoretischer Sicht, in: Sommermann, Karl-Peter (u.a.) (Hg.): Institutionenbildung und öffentliche Verwaltung, Baden-Baden, (i.E.)

[25] Menne Haritz, Angelika (1999): Schließung und Öffnung der Verwaltungsentscheidung: Funktionen schriftlicher Aufzeichnung im Vorgang, in Soziale Systeme (5), S. 137-158/S.140f

2.1 Informationsmanagement als Machtstrategie

Durch die Art und Weise, wie Verwaltungsorganisationen die Kommunikation und die Informationsflüsse zwischen ihren Einheiten ablaufen lassen, wird Macht geschaffen. Die Modalitäten der Informationsweitergabe (verzögert, gefiltert, gefärbt) hat Auswirkungen auf die Handlungsfähigkeit der Empfänger. Innerhalb der Organisationen entstehen Unsicherheitszonen, die auf der ungleichen Verteilung von handlungsleitenden und handlungsbegründenden Informationen basieren. Auf diesem Fundament entstehen Machtbeziehungen, die sich nicht nur auf die organisatorische Formalstruktur, sondern immer auch auf (aktuelle) interessenbezogene Interpretationen, die Spielstrukturen[26], beziehen und die sich permanent reproduzieren.

Informationsmanagement als strategisches, machtorientiertes Handeln innerhalb der Verwaltung ist in der Politikvorbereitung und in der Implementation relevant. Die Freiheitsgrade sind jedoch in der Politikvorbereitung stärker ausgeprägt, da bei der Implementation, als programmiertem Verwaltungshandeln, die Informationsphase selbst organisiert und damit begrenzt werden kann.

Im Prozess der Politikvorbereitung wird der „freie" Zugriff auf Informationen bereits durch die Regelungen organisatorischer Zuständigkeit und den damit verbundenen organisatorischen Kapazitäten (das Verhältnis von Aufgabenumfang und Personalressourcen) strukturiert. Erst durch sie entsteht eine Bereichsaufmerksamkeit als Voraussetzung für das Erkennen von Problemen und den Beginn des „agenda-setting". Auf Grund der Speicherfunktion der Verwaltung bestehen für die meisten Probleme bereits mehrere brauchbare oder vertretbare Lösungen und damit erste Rationalitätskriterien für den sachlichen Selektionsprozess.

Die Machtdimension tritt dann mit der Festlegung der Verfahrensherrschaft in den Vordergrund.

> „Die 'Federführung' wird, da sie die Entscheidung über das jeweils einzuschlagende Verfahren impliziert, zur Machtfrage".[27]

Durch sie wird eine Verbindung von sachlicher und zeitlicher Struktur hergestellt. Es wird ein Selektionsprozess in Gang gesetzt, der dadurch geprägt ist, welche Informationen an welcher Stelle zuerst vorhanden waren, wie das

---

[26] Vgl. Crozier, Michael/Friedberg, Erhard (1979): Die Zwänge kollektiven Handelns. Über Macht und Organisation, Königstein/Ts
[27] Luhmann, Niklas (1969): Legitimation durch Verfahren, Darmstadt, Neuwied, S.206

Problem am Anfang definiert wurde, welche Alternativen aufgrund unzurei-
chender Information ausgeschlossen werden und wie hoch die Informationskosten sind. Neben dem Sachwissen sind es vor allem taktische Informationen, die für die Arbeit von Bedeutung sind. Edda Müller umreißt am Beispiel
der Entstehung des Bundes-Bodenschutzgesetzes diesen Informationsbedarf
folgendermaßen:

> „Ist mein Minister stark genug oder angesichts seiner politischen Prioritäten
> willens, mit Erfolg Konflikte mit Kabinettskollegen, den Bundesländern und
> starken Interessengruppen auszufechten?
> Wie sieht die Mehrheitskonstellation im Bundesrat aus und besteht eine Mög-
> lichkeit, ein Gesetz zu konzipieren, das nicht der Zustimmung der Länder-
> kammer bedarf? (...)
> Inwieweit sind die eigenen Ressortkollegen auf meiner Seite, um zumindest
> die Angelegenheiten im 'eigenen Haus' konsensfähig zu regeln?
> Wie weit darf ich gehen, ohne den Besitzstand umweltrechtlicher Regelungen
> bzw. von Regelungen mit Bedeutung für den Umweltschutz zu gefährden, in-
> dem ich im Rahmen von Novellierungsdiskussionen die 'Büchse der Pandora'
> öffne?
> Wie kann ich – im ungünstigsten Falle – zumindest einen 'Fuß-in-der-Tür-
> Effekt' erreichen, der eine künftige Weiterentwicklung des Regelungsbereichs
> möglich macht und erleichtert."[28]

Die strategische Informationssuche, durch die Informationen über relevante
Handlungskontexte anderer Akteure gefunden werden sollen, die für die
eigenen Interessen relevant sind, und strategische Informationsangebote,
durch die Verbündete für die eigene Position gesucht werden, dienen in diesem Zusammenhang dem Aufbau von Machtbeziehungen.[29] Die ungleiche
Verteilung von Handlungsressourcen und die dadurch bedingten Unsicherheitszonen sind eine direkte Folge der organisatorischen Ordnungsmuster,
konkret der horizontalen Segmentierung und der dezentralen Konzentration
der Informationsressourcen. Durch die Arbeitsteilung werden also Konflikte
hervorgebracht, die nicht durch umfassende Information und Kommunikation gelöst werden können. Das durch Machtbeziehung strukturierte Hand-
lungsfeld ermöglicht der Verwaltung vielmehr sich an unterschiedlichen
Rationalitätskriterien zu orientieren und jeweils problemangemessene Ver-

---

[28] Müller, Edda (2001): Ministerialverwaltung im Prozess der Normgenese am Beispiel des Bodenschutzes, in: Brandt, Eduard/Smeddinck, Ulrich/Tils, Ralf (Hg.): Gesetzesproduktion im administrativen Binnenbereich, Baden-Baden, S. 17-29/S.24
[29] Küpper, Willi/Felsch, Anke. (2000): Organisation, Macht und Ökonomie. Mikropolitik und die
Konstitution organisationaler Handlungssysteme, Wiesbaden

flechtungen zwischen ihnen herzustellen. Die Orientierung am Konzept der Spielstrukturen von Crozier und Friedberg verdeutlicht, dass dieser Prozess nicht organisatorisch determiniert ist. Es werden auch nicht die dem kollektiven Handeln inhärenten Zwänge geleugnet. Sie werden jedoch als das Ergebnis einer Reihe von Spielen betrachtet. Spezifische Erfahrungen, Organisationsmuster und die Dynamik von Machtbeziehungen schaffen ein Regelsystem. Auf seiner Grundlage entsteht eine Verteilung der insgesamt möglichen Strategien,

> „eine Verteilung, die die Akteure zwar respektieren müssen, wenn sie das Spiel stabil halten wollen, innerhalb derer sie jedoch auch andere 'Rollenverhalten' erproben können, ohne gleich für ihre 'Abweichung' bestraft zu werden."[30]

Das Informationsmanagement als Machtstrategie schafft also eine Regelungsstruktur, die das Spannungsverhältnis zwischen Organisationsstruktur und Organisationspraxis aufrecht erhält und dynamische Anpassungsprozesse ermöglicht.

Dies gilt nicht nur für die organisationsinternen Prozesse, sondern auch für die Interorganisationsbeziehungen. Die Beziehungen zu den Verbänden sind für die Verwaltung nicht nur wichtige Informationsressourcen für die internen Spiele, die Formen des Informationsaustausches regulieren zugleich die Beziehungen zwischen Verwaltung und organisierten Interessen im Spannungsfeld von Autonomie und Verflechtung. Es handelt sich also immer um zwei miteinander verflochtene Spiele, in die die Verwaltung beim Informationsmanagement verstrickt ist. Eine alleinige Betrachtung der strategischen Kalküle im Kontext der Akteursbeziehungen stößt hier an seine Grenzen. Die Verwaltung steht vor einer scheinbar paradoxen Situation. Ihre verfassungsmäßige Funktionsfestlegung auf die Herstellung gesellschaftlich bindender Entscheidungen erfordert eine starke Orientierung am Autonomiekalkül. Zur Sicherstellung ihrer Autonomie bedarf sie jedoch der Verflechtung mit den gesellschaftlichen Interessen, um die erforderlichen Steuerungsressourcen zu sichern. Zudem birgt das Autonomiekalkül bei wechselnden Umwelten Gefahren in sich.[31] Offensichtlich muss die Akteursperspektive ergänzt werden um Betrachtungsweisen, die eine genauere Analyse der Umweltbeziehungen des Verwaltungssystems ermöglichen. Dies wiederum erfordert eine stärkere inhaltliche Fokussierung auf die Anforderungen des Informationsmanagements der Verwaltung. Nur eine Klärung der übergeord-

---

[30] Vgl. Crozier, Michael/Friedberg, Erhard (Anm. 26), S.72
[31] Vgl. Lehmbruch, Gerhard (Anm. 22)

neten internen Rationalitätskriterien des Informationsmanagements vermag die Differenz zu den externen Anforderungen deutlich zu machen.

2.2 Informationsmanagement zwischen Komplexitätsreduktion und Komplexitätsaufbau

Die Verwaltung muss möglichst umfassende Informationsressourcen sammeln. Ein kurzer Blick auf die Organisationstheorie verweist auf die Grenzen dieser in Lehrbüchern und praxeologischen Empfehlungen immer noch formulierten Strategie.

> „Looked at in large, organizations exist to suppress data. Some data are screened out. The very structure of organization – the units, the levels, the hierarchy – is designed to reduce data to manageable and manipulable portions. (...) Organization is bias. Organization necessitates selectivity."[32]

Dies gilt umso mehr für die öffentliche Verwaltung, deren Entscheidungsfähigkeit nicht nur intern sondern gesamtgesellschaftlich sichergestellt werden muss. Der Informationsoverload stellt für sie gleichermaßen eine Bedrohung dar wie der Informationsmangel. Die Informationsaufnahme der einzelnen Organisationseinheiten bewegt sich im Spannungsfeld von Öffnung, Segmentierung (im Sinne gezielter Adressierung an Untereinheiten) und Schließung. Die im ersten Abschnitt angeführten Organisationsmerkmale leisten fast alle einen Beitrag zur Komplexitätsreduktion.

Eine erste Form der Informationsreduktion findet dadurch statt, dass die Informationsaufnahme an die Form der Schriftlichkeit gebunden ist. Dabei lässt sich feststellen, dass unterschiedliche Formen der Schriftlichkeit in engem Zusammenhang mit verschiedenen Entscheidungsformen stehen.[33]

Die Dominanz von juristischen Entscheidungen, die an Rechtsnormen und nicht an Zielsystemen orientiert sind[34], begrenzt ebenfalls Komplexität, indem sie grundsätzlich nur eine Norm als Anspruchsgrundlage erlaubt. Normkonflikte werden dadurch gelöst und die Menge der zu berücksichtigenden Information rapide reduziert. Das Subsumtionsmodell bietet nur die Alternativen „Bejahung" oder „Verneinung", an die Stelle der differenzierten

---

[32] Wildavsky, Aaron (1983): Information as an Organizational Problem, Journal of Management Studies, (1), S. 29-40/S.29
[33] Vgl. Menne-Haritz (Anm. 25)
[34] Vgl. Thieme, Werner (1981): Entscheidungen in der öffentlichen Verwaltung, Köln, S.31ff

Bewertung einer Entscheidung tritt das Kriterium, ob eine Entscheidung rechtlich in Ordnung ist oder nicht.

Der hohe Grad an Koordination zwischen den organisatorisch verselbstständigten Ressorts erfolgt durch horizontale Abstimmung und zwar vielfach nach dem Muster der negativen Koordination.[35] Das für den jeweiligen Problembereich zuständige Referat entwickelt Vorhaben bis zur Entscheidungsreife. In einem zweiten Schritt prüfen weitere zu beteiligende Akteure die Vorlage hinsichtlich störender Auswirkungen für den eigenen Bereich. Dadurch können die Informationen selektiv, doppelt gefiltert, verarbeitet werden. Informationen sind relevant, wenn sie erstens den eigenen Bereich betreffen und zweitens auch nur dann, wenn sich negative Auswirkungen ergeben. Ebenso wird durch die Einrichtung von Spiegelreferaten ein umfassender Informationsaustausch vermieden, der Informationsfluss bei Querschnittsaufgaben wird hier segmentiert verarbeitet.

Strategien dieser Art sind auch bei neu auftretenden Aufgabenbereichen festzustellen, zu deren Bearbeitung Beauftragte (historisch: z.B. Frauenbeauftragte, Datenschutzbeauftragte und Europabeauftragte auf der kommunalen Ebene) eingesetzt werden. Die Verwaltungsorganisation wird von der Verarbeitung der neuen – die bisherigen Abläufe meist irritierenden – Informationen entlastet, indem eine Vorselektion stattfindet. Komplexitätsreduktion erfolgt hier nach dem Muster der Personalisierung. Solange keine organisatorischen Regeln und Praktiken für den Umgang mit Themen bestehen, werden persönliche Verantwortlichkeiten festgelegt. Die grundlegende Funktionsfähigkeit wird hier durch den Feuerwehrmann sichergestellt. Sein Spezialwissen ist das Krisenmanagement.

Die aktuellen Strategien der Verwaltungsmodernisierung schließlich versuchen den Informationsfluss dadurch zu begrenzen, dass sie ihn auf ökonomische Indikatoren reduzieren. Die Einzelinformationen werden dadurch entkontextualisiert.[36] Im Gegensatz zu rechtlichen Steuerungsformen ist das informationelle Fassungsvermögen ökonomischer Indikatoren begrenzt. Ihre Attraktivität besteht gerade in dieser Reduktionsleistung, die es erlaubt sie als Instrument für Cutbackstrategien einzusetzen. Ebenso können sie im Rahmen von Benchmarkingverfahren als Ersatz für umfangreiche Vergleiche und zur Befriedigung eines öffentlich artikulierten Bedürfnisses nach mehr

---

[35] Vgl. Scharpf, Fritz W.(1973): Koordinationsplanung und Zielplanung, in: Mayntz, Renate/Scharpf, Fritz W. (Hg.): Planungsorganisation. Die Diskussion um die Reform von Regierung und Verwaltung des Bundes, München, S. 107-114
[36] Vgl. Felder, Michael (2001): Die Transformation von Staatlichkeit. Europäisierung und Bürokratisierung in der Organisationsgesellschaft, Wiesbaden

Transparenz und Kontrolle administrativer Leistungsfähigkeit eingesetzt werden.

Das Beispiel der Verwaltungsmodernisierung verdeutlicht zweierlei. Zum einen sind die jeweiligen Strategien zur Komplexitätsreduktion umstritten und zweitens sind sie vielfach eine Reaktion auf Umweltanforderungen. Alle oben aufgeführten Strategien zur Komplexitätsreduktion könnten problematisiert werden, indem auf negative Konsequenzen verwiesen wird. Das Prinzip der Schriftlichkeit könnte als Bürokratisierung kritisiert werden, dem Subsumtionsmodell könnte die Notwendigkeit einer normativ zu erbringenden Rechtskonkretisierung gegenübergestellt werden, der negativen Koordination könnte eine mangelnde Problemlösungsfähigkeit und den Strategien der Verwaltungsmodernisierung eine zunehmende Ökonomisierung des Verwaltungshandelns vorgeworfen werden. Umstritten ist dabei nicht nur die jeweilige Form der Komplexitätsreduktion, sondern zugleich die Intensität, mit der sie vorangetrieben wird.

Unter diesen Bedingungen stellt sich die Frage nach geeigneten Kriterien für die jeweilige Form und den Umfang an Komplexitätsreduktion. Zu dieser aktuellen Problemkonstellation hat Niklas Luhmann schon früh eine klare Trendaussage getroffen:

„So utopisch der Gedanke einer vollständig durchrationalisierten Entscheidungsorganisation im Bereich des politischen Systems ist und bleiben wird, so deutlich weist er die Richtung der Anforderungen, denen die Entscheidungsverfahren der Verwaltung nachkommen müssen. Je höher die Komplexität eines Systems ist, die durch interne Prozesse abgearbeitet werden muss, desto zwingender wird eine systemimmanente Eigengesetzlichkeit, die in Organisationsformen und Verfahrensweisen Berücksichtigung erheischt."[37]

Die Forderung nach einer zunehmenden Selbstreferenzialität der Verwaltung kann sich nur auf den Erhalt ihrer Implementationsfähigkeit richten. Sowohl ihre verfassungsmäßige Funktionsbestimmung als auch ihre Stellung im Prozess der öffentlichen (d.h. immer auch politisch entschiedenen) Leistungserbringung rechtfertigen eine Ausrichtung der vielfältigen Rationalitätskriterien an diesem Bereich. Die daraus erwachsenden Aufgaben an das Informationsmanagement erfordern vielfach einen Erhalt oder sogar einen Ausbau an Komplexität. Die neuralgischen Punkte stellen dabei jeweils die Schnittstellen zur Umwelt der Verwaltung dar. Einerseits kann die Verwaltung diese Beziehungen nicht autonom festlegen, andererseits stellen die mit

---

[37] Luhmann, Niklas (Anm. 27), S.207

den jeweiligen Akteuren getroffenen Vereinbarungen bzw. deren Strategien eine Gefährdung für die Implementationsfähigkeit der Verwaltung dar. So zielen die mit der Verwaltungsmodernisierung verknüpften Strategien der Haushaltskonsolidierung auf eine Erosion der organisatorischen Kapazitäten der zentralen Implementationsakteure des politisch administrativen Systems. Die von der Wirtschaft geforderte und von der Politik verabschiedete Beschleunigungsgesetzgebung hat die rechtlichen Steuerungsressourcen der Verwaltung entwertet und zugleich die Anforderungen an die Kommunikationsintensität des Verfahrens erhöht und um den Aspekt der chancengleichen Kommunikationsteilhabe erweitert.[38] In der Summe wird durch die Erosion alter und die Formulierung neuer Steuerungsaufgaben die Handlungsfähigkeit der Verwaltung unterminiert. So legitim die Anforderungen (Haushaltskonsolidierung, Verfahrensbeschleunigung etc.) im Einzelnen auch sein mögen, sie dürfen nicht die Handlungsfähigkeit der Verwaltung in Frage stellen. Das jeweilige Verhältnis von Komplexitätsreduktion und Komplexitätssteigerung muss von der Verwaltung selbst durch eine Art Meta-Governance[39] des Schnittstellenmanagements gestaltet werden. Die hierfür notwendigen Informationsbestände werden durch die Organisationsmuster des Verwaltungssystems im Zusammenwirken mit den machtbezogenen Spielen (die permanent Aktualisierungen vornehmen) bereitgestellt. Der Gewinn an administrativer Rationalität hat jedoch auch seinen Preis:

> „Damit wird es zunehmend schwieriger und eine Belastung für die erreichbare Rationalität, den Verwaltungsverfahren auch noch legitimierende Funktionen abzuverlangen."[40]

Es bleibt dabei: Die wechselseitige Abhängigkeit von Politik und Verwaltung erfordert eine permanente Anpassung der handlungsleitenden Rationalitätskriterien und die Akzeptanz der Eigenständigkeit der Aufgabenbereiche.

3. Fazit

Die vorangehenden Ausführungen haben bewusst eine globale und abstrakte Sicht auf das Thema „administratives Informationsmanagement" gewählt.

---

[38] Vgl. Schuppert, Gunnar F. (2000): Verwaltungswissenschaft. Verwaltung, Verwaltungsrecht, Verwaltungslehre, Baden-Baden, S.748
[39] Vgl. Jessop, Bob (2002): The Future of the Capitalist State, Cambridge, Oxford, S.216 ff
[40] Vgl. Luhmann, Niklas (Anm. 27), S.207

Informationsmanagement ist ein grundlegender Bestandteil des Verwaltungshandelns und das politische Spitzenpersonal greift ständig auf diese Ressource zurück. Zugleich ist die Verfügbarkeit von entscheidungsrelevanten Informationen stets prekär: Probleme der Wissenslogistik stehen auf der Tagesordnung – wozu nicht nur die zeitlich-örtliche Verfügbarkeit gehört sondern auch die grundlegende Wissensteilung. Die sich mit den neuen Medien entwickelnden Instrumente („data-mining", Suchmaschinen) signalisieren die Schwierigkeiten, Bestandsübersichten und richtige Selektionsstrategien zu entwickeln. Die Vorstellung, man könne die für politische Entscheidungen relevante „Welt" in eine Datenbank zusammenfassen, sollte damit der Vergangenheit angehören. Alle Instrumente des Informationsmanagements sind je für sich nur sehr begrenzte Hilfsmittel. Die Verwaltung ist daher gehalten, alle verfügbaren Varianten zu prüfen und ggf. zu nutzen. Dies erschließt aber nicht hinreichend die grundlegenden Anforderungen an das administrative Informationsmanagement. Dafür ist es erforderlich, ein hinreichend komplexes Modell des Verwaltungshandelns mit seinen Schnittstellen zur Politik und zu den Bürgern zu benutzen. Nach wie vor werden allzu simple Schemata verwendet: so auch im Rahmen des Neuen Steuerungsmodells, das der Politik die „was-Fragen" und der Verwaltung die „wie-Fragen" zuordnet. Wie in diesem Beitrag gezeigt wurde, ist eine Rekonstruktion der Verzahnung von Politik und Verwaltung erforderlich, um die Bedeutung aber auch die Leistungsvoraussetzungen des administrativen Informationsmanagements zu verstehen. Das Implementationswissen ist eben nicht nur verwaltungsintern notwendiges Wissen sondern auch eine wichtige Basis für das Schnittstellenmanagement zur Politik: konkret ist es ein wesentlicher Teil des beratungsrelevanten Wissens.

Damit sind die Schnittstellen zu Politik und Bürgern in den Verwaltungsbereich verlagert: Die Verwaltung muss gleichzeitig mit verschiedenen Rationalitäten umgehen. Praktisch ausgedrückt handelt es sich um die Maßstäbe der Rechtmäßigkeit, Zweckmäßigkeit (Effektivität), Wirtschaftlichkeit (Effizienz) und Bürgernähe (Transparenz, Legitimation). Oder mit einem anderen Beispiel formuliert: Verwaltung entscheidet nicht nur programmatisch sondern auch opportunistisch. Dies beinhaltet sowohl die Erzeugung einer hohen Binnenkomplexität als auch die Fähigkeit, Kontingenzen der Verwaltungsumwelt zu verarbeiten. Auf diese Weise kann die notwendige Selektivität für die Entscheidungsfindung erzeugt werden.

Abschnitt 1 hat in diesem Zusammenhang die bekannten (makroskopischen) Architekturen beleuchtet. Sie zeigen, dass im bundesrepublikanischen Verwaltungssystem die Schnittstellen zur Politik ebenso wie zu den Bürgern mehrfach existieren. Die Logistik des Implementationswissens (in dem wir hier Informationen über gesellschaftliche Zustände und Interessenkonfigurationen einschließen) ist im Verwaltungsföderalismus horizontal und vertikal stark fragmentiert. Die Einbeziehung von gesellschaftlichen Institutionen (Governance) steigert die Binnenkomplexität der Verwaltung als ganzes. Insofern ist die Bereitstellung von entscheidungsrelevanten Informationen für das politische Spitzenpersonal ein aufwendiges logistisches Verfahren. Allerdings hat die Segmentierung auch Vorteile, weil sich die Schnittstelle zu Politik und Bürgern mehrfach abbildet. Implementationswissen der örtlichen Ebene ist bereits mit politischen Rationalitäten und praktischen Legitimationserfordernissen konfrontiert und damit nicht nur administrativ, sondern auch politisch vorselegiert. Zugleich lernt die Verwaltung auf allen Ebenen und in allen Politikfeldern das Schnittstellenmanagement zur Politik.

Dies wurde in Abschnitt 2 in zweifacher Hinsicht weiter ausgeführt. Informationsmanagement als Machtstrategie zeigt die Art und Weise, wie explizit auf politische Rationalitäten eingegangen wird. Allerdings würde dies rasch auf eine Beratung in Sachen „Politainment" reduziert, wenn nicht gleichzeitig das administrative Komplexitätsmanagement weiter entwickelt wird. Dabei geht es um die Reduktion von Komplexität im systemtheoretischen Sinne: Selektion, aber nicht Vernichtung von Informationen (und damit von Entscheidungsoptionen). Dabei sollte dieser Abschnitt allerdings nicht als Empfehlung für eine stetige Expansion der öffentlichen Verwaltung gelesen werden. Es ging vor allem darum sichtbar zu machen, dass die Erzeugung und die Logistik von Implementationswissen nicht nur für die Funktionsfähigkeit der Verwaltung (i. S. von Implementation) von Bedeutung ist, sondern dass darin auch ihr wichtigstes Potenzial („core technology") für die Politikberatung besteht.

Alle Veränderungen in der grundlegenden Architektur des politisch administrativen Systems ziehen demnach auch Auswirkungen auf die Beratungsmöglichkeiten der Verwaltung gegenüber der Politik nach sich. So sind auch die Folgen eines Neuen Steuerungsmodells, das die Verwaltung überwiegend als Gewährleistungsverwaltung konzipiert u.E. noch nicht begriffen. Zu beobachten sind bereits erhebliche Probleme beim „Beteiligungsmanagement" und der „Qualitätssicherung" sowie steigende Transaktionskosten. Der Beitrag empfiehlt deshalb, der gegenwärtig meist eher mikropolitischen und informationstechnologischen Betrachtung des administrativen Informationsmanagements auch eine Sicht auf Makroarchitektur und ihre Schnittstellen zur Seite zu stellen.

Bundeskanzleramt und Bundespresseamt
Das Informations- und Kommunikationsmanagement der Regierungszentrale

Michael Mertes

1. Vorbemerkungen

1.1 Das Bundespresseamt als Teil der Regierungszentrale

Das Bundeskanzleramt und das Presse- und Informationsamt der Bundesregierung bilden eine Art Kombinat, das zentral Informationen verarbeitet und Kommunikation managt – für den Regierungschef, aber auch für die Bundesregierung insgesamt. So gesehen, lässt sich das Presseamt als Teil der Regierungszentrale betrachten.

Das Presseamt ist dem Kanzleramt nicht nach- oder untergeordnet. Die Wege beider Behörden trennten sich schon 1952; bis dahin war das Presseamt ins Kanzleramt integriert. Verklammert werden sie seither durch den Regierungschef, der in Personalunion Vorgesetzter sowohl des Kanzleramts- als auch des Presseamtschefs ist. Gleichwohl behandelt das Kanzleramt in der Praxis das Presseamt oft wie eine nachgeordnete Behörde oder wie ein Fachressort – es fordert dort Informationen und Auskünfte an, die es für eigene Vorlagen (Informationsvermerke und Entscheidungsvorschläge) an den Bundeskanzler benötigt.

Seine Autorität leitet das Kanzleramt dabei nicht aus einer formellen Weisungsbefugnis ab, sondern aus der faktisch größeren Nähe zum Regierungschef. Diese informelle Vorrangstellung gilt allerdings nicht mit gleicher Selbstverständlichkeit für die Leiter der beiden Behörden. Sowohl der Chef des Bundeskanzleramtes als auch der Chef des Bundespresseamtes (Regierungssprecher) gehören zu den engsten Beratern des Bundeskanzlers und stehen einander insofern auf gleicher Augenhöhe gegenüber. Dennoch hat das Wort des Kanzleramtschefs in der Regel größeres Gewicht.

Ist der Bundeskanzler Parteivorsitzender, sollte man die Presse- und Öffentlichkeitsarbeit des Parteihauptquartiers dem zentralen Informationsverarbeitungskombinat als Nebenstelle zurechnen. Nur so wird die Praxis ver-

ständlich, dass Generalsekretäre vor die Presse treten und Regierungsentscheidungen – nicht nur Koalitionsbeschlüsse in der Grauzone zwischen
Partei- und Regierungssphäre – verkünden. Auch hier sorgt die Personalunion an der Spitze für die notwendige Verklammerung.

1.2 Akteure und Adressaten des regierungsamtlichen Kommunikationsmanagements

Kommunikation ist nicht bloß ein *Instrument* des Regierens. Regieren *selbst*
ist eine Form von Kommunikation:

- Kommunikation der Machtakteure untereinander,
- zwischen Machtakteuren und Beamtenapparat,
- zwischen Machtakteuren, Parteien und Verbänden,
- zwischen Machtakteuren und Öffentlichkeit.

Je größter der Adressatenkreis, desto einseitiger, desto weniger interaktiv
verläuft die Kommunikation. Ihr Hauptziel ist immer das gleiche: Neutralisieren von Widerstand, Herstellen von Akzeptanz. Unter „Kommunikation"
ist im vorliegenden Kontext also nicht – jedenfalls nicht primär – der Fluss
von Sachinformationen zu verstehen.

Ein Beispiel: Regierungspolitiker planen eine Steuersenkung. Da ihnen
das Spezialistenwissen fehlt, um die möglichen Einnahmeausfälle eigenhändig auszurechnen, erhalten Beamte des Bundesfinanzministeriums den Auftrag, diese Zahlen zu ermitteln. Die resultierende Sachinformation hat mit
dem Neutralisieren von Widerstand oder dem Herstellen von Akzeptanz erst
einmal nichts zu tun. Allerdings kann sie im Rahmen der politischen Kommunikation für solche Zwecke nachträglich instrumentalisiert werden – etwa,
um Einwände der Opposition abzuwehren.

Die für Journalisten – jedenfalls theoretisch – selbstverständliche Unterscheidung von Sachinformation und Wertung wird in der politischen Kommunikation oft nicht beachtet, ja geradezu systematisch missachtet. Es ist
nämlich der Sinn politischer Presse- und Öffentlichkeitsarbeit, den Medien
(und über diese dem Publikum) *vorinterpretierte* Fakten als Information zu
bieten – also den Sachaussagen von vornherein ein bestimmtes Drehmoment,

einen Drall, einen „Spin"[1] zu geben. Im besten Fall werden Tatsache und Wertung zwar gemeinsam geliefert, aber wenigstens getrennt verpackt. Im schlimmsten Fall degeneriert die Information zur rein propagandistischen Botschaft[2].

1.3 Sachdienlichkeit und Machtdienlichkeit

Dass die Unterscheidung von Tatsachen und Wertungen missachtet wird, hat natürlich auch damit zu tun, dass die politischen Akteure zwischen Sachdienlichkeit und Machtdienlichkeit nicht klar unterscheiden. Politische Presse- und Öffentlichkeitsarbeit zielt nicht zuletzt darauf ab, machtdienliche Informationen zu verbreiten und machtschädliche Informationen unter Kontrolle zu halten. Im Idealfall ist eine Information sowohl sach- als auch machtdienlich – doch dieser Fall ist genauso wahrscheinlich oder unwahrscheinlich wie die völlige Kongruenz von Machtinteresse und Gemeinwohl oder Machtinteresse und öffentlichem Informationsbedürfnis.

Der offensichtlichste Fall einer machtdienlichen Information ist die vertrauliche Mitteilung über geplante Schachzüge politischer Gegner oder Verschwörungen innerparteilicher Rivalen. So berichtet Eduard Ackermann[3], dass 1978 ein Coup von Kurt Biedenkopf gegen den CDU-Vorsitzenden Kohl abgewendet werden konnte, nachdem der damalige Korrespondent der *Kölnischen Rundschau*, Peter Quay, in einem Hintergrundkreis davon Kenntnis erlangt und Ackermann sofort alarmiert hatte[4]. Ackermann bestätigt ebenfalls, dass die gegen Kohl gerichtete „Fronde" von 1989 unter Führung von Heiner Geißler und Lothar Späth vorzeitig bekannt wurde, weil ein

---

[1] Im angelsächsischen Sprachraum macht seit Mitte 2003 das Verb „to sex up" (aufmöbeln, aufdonnern, aufbrezeln) neben dem älteren Verb „to hype" Karriere, und zwar im Zusammenhang mit der Beschuldigung, Spindoctors in Number 10 Downing Street hätten Belege für die Gefährlichkeit des Regimes von Saddam Hussein maßlos aufgebauscht.

[2] Wie man formell die Wahrheit sagen und dennoch lügen kann, illustriert ein alter Witz aus der Zeit des Kalten Krieges: John F. Kennedy und Nikita Chruschtschow treten in einem Wettlauf gegeneinander an. Kennedy gewinnt. Am nächsten Tag titelt die *Prawda* („Wahrheit"): „Chruschtschow belegte einen ehrenvollen zweiten Platz. Kennedy wurde nur vorletzter."

[3] Er war von 1982 bis Anfang 1995 „Ohr und Mund" des damaligen Bundeskanzlers Kohl und gilt zu Recht als bedeutendster „Spindoctor" in der bisherigen Geschichte der Bundesrepublik.

[4] Siehe Ackermann, Eduard (1994): „Mit feinem Gehör. Vierzig Jahre in der Bonner Politik", Bergisch Gladbach, S.127ff

Journalist, der mit einem der Frondeure Skat zu spielen pflegte, entsprechende Informationen an das Kanzleramt weitergab[5].

Der Fall Ruanda bietet erschütterndes Anschauungsmaterial für ein Kommunikationsmanagement, das machtschädliche Informationen systematisch unter der Decke hält. In ihrem Buch über amerikanische Reaktionen auf die Völkermorde des 20. Jahrhunderts beschreibt Samantha Power, wie die Clinton-Administration im Zeitraum April/Mai 1994 trotz eindeutiger Meldungen aus Ruanda vorsätzlich das „G-Word" (nämlich „Genocide") vermied, um nicht unter öffentlichen Handlungsdruck zu geraten.[6]

> „Wie schon bei früheren Völkermorden stellten die US-Behörden intensive politische Berechnungen darüber an, was wohl die amerikanische Öffentlichkeit verkraften werde. Einige Entscheidungsträger hatten sowohl die Befürchtung, dass die US-Bevölkerung eine Militärintervention in Zentralafrika ablehne, als auch die Sorge, dass die US-Bevölkerung eine solche Intervention befürworten könne, sobald ihr der genozidale Charakter des Blutvergießens klar werde. Um die öffentliche Stimmung zu taxieren, schauten sie – nach bewährtem Muster – in die Kommentarspalten der Qualitätszeitungen, beobachteten Protestbewegungen und lauschten den Tönen, die aus dem Kongress herüberdrangen. Doch keine Gruppe in den Vereinigten Staaten vermittelte der Clinton-Administration das Gefühl oder die Furcht, sie werde eines Tages für ihre Tatenlosigkeit angesichts des Völkermordes in Ruanda politisch büßen müssen. Im Gegenteil, alle bei ihr eintreffenden Signale legten es nahe, stillzuhalten. Erst *nach* dem Völkermord würden Teile der amerikanischen Öffentlichkeit anfangen, sich für Ruanda zu interessieren."[7]

2. Die Instrumentalisierung von Journalisten durch Politiker

2.1 Botschaften statt Informationen

Zu den offensten Geheimnissen der Republik – man könnte auch sagen: zu ihren bestgehüteten Allgemeinplätzen – gehört die Tatsache, dass Politiker Journalisten täglich für eigene Zwecke instrumentalisieren. Einem Regionalkorrespondenten, der sich vom Informationsfluss in Berlin weitgehend abgeschnitten fühlte, empfahl die stellvertretende Regierungssprecherin Charima

---

[5] Die vorliegende und alle folgenden Angaben, in denen Ackermann als Quelle genannt wird, entstammen einem Interview, das der Verfasser am 17. April 2003 mit Ackermann geführt hat.
[6] Power, Samantha (2002): „„A Problem from Hell". America and the Age of Genocide", New York, S.358–364
[7] Power (Anm. 6), S. 373f.

Reinhardt im Jahr 2001, auf die eigens für Journalisten eingerichtete Internetseite der Bundesregierung zuzugreifen: „Das erspart Ihnen Anrufe."[8] Kürzer lässt sich das Drama der Beziehung zwischen Medien und Politik kaum auf den Punkt bringen. Journalisten möchten eine Information erhalten, Politiker wollen eine Botschaft verkünden.

Die Instrumentalisierung von Journalisten durch Politiker kann drei verschiedene Formen annehmen:

- *Erstens:* Journalisten veröffentlichen die Botschaft, an der einem Politiker besonders gelegen ist – eine Sprachregelung, eine Erfolgsmeldung, ein abschätziges Urteil über Rivalen und dergleichen mehr. Das wirksamste Mittel dieser Art von Informationspolitik ist die Exklusivität – sie garantiert den begehrten „Scoop" (Knüller)[9]. Pressemitteilungen und -konferenzen gibt es in so großer Zahl, dass kaum jemand sie noch zur Kenntnis nimmt.

- Journalisten wirken, *zweitens*, bewusst oder unbewusst daran mit, Gerüchte auszustreuen – zumeist Informationen, die sie „off the record" oder „unter drei" (also unter dem Siegel der Verschwiegenheit) erhalten haben. Solche Indiskretionen werden nicht gleich gedruckt oder gesendet, sondern auf dem Jahrmarkt der Wichtigtuereien weitererzählt – und früher oder später ohne genaue Quellenangabe publiziert. „Über Bande spielen" heißt diese indirekte Methode im Jargon der Spindoctors.

- Journalisten betätigen sich, *drittens*, als Zuträger. Das heißt, sie versorgen Politiker mit aktuellem Klatsch und mit Informationen, die ihnen von anderen Politikern „off the record" anvertraut wurden. Kaum etwas interessiert Machtprofis so sehr wie die Frage „Wer mit wem?" und „Wer gegen wen?".

Der Einsatz von Journalisten zur Veröffentlichung von Botschaften ist sicher die häufigste Form der Instrumentalisierung. Besonders beliebt ist dabei ein Genre, das nicht zu Unrecht die Bezeichnung „Interview ohne Fragen" trägt

---

[8] Vgl. Nitschmannn, Johannes (2001): „Die benutzen Journalisten wie Handtücher", in: www.igmedien.de/publikationen/m/2001/06/23.html
[9] Ein besonders markantes Beispiel für einen solchen Deal zwischen Politik und Publizistik – „Ich gebe Dir exklusive Informationen, Du bringst meine Botschaft groß heraus" – ist der *Spiegel*-Titel „Radikal-Kur gegen Arbeitslosigkeit" vom 24. Juni 2002. Bundeskanzler Schröder hatte den *Spiegel* über die noch vertraulichen Vorschläge der Hartz-Kommission ausgiebig informieren lassen; im Gegenzug erwies der *Spiegel* Schröders Wahlkampagne, die bis dahin unter dem Negativthema „Arbeitslosigkeit" gelitten hatte, einen wertvollen propagandistischen Dienst.

– also der Politiker-Monolog, über den der Berichterstatter in direkter und indirekter Rede referieren darf, oder auch der von Politikern (genauer gesagt: deren Ghostwritern) verfasste Zeitungsbeitrag.

In seinem ungemein aufschlussreichen Film „Kanzlerbilder", vom *Südwest Fernsehen* im Februar 2001 ausgestrahlt, ist Thomas Schadt das Kunststück gelungen, einen besonders charakteristischen Augenblick einzufangen. Wir sehen Gerhard Schröder im Kreise seiner aller engsten Vertrauten aus Regierung, Fraktion und Partei. Wenige Tage vor der entscheidenden Bundesratsabstimmung am 14. Juli 2000 über die Steuerreform führen die Herren ein Strategiegespräch. Noch ist nicht sicher, ob das Vorhaben die letzte Hürde nehmen wird. Schröder möchte der Öffentlichkeit kommunizieren, dass die Steuerreform für Aufschwung und Arbeitsplätze unerlässlich sei – und dass die Opposition mit ihrer Blockade diese positiven Tendenzen zu gefährden drohe. Wäre es nicht sinnvoll, wenn er dies alles im Magazin *Der Spiegel* darlegte? „Du kannst ja mal gleich anrufen, ob sie wollen", instruiert der Kanzler seinen Regierungssprecher Heye. Dann fügt er hinzu: „Oder ich ruf' den Aust selber an." Chefredakteure sind Chefsache.

Aus vielen Gründen kommt die Instrumentalisierung von Journalisten durch Politiker nur selten öffentlich zur Sprache. Zwar mag die Standessolidarität unter Medienvertretern durch den verschärften Wettbewerb um den größten Knüller – zumindest um die aktuellste Meldung – in letzter Zeit stark gelitten haben. Doch wer als Journalist Kollegen verdächtigt oder gar angreift, macht sich nicht beliebt – auch dann nicht, wenn der Tadel einem Kollegen der anderen Couleur gilt.

Allzu sehr widerspräche es dem Selbstbild von den kritischen, unabhängigen Medien, wenn Journalisten sich die Wahrheit eingestehen müssten, dass nicht sie die Themen setzen, schlimmer noch: dass sie von Politikern oft nur als Figuren auf einem Schachbrett betrachtet und behandelt werden. Wenn der Bundeskanzler seinen Sommerurlaub einmal nicht in Italien verbringt, sondern in Hannover, dann fühlen auch seriöse Blätter sich genötigt, diese politisch kaum relevante Tatsache auf ihrer ersten Seite ausgiebig zu kommentieren und im Feuilleton tagelang mit allerlei witzigen, hämischen oder tiefschürfenden Betrachtungen auszudeuten. Und das war genau der Effekt, den der Bundeskanzler erzielen wollte.

Der französische Publizist Daniel Carton weist zu Recht darauf hin, dass Politiker das für Journalisten peinliche Faktum ihrer Überlegenheit zu kaschieren suchen, indem sie den guten Kumpel markieren. Viele Journalisten nehmen nicht zur Kenntnis, dass das von Politikern ihnen angebotene „Du"

in Wahrheit eine Form der Herablassung ist[10]; allzu gern geben sie sich der
Illusion hin, nicht Objekt, sondern Subjekt politischer Strippenzieherei zu
sein. Gestern noch tafelte Herausgeber H. im Bonner Kanzlerbungalow ganz
exklusiv mit Helmut Kohl und badete im prickelnden Gefühl, Weltge-
schichte mitgestalten zu dürfen. Heute raucht Gerhard Schröder mit dem
Chefredakteur C. in vertraulicher Runde eine Cohiba und weiht ihn in seine
Pläne ein. Die Opposition – gestern die SPD, heute die Union – schaut dem
Tête-à-tête von Macht und Medien neidisch zu, hält sich jedoch mit bösen
Kommentaren zurück, weil sie es als Regierungspartei kaum anders machen
würde.

Partnerschaft und Gegnerschaft prägen das Verhältnis zwischen Politikern und Journalisten:

- *Partnerschaft:* Beide sind existenziell aufeinander angewiesen: Die
  Demokratie braucht Massenmedien als Vermittler zwischen Wählern
  und Gewählten. Macht legitimiert sich in der Kommunikation. Mehr
  noch, moderne Demokratie wird durch Massenmedien überhaupt erst
  möglich. An diesem Befund ändern die neuen, durch das Internet eröff-
  neten Möglichkeiten einer unmittelbaren und interaktiven Beziehung
  zwischen den so genannten „Menschen draußen im Lande" und ihren
  Berliner Repräsentanten nichts Entscheidendes. Die Massenmedien
  wiederum brauchen die Politik als Lieferantin neuer Nachrichten. Genau
  hier liegt die Wurzel eines im Prinzip unversöhnlichen Widerstreits.
- *Gegnerschaft:* Politiker und Journalisten haben unterschiedliche Ziele.
  Das politische System folgt der Logik von Machterwerb und Machtsi-
  cherung, seine Dynamik entsteht durch den permanenten Wettbewerb
  um öffentliche Ämter. Im System der Massenmedien wird dagegen um
  Informationen konkurriert – und zwar nicht um irgendwelche, sondern
  um *neue* Informationen. Eine Nachricht, die bereits veröffentlicht ist,
  hat keinen besonderen Wert mehr; sie taugt höchstens als Hintergrund,
  als Kontext für die nächste Meldung. Immer wieder geraten Machtinteresse und Informationsinteresse in offenen Widerstreit. Information kann
  der Macht schaden. Und umgekehrt gilt: Es dient der Macht, Kontrolle
  über die Information zu behalten.

---

[10] „Pour les politiques, tutoyer c'est déjà s'abaisser." Siehe Carton, Daniel (2003): „Bien entendu...c'est off. Ce que les journalistes politiques ne racontent jamais", Paris (Albin Michel), S. 118

2.2 Der politisch-publizistische Komplex

Der einzelne Berichterstatter muss unablässig die prekäre Balance halten zwischen übertriebener Nähe und übertriebener Distanz zum Politikbetrieb. Er erlebt diese Spannung als inneren Dauerkonflikt. Im Alltag freilich wird der Widerstreit zwischen Machtinteresse und Informationsinteresse, zwischen Geheimhaltungs- und Aufklärungsbedürfnis durch ein dichtes politisch-publizistisches Netzwerk weitgehend neutralisiert. Käufer, Makler und Verkäufer auf der großen Informationsbörse pflegen täglich Umgang miteinander. „Man kennt sich und man schont sich" – dieser Grundsatz gilt auf jeden Fall innerhalb der Fraktionen, in die der politisch-publizistische Komplex aufgespalten ist. Hinzu kommt die Bequemlichkeit – Recherchieren strengt an. Nicht wenige Berichterstatter verzichten auf den investigativen Blick hinter die Kulissen und begnügen sich damit, die Sprachregelungen des einen oder anderen Akteurs zu übernehmen.

Vor einiger Zeit spottete Marc Fisher, lange Jahre Deutschland-Korrespondent der *Washington Post*, über den – wie er sich ausdrückte – „inzestuösen Charakter"[11] der deutschen Journalistenzunft. Da gebe es „Reporter, die jahrelang über dieselbe Partei berichten – üblicherweise die Partei, der sie selbst angehören". So entstehe „ein System wechselseitiger Rücksichtnahme mit der Folge, dass der Reporter nicht all sein Wissen an die Öffentlichkeit weitergibt"[12]. Die Perversität dieses „Nichtangriffspakts"[13] besteht darin, dass gerade die publizistisch interessanteste Information der *omertà* anheimfällt, weil sie als Kitt eines geheimen Bundes benötigt wird. Der journalistische Mitwisser wird zum Komplizen; still genießt er seine vermeintliche Teilhabe am Arkanum der Macht.

Nun soll hier nicht der Eindruck entstehen, als seien Politiker immer nur die Täter und Journalisten immer nur die Opfer. Sie sind beides zugleich: Täter und Opfer, Instrumentalisierer und Instrumentalisierte. Wenn Politiker über die „Macht der Presse" klagen, dann bringen sie damit oft bloß die Erfahrung eigener Ohnmacht zum Ausdruck. In der Tat lässt sich der Informationsfluss in einen System, das vor allem von der Dynamik der Indiskretion in Schwung gehalten wird, kaum noch steuern.

---

[11] Carton, Daniel (Anm. 10) S. 155 ff, spricht im Blick auf den französischen politisch-publizistischen Komplex von „liaisons incestueuses".

[12] Vgl. Fisher, Marc: Referat vor der „Atlantik-Brücke" am 30. Januar 1999 in Washington, unveröffentlichtes Manuskript. Gekürzte Übersetzung abgedruckt im „Rheinischen Merkur" vom 19. Februar 1999 unter dem Titel „Macht mit Maulkorb".

[13] Carton (Anm. 10) S.104, über die vergleichbaren Verhältnisse in Frankreich.

Die Kenntnis der sprichwörtlichen „Leiche im Keller" eines Politikers hat schon so mancher Medienvertreter dazu genutzt, um Schweigegeld in Gestalt exklusiver Information zu erpressen. Wichtiger noch: Journalisten sind nicht nur Beobachter des großen Staatstheaters. Sie spielen mit – als Repräsentanten der Öffentlichkeit, als Anwälte des Volkes, das seine Stimme lediglich alle vier Jahre bei Wahlen erheben kann. Viele sind selbstbewusst genug, stets genau zu wissen, was die Wählerinnen und Wählern „draußen im Lande" wünschen.

Journalisten sind also nicht nur in der Lage, das Geschehen auf der Bühne durch Information zu beeinflussen. In ihrer Gesamtheit agieren sie auch als eine Art Jury, deren Urteil politische Karrieren zu fördern oder zu beenden vermag. Gerät ein Gladiator allzu sehr „unter Druck", wie es im Medienjargon heißt, dann richten sich die meisten Journalisten-Daumen irgendwann nach unten; dem armen Tropf bleibt schließlich kaum etwas anderes übrig, als die Waffen zu strecken.

Politiker fürchten solche Augenblicke – und das ist auch gut so. Ihre Empfindungen gegenüber Journalisten sind eine Mischung aus Abschätzigkeit und Respekt. Genau spiegelbildlich verhält es sich bei den Journalisten. Neben viel Ohnmacht erfahren sie gelegentlich eben auch, dass sie den Gang der Dinge verändern können. Mächtige zittern zu sehen erzeugt ein berauschendes Gefühl. Leider verleitet es schwache Charaktere zur Selbstüberschätzung und zur Kritiklosigkeit gegenüber der eigenen Zunft.

3.   Vor und hinter den Kulissen

3.1 Das „legitime Theater"

Politik ist – um ein viel zitiertes Wort des saarländischen Ministerpräsidenten Peter Müller zu zitieren – immer auch „legitimes Theater"[14]. Politiker möchten, dass über die Stücke berichtet wird, die sie selbst auf der großen Staatsbühne vor imposanter Hauptstadtkulisse inszenieren. Als kraftvolle Lenker der Nation stellen sie sich am liebsten dar. Mit pathetischer Geste erhebt der Kanzler zur persönlichen „Chefsache", was dem Volk am Herzen liegt. Als oberster Moderator des „Bündnisses für Arbeit" kümmert er sich eigenhändig und demonstrativ um die Sorgen derer, die keine Beschäftigung

---

[14] Müller, Peter: „Das haben wir dann gemacht. Warum Politik Theater veranstaltet", in: Frankfurter Allgemeine Zeitung vom 28. März 2002, S. 11

finden oder Angst davor haben, ihren Job zu verlieren. Die Gladiatoren in der Arena des Bundestages beweisen vor laufender Kamera Kampfesmut und Schlagfertigkeit. Mit einem Machtwort weist die CDU-Vorsitzende ihre parteiinternen Kritiker in die Schranken. In Brüssel legt sich die Landwirtschaftsministerin für den Schutz der deutschen Verbraucher heroisch ins Zeug. Auf internationalen Konferenzen führt der Außenminister seinen Landsleuten daheim mit sorgenzerfurchter Miene vor, dass ohne seinen Beitrag der Weltfrieden in akuter Gefahr wäre.

Der Informationswert von Darbietungen auf der Bühne des großen Staatstheaters hält sich in Grenzen, und auch ihr Unterhaltungswert nutzt sich ab. Nur zu gern wüsste das Publikum mehr – mehr über das, was hinter den Kulissen geschieht. Ob da alles mit rechten Dingen zugeht. Ob die Schauspieler sich an das halten, was sie auf offener Bühne dem Publikum predigen. Und genau an derlei Information herankommen wollen Journalisten, die ihren Beruf ernst nehmen, – die ihren Ehrgeiz darein setzen, der Öffentlichkeit Neuigkeiten zu bieten. Doch bei ihren Recherchen treffen sie auf Politiker, die sich nicht in die Karten schauen lassen. Dass journalistische Wissbegier eine Tugend ist, zieht kaum jemand in Zweifel – von dem einen oder anderen Opfer allzu aufdringlicher Nachforschungen einmal abgesehen. Dabei stehen, mehr oder weniger deutlich, vielen Zeitgenossen die Ikonen des investigativen politischen Journalismus vor Augen: Robert Woodward[15] und Carl Bernstein, jene beiden amerikanischen Reporter, die zur Aufdeckung des Watergate-Skandals von 1972 entscheidend beitrugen.

In der bereits erwähnten Strategiebesprechung vom Juli 2000 bei Kanzler Schröder fragt SPD-Generalsekretär Müntefering, ob und wie sich die Zustimmung der SPD-FDP-Koalition in Rheinland-Pfalz zur Steuerreform erreichen lasse. Ein brisantes Thema. Bevor Schröder antwortet, wendet er sich an das Filmteam: „Ihr müsst da den Ton wegmachen." Man könne solche Dinge nicht vor laufender Kamera erörtern. Recht hat er. Es wäre unfair, den Kanzler hier an das Lob der gläsernen Exekutive zu erinnern, das er in seiner Regierungserklärung vom 10. November 1998 gesungen hat. Wenn Politik ein legitimer Wettbewerb um Macht ist, dann darf es Politikern nicht verwehrt sein, im kleinen Kreis von Eingeweihten verborgene Pläne zu schmieden. Eine Überraschungstaktik, von der die Konkurrenz vorzeitig erfährt, läuft ins Leere. Täuschungsmanöver sind zulässig, solange das Strafrecht und die guten Sitten geachtet werden. In dieser Hinsicht könnte man Regierungs- und Oppositionspolitiker mit Schachspielern vergleichen. Beide

---

[15] Zu Woodward siehe auch Anm. 16

Kontrahenten wollen die Partie gewinnen. Keiner ist verpflichtet, seinem
Gegenüber zu offenbaren, welches Zwischenziel er mit einem bestimmten
Spielzug anpeilt.

Aber wer hat nun mehr Recht – Politiker, die den Raum hinter den Kulissen schützen, oder Journalisten, die gerade in diesen Raum einzudringen
versuchen? Die Antwort klingt widersprüchlich. Sie lautet: Politiker und
Journalisten können sich auf gleichermaßen legitime Ziele berufen – Ziele
allerdings, die leicht in Konflikt miteinander geraten.

3.2 Öffentliche und nichtöffentliche Information

Nach Schätzung von Eduard Ackermann sind rund zwei Drittel der Nachrichten, die den Bundeskanzler täglich erreichen, öffentlicher Natur. Die
Exklusivität solcher Information liegt nicht im Inhalt der Nachricht, sondern
in der Frühzeitigkeit ihres Zugangs. Frühzeitigkeit garantiert, dass der Bundeskanzler bei Bedarf als erster reagieren und so den Tenor der Debatte, die
durch eine Nachricht (möglicherweise) ausgelöst wird, entscheidend beeinflussen kann. Wer die öffentliche Information als erster erhält, verfügt – so
Ackermann – über die „informationelle Zweitschlagskapazität".

Ein Heer von Mitarbeitern des Presseamtes sorgt dafür, dass der über
elektronische und Printmedien sowie Nachrichtenagenturen hereinströmende
Informationsfluss zeitnah ausgewertet wird. Im kleineren Maßstab findet
eine davon unabhängige, ganz auf die Bedürfnisse des Regierungschef zen-
trierte Auswertung im Kanzleramt selbst statt. Presseamt und Kanzleramt
schicken oft auch Beobachter auf Pressekonferenzen und ähnliche Veranstaltungen von Verbänden und Parteien, um gar nicht erst das mediale Echo
abwarten zu müssen. Im Zeitalter von Nachrichten- und Ereigniskanälen wie
Phoenix müssen die Kundschafter freilich nicht mehr so häufig ausschwär-
men wie ehedem; der konzentrierte Blick auf den Bildschirm tut es auch.

Wie die „Presselandschaft" am nächsten Tag aussehen wird, lässt sich
für einen erfahrenen Medienbeobachter schon am späten Nachmittag davor
zuverlässig prognostizieren. Ackermann führte „in normalen Zeiten" 60 bis
80 Telefongespräche täglich mit Agentur-, Zeitungs-, Rundfunk- und Fern-
sehjournalisten; in politisch bewegten „Hoch-Zeiten" waren es sogar 100 bis
120. Aus den Fragen, die ihm gestellt, und den Antworten, die ihm gegeben
wurden, konnte er sich ein ziemlich genaues Bild der zu erwartenden „Nach-
richten- und Kommentarlage" machen.

Ihrem Inhalt nach exklusiv sind die vertraulichen Informationen, die dem Regierungschef täglich zu Ohren und zu Gesicht kommen. Dazu gehören ganz formell die Berichte der Nachrichtendienste (*vulgo:* der Geheimdienste), aber auch die Indiskretionen aus dem informellen Netzwerk der Hintergrundkreise, Informanten und Denunzianten. Die nicht unbeträchtlichen Etats von Kanzleramt und Presseamt für Einladungen Dritter zu Mittag- und Abendessen sind zum Teil verkappte Fonds für Beschaffung und Weitergabe vertraulicher Information im gesprächig stimmenden Ambiente von Restaurants der gehobenen Klasse.

3.3 On the Stage – Backstage

Die Unterscheidung *on the stage/backstage* stimmt nicht völlig mit der Unterscheidung öffentlich/nichtöffentlich überein. Es kann nämlich durchaus zu einem geschickten Kommunikationsmanagement gehören, der neugierigen Öffentlichkeit – oder doch politisch verbündeten Journalisten – einen Blick in die sonst verschlossene Sphäre hinter den Kulissen zu gewähren. Ein Extrembeispiel dafür ist die – in Deutschland trotz rot-grüner Transparenzverheißungen immer noch unvorstellbare – Offenheit, mit der die Bush-Administration Bob Woodward, dem Starreporter der *Washington Post*, für das Buch „Bush at War"[16] geheime Informationen über Washingtoner Entscheidungsprozesse in den ersten 100 Tagen nach dem 11. September 2001 zur Verfügung stellte.

Wahr ist allerdings auch, dass der Blick hinter die Kulissen meist nur zeitversetzt ermöglicht wird. Das war auch bei Woodward nicht anders. Nur *backstage* können Politiker in aller Freiheit und Ruhe Vorschläge prüfen, Ideen erörtern, Pro und Contra abwägen – ohne politische Rücksichtnahmen, ohne gleich befürchten zu müssen, dass jedes ihrer Worte auf die Goldwaage gelangt und sie selbst auf ein bestimmtes Zitat unwiderruflich festgelegt werden. „In der vertraulichen Diskussion", so bringt es der Kölner Staatsrechtler Otto Depenheuer auf den Punkt, „findet die Vernunft des Sachgesprächs eine Nische innerhalb der totalen Öffentlichkeit einer fortgeschrittenen Mediendemokratie."[17]

---

[16] Woodward, Bob/Griese, Friedrich (2003): Bush at war. Amerika im Krieg, Stuttgart
[17] Depenheuer,Otto (2002): „Selbstdarstellung der Politik. Studien zum Öffentlichkeitsanspruch der Demokratie", Paderborn, S. 25

Wie legitim, ja geboten es sein kann, die Vertraulichkeit von Gesprächen hinter den Kulissen zu schützen, zeigt sich besonders deutlich auf dem Feld der internationalen Beziehungen. So entstand der deutschen Außenpolitik im Jahr 2001 erheblicher Schaden aus der so genannten Protokollaffäre: Ende März 2001 hatte Bundeskanzler Schröder seinen Antrittsbesuch beim neuen US-Präsidenten Bush gemacht. Zwei Monate später gelangte die Aufzeichnung des deutschen Botschafters Chrobog über diese Unterredung an die Öffentlichkeit. Wir wissen heute, was Schröder und Bush im Weißen Haus besprochen haben. Besonders lesenswert ist natürlich, was die beiden über andere Staats- und Regierungschefs zu sagen hatten. Das meiste davon wäre gewiss nicht über ihre Lippen gekommen, wenn sie geahnt hätten, dass ihre Einschätzungen demnächst in der Zeitung stehen.

Offene Worte setzen verschlossene Türen voraus. Aus diesem Grund ist auch der Unmut vieler europäischer Staats- und Regierungschefs über einen bösen Streich des dänischen Ministerpräsidenten Rasmussen verständlich: Während des Kopenhagener EU-Gipfels vom Dezember 2002 trug Rasmussen ohne Wissen seiner Gesprächspartner ein Mikrofon am Revers, während der Filmemacher Christoffer Gulbrandsen ihm mit der Kamera folgte. Das resultierende Fernsehportrait, Ende März 2003 ausgestrahlt, enthielt mehrere Äußerungen von Kollegen Rasmussens, die eindeutig nicht für die Öffentlichkeit bestimmt und gerade deshalb auf peinliche Weise ehrlich waren.

4.   Input- und Outputmanagement

4.1 Der Faktor Zeit

Zum Kommunikationsmanagement gehört die zeitnahe Auswertung des ständigen Informationszuflusses (Input), die Steuerung des Informationsausstoßes (Output) und die Kontrolle des ständigen Wechselspiels zwischen Input und Output. Das System ist hochgradig selbstreferenziell: Der Output von heute erzeugt den Input von morgen und dieser wiederum den Output von übermorgen; am deutlichsten tritt dieser Mechanismus bei so genannten „Versuchsballons" zutage – also bei vorsätzlich gestreuten, aber frei dementierbaren Informationen, mit denen öffentliche Stimmungen erkundet werden sollen.

Über seine eigenen Journalistenkontakte im Kanzleramt weiß Eduard Ackermann zu berichten, dass das Verhältnis von Input zu Output ungefähr 30 zu 70 betrug. Dazu gehörte auch der regelmäßige Kontakt zu *Spiegel*- und

Stern-Korrespondenten – also Journalisten, die Kanzler Kohl nie an sich heranließ. Ackermann konnte diese Kontakte aufrechterhalten, weil und solange diese Abnehmer seiner Informationen ihn nicht als Quelle nannten. Während es beim Input auf die Sicherung der „informationellen Zweitschlagskapazität" ankommt, gilt beim Output der „informationelle Erstschlag" als erstrebenswert. Vor allem im Blick auf die Erfolgszurechnung ist das von wesentlicher Bedeutung. Für den Erstüberbringer der guten Nachricht spricht die Vermutung, dass er zugleich die entscheidende Ursache für das erfreuliche Ereignis gelegt hat. Öffentliche Meinung lässt sich – mit Niklas Luhmann – beschreiben als ein bewegliches Geflecht von Kausalattributionen, mit deren Hilfe intransparente Sachverhalte kognitiv organisiert werden. Politische Öffentlichkeitsarbeit könnte man dementsprechend definieren als Versuch, dem Publikum bestimmte Kausalattributionen nahezulegen. Vereinfacht gesagt: Jeder ökonomische Aufschwung ist der Regierung zu verdanken, an jeder Rezession sind die Weltwirtschaft oder andere externe Faktoren schuld.

Outputmanagement ist stets auch Zeitmanagement. Es geht dabei nicht immer nur um den „informationellen Erstschlag", sondern häufig auch darum, das vorzeitige Herausdringen bestimmter nicht-vertraulicher, aber machtschädlicher Informationen an die Öffentlichkeit zu verhindern; dazu zählen ungünstige Arbeitslosenzahlen, schlechte Wachstumsdaten, steigende Sozialversicherungsbeiträge, Steuererhöhungspläne und dergleichen mehr. Mit solchen Problemen haben die Outputmanager insbesondere vor Wahlen zu kämpfen – der im Winter 2002/03 eingesetzte „Wahllügen"-Ausschuss des Deutschen Bundestages befasst sich also mit einem Thema, das eines Tages auch der heutigen Opposition – als der Regierung von morgen – zu schaffen machen wird.

4.2 Zuckerbrot und Peitsche

Politiker wissen aus Erfahrung, dass man mit Gunstbeweisen schneller ans Ziel gelangt als mit Einschüchterung. Wenn Autohersteller, Reiseveranstalter oder Edelgastronomen versuchen, Fachjournalisten durch großzügige Geschenke freundlich zu stimmen, dann gilt das zu Recht als bedenklich. Aber wie steht es eigentlich um die politischen Journalisten? Die Währung, mit der Angehörige dieses Personenkreises täglich bestochen werden, ist von subtilerer Art. Stoff für interessante Nachrichten gehört dazu; oder die Gewährung eines Gesprächstermins; oder die Mitwirkung an einer Rede, über die der Eingeweihte am besten selbst in höchsten Tönen berichtet; oder der Mitflug in der Kanzlermaschine nach Peking[18].

Zeigt das Zuckerbrot keine Wirkung, so gibt es hin und wieder die Peitsche. Wird ein Berichterstatter zu frech, streicht ihm der Mächtige die Sonderzuteilung frischer Nachrichtenware. Im Falle eines Rückfalls droht ihm als Strafe, dass er bei der nächsten Auslandsreise nicht mitfliegen darf, oder, schlimmer noch, die Absage des längst in Aussicht gestellten Interviews. Bekanntlich weigerte sich Helmut Kohl beharrlich, mit dem *Spiegel* zu sprechen. In seinem Schlüsselroman „Das Magazin" gibt der frühere *Spiegel*-Redakteur Hellmuth Karasek preis, wie sehr dieser Boykott schmerzte. Daniel Doppler, der Held des Buches, träumt eines Tages davon, der Regierungschef habe ihm einen Interview-Termin gewährt. Völlig verblüfft fragt er sich: „Der Kanzler sollte auf seine schärfste Waffe gegen die geballte Pressemacht des Nordens, seine Verweigerung, verzichten?"

In der 1989 veröffentlichten Essay-Sammlung „Bestellte Wahrheiten" beschreibt Herbert Riehl-Heyse aus dem Blickwinkel eines regierungskritischen Journalisten mit grimmiger Ironie Episoden einer Kanzlerreise im Oktober 1988: „Ich werde zum Pool 12 gelotst, darf – nach langem Betteln – zuschauen, wie der Kanzler samt Gattin auf Gorbatschow samt Gattin zuschreitet im Georgensaal und darf daraus wieder meine Schlüsse ziehen. Im Laufe des Nachmittags laufen wieder die Pressesprecher beider Seiten herum und erklären uns, wer wie und warum am besten verhandelt hat; an den Abenden gibt es sogenannte Briefings mit Regierungssprecher Ost, die aber genauso ergiebig sind wie seine entsprechenden Veranstaltungen in Bonn. Im übrigen sorgt das Bundespresse- und Informationsamt schon dafür, dass die richtigen Kollegen zur richtigen Zeit am richtigen Platz sind und also was zu schreiben haben: Der Kollege von der FAZ ist zum abendlichen Bankett geladen, der vom ZDF auch, wir von der SZ nicht einmal zur Reise nach Wladimir, obwohl dorthin ungefähr 20 Kollegen mitreisen sollen. ‚Das hat der Kanzler selber so bestimmt', erklärt mir auf Vorhaltung der Beamte vom Bundespresseamt. Soll ich mich dann vielleicht doch Pool 25 anschließen, für den man sich am Schwarzen Brett anmelden kann und der zum Durchschwimmen der Moskwa zusammen mit Bundesumweltminister Töpfer einlädt? Ach so, das ist nur wieder einer von diesen Witzen der Kollegen."[19]

---

[18] Carton (Anm. 10) S.95, weiß zu berichten, dass zum Zuckerbrot für Journalisten in Paris unter anderem auch großzügige Einladungen in die Comédie-Française, in die Oper oder zu Vernissagen der nationalen Museen gehören.

[19] Riehl-Heyse, Herbert (1989): „Bestellte Wahrheiten. Anmerkungen zur Freiheit eines Journalistenmenschen", München, S.113f

Journalisten des Springer-Verlages werden heute von ähnlichen Erfahrungen bei Reisen mit Kanzler Schröder berichten können.

Seit dem fulminanten, von exzellenten Medienberatern miterkämpften Wahlsieg Tony Blairs in Großbritannien 1997 heißen die beamteten Manager des politischen Informationsoutputs auch in Deutschland „Spindoctors", und seit dem letzten Golfkrieg wird man deren Gegenstück, die handverlesenen Berichterstatter von der politischen Front, als „embedded journalists" ansprechen dürfen[20]. Die schnelle Eingreiftruppe der Spindoctors steht in ständigem Gesprächskontakt mit Journalisten. Mit ihrer Hilfe schicken Politiker gern Versuchsballons auf die Reise. Scheitert deren Mission – stößt zum Beispiel das brisante „non-paper" aus dem Bundesfinanzministerium auf negative Resonanz in der Öffentlichkeit –, dann können sich die Regierenden ohne rot zu werden davon distanzieren.

5. Strukturen des amtlichen Kommunikationsmanagements

5.1 Sündenbock Bundespresseamt

Obwohl das Bundespresseamt im weitesten Sinne Bestandteil der Regierungszentrale ist *(siehe oben 1.1)*, zieht es gegenüber dem Bundeskanzleramt oft den kürzeren. Diese Asymmetrie ergibt sich nicht zuletzt aus seiner besonderen Eignung als Sündenbock. Sinken die Umfragewerte für Regierung und Kanzler, dann sind Erklärungen nach dem Schema „Unsere Politik ist zwar gut, aber sie wird schlecht verkauft" immer schnell bei der Hand. Prominentes Opfer dieser Selbstentlastungsstrategie des Kanzleramtes wurde 1998 der damalige Regierungssprecher Peter Hausmann. Wenige Monate vor der Bundestagswahl ersetzte Kanzler Kohl ihn durch einen neuen, vermeintlich volksnäheren Regierungssprecher. Äußerer Anlass zu diesem dramatischen (und letztlich erfolglosen) Schritt war der verheerende öffentliche Eindruck, den der Europäische Rat auf dem Brüsseler Sondergipfel am 2. Mai 1999 hinterlassen hatte. Das Publikum erlebte – in der Sache zu Unrecht

---

[20] Ein – relativ – aktuelles deutsches Beispiel für „embedded journalism" ist der Ausflug des heutigen *Zeit*-Mitherausgebers Naumann in die Politik von Herbst 1998 bis Herbst 2000. Naumann nutzte den Nimbus seines Amtes als Kultur- und Medienstaatsminister von Bundeskanzler Schröder zu einem publizistischen Schlag unter die Gürtellinie. Wahrheitswidrig behauptete er, der frühere Bundeskanzler Kohl habe – „welche Missachtung des Bundesarchivgesetzes!" – durch seinen Kulturstaatsminister Pfeifer „die wesentlichen Akten" von 16 Jahren Bundeskulturpolitik vernichten oder abschleppen lassen. (Siehe Naumann, Michael: „Aktenloser Übergang", in: *Die Zeit* vom 6. Juli 2000.)

– diesen Gipfel nicht als historischen Triumph europäischer Integrationspolitik, sondern als Apotheose nationalen Prestigedenkens.

Was war geschehen? Die Staats- und Regierungschefs der EU-Mitgliedstaaten sollten die Gründungsmitglieder der am 1. Januar 1999 beginnenden Europäischen Wirtschafts- und Währungsunion endgültig bestimmen. Das taten sie auch, aber der große Augenblick wurde vom kleinlich wirkenden Streit über die Begrenzung der Amtszeit des ersten EZB-Präsidenten Wim Duisenberg fast völlig in den Hintergrund gedrängt – die französische Seite bestand auf einer Verkürzung zugunsten des französischen Nachfolgekandidaten Jean-Claude Trichet. Fatal an diesem Streit war vor allem, dass er die Zusicherungen der Bundesregierung an die Adresse der deutschen Euro-Skeptiker, die EZB werde von politischer Einflussnahme unabhängig sein, zu widersprechen schien. Anscheinend hatte es bei der Vorbereitung des Sondergipfels Missverständnisse zwischen Bonn und Paris gegeben mit der Folge, dass Frankreich sich der deutschen Unterstützung für seine Position sicher wähnte und deshalb lange unnachgiebig blieb. Wer für dieses Kommunikationsdesaster verantwortlich war, ist nicht ganz klar – sicher ist nur, dass es weder dem Presseamt noch dessen Chef angelastet werden konnte.

5.2 Das Kanzlerprinzip

Die Funktionen des aus Kanzleramt und Presseamt gebildeten Informationsverarbeitungskombinats entsprechen der vom Grundgesetz – besonders in Artikel 65 – normierten Aufgaben-, Rollen- und Machtverteilung (Kanzler-, Ressort- und Kollegialprinzip). Nach dem „Kanzlerprinzip" bestimmt der Regierungschef die Richtlinien der Politik. Dieses Prinzip wird untermauert durch das Kabinettsbildungsrecht (Art. 64 Abs. 1), die Leitungskompetenz (Art. 65 Satz 4) und die aus beidem hergeleitete Organisationsgewalt des Bundeskanzlers.

Ein großer Teil des Informationsflusses zum und vom Regierungschef dient der Vorbereitung und Umsetzung von Richtlinienentscheidungen. Der im Alltag wohl wichtigste Service von Kanzleramt und Presseamt für den Regierungschef besteht in der Information über aktuelle politische Entwicklungen und über die Arbeit in den Bundesministerien. Das Presseamt wertet vor allem die Berichterstattung in den Medien und die Ergebnisse der Meinungsforschung aus, die für Koordinierung der Nachrichtendienste zuständige Abteilung des Bundeskanzleramtes liefert gemeinsam mit den In- und Auslandsgeheimdiensten des Bundes exklusive Berichte.

Unter Kanzler Kohl gab es als Besonderheit in der Presse- und Öffentlichkeitsarbeit die Funktion des persönlichen Sprechers. Bis Anfang 1995 war dies Eduard Ackermann als Leiter der Abteilung 5, dann folgte Andreas Fritzenkötter als Leiter des für ihn maßgeschneiderten Arbeitsstabes „Öffentlichkeit und Medienpolitik". Mit einer solchen Funktion sind gewisse Reibungsrisiken im Verhältnis zum Presseamtschef verbunden, die sich nur durch eine enge und vertrauensvolle Zusammenarbeit zwischen persönlichem Kanzlersprecher und offiziellem Regierungssprecher vermeiden lassen.

Eigene Initiativen des Bundeskanzlers werden im Rahmen der „politischen Planung" entwickelt. Dabei handelt es sich vor allem um politisches Ideenmanagement (Vorschlagswesen), verbunden mit der Formulierung von „Visionen", die den Vorschlägen die Aura historischer Großartigkeit verleihen.

Die politische Planung ressortierte unter Bundeskanzler Kohl vor allem in der zur Abteilung 5 gehörenden „Denk- und Schreibstube". Die Auflösung dieser Abteilung nach der Bundestagswahl 2002 war insofern folgerichtig, als Bundeskanzler Schröders Regierungsstil bis dahin eher responsiv als strategisch angelegt war. Kanzleramtschef Steinmeier hatte das Ideenmanagement der Regierungszentrale schon während Schröders erster Amtsperiode zum Teil an sich gezogen und zum Teil in die wirtschafts- und finanzpolitische Abteilung 4 verlagert. Die „Schreibstube" war bereits 1998 aus der Abteilung 5 ausgegliedert, das Schröder/Blair-Papier vom 8. Juni 1999[21] in der „Denkstube" von Steinmeiers Vorgänger Hombach formuliert worden. Für Schröders „Agenda 2010" bedurfte es nach alledem keiner eigenen politischen Planungseinheit mehr. Deren Funktion übernahm eine Arbeitsgruppe, die mit einem vor Weihnachten 2002 an die Presse lancierten „Reformpapier"[22] Furore machte und die Grundmelodie für die „Agenda 2010" vorgab.

Mit der Auflösung der Abteilung 5 ist eine Entwicklung zum Abschluss gekommen, die unter Kanzler Schmidt begonnen hatte. Die ersten Jahre der Regierung Brandt/Scheel waren von einer Planbarkeits- und Machbarkeitseuphorie geprägt, die in der Aufblähung der Regierungszentrale unter Kanzleramtschef Ehmke ihren deutlichsten Ausdruck fand. Gegen Ende der Regierungszeit von Kanzler Kiesinger hatte das Amt rund 150 Mitarbeiter;

---

[21] „Der Weg nach vorne für Europas Sozialdemokraten", im Wortlaut u.a. nachzulesen unter www.blaetter.de/kommenta/dok30799.htm

[22] „Auf dem Weg zu mehr Wachstum, Beschäftigung und Gerechtigkeit", auszugsweise abgedruckt in: Frankfurter Allgemeine Zeitung vom 4. Januar 2003, Seite 5

mittlerweile sind es rund 500, davon über ein Viertel im höheren Dienst. Öffentlich sichtbar wurde dieser Wachstumsschub durch den Umzug von 1976 aus dem Palais Schaumburg in den 1970 initiierten Neubau. Doch seit Schmidts Zeiten war das Verständnis von politischer Planung wieder von mehr Bescheidenheit und größerem Wirklichkeitssinn geprägt. In den Vordergrund traten politische Analysen, das heißt die Früherkennung von Problemen. Die Ausarbeitung von Problemlösungsstrategien dagegen landete wieder dort, wo diese Aufgabe hingehört – nämlich bei den Ressorts.

Neben den politischen Analysen gehört der institutionalisierte Widerstand gegen die Phantasielosigkeit politischer Alltagsroutine – das also, was man mit dem abgegriffenen Wort „Querdenken" meint – zu den wichtigen Aufgaben politischer Planung. In dieser Hinsicht ähnelt deren Funktion dem Auftrag einer guten Parteizentrale – sie sollte dem aktuellen Stand der Regierungsvorhaben immer um eine programmatische Nasenlänge voraus sein. Je länger eine Regierung im Amt ist, um so stärker breitet sich in den politischen Leitungsetagen bürokratisches Denken aus („Das haben wir noch nie so gemacht!"). Darunter leidet auch das Charisma der Politiker. Frische Ideen und provozierende Einwürfe aus dem Bereich der politischen Planung haben deshalb immer auch eine kommunikationspolitische Dimension.

Politische Impulse aus dem Bundeskanzleramt haben schon so manchen Stein ins Rollen gebracht. Erinnert sei in diesem Zusammenhang an das Gutachten von Dieter Oberndörfer über den „Schutz der tropischen Regenwälder durch Entschuldung", an die Überlegungen zum Begriff der Kulturgesellschaft von Karla Fohrbeck und Johannes A. Wiesand sowie an Franz-Xaver Kaufmanns bedeutende Studie über die „Zukunft der Familie im vereinten Deutschland"; diese Gutachten sind alle in der „Schriftenreihe des Bundeskanzleramtes" beim C. H. Beck Verlag erschienen[23].

Ein wesentlicher Service von Kanzleramt und Presseamt für den Regierungschef ist das Entwerfen von Reden, Grußworten und Pressemitteilungen. Unter Kohl lag die Zuständigkeit für das Redenschreiben bei den Abteilungen 5 (alle Themen außer Wirtschafts- und Finanzpolitik) und 4 (Wirtschafts- und Finanzpolitik). Soweit erforderlich, waren die anderen Abteilungen und das Bundespresseamt durch Zuarbeit oder fachliche Überprüfung beteiligt. Wenn sie selbst einmal die Federführung übernahmen, oblag der Abteilung 5 die sprachliche und politische „Qualitätskontrolle".

---

[23] Oberndörfer: 1989 – Band 5 der Schriftenreihe des Bundeskanzleramtes; Fohrbeck/Wiesand: 1989 – Band 9; Kaufmann 1995 – Band 16.

In der Praxis hat es sich als sinnvoll erwiesen, politische Planung und Redenschreiberei – „Denkstube" und „Schreibstube" – zusammenzulegen. Redenschreiben ist praktiziertes Ideenmanagement. Die Vorbereitung wichtiger Reden ist die praktisch bedeutsamste Form politischer Planung; besonders nachhaltig zeigt sich das bei den programmatischen Regierungserklärungen zu Beginn jeder Legislaturperiode. Zugleich sind Redenschreiber Spindoctors, die im Verborgenen arbeiten. Die historische Überhöhung von Regierungsentscheidungen gehört zu ihrem Handwerk. Der Name „Agenda 2010" ist ein instruktives Beispiel für eine „visionäre", das heißt über die laufende Legislaturperiode hinausweisende Etikettierung politischer Vorschläge.

Für die Schreibstube ist nicht nur die enge Zusammenarbeit (oder personelle Identität) mit der Denkstube wesentlich, sondern auch die enge Zusammenarbeit mit dem Presseamt. Aus gutem Grund trug das Redenschreiber-Referat unter Kohl die Bezeichnung „Mitwirkung bei der *Öffentlichkeitsarbeit* des Bundeskanzlers". Für diese Bezeichnung entwickelte sich seit dem Wirbel um Kohls Interview mit dem amerikanischen Nachrichtenmagazin *Newsweek* im Herbst 1986 ein zusätzlicher Grund: Mehr und mehr – und ab 1990 fast ausschließlich – wurden die Redenschreiber im Kanzleramt für das Redigieren mündlicher und das Entwerfen schriftlicher Kanzler-Interviews verantwortlich, obwohl dies zu den originären Aufgaben des Presseamts gehörte.

5.3 Ressortprinzip und Kollegialprinzip

Nach dem „Ressortprinzip" leitet der jeweils zuständige Bundesminister seinen eigenen Geschäftsbereich selbstständig und eigenverantwortlich – innerhalb der vom Bundeskanzler bestimmten Richtlinien (Art. 65 Satz 2). Das Kollegialprinzip verlangt, dass bestimmte Entscheidungen der Bundesregierung als Kollegialorgan vorbehalten sind, darunter die Entscheidung über Meinungsverschiedenheiten zwischen den Bundesministern (Art. 65 Satz 3); es setzt sowohl der Richtlinienkompetenz des Bundeskanzlers als auch der Ressortkompetenz der Bundesminister eine Grenze.

Ausfluss des *Kollegialprinzips* ist die Funktion des Kanzleramtes als Geschäftsstelle der Bundesregierung im Verkehr mit anderen Verfassungsorganen. (Natürlich unterhalten die Ressorts daneben eigene Kontakte zum Bundestag und zum Bundesrat – vor allem zu den für sie zuständigen Fachausschüssen – sowie zu den einzelnen Landeregierungen.) Der Chef des

Bundeskanzleramtes wird in der Geschäftsordnung der Bundesregierung als „Staatssekretär der Bundesregierung" bezeichnet. Zu seinen Pflichten zählt die Vor- und Nachbereitung der Kabinettsitzungen.

Die im Prinzip wöchentlich stattfindenden Kabinettsitzungen werden von einer ebenfalls wöchentlich tagenden Runde der beamteten Staatssekretäre unter Vorsitz des Kanzleramtschefs vorbereitet; diese Runde filtert unerledigte Streitfragen heraus. Kabinettsentscheidungen werden fast immer einstimmig gefällt. Die Vermeidung öffentlich wahrnehmbarer Reibungen ist Teil des Kommunikationsmanagements, das die Regierungszentrale zu leisten hat. Das politische Interesse des Regierungschefs an der Vermeidung öffentlicher Disharmonie, die den Eindruck von „Kakophonie" erzeugen oder verstärken könnte, liegt auf der Hand: Letztlich geht es um seine Autorität („Basta!").

Streitfragen zwischen einzelnen Ressorts können in der Regel unterhalb der Kabinettsebene beigelegt werden – entweder bilateral oder unter Einschaltung von Kanzler oder Kanzleramt. Konflikte zwischen Ressorts, die von Angehörigen desselben Koalitionspartners geleitet werden, lassen sich oft auch innerhalb der jeweiligen Koalitionspartei vorab schlichten – unter der Voraussetzung natürlich, dass keine zwischen den Koalitionspartnern strittigen Fragen berührt sind. Wenn es wirklich brisant wird, tritt die Koalitionsrunde zusammen.

Aus dem *Ressortprinzip* folgt auch, dass jedes Fachministerium seine eigene Presse- und Öffentlichkeitsarbeit betreibt. Kanzleramt und Presseamt haben demgegenüber ein gemeinsames Interesse daran, politische Erfolge als Leistungen der Regierung insgesamt darzustellen (Kollegialprinzip). Sie achten ferner darauf, dass möglichst viel vom Glanz des kollektiven Erfolgs auf den Regierungschef fällt (Kanzlerprinzip). Aus alledem ergibt sich eine permanente Rivalität mit den Bundesministerien und deren Pressestellen, die politische Erfolge vor allem als Leistungen des Ressorts – in erster Linie des Ressortchefs selbst – zu „verkaufen" sich bemühen.

In den Organisationsstrukturen von Kanzleramt und Presseamt kommt das Ressortprinzip am sichtbarsten zum Ausdruck in einem besonderen Typ von Arbeitseinheiten: den so genannten „Spiegelreferaten". Aufgabe dieser Referate ist es, die ständige Kommunikation zwischen Ressorts und Regierungszentrale zu gewährleisten. Sie müssen über alle wesentlichen Angelegenheiten der von ihnen vertretenen und betreuten Fachministerien informiert sein und dienen als Transmissionsriemen für Entscheidungen des Regierungschefs im Blick auf politisches Handeln (via Kanzleramt) oder Öffentlichkeitsarbeit (via Presseamt).

Das Kanzleramt rekrutiert seine Mitarbeiter im höheren Dienst nur zu einem kleinen Teil direkt am Arbeitsmarkt; die meisten seiner Beamten und Angestellten kommen aus den Ressorts für ein paar Jahre in die Regierungszentrale. So will es jedenfalls der nach wie vor – mit einigen Änderungen – geltende „Rotationsbeschluss" des Bundeskabinetts aus den siebziger Jahren. Die Rotation liegt im Interesse des Kanzlers wie der Fachminister: Der Kanzler kann zu Beginn seiner Amtszeit sehr schnell einen parteipolitisch loyalen Apparat aufbauen. So waren im Kanzleramt knapp ein Jahr nach der Bundestagswahl 1998 schon weit über die Hälfte jener Mitarbeiter des höheren Dienstes, die als Anhänger des ancien régime galten, ausgetauscht worden – in politisch sensiblen Bereichen ging das bis hinunter zur Referentenebene[24]. Der Fachminister wiederum kann kein Interesse daran haben, dass Mitarbeiter seines Hauses allzu lange in der Regierungszentrale verbleiben. Nur solche Beamte und Angestellte, denen die mögliche Rückkehr in ihr Stammressort vor Augen steht, werden dessen spezifische Anliegen genügend beachten und nicht nur als Anwalt der Interessen des Kanzlers agieren.

Die verhältnismäßig starke Stellung, die das Ressortprinzip den einzelnen Bundesministern verleiht, ist ein wesentlicher Grund dafür, weshalb von Schäuble 1984 bis Hombach 1998 der Chef des Bundeskanzleramtes Kabinettsrang hatte – wobei für Hombach die Einschränkung galt, dass er nicht dem Parlament angehörte. Kanzler Kohl begründete seine Entscheidung für die „Politiker-Lösung" nie allein damit, dass nur ein erfahrener Bundestagsabgeordneter in der Lage sei, die Aufgaben der Kommunikation und Koordination mit Parlament und Koalitionsfraktionen zu bewältigen; genauso wichtig war für ihn das Argument, dass ein Chef des Kanzleramtes, der zu den Ressortchefs von gleich zu gleich sprechen kann, über mehr Autorität und Durchsetzungskraft verfügt als ein beamteter Staatssekretär.

Freilich muss selbst ein Kanzleramtschef mit Kabinettsrang seine Aufgabe in erster Linie als Dienst an Kanzler und Regierung begreifen. Ein gewisses Maß an beamtenhafter Zurückhaltung steht ihm gut zu Gesicht; allzu intensive Selbstdarstellung in der Öffentlichkeit schadet nicht nur der Sache, sondern – wie das Beispiel Hombach gezeigt hat – auch der eigenen Position. Umgekehrt bietet Hombachs Nachfolger Steinmeier ein Beispiel dafür, dass ein beamteter Kanzleramtschef durchaus auf gleicher Augenhöhe mit Res-

---

[24] Der Berlinumzug bot eine zusätzliche Möglichkeit, Tabula rasa zu machen – die in Bonn verbleibenden Kanzleramtsstellen ließen sich zur Entsorgung so genannter Altlasten nutzen. Dreißig zusätzliche Stellen im Haushalt 1999 rundeten das neue Personaltableau harmonisch ab.

sortchefs agieren kann – dann nämlich, wenn er sich der uneingeschränkten Rückendeckung des Regierungschefs erfreut.

Unter Willy Brandt – in dessen erster Amtsperiode – wurde erstmals die „Politiker-Lösung" praktiziert: Horst Ehmke war seinerzeit „Chef des Bundes*kanzlers*", wie ein berühmter Lapsus linguae aus jener Zeit den neuen Minister bezeichnete. Bei Ludger Westrick unter Kanzler Ludwig Erhard lag die Sache anders: Wegen der rigiden Altersgrenze für Beamte konnte Westrick nicht mehr beamteter Staatssekretär sein – die Ernennung zum Bundesminister bot sich als Ausweg an. Hier haben wir den Fall einer „Politiker-Lösung", die in Wahrheit eine verkappte „Beamten-Lösung" ist. Mit der Berufung von Frank-Walter Steinmeier zum Kanzleramtschef kam die klassische „Beamten-Lösung" wieder zu Ehren.

In Analogie zur Unterscheidung zwischen „Politiker-Lösung" und „Beamten-Lösung" für den Chef des Bundeskanzleramtes könnte man beim Chef des Presse- und Informationsamtes der Bundesregierung zwischen „Journalisten-Lösung" und „Beamten-Lösung" unterscheiden. Die „Politiker-Lösung" für den Presseamtschef ist bislang nur einmal vorgekommen – sie wurde mit Hans („Johnny") Klein 1989 in einer Ausnahmesituation praktiziert; es ging damals nicht um die Durchsetzung einer kanzlerzentrierten Öffentlichkeitsarbeit gegenüber den einzelnen Ressorts, sondern um die stärkere Einbindung der CSU angesichts der wohl schwersten Führungskrise während der Ära Kohl.

5.4 Rücksichtnahme auf den Koalitionspartner

Kanzler-, Ressort- und Kollegialprinzip werden in der Verfassungswirklichkeit durch ein ungeschriebenes viertes Prinzip ergänzt: den Grundsatz der Rücksichtnahme auf Koalitionspartner. Helmut Kohl, der sich wie kein Zweiter auf das Führen und Managen einer „kleinen" Koalition aus Unionsparteien und FDP verstand (und eine absolute Mehrheit der Unionsparteien im Bund wohl nie erstrebenswert fand), hat dieses Prinzip im Geiste der Goldenen Regel immer wieder so formuliert: „Mute deinem Koalitionspartner niemals zu, was du nicht selber zugemutet bekommen möchtest." Zwar soll der heutige Kanzler Gerhard Schröder zu seiner Zeit als niedersächsischer Ministerpräsident die Beziehung zwischen der SPD als dem größeren Koalitionspartner und den Grünen als Juniorpartner mit dem Verhältnis zwischen „Koch" und „Kellner" verglichen haben. Aber auch er hat inzwischen einsehen müssen, dass angesichts knapper Mehrheitsverhältnisse im Deutschen Bundestag der Kellner mitbestimmen will, was auf den Tisch kommt. Im Übrigen hat Schröder ein vitales Interesse daran, das Wasser der Popularität eines Joschka Fischer auf die eigenen Mühlen zu lenken.

Zur Rücksichtnahme gehört die Bereitschaft, dem kleineren Partner hin und wieder einen Prestigeerfolg zu gönnen. Auch unter diesem Aspekt ist die „Optik" der Koalitionsrunde wertvoll: Während sich die Zusammensetzung des Kabinetts im Großen und Ganzen direkt proportional zur Zusammensetzung des Parlaments verhält, ist die Koalitionsrunde paritätisch besetzt: Die Partner sitzen einander als (quantitativ) Gleiche gegenüber – und treten auch so vor die am Ausgang lauernde Presse. Solche Großzügigkeit bringt hohe Zinsen ein in Form eines guten Klimas im Regierungslager. Gleichzeitig muss der Kanzler immer darauf achten, dass der kleinere Partner dem größeren nicht auf dem Kopf herumtanzt – der eigenen Autorität zuliebe, aber auch mit Rücksicht auf die Stimmung in der eigenen Fraktion.

Als effektivstes Steering committee einer Koalitionsregierung haben sich so genannte Koalitionsrunden bewährt, an denen die Spitzenvertreter der Koalitionsfraktionen und -parteien teilnehmen. Das haben auch Kanzler Schröder und seine Partner von den Grünen sehr schnell erkannt, nachdem ursprünglich – sicher auch in bewusster Abgrenzung vom Regierungsstil Helmut Kohls – vorgesehen war, auf solche informellen, als intransparente „Kungelrunden" denunzierten Zusammenkünfte möglichst zu verzichten.

Für die überragende praktische Bedeutung von Koalitionsrunden gibt es mehrere Gründe. Unter dem Aspekt des Kommunikationsmanagements besonders wichtig ist die Minimierung des Indiskretionsrisikos. Vertraulichkeit sichert die Souveränität, den Zeitpunkt der Veröffentlichung einer brisanten Information selbst bestimmen zu können. Damit gewährt sie auch die Interpretationshoheit – zumindest das Recht der ersten, das heißt maßstabsetzenden Interpretation, die Möglichkeit des „informationellen Erstschlags".

Überraschungseffekte stimmen das Publikum immer dann günstig, wenn sie sich als Ausdruck von Entschlossenheit und Führungskraft präsentieren lassen. Zu verhindern, dass ein geplanter Schritt vorschnell bekannt und dann zerredet wird, ist auch eine wesentliche Voraussetzung der Durchsetzbarkeit bestimmter Entscheidungen. Die strikte Geheimhaltung, unter der das Zehn-Punkte-Programm von Kanzler Kohl im November 1989 vorbereitet wurde, bietet ein besonders instruktives Beispiel für die starken politischen Effekte gezielter Diskretion[25].

---

[25] Vgl. Mertes, Michael: „Die Entstehung des Zehn-Punkte-Programms vom 28. November 1989", in: Timmermann, Heiner (Hg.) (2001): „Die DDR in Deutschland", Berlin, S.17ff

Die Vertraulichkeit von Informationen sichert man am besten dadurch, dass man den Kreis der Mitwisser möglichst klein hält. Was im Kabinett diskutiert wird, findet – trotz des offiziell geltenden Beratungsgeheimnisses – praktisch auf offener Bühne statt. Seit jeher gibt es Regierungsmitglieder, die ihren „Spezis" aus dem Journalistencorps Details aus der Sitzung brühwarm servieren. Es handelt sich dabei meist um eine Sonderform der Bestechung mit Information; die – erhoffte – Gegenleistung besteht darin, dass der Informant vor der Kritik des Informierten geschützt bleibt. Noch jeder Bundeskanzler hat aus dieser Tatsache die Konsequenz gezogen, dass er die brisanten Themen nur in ganz kleinen Zirkeln diskutieren ließ – und ein solcher Zirkel ist zum Beispiel die Koalitionsrunde.

Gastgeber der Koalitionsrunden ist das Kanzleramt – hier wird seine Scharnierfunktion zwischen parteipolitischer und regierungspolitischer Sphäre besonders deutlich sichtbar. Auch für die Koalitionsvereinbarung zu Beginn jeder neuen Amtsperiode einer Bundesregierung werden in der Regel viele gute Geister aus der Administration in Anspruch genommen – von der Sekretärin bis zum Staatssekretär, der die finanzpolitische Solidität von Reformvorhaben mit spitzem Griffel nachrechnen lässt, bevor diese vereinbart oder verworfen werden.

In der Koalitionsrunde sitzen Politiker mit Abschlussvollmacht. Ihr politisches Gewicht bemisst sich nach der Fähigkeit, gegebene Zusagen einzuhalten – das heißt, die bei den „eigenen Leuten" auch gegen Widerstände durchzusetzen. Das ist einer der wichtigsten Gründe dafür, dass ein Bundeskanzler immer auch Parteivorsitzender sein sollte. Diese Position sichert ihm ein Maximum an Autorität innerhalb der Regierung und minimiert Reibungsverluste durch zusätzliche Kommunikations- und Koordinierungszwänge. Aus dem gleichen Grunde ist es hilfreich, wenn die Vorsitzenden der kleineren Koalitionsparteien als Bundesminister am Kabinettstisch sitzen. Im Interesse des Kanzlers ist das allemal, denn so sind sie „eingebunden". Das heißt nicht zuletzt: Ihr Kakophoniepotenzial ist neutralisiert, zumindest geschwächt.

5.5 Formelle und informelle Strukturen

Natürlich muss innerhalb des Informationsverarbeitungskombinats Kanzleramt-Presseamt zwischen formellen und informellen Strukturen unterschieden werden. Unter Helmut Kohl zählten etwa 10 bis 15 Beamte und Angestellte der Regierungszentrale – unabhängig von ihrer formalen Stellung innerhalb der Hierarchie – zum Kreis derjenigen, die zu Kohl direkten Zugang hatten oder unmittelbar von ihm Aufträge erhielten.

Der wichtigste informelle Beraterkreis während Helmut Kohls Amtszeit war die allmorgendlich in seinem Büro stattfindende „Kleine Lage", deren Mitglieder er auch sonst oft zur Erörterung von aktuellen und Strategie-Fragen heranzog. Diese handverlesene Runde bestand aus Kohls persönlichem Sprecher – das heißt: Eduard Ackermann von 1982 bis 19995 und Andreas Fritzenkötter von 1995 bis 1998 –, Kohls persönlicher Referentin Juliane Weber, dem Chef des Bundeskanzleramtes, den beiden Staatsministern, dem Regierungssprecher, einem Vertreter des Redenschreiberteams und – je nach aktuellem Bedarf – dem einen oder anderen Fachabteilungsleiter aus Kanzleramt oder Presseamt. Jede dieser Runden begann mit einem Pressevortrag, den zumeist Kohls persönlicher Sprecher, gelegentlich auch der Regierungssprecher hielt.

Im Kanzleramt unter Gerhard Schröder gibt es eine informelle Basisunterscheidung von zwei Mitarbeiterebenen: die Steinmeier-Leute und diejenigen, die nicht dazugehören. Dies findet die Rückendeckung Schröders, der grundsätzlich nur auf Niedersachsen in seiner engeren Umgebung setzt. Eine Sonderrolle spielt die Wirtschaftsabteilung, deren Leiter Pfaffenbach sich wegen seines Einflusses bei Schröder eine gewisse Souveränität in den Personalfragen seiner eigenen Abteilung bewahren konnte. Einen festen Beraterstab gibt es auch im fünften Jahr der Kanzlerschaft Schröders nicht: „Kanzlernähe" haben – neben Steinmeier – vor allem Büroleiterin Krampitz sowie der stellvertretende Regierungssprecher Steg. Regierungssprecher Anda gilt als Vertrauter von Frau Schröder-Köpf.

Auf die vielen internen ad hoc-Gremien und Strategierunden, die das zentrale Informationsverarbeitungskombinat mobilisieren oder lähmen können, soll hier nicht eingegangen werde. Ein lebenskluger Bundeskanzler wird diese Einrichtungen im Prinzip gutheißen, weil sich hier die Prestigebedürfnisse der Höflinge und ihre Rivalitäten auf ungefährliche Weise austoben können. Er wird die damit einhergehende Fragmentierung von Herrschaftswissen sogar für wünschenswert halten – entscheidend ist, dass bei ihm die Einzelinformationen zusammenlaufen, die erst in ihrer Gesamtheit ein aussagekräftiges Mosaik ergeben. Die Proliferation solcher Zirkel birgt freilich das Risiko von Doppelarbeit, Reibungsverlusten durch Kompetenzgerangel und abnehmender Koordination.

6. Zusammenfassung

Bundeskanzleramt und Bundespresseamt stehen im Zentrum eines politisch-publizistischen Komplexes, in dem die Machtakteure ständig versuchen, Medien für eigene Zwecke zu instrumentalisieren, während die Journalisten um exklusive Informationen über das Geschehen hinter den Kulissen wetteifern. Beide Behörden bilden – gemeinsam mit dem Hauptquartier der Kanzlerpartei – eine Art Informationsverarbeitungskombinat, das sowohl den In- und Output von Nachrichten managt als auch für deren machtdienliche Interpretation sorgt. Beim Inputmanagement kommt es auf die Sicherung der „informationellen Zweitschlagskapazität" an, beim Outputmanagement auf den „informationellen Erstschlag". Die formellen und Strukturen dieses Kombinats spiegeln die vom Grundgesetz normierte Aufgaben-, Rollen- und Machtverteilung innerhalb der Bundesregierung wieder. Die informellen Strukturen sind auf die Vertrauensbeziehungen des Bundeskanzlers zu einzelnen Beratern sowie auf koalitions- und parteipolitische Bedürfnisse zugeschnitten. Zugleich sichern sie besonders effektiv die Fähigkeit zum „informationellen Erstschlag" in einem Umfeld, das von den Unwägbarkeiten permanenter Indiskretion geprägt ist.

Politikmanagement in der SPD-Bundestagsfraktion
Koordination innerhalb und außerhalb der stärksten Regierungsfraktion

Erhard Kathmann / Peter Kuleßa

I. Einführung

Die SPD-Bundestagsfraktion ist seit der Bundestagswahl 1998 die stärkste Fraktion im Deutschen Bundestag und die stärkste Regierungsfraktion innerhalb der Regierungskoalition mit Bündnis 90/Die Grünen. Diese Konstellation ist bei der Bundestagswahl im Jahre 2002 bestätigt worden.

An die stärkste Regierungsfraktion werden in der alltäglichen Parlamentsarbeit hohe Anforderungen gestellt. Die Stellung als stärkste Regierungsfraktion beinhaltet einen hohen Koordinationsaufwand gegenüber den verschiedenen Akteuren im Politikgeschäft auf der Bundesebene: Einerseits sind zur Bewältigung der inhaltlichen Regierungsarbeit – insbesondere bei der Durchführung von Gesetzgebungsverfahren im Deutschen Bundestag – vielfältige Absprachen mit dem Koalitionspartner, der Bundesregierung und der Länderebene erforderlich, um die notwendigen Mehrheiten für ein Gesetzesvorhaben zu organisieren. Andererseits beruhen interne Verfahrensabläufe im Parlament selbst durchweg auf einvernehmlichen Absprachen mit allen Fraktionen. Aufgabe der stärksten Fraktion ist es, federführend mit allen Fraktionen – also auch den Oppositionsfraktionen – möglichst einvernehmliche Absprachen über die parlamentarischen Abläufe und die Tagesordnung im Bundestagsplenum zu treffen.

Grundlage des Handelns einer Regierungsfraktion ist es, programmatische Ziele und etwaige Koalitionsvereinbarungen durchzusetzen. Dafür muss eine Regierungsfraktion konzentriert, sachorientiert und geschlossen handeln. Nur dann kann sie die notwendige Glaubwürdigkeit ihrer politischen Vorhaben in der Öffentlichkeit dokumentieren. Aus ihr heraus werden Gespräche mit den maßgeblichen Akteuren eines Gesetzgebungsverfahrens geführt, um die Verwirklichung eines bestimmten Vorhabens zu erreichen. Diese Koordinationsbemühungen haben das Ziel der Gestaltung des Gemeinwesens und sind notwendigerweise flexibel, um im Laufe der Verfahren

die beste Lösung zu erreichen. In diesem Geflecht besteht eine hoch komplexe Struktur, die vielfachen Einflüssen von außen ausgesetzt ist und deren
praktische Handhabung maßgeblich von den persönlichen Präferenzen der
einzelnen Akteure abhängt.

Im Gegensatz dazu hat die Opposition nicht die Aufgabe und auch nicht
die Möglichkeiten, die von ihr angestrebten Ziele aus der Minderheitspositi-
on in die Wirklichkeit umzusetzen. Ihr geht es darum, auf aus ihrer Sicht
unrichtige Vorgehensweisen hinzuweisen. Dem gemäß kann sie im Sinne
einer Zielerreichung eher passiv reagieren. Sie ist nicht darauf angewiesen,
eine breite Übereinstimmung für ihre Vorhaben zu erreichen, sondern kann
Akzente aus sich heraus autonom setzen. Insofern ist es einer Oppositionsfraktion möglich, ohne weitreichende Koordination ihre Politik zu betreiben.
Anderes gilt nur, wenn eine Oppositionsfraktion aufgrund umgekehrter
Mehrheitsverhältnisse im Bundesrat die Möglichkeit hat, auf laufende Gesetzgebungsverfahren Einfluss zu nehmen.

II. Zur Struktur der SPD-Bundestagsfraktion

Die Aufgabenstellung einer Regierungsfraktion setzt Arbeitsstrukturen und
Arbeitsabläufe voraus, innerhalb derer eine aktive Regierungspolitik bewältigt werden kann. Hierzu sind Organisationsformen notwendig, in denen die
auftretenden inhaltlichen Probleme diskutiert und gelöst werden können.
Erforderlich ist es, Arbeitsstrukturen zu haben, die die Mehrheit einer Regierungsfraktion im Parlament sichert und auf Dauer die Politik der von den
Regierungsfraktionen getragenen Bundesregierung stützt.

1. Die Fraktionsgremien der SPD-Bundestagsfraktion

a) Der Geschäftsführende Vorstand (GFV) der SPD-Bundestagsfraktion führt
die laufenden Geschäfte der SPD-Bundestagsfraktion. Er tagt jede Woche –
also auch außerhalb von Sitzungswochen des Bundestages. Ihm gehören
derzeit der Fraktionsvorsitzende, 8 Stellvertretende Fraktionsvorsitzende und
4 Parlamentarische Geschäftsführer an. Aufgrund der herausgehobenen Koordinationsfunktion des GFV nehmen als ständige Gäste an den Sitzungen
auch Vertreter des Bundeskanzleramtes, des SPD-Parteivorstands und der
SPD-geführten Bundesländer (sogenannte „A-Länder") teil. Neben der Vorbereitung der Fraktionssitzung werden hier „im kleinen Kreis" politische

Grundsatzfragen diskutiert und entsprechende Weichen für die Umsetzung gestellt. Ebenso werden administrative Fragen – wie etwa Personalentscheidungen im Fraktionsmitarbeiterbereich, Auslandsreisen von Abgeordneten, Besetzung von Bundestags- und Fraktionsgremien – behandelt und entschieden.

b) Ein weiteres wichtiges Führungsgremium der SPD-Bundestagsfraktion ist der erweiterte Fraktionsvorstand, der – anders als der Geschäftsführende Vorstand – nur an Montagen in Sitzungswochen des Bundestages zusammentritt. Ihm gehören die Mitglieder des Geschäftsführenden Vorstands und weitere 30 von der Fraktionsversammlung gewählte Fraktionsmitglieder an. Weiterhin nehmen an den Sitzungen des Fraktionsvorstandes für die Bundesregierung die Parlamentarischen Staatssekretäre sowie die SPD-Mitglieder im Bundestagspräsidium teil. Insbesondere durch die Teilnahme der Parlamentarischen Staatssekretäre wird es möglich, auf kurzem Wege Informationen aus der Bundesregierung zu aktuellen Gesetzgebungsvorhaben und politischen Fragestellungen zu erhalten. Der Fraktionsvorstand bereitet schwerpunktmäßig die Sitzungen der SPD-Bundestagsfraktion und die Sitzungswochen des Bundestages vor. Es werden auch hier aktuelle politische Fragestellungen diskutiert. Da die Mitglieder des Fraktionsvorstands eine ausgewogene Repräsentanz der Fraktionsmitglieder darstellen, lässt sich häufig schon an den Diskussionen im Fraktionsvorstand der Diskussionsstand innerhalb der Gesamtfraktion ablesen.

c) Höchstes Entscheidungsgremium der SPD-Bundestagsfraktion ist die Versammlung der SPD-Fraktionsmitglieder. In der 15. Wahlperiode hat die SPD-Bundestagsfraktion 251 Mitglieder. Regelmäßig treffen sich die Fraktionsmitglieder an Dienstagen in einer Sitzungswoche zu ihren Beratungen. In regelmäßigen Abständen – meistens zum Jahresbeginn und am Ende der Sommerpause des Bundestages – führt die Bundestagsfraktion Klausursitzungen durch, in denen abseits von der üblichen Tagespolitik auch längerfristige Politikprojekte diskutiert werden.

Besonders wichtig ist in den Fraktionssitzungen der Tagesordnungspunkt „Politischer Bericht", unter dem der Fraktionsvorsitzende und der Bundeskanzler oftmals weiterreichende und grundsätzlichere Themen ansprechen, die im Anschluss daran von den Fraktionsmitgliedern diskutiert werden. In diesen Diskussionen werden häufig grundlegende politische Weichenstellungen vorgenommen, die später in einem Gesetzgebungsverfahren einmünden. Darüber hinaus werden in den Fraktionssitzungen alle Tagesordnungspunkte des Bundestages in einer laufenden Sitzungswoche des Deutschen Bundestages angesprochen, diskutiert und gegebenenfalls entschieden. Für den Fall, dass innerhalb der Fraktion zu einzelnen Fragen kontrovers abgestimmt wird, verpflichtet die Fraktionsgeschäftsordnung alle Fraktionsmitglieder, die Mehrheitsentscheidung der Fraktion im Bundestag geschlossen zu vertreten. Die Fraktionsgeschäftsordnung legt aber auch ausdrücklich fest, dass die Legitimität von abweichendem Stimmverhalten im Bundestag in Gewissensfragen davon unberührt bleibt.

2. Die politisch-fachliche Arbeitsstruktur der SPD-Bundestagsfraktion

a) An der Spitze der SPD-Bundestagsfraktion steht der von der Fraktionsversammlung gewählte Fraktionsvorsitzende. Alle politisch relevanten Fragestellungen und Themen laufen beim Fraktionsvorsitzenden zusammen. Ihm obliegt damit letztlich die politische Gesamtkoordination der Fraktion im Innen- und Außenverhältnis. Er steht im ständigen Gespräch mit den Spitzen von Bundesregierung und SPD-Parteiorganisation und stellt so die Kompatibilität der Politik im Dreieck von SPD-Bundestagsfraktion, Bundesregierung und SPD-Parteiorganisation sicher. Der Fraktionsvorsitzende ist das Aushängeschild der Fraktion gegenüber der Öffentlichkeit. Er sorgt dafür, dass die Fraktion neben der täglichen Gesetzgebungsarbeit auch die „langen Linien" der Politik im Blick hat und politische Fragestellungen auf lange Sicht diskutiert und entscheidet. Dem Fraktionsvorsitzenden stehen neben seinem persönlichen Büro unterstützend eine Planungsgruppe und die Pressestelle der Fraktion zur Seite. Er steht ständig im engen Kontakt mit „seinem" Ersten Parlamentarischen Geschäftsführer und trifft sich mit ihm und den engsten Mitarbeitern in Sitzungswochen zu einer morgendlichen Lagebesprechung.

b) In politisch-fachlicher Hinsicht wird der Fraktionsvorsitzende durch acht Stellvertretende Fraktionsvorsitzende unterstützt. Deren jeweilige Zuständigkeit richtet sich nach politischen Aufgabenfeldern, die zu Beginn einer jeden Wahlperiode auf Vorschlag des Fraktionsvorsitzenden von der Fraktionsversammlung festgelegt werden. In der SPD-Bundestagsfraktion gliedern sich die Arbeitsbereiche der Stellvertretenden Vorsitzenden derzeit wie folgt:

- Inneres, Recht, Sport, Kultur und Medien sowie Geschäftsordnung;
- Wirtschaft und Arbeit, Tourismus, Verkehr, Bau- und Wohnungswesen, Aufbau Ost;
- Gesundheit und Soziale Sicherung, Petitionen;
- Außenpolitik, Entwicklungspolitik, Verteidigung und Menschenrechte;
- Umwelt, Verbraucherschutz, Ernährung und Landwirtschaft, Nachhaltigkeit;
- Haushalt und Finanzen;
- Familie, Senioren, Frauen und Jugend, Bildung und Forschung;
- Angelegenheiten der Europäischen Union.

Den Stellvertretenden Vorsitzenden sind im Rahmen ihrer Aufgabenbereiche entsprechende Ausschussarbeitsgruppen fachlich zugeordnet. Vorrangige Aufgabe der Stellvertretenden Fraktionsvorsitzenden ist es deshalb zunächst, die fachlich-politische Koordination unter den Ausschussarbeitsgruppen in ihrem jeweiligen Aufgabenbereich sicherzustellen. Daneben sind sie für die Koordination zwischen den Aufgabenbereichen der einzelnen Stellvertretenden Fraktionsvorsitzenden zuständig. Formal findet diese Gesamtkoordination im Geschäftsführenden Fraktionsvorstand statt, dem alle Stellvertretenden Fraktionsvorsitzenden angehören.

Neben diesem innerfraktionellen Wirken üben die Stellvertretenden Fraktionsvorsitzenden in einer Regierungsfraktion wichtige Koordinationsaufgaben gegenüber dem Koalitionspartner und der Bundesregierung aus. Hier ist es in der Praxis so, dass sie diese Funktion bei den wichtigeren und größeren Gesetzgebungsvorhaben ausüben, während ansonsten notwendige Koordinationsaufgaben von den Sprechern und Berichterstattern in den Ausschussarbeitsgruppen wahrgenommen werden.

c) Die Ausschussarbeitsgruppen der SPD-Bundestagsfraktion bilden die Grundlage der parlamentarischen Arbeit. Sie werden von den Mitgliedern der SPD-Bundestagsfraktion in den Ausschüssen des Deutschen Bundestages gebildet.[1] Jede Arbeitsgruppe wählt aus ihren Reihen einen Sprecher, der von der Gesamtfraktion bestätigt werden muss. Der Sprecher ist der Fraktion gegenüber für die Arbeit im Ausschuss verantwortlich. Die laufende Arbeit der Arbeitsgruppen wird von einem Stab von Fraktionsmitarbeitern unter-

---

[1] Vgl. auch Rudzio, Wolfgang (2003): Das politische System der Bundesrepublik Deutschland, Opladen, u.a.

stützt. Je nach Größe der Arbeitsgruppe sind in der SPD-Bundestagsfraktion ein bis fünf Referenten in den Arbeitsgruppen beschäftigt.

Wichtigste Aufgabe der Mitglieder der Ausschussarbeitsgruppen ist die Mitwirkung an der Gesetzgebungsarbeit in den Fachausschüssen des Deutschen Bundestages. Die Arbeitsgruppen sind dafür verantwortlich, dass Gesetzgebungsvorhaben in den Ausschüssen fachlich beraten und mit der Mehrheit der Regierungskoalition im Ausschuss auch durchgesetzt werden. Daneben erfüllen die Arbeitsgruppen auch eine wichtige Koordinationsaufgabe: Im Vorfeld und im Laufe eines Gesetzgebungsverfahrens bestehen vielfältige Gesprächskontakte mit den zuständigen Bundesministerien, der Länderebene und mit dem Koalitionspartner. Ziel dieser Gesprächskontakte ist es, vor Fraktions- und Bundestagsentscheidungen ein fachliches und politisches Einvernehmen bei Gesetzgebungsvorhaben herbeizuführen. Im einzelnen bestehen hierfür aber keine festgelegten und starren Strukturen im Sinne eines für die Gesamtfraktion geltenden Prinzips. Die Anlässe der Gesprächskontakte, die teilnehmenden Personen und die Intensität werden von jeder Arbeitsgruppe im Einvernehmen mit den Gesprächspartnern selbst gestaltet.

d) Neben den zwingend vorhandenen Ausschussarbeitsgruppen hat die SPD-Bundestagsfraktion weitere Fraktionsarbeitsgruppen und Fraktionsbeauftragte eingesetzt, die politische und gesellschaftlich relevante Fragestellungen aufgreifen und für die Fraktion besonders thematisieren. In der SPD-Bundestagsfraktion bestehen beispielsweise Fraktionsarbeitsgruppen für „Energie", „Migration und Integration", „Kommunalpolitik" und „Bürgerschaftliches Engagement" oder Beauftragte für „Kirchen und Religionsgemeinschaften", für „Kinder" oder für den „Tierschutz". Die Fraktionsarbeitsgruppen sind oft weniger straff strukturiert als die Ausschussarbeitsgruppen. Ihr Schwerpunkt liegt nicht in der Gesetzgebungsarbeit, da sie üblicherweise keine Entscheidungsgremien sind. Es geht vielmehr darum, politisch und gesellschaftlich relevante Fragestellungen frühzeitig aufzugreifen und in den Diskussionsprozess der Fraktion zu integrieren. Ebenso wichtig ist es, dass in diesen Bereichen Kontakte mit gesellschaftlichen Gruppen gepflegt werden und ein ständiger Austausch der Fraktion mit diesen Gruppen erfolgt.

3. Die Verwaltungsstruktur der SPD-Bundestagsfraktion

a) Eine effektive und leistungsfähige Regierungsfraktion benötigt neben der fachlich-politischen Arbeit auch eine Struktur, mit der die zahlreichen organisatorischen Anforderungen und die Verwaltungsaufgaben einer Bundestagsfraktion mit 251 Abgeordneten und ca. 300 Fraktionsmitarbeitern bewältigt werden können. Hierfür hat die SPD-Bundestagsfraktion den Ersten Parlamentarischen Geschäftsführer und drei weitere Parlamentarische Geschäftsführer (PGF) gewählt. Die Parlamentarischen Geschäftsführer treffen zur Vorbereitung der Sitzungen des Geschäftsführenden Vorstands und des Bundestages zu Beginn einer Woche mit dem Fraktionsvorsitzenden zu sogenannten PGF-Besprechungen zusammen.

Unterstützt wird die Parlamentarische Geschäftsführung durch einen in der Fraktionsgeschäftsordnung verankerten Verwaltungsleiter, der auf der Mitarbeiterebene organisatorische und juristische Fragestellungen für die Parlamentarischen Geschäftsführer vorbereitet. Der Verwaltungsleiter ist der wichtigste Mitarbeiter des Ersten Parlamentarischen Geschäftsführers.

b) Der Erste Parlamentarische Geschäftsführer hat für den Fraktionsbetrieb außerordentlich wichtige Organisationsfunktionen inne. Insgesamt ist er – unterstützt vom Verwaltungsleiter – für den reibungslosen Ablauf der Sitzungen der Fraktionsgremien verantwortlich. Weiterhin bereitet er gemeinsam mit den Geschäftsführern der anderen Bundestagsfraktionen die Tagesordnung des Bundestagsplenums vor. Der Erste Parlamentarische Geschäftsführer ist für die Fraktionsfinanzen und die Koordinierung der Fraktion mit den Ländern verantwortlich. In letzterer Funktion nimmt er die wichtige Aufgabe eines Sprechers der SPD-Seite im Vermittlungsausschuss von Bundestag und Bundesrat wahr.

Wichtigste Aufgabe des Ersten Parlamentarischen Geschäftsführers ist die interfraktionelle Organisation der Bundestagsarbeit. Hierzu trifft sich der Erste Parlamentarische Geschäftsführer der SPD-Bundestagsfraktion in Sitzungswochen zweimal mit den Ersten Parlamentarischen Geschäftsführern aller anderen Fraktionen zur vorbereitenden Beratung der Tagesordnung des Deutschen Bundestages, die im Ältestenrat des Bundestages abschließend festgelegt wird. Die größte Regierungsfraktion hat zwar maßgeblichen Einfluss auf die Gestaltung der Bundestagstagesordnung, aufgrund von Minderheitsrechten kann sie jedoch nicht alles alleine entscheiden. Die Runde der Ersten Parlamentarischen Geschäftsführer ist daher ein Ort der Kompromissfindung mit den anderen Fraktionen für den Ablauf der Plenarsitzungen des

Bundestages. Können sich die Ersten Parlamentarischen Geschäftsführer nicht auf eine Tagesordnung verständigen, verbleibt als letztes Mittel die sogenannte Geschäftsordnungsdebatte, mit der ausnahmsweise erst im Plenum des Bundestages selbst eine Entscheidung über den Plenarablauf herbeigeführt wird.

c) Die weiteren 3 Parlamentarischen Geschäftsführer der SPD-Bundestagsfraktion nehmen verwaltungsmäßige und organisatorische Aufgaben für die Fraktion wahr. Ein Parlamentarischer Geschäftsführer sichert die Präsenz der Fraktion bei Abstimmungen im Deutschen Bundestag und kümmert sich um Fragen des Informationsmanagements sowie der elektronischen Datenverarbeitung. Der zweite Parlamentarische Geschäftsführer ist in seinem Hauptaufgabenbereich für Personal und Organisation zuständig. Ein weiterer Geschäftsführer kümmert sich um die von der SPD-Bundestagsfraktion zu besetzenden Gremien und betreut den bedeutsamen Bereich der Öffentlichkeitsarbeit für die Fraktion.

III. Ebenen der politischen Koordination in der SPD-Bundestagsfraktion

1. Koordination innerhalb der SPD-Bundestagsfraktion

a) Das wichtigste Koordinations- und Beschlussgremium ist die Fraktionssitzung. Hier werden im wesentlichen alle Vorgänge, die das Plenum des Bundestages betreffen, und sonstige politisch relevante Fragen besprochen und entschieden. Die Sitzungen der Fraktion werden vom Geschäftsführenden Vorstand und dem Fraktionsvorstand vorbereitet. In der Praxis wird in den Fraktionssitzungen über Vorlagen entschieden, die den Fraktionsgremien von den Ausschussarbeitsgruppen über die Stellvertretenden Fraktionsvorsitzenden zugeleitet worden sind. Voraussetzung für die Behandlung einer Vorlage ist, dass diese innerhalb der Fraktion mit den betroffenen Arbeitsgruppen, mit dem Koalitionspartner und mit der Bundesregierung abgestimmt ist.

b) Den Arbeitsgruppen kommt innerhalb des parlamentarischen Verfahrens in zweifacher Hinsicht eine besondere Koordinationsfunktion zu. Einmal haben sie vor der Einbringung eines Gesetzesentwurfs bzw. eines Antrags der Fraktion in den Bundestag und vor der Beschlussfassung der Fraktion eine umfassende Abstimmung des Vorhabens mit dem Koalitionspartner, mit der Bundesregierung und den fachlich zuständigen Arbeitsgruppen innerhalb der Fraktion sicherzustellen. Andererseits nehmen sie in laufenden Gesetzgebungsverfahren während der Ausschussberatungen einen erheblichen Einfluss auf eventuell notwendige Änderungen und Ergänzungen eines Gesetzentwurfs. In einer Regierungskoalition sind auch hier die zuvor dargestellten Abstimmungen vorzunehmen. Bei grundlegenden Änderungen in einem laufenden Gesetzgebungsverfahren wird – insbesondere bei Fragestellungen, die in der Gesamtfraktion umstritten sind – eine Fraktionsentscheidung herbeigeführt.

c) Zur frühzeitigen Information der Ausschussarbeitsgruppen über den Plenarablauf der folgenden Sitzungswoche lädt der Erste Parlamentarische Geschäftsführer die Sprecher der Ausschussarbeitsgruppen in Sitzungswochen mittwochs zum Obleutegespräch ein. Zu diesem Termin steht die Plenartagesordnung der darauf folgenden Sitzungswoche – vorbehaltlich einer Entscheidung des Ältestenrats – im wesentlichen fest. Im Obleutegespräch werden die Sprecher der Arbeitsgruppe aus erster Hand über die Plenartagesordnung informiert.

Dem Obleutegespräch geht ein längerer Vorlauf voraus, in dem die Tagesordnung des Bundestages erarbeitet und abgestimmt wird. Wesentliche Vorbereitungen der Tagesordnung werden unter der Federführung des Verwaltungsleiters der SPD-Bundestagsfraktion getroffen. Dieser fragt im Rahmen einer internen Referentenbesprechung die Tagesordnungswünsche der Arbeitsgruppen der SPD-Bundestagsfraktion ab. Das Ergebnis der Abfrage ist Grundlage für die Gespräche mit den Ersten Parlamentarischen Geschäftsführern der anderen Bundestagsfraktionen über die Tagesordnung des Bundestages. Das Ergebnis dieser Besprechung wird wiederum den Sprechern der Arbeitsgruppen im Obleutegespräch vor der endgültigen Vereinbarung im Ältestenrat mitgeteilt.

d) Die Mitglieder der Fraktion sind nach Landeszugehörigkeit in sog. Landesgruppen organisiert. Sie treffen regelmäßig in Sitzungswochen zusammen. Jede Landesgruppe wählt einen Landesgruppensprecher. Die Landesgruppen der Fraktion befassen sich vor allem mit landesspezifischen Themen. In Sitzungswochen werden im Rahmen der Landesgruppensitzungen aktuelle politische Fragen mit Blick auf die Fraktionssitzung vorbesprochen. Die Landesgruppen der Fraktion halten Kontakt zu den SPD-geführten Landesregierungen und zu den SPD-Landtagsfraktionen.

2. Koordination mit dem Koalitionspartner

a) Die Koalitionsvereinbarung zwischen SPD und Bündnis 90/Die Grünen für die 15. Wahlperiode des Deutschen Bundestages sieht vor, dass die Koalitionspartner ihre Arbeit in Parlament und Regierung laufend und umfassend miteinander abstimmen und zu Verfahrens-, Sach- und Personalfragen einen Konsens herstellen. Vereinbart wurde auch die Einrichtung eines Koalitionsausschusses. Dieser soll über Angelegenheiten von grundsätzlicher Bedeutung beraten, die zwischen den Koalitionspartnern abgestimmt werden müssen. Er hat die Aufgabe, in Konfliktfällen Konsens herbeizuführen. Nach dem Koalitionsvertrag soll der Koalitionsausschuss[2] einmal im Monat oder auf Verlangen eines Koalitionspartners zusammentreten. In der Praxis hat sich eingebürgert, dass der Koalitionsausschuss nur bei Bedarf zusammentritt. Von jeder Seite nehmen acht Vertreter – seitens der SPD-Bundestagsfraktion der Fraktionsvorsitzende und der Erste Parlamentarische Geschäftsführer – an den Sitzungen des Koalitionsausschusses teil. Im Rahmen dieser Sitzungen werden die Grundlinien in politischen Sachfragen abgesteckt und wesentliche Verfahrensabsprachen getroffen. Die Ergebnisse der Sitzungen des Koalitionsausschusses werden gemeinsam von je einem Vertreter von SPD und Bündnis 90/Die Grünen der Öffentlichkeit mitgeteilt.

b) Die Koalitionsvereinbarung bestimmt für die Zusammenarbeit der Koalitionsfraktionen im Deutschen Bundestag, dass beide Fraktionen im Bundestag und in allen von ihm beschickten Gremien einheitlich abstimmen. Damit sollen wechselnde Mehrheiten ausgeschlossen werden. Auf Grundlage der Koalitionsvereinbarung haben die Koalitionsfraktionen von SPD und Bündnis 90/Die Grünen eine ergänzende Kooperationsvereinbarung abgeschlossen. Diese sieht im wesentlichen vor, dass die Koalitionspartner ihre Arbeit im Parlament laufend und umfassend miteinander abstimmen und zu Verfahrens-, Sach- und Personalfragen Konsens herstellen. So werden parlamentarische Initiativen von den Koalitionsfraktionen grundsätzlich nur gemeinsam in den Bundestag eingebracht. Die Kooperationsvereinbarung beinhaltet ein gemeinsames Vorgehen in den Ausschüssen des Bundestages und bei Wahlen und Gremienentsendungen im Bereich des Deutschen Bundestages.

Laut Kooperationsvereinbarung beraten sich die Fraktionsvorsitzenden und die Parlamentarischen Geschäftsführer der Koalitionsfraktionen zu Beginn jeder Sitzungswoche über die parlamentarischen Abläufe. In der Praxis

---

[2] Vgl. auch Raschke, Joachim (2001): Die Zukunft der Grünen, Frankfurt a. M., S.131f

hat sich ein sogenanntes „Koalitionsfrühstück" eingebürgert. Das Koalitionsfrühstück findet an jedem Dienstag in einer Sitzungswoche des Bundestages statt. Es ist im parlamentarischen Raum das Treffen der Spitzen der Koalitionsfraktionen. Behandelt werden alle Themen organisatorischer und inhaltlicher Art im Bereich des Deutschen Bundestages, die einer Behandlung auf der Ebene der Fraktionsspitzen bedürfen. Zunächst gibt es keine feste Tagesordnung. Jede Seite kann Themen ansprechen, die aus ihrer Sicht geklärt und abgesprochen werden sollten.

Zu Beginn eines jeden Jahres treffen sich die Vorstände der SPD-Bundestagsfraktion und der Fraktion Bündnis 90/Die Grünen zu einer gemeinsamen Vorstandsklausursitzung, um grundlegende politische Fragestellungen für das neue Jahr zu beraten.

c) Über diese Spitzengespräche hinaus werden – entsprechend der Koalitionsvereinbarung – naturgemäß im Rahmen der Facharbeit vielfältige Gespräche unter den Mitgliedern der Koalitionsfraktionen geführt. Hier sind im wesentlichen die zuständigen Stellvertretenden Fraktionsvorsitzenden und die Sprecher der Facharbeitsgruppen gefordert. Sie stimmen beispielsweise Gesetzentwürfe und Anträge, die in das Plenum gelangen sollen, untereinander ab.

3.   Koordination mit der Bundesregierung und der Partei

Für eine stringente Arbeit als stärkste Regierungsfraktion ist eine enge Abstimmung mit der Bundesregierung und SPD-Parteiorganisation unumgänglich. Hierzu treffen sich auf der Spitzenebene regelmäßig der SPD-Fraktionsvorsitzende und der Bundeskanzler und Parteivorsitzende und besprechen die Grundlinien der wesentlichen politischen Vorhaben. Auch der Erste Parlamentarische Geschäftsführer, der Chef des Bundeskanzleramtes und der Generalsekretär bzw. der Bundesgeschäftsführer der SPD stehen in einem engen Kontakt, insbesondere dann, wenn es um die organisatorische Umsetzung der politischen Vorhaben geht und Fahrpläne für Gesetzgebungsvorhaben erstellt werden müssen. Neben diesen Kontakten gibt es eine Vielzahl von teils institutionalisierten und teils informellen Kontakten zwischen den Mitgliedern der SPD-Bundestagsfraktion und den einzelnen Fachressorts. Hier geht es im wesentlichen um fachliche Einzelheiten bei Gesetzgebungsvorhaben, die von den Fachpolitikern im Rahmen eines Gesetzgebungsverfahrens zu klären sind.

4. Koordination mit den A-Ländern und dem Bundesrat

a) Die Koordination der Fraktion mit den SPD-geführten Ländern („A-Länder") und dem Bundesrat obliegt im wesentlichen dem Ersten Parlamentarischen Geschäftsführer der Bundestagsfraktion im Rahmen der Bund-Länder-Koordinierung. Zur Unterstützung dieser Aufgabe ist in der SPD-Bundestagsfraktion eine Bund-Länder-Koordinierungsstelle eingerichtet worden, die im ständigen Kontakt mit den SPD-Landtagsfraktionen steht und diese auf dem kurzen Weg über aktuelle politischen Themen aus dem Bereich des Bundestages unterrichtet.

Die Koordinationsfunktion des Ersten Parlamentarischen Geschäftsführers zwischen der Bundestagsfraktion und den Ländern bringt es mit sich, dass er regelmäßig an den Besprechungen der Bevollmächtigten der SPD-geführten Länder zur Vorbereitung der Bundesratssitzungen teilnimmt. Ebenso nimmt er an den allgemein wöchentlichen Telefonschaltkonferenzen der Chefs der Staatskanzleien der A-Länder teil. Auf diese Weise wird auf „kurzem Draht" eine schnelle gegenseitige Information zwischen Bundestagsfraktion und den A-Ländern erreicht.

Für die politische Planung führen die SPD-Bundestagsfraktion und die SPD-Landtagsfraktionen regelmäßige Fraktionsvorsitzendenkonferenzen und Konferenzen der Parlamentarischen Geschäftsführer durch. Während die Fraktionsvorsitzendenkonferenzen vor allem der längerfristigen politischen Koordinierung zwischen der Bundestagsfraktion und den Landtagsfraktionen dienen, haben die Geschäftsführerkonferenzen auch die Funktion, Fragen der Geschäftsführung zwischen Bundestags- und Landtagsfraktionen abzugleichen.

Die Konferenzen auf der Spitzenebene werden durch Fachkonferenzen der Arbeitsgruppensprecher von Bundestags- und Landtagsfraktionen – beispielsweise Konferenzen der innenpolitischen Sprecher oder der gesundheitspolitischen Sprecher – ergänzt. An diesen Konferenzen nehmen die Sprecher der Facharbeitsgruppen der SPD-Bundestagsfraktion und die der SPD-Landtagsfraktionen teil und beraten aktuelle fachpolitische Themen. Die Sprecherkonferenzen finden für jedes Fachgebiet etwa einmal im Jahr statt.

b) Abgerundet wird die gegenseitige Information von Bundes- und Landesebene auf der SPD-Seite durch die Möglichkeit für Fach-Referenten der A-Länder, regelmäßig an den Sitzungen der SPD-Bundestagsfraktion und den Sitzungen der Ausschussarbeitsgruppen teilzunehmen. Auch so werden die

A-Länder rechtzeitig über anstehende Gesetzgebungsvorhaben im Hinblick auf das nachfolgende Bundesratsverfahren informiert.

c) Eine hohe Bedeutung für das Verhältnis zwischen Bundes- und Landesebene hat der für die Gesetzgebungsarbeit des Bundes wesentliche Vermittlungsausschuss von Bundestag und Bundesrat (vgl. Art. 77 Abs. 2 GG). Der Vermittlungsausschuss hat immer dann eine herausragende Funktion für die Bundesgesetzgebung, wenn im Bundestag und im Bundesrat unterschiedliche politische Mehrheiten bestehen. Der Vermittlungsausschuss ist deshalb in vielen Fällen ein zentrales Gremium für die Gesetzgebungsarbeit des Bundes, der eine Einigung bei zwischen Bundestag und Bundesrat umstrittenen Gesetzgebungsverfahren herbeiführen kann.

Da der Erste Parlamentarische Geschäftsführer der SPD-Bundestagsfraktion kraft Amtes Sprecher der A-Seite im Vermittlungsausschuss ist, kommt ihm die anspruchsvolle Aufgabe zu, einerseits zwischen den Bundes- und Landesinteressen und andererseits zwischen den verschiedenen Interessen von Regierungs- und Oppositionsparteien auf Bundesebene zu vermitteln. Hier ergeben sich vielschichtige Verhandlungskonstellationen zwischen der Bundes- und der Landesebene, die sich je nach dem Verhandlungsgegenstand herausbilden und sich selten gleichen. An dieser Stelle kann als Regelprinzip jedoch festgehalten werden, dass Entscheidungen des Vermittlungsausschusses durch themenbezogene adhoc-Arbeitsgruppen vorbereitet werden. In diesen fachbezogenen Arbeitsgruppen wird ein konkretes Gesetzgebungsprojekt vor dem bundes- und landespolitischen und dem parteipolitischen Hintergrund von Fachpolitikern aller beteiligten Seiten auf eine Einigungsmöglichkeit hin überprüft und ausgelotet.

IV. Zusammenfassung

In der vorhergehenden Darstellung konnte nur kurz angerissen werden, dass das Politikmanagement in der stärksten Regierungsfraktion äußerst vielschichtig ist. In den parlamentarischen Entscheidungsprozessen sind vielfältige Interessen innerhalb der eigenen Fraktion, im Verhältnis zum Koalitionspartner, zur Bundesregierung, zu den Ländern und zur Parteiorganisation zu berücksichtigen. Die hier aufgeführten Entscheidungswege sind nur im Grundsatz allgemeingültig. In konkreten Konstellationen können sich insbesondere auf der Arbeitsebene auch andere Gesprächs- und Verhandlungsformen herausbilden, die den Bedürfnissen der einzelnen Akteure angepasst sind. Wesentlich ist für eine Regierungskoalition, dass zum Abschluss von Entscheidungsfindungsprozessen eine einheitliche Auffassung unter den Koalitionsfraktionen gefunden wird. Im Rahmen eines solchen Entscheidungsfindungsprozesses hat eine Regierungsfraktion eine erhebliche Gestaltungsmacht und fungiert als wesentlicher Impulsgeber.

Politische Führung in der CDU/CSU Bundestagsfraktion
Beratung und Information für den Fraktionsvorsitzenden

Michael Eilfort

„Information und Entscheidung – Kommunikationsmanagement der politischen Führung": Schon der Buchtitel ist ein aufschlussreiches Beispiel dafür, wie sehr Medien, Öffentlichkeit und auch die Wissenschaft auf die Exekutive fixiert sind. Regierungen handeln, können sichtbar gestalten, Beschlüsse fassen und diese auch umsetzen. Regierungschefs und Minister in Bund und Ländern zeigen sich mit schönen Bildern und Inszenierungen als „Macher" und profitieren in besonderer Weise vom „Eros der Macht", sprich, allen Ehrerbietungen, Anbiederungen, Gefälligkeiten und Akten vorauseilenden Gehorsams denen gegenüber, die „dran" sind und etwas zu verteilen und zu vergeben haben. Welchen Rang nehmen da die politischen Spitzen z.B. der Opposition im Deutschen Bundestag ein? Welche Gestaltungsspielräume haben sie, welche Gestalt hat politische Führung im Parlament?

Die Vorsitzenden der Fraktionen im Deutschen Bundestag gehören zum politischen Spitzenpersonal der Republik. Wenige politische Ämter sind thematisch so breit angelegt und vielschichtig, verlangen so viele Fähigkeiten in einem strukturell besonders schwierigen Umfeld und stellen eine derartige Herausforderung dar: In keiner anderen Funktion dürfte konstruktives Mitwirken anderer so sehr Voraussetzung für Erfolg und gleichzeitig so wenig zu erzwingen sein. Kein anderer „Vorstandsvorsitzender" muss sich in solchem Maß auf einen Führungskreis verlassen, auf dessen Zusammensetzung er nur begrenzt Einfluss hat. Und kaum ein anderer Leiter einer Großorganisation muss es letztlich hinnehmen, dass annähernd jeder Zwischenschritt in fast jedem Entscheidungsprozess in der Öffentlichkeit bekannt und diskutiert wird.

Aus gutem Grund vermag das Amt also Sprungbrett zu Höherem zu sein. Zuletzt hat dies in der CDU/CSU-Bundestagsfraktion 1982 Helmut Kohl unter Beweis gestellt, und mit entsprechender Langfrist-Perspektive zog sich Wolfgang Schäuble 1991 sogar aus dem Innenministerium zurück, um für den Führungsposten in der Fraktion zu kandidieren. Aus der Perspek-

tive eines Beraters seines Nachfolgers Friedrich Merz und damit auch aus der
politischen Praxis heraus soll im Folgenden veranschaulicht werden, wie sich
– idealtypisch in analysierender Betrachtung, nicht immer im normativen
Sinn – Erwartungen an politische Führung, Entscheidungsgrundlagen,
Handlungsabläufe und -zwänge, operative Ziele und das Informationsmanagement eines Fraktionsvorsitzenden im Deutschen Bundestag darstellen.

1. Politische Führung zwischen Anspruch und Wirklichkeit, Parla-
ment und Regierung

> „Es sind Zeiten, und die sind beileibe nicht zu Ende, in denen die Menschen in
> Deutschland politische Orientierung erwarten. Und politische Führung. Das ist
> mehr als gutes Management. Management bedeutet, die Dinge, die man tun
> muss, möglichst richtig zu machen. Führung aber meint, dass man das Richtige
> tut. Und die Richtung bestimmt. Das Richtige aber ist in der Politik selten das
> Leichte. Es erfordert auch Mut."[1]

Mit diesen Sätzen, formuliert im Rahmen einer Grundsatzrede auf dem SPD-
Parteitag in Nürnberg am 19. November 2001, griff Gerhard Schröder ein
merklich gewachsenes Bedürfnis nach politischer Führung im vielleicht eher
normativen Sinn auf. Besteht nicht die Erwartung, zumindest ein Spitzenpolitiker sollte Politik in Zusammenhängen denken und formulieren,
Leidenschaft in der Sache mit Augenmaß, inhaltliche Kompetenz mit Grad-
linigkeit und Tiefgang verbinden können? Ist nicht in Zeiten immer wieder
kolportierter „Politikverdrossenheit" fast eine Sehnsucht spürbar nach Per-
sönlichkeiten im besten Sinne, nach Gestaltungswillen, dem Machtwille nur
ein Instrument ist, nach Ehrlichkeit, Offenheit, Klarheit und Authentizität,
verstanden als Übereinstimmung von Reden und Handeln bezüglich politischer Ziele wie auch der jeweiligen Biographie?
    Fast erstaunlich mutet es da an, dass zu Anfang des 21. Jahrhunderts vor-
übergehender Erfolg eher den Politikern beschieden zu sein scheint, bei denen das Adjektiv „führend" sich mehr auf die machttechnische Ausübung
und Verteidigung eines Spitzenamts als auf dessen Ausfüllen und inhaltliche
Wahrnehmung bezieht. Begibt man sich beispielsweise aus den Höhen der
zitierten Gesinnungsethik des Parteivorsitzenden Schröder in die Untiefen
der Machterhaltungsethik des Bundeskanzlers Schröder – das eigentliche

---

[1] Schröder, Gerhard (2001): Grundsatzrede auf dem SPD-Bundesparteitag in Nürnberg vom 19.
November, http://www.ki.tng.de/~baker02/wahlkampf2002/redendokumente.htm

Webersche Pendant von der Verantwortungsethik zu benutzen, drängt sich in
diesem Zusammenhang wenig auf –, nähert man sich einer Definition politischer Führung von Karl-Rudolf Korte:

> „Politische Führung muss immer darauf aus sein, Mehrheiten aus sehr unter-
> schiedlichen Interessengruppen zu schmieden. Pragmatiker des Augenblicks
> bilden Allianzen auf Zeit. Es gilt die Sachrationalität der geplanten Maßnahme
> mit der politischen Vermittlungs- und Durchsetzungsrationalität abzuwägen.
> Politische Führung ist deshalb häufig mehr pragmatische Moderation als hier-
> archische Steuerung."[2]

Bei näherer Betrachtung des rot-grünen Regierungshandelns wie vielleicht
auch bestimmter Politikfelder in den letzten Jahren der Vorgängerregierung
drängt sich der Schluss auf, bei den entsprechenden Abwägungsprozessen sei
nahezu ausschließlich auf die politische Vermittlungs- und Durchsetzungsrationalität abgehoben worden. Musterbeispiele dieser Attitüde sind Norbert
Blüms „Die-Rente-ist-sicher"-Sprüche angesichts der bestprognostizierten
Katastrophe unserer Zeit und Gerhard Schröders überaus ruhige Hand bei
den überfälligen Reformen auf dem Arbeitsmarkt und in den sozialen Sicherungssystemen. So jedenfalls ist politische Führung nur die Simulation der-
selben: Demoskopisch fundierte Beliebigkeit und tagespolitische Fixierung
auf symbolträchtige, medial perfekt zubereitete Appetithäppchen jenseits
erkennbarer Strategien, wertgebundener Konzepte und dem Willen zu vielleicht unpopulären Problemlösungen. Informationsmanagement um seiner
selbst bzw. der rein persönlichen Illumination willen ist die Essenz der
Amtszeit Schröder – weit über dessen Person hinaus.

Für den Vorsitzenden einer großen Regierungsfraktion zeigen sich in
solcher Zeit große Chancen wie Zwänge, politisch zu führen: Er, der ohnehin
nicht im Schaufenster steht, kann und muss sich voll auf die Verbesserung
des Sortiments konzentrieren. Und so, wie der Unionsfraktionsvorsitzende
Wolfgang Schäuble spätestens zwischen 1994 und 1998 zum innenpolitischen Antreiber der Regierung Kohl wurde, könnte nach 2002 sogar Franz
Müntefering als SPD-Fraktionsvorsitzender zum Reformmotor der Regierung Schröder werden. Zumindest die Struktur seines Amts bzw. die Begrenztheit anderer Tätigkeitsfelder lässt dies ein Stück weit nahe liegend
erscheinen. Denn mit der beschriebenen, eher symbolischen Art politischer
Führung, mittels derer ein Regierungschef oder in abgestufter Weise ein

---

[2] Korte, Karl-Rudolf am 19. Januar 2002: www.cap.uni-muenchen.de/aktuell/positionen/ 2002_01
_korte.htm

Parteivorsitzender sich eine Zeit lang als erfolgreiche Führungskraft darstellen können, vermag der Vorsitzende einer großen Parlamentsfraktion, insbesondere in der Opposition, nicht lange zu bestehen.

Anders als Regierungschefs oder Regierungsmitglieder haben Fraktionsvorsitzende schließlich kaum Gelegenheit, repräsentative Termine wahrzunehmen: Präsidiale Posen bei der Eröffnung von Museen oder Messen entfallen ebenso weitgehend wie demonstrative Betroffenheit beim Besuch von Flut- und anderen Opfern. Leistungsschauen staatlicher Investitionstätigkeit sind wie Zeiten menschlicher Schicksalsschläge Stunden der Exekutive.

Damit verbindet sich zweitens: Für die in der Mediengesellschaft so wichtigen Bilder fehlen die Anlässe. Fraktionsvorsitzende müssen in der veröffentlichten Meinung tendenziell mehr auf die Kraft des Wortes setzen und bei öffentlichen Auftritten eher auf ihre rhetorischen Fähigkeiten und Überzeugungskräfte als auf die Wirkung des Rahmens einer Veranstaltung. Die Rede eines Regierungschefs oder Ministers dagegen wird schon von vorneherein als Ereignis aufmerksam wahrgenommen, weil der einfliegende Helikopter, Schwärme von Journalisten und Photographen, die vollzählig anwesende lokale Prominenz und abschreckend dreinblickende Leibwächter die Bedeutung des Augenblicks bar seines Inhalts zu dokumentieren scheinen.

Drittens: Fraktion kommt vom lateinischen „frangere" gleich „brechen". Fraktionsvorsitzende stehen nur für einen „Bruchteil" des Parlaments und damit für den in der deutschen politischen Kultur nach wie vor eher negativ besetzten „Streit". Anders als ein Bundeskanzler letztlich aller Deutschen verkörpern Vorsitzende einzelner Fraktionen schon grundsätzlich nicht das Ganze und haben in mehrfacher Hinsicht wenig Anlass, konsensual aufzutreten. In der Parlamentsberichterstattung werden sie von den Medien desto eher zitiert, je aggressiver sie den politischen Gegner angehen. Mit der Amtsautorität eines vermeintlich über den Parteien stehenden sowie für das größere Ganze einstehenden Regierungsmitglieds aufzutreten und sich einem Harmonie verströmenden, erhabenen Diskurs hinzugeben, ist ihnen nur bei Verzicht auf Medienpräsenz möglich. Vor allem Oppositionsfraktionsvorsitzende sind deshalb oft genug mit der Erwartung konfrontiert, auch zur moralischen Erbauung der eigenen Reihen den „Wadenbeißer" zu geben und damit eine öffentlich gut wahrnehmbare, jedoch wenig geliebte Rolle auszufüllen.

Schließlich, viertens, haben Fraktionsvorsitzende geringere Erfolgschancen, über ein ganz wesentliches Kriterium politischer Führung mitzubestimmen – die politische Agenda. „Die Herrschaft über den Augenblick ist die Herrschaft über das Leben", so einst Marie von Ebner-Eschenbach. So gesehen lebt die im Regelfall den Handlungsrahmen vorgebende Exekutive weitaus besser als die Legislative.

Bundestagsfraktionen sind in annähernd 20 Sitzungswochen im Jahr gezwungen, laufend zu Gesetzentwürfen, zu Anträgen, Anfragen, aktuellen Debatten Stellung zu beziehen, auf andere Positionen einzugehen sowie eigene zu formulieren und einzubringen – dies alles ein gutes Stück, ohne die Abläufe zu kontrollieren, in politischen Prozessen Entscheidungsreife selbst zu definieren und die Souveränität über den eigenen Kalender zu besitzen. Das krasse Übergewicht der Exekutive im Gesetzgebungsprozess ist hinreichend belegt und wird seit einigen Jahren als Folge des Schröderschen Regierungsstils – zwei Schritte zurück und einen vor, dann drei Schritte vor und zwei zurück – noch verstärkt durch einen hektischen Aktionismus, der die Entmündigung des Bundestages bunte Blüten treiben lässt: Nur schlampig vorbereitet werden Gesetzentwürfe in Rekordzeiten durch das Parlament „gepeitscht" – dies ist nicht nur für die Opposition ein Ärgernis, sondern würdigt letztlich genauso die Regierungsfraktionen dazu herab, Vorlagen quasi blind zustimmen zu müssen, von deren Fehlerhaftigkeit sie mit an Sicherheit grenzender Wahrscheinlichkeit auszugehen haben.

Derartige Entwicklungen haben einen weiteren Grund zweifellos in der Komplexität eines völlig überdimensionierten gesetzlichen Regelgesamtwerks. Minimale Veränderungen an einer Stellschraube haben meist auch an mehreren zuvor nicht bedachten Stellen meist unerwünschte Nebeneffekte zur Folge. Dies scheint die in der wissenschaftlichen Diskussion der letzten Jahre mehr und mehr vertretene Ansicht zu unterstreichen, politische Führung sei praktisch unmöglich geworden in unserer hochkomplexen Gesellschaft. Die Globalisierung, die immer undurchschaubareren Verflechtungen z.B. zwischen Bund, Ländern und Gemeinden – man denke nur an die Problematik der Mischfinanzierungen – sowie eine immer schneller drehende Medienmaschinerie, die ständig nach neuen Themen und Gesichtern verlange und Kontinuität bei Personen und Inhalten kaum zulasse, trügen maßgeblich dazu bei.

Darin mag soviel Wahrheit wie Übertreibung und zuweilen auch eine bequeme Ausrede für politisches Versagen in Form der Handlungsunfähigkeit bzw. des fehlenden politischen Mutes liegen – relativ gesehen dürfte in jedem Fall die politische Führung einer Parlamentsfraktion komplexer als die beispielsweise eines Bundesministeriums sein.

2. Ist eine Fraktion „unregierbar"?

„Aus der Perspektive der Parlamente sind Fraktionen ihre unverzichtbaren
Binnenorganisationen, um politische Entscheidungen vorzustrukturieren, den
parlamentarischen Prozess zu steuern und – im parlamentarischen Regierungssystem besonders wichtig – durch Geschlossenheit für stabile Mehrheiten zu
sorgen, so dass eine Regierung kalkulierbar handlungsfähig, die Opposition
konkret alternativfähig gemacht wird. Aus der Perspektive der Parteien sind
Fraktionen ihre unverzichtbaren Außen-Organisationen, in denen die von den
Parteien aufgenommenen und bearbeiteten Interessen und Impulse in politische
Entscheidungen umgesetzt, insofern erst konkretisiert und gesamtgesellschaftlich zum Tragen gebracht werden. Fraktionen sind die Stätte der handelnden
Politik und der professionellen Politiker".[3]

Fraktionen als Bindeglieder zwischen Parlament und Parteien haben im Bundestag mit zunehmendem Arbeitsanfall und wachsenden Politikverflechtun-
gen stärker ausgebildete Hierarchien und Arbeitsteilungen entwickelt. Die
Spitzenfunktion ist in der im Oktober 2002 beschlossenen Arbeitsordnung
der CDU/CSU-Bundestagsfraktion so beschrieben:

„Der Vorsitzende führt die Fraktion und vertritt sie nach innen und außen. Er
beruft die Fraktions- und Vorstandssitzungen ein und schlägt ihre Tagesordnungen vor. Er leitet die Fraktion im Plenum des Bundestages."

Auf der nächsten Ebene finden sich neun Stellvertreter, neben dem Vorsitzenden der CSU-Landesgruppe als Erstem Stellvertreter betreuen acht weitere Stellvertretende Vorsitzende sogenannte „Arbeitsbereiche", in denen im
Regelfall mehrere sich inhaltlich nahe Arbeitsgruppen zusammengefasst
sind. Die Arbeitsgruppen wiederum folgen spiegelbildlich den Bundes-
tagsausschüssen und setzen sich aus den dort jeweils tätigen Mitgliedern der
Fraktion zusammen. An der Spitze einer für bestimmte Politikfelder verantwortlichen Arbeitsgruppe steht ebenso ein in den Fraktionsvorstand einge-
bundener Vorsitzender wie an den Spitzen besonderer Interessengruppen
innerhalb der Fraktion (z.B. Ländergruppen, Arbeitnehmer, Mittelständler
etc.).

---

[3] Schüttemeyer, Suzanne (1999): Fraktionen und ihre Parteien in der Bundesrepublik Deutschland:
Veränderte Beziehungen im Zeichen professioneller Politik, in: Helms, Ludger (Hg.): Parteien und
Fraktionen – ein internationaler Vergleich, Opladen; Schüttemeyer, Suzanne (1998): „Fraktionen im
Deutschen Bundestag. Empirische Befunde und theoretische Folgerungen", Opladen

Die Parlamentarischen Geschäftsführer zeichnen insbesondere für die allgemeine Koordination der parlamentarischen Abläufe und der Arbeit der Fraktionsgremien verantwortlich.

Praktisch alle Hierarchien und Arbeitsteilungen funktionieren und beruhen auf Gegenseitigkeit. Die Stellvertretenden Vorsitzenden beispielsweise koordinieren das Wirken der Arbeitsgruppen ihres Bereiches und tragen zur Umsetzung der von ihnen größtenteils mitbeschlossenen Vorgehensweisen und Positionen bei, auf der anderen Seite vertreten sie die Ansichten und Interessen der entsprechenden Arbeitsgruppen im engsten Führungskreis, dem geschäftsführenden Fraktionsvorstand – das eine kann auf lange Sicht ohne vorzeigbare Ergebnisse beim anderen nicht erfolgreich sein. Auch für die inhaltliche Aufgabentrennung gilt: Wer sich ohne Zuständigkeit auf anderen Fachgebieten öffentlich tummelt oder in internen Sitzungen über die Maßen einmischt, muss seinerseits eher damit rechnen, dass Kollegen bei ihm „wildern". Wer sich von der Fraktionsführung in die Pflicht nehmen lässt, wird umso mehr erwarten, dass diese ihren Verpflichtungen nachkommt.

Im Sinne der Effizienz, Geschlossenheit und Spezialisierung sind der Selbstverwirklichung der Abgeordneten zweifellos Grenzen gesetzt. Deshalb auch ist der Fraktionsvorstand eher eine vermittelnde als beschließende Instanz. Im Vorstand werden die unterschiedlichen Interessen innerhalb der Fraktion durch dessen Zusammensetzung repräsentiert und eingebunden, während die Fraktionssitzungen am Ende der Ablaufkette interner Gremiensitzungen vor allem der Legitimation bereits weitgehend vorgeprägter Entscheidungen dienen. Dieser Eindruck darf allerdings nicht vorherrschen, weshalb auch Raum zum Ventilieren von Kritik oder Einbringen von Anregungen gelassen werden muss.

Nach der Bundestagswahl 2002 wurde der neu gewählte SPD-Fraktionsvorsitzende Franz Müntefering aus den eigenen Reihen mit dem Vorwurf konfrontiert, er regiere die Fraktion, aber führe sie nicht. Die Kritik hob ab auf den Eindruck, der „Parteisoldat" und vormalige SPD-Generalsekretär wolle nun eine große Gruppe Abgeordneter wie ein Regiment kommandieren. Schon der Versuch wäre zum Scheitern verurteilt. Eine Fraktion ist eben nicht zu führen wie eine Parteizentrale, das Kanzleramt oder ein Ministerium, wo Aufträge von der Spitze des Hauses durch weisungsgebundene Beamte oder abhängige Angestellte schlicht umgesetzt werden und im Regelfall alle Mitarbeiter weitgehend geschlossen der Hausspitze zuarbeiten, deren Ruhm und Ansehen zu mehren trachten.

Die Strukturen und Spezialisierungen in einer Bundestagsfraktion beruhen letztlich auf freiwilliger Selbstbeschränkung unter gleichen und formal unabhängigen Mitgliedern. Dazu kommen informale Verhaltensregeln, die entweder aus Einsicht oder aus Interesse an Fortkommen innerhalb der Gruppe Akzeptanz finden. Beispiele sind die Normen, der Fraktion keinen Schaden zuzufügen und „grundsätzliche Loyalität gegenüber der eigenen Fraktionsführung und Solidarität gegenüber den Kollegen zu zeigen"[4]. Dennoch fühlen sich Abgeordnete letztlich für alles zuständig und leisten einen bedeutenden Anteil ihres Engagements nicht zur Mehrung des Glanzes der Fraktionsführung, sondern zur Mehrung des eigenen Ansehens. Dies kann man ihnen auch schwerlich verdenken, denn ein Abgeordneter, der nicht an seine Wiederwahl und damit auch an sein Profil und seine Medienpräsenz denkt, hat eigentlich seinen Beruf bzw. seine Berufung verfehlt. Umso erstaunlicher ist es fast, wie viele Mitglieder der Fraktionen jenseits der großen öffentlichen Bühne in Berlin wie in ihren Wahlkreisen politische Kärrnerarbeit auch im Dienste des größeren Ganzen leisten und sich dafür noch in der Öffentlichkeit als „Hinterbänkler" bezeichnen lassen.

Gleichwohl: Eine Fraktion zu führen, heißt, ein Rudel von Alpha-Tieren mit ständigem guten Zureden, überzeugenden Argumenten und der Aussicht auf für alle vorteilhafte Entwicklungen möglichst unmerkbar in eine gemeinsame Richtung zu steuern. Mithin verwendet der gewählte Vorsitzende einen beachtlichen Anteil seiner Arbeitszeit darauf, enormen zentrifugalen Kräften entgegenzuwirken und die Eigeninteressen wie unterschiedlichen Sichtweisen der Fraktionsmitglieder, so gut es eben geht, zu einem positiven Gesamtbild des großen Ganzen zu bündeln.

Selbst wenn dies einer Fraktionsführung in bestmöglicher Weise gelingt – die Frage, ob eine Fraktion „unregierbar" ist, muss sowohl mit „Ja" wie mit „Nein" beantwortet werden. Vor allem eine große Fraktion lässt sich führen und will auch geführt werden, bleibt zugleich aber zwangsläufig immer ein Stück weit unberechenbar. Neben verschiedenen weltanschaulichen Positionen, durch berufliche und soziale Herkunft, regionale Prägung oder Kirchenbindung geprägten unterschiedlichen Ansätzen sind auch harte Interessengegensätze zwischen den von Abgeordneten vertretenen Wahlkreisen bzw. entsprechenden Bundesländern nicht wegzudiskutieren. Auch aus diesem Grund liegt es in der Natur der Sache, dass Abgeordnete in mehr oder weni-

---

[4] Schwarzmeier, Manfred (2001): Informale Verhaltensregeln und Handlungsnormen im Deutschen Bundestag, in: Oberreuter, Heinrich/Kranenpohl, Uwe/Sebaldt, Martin (Hg.): Der Deutsche Bundestag im Wandel. Ergebnisse neuerer Parlamentarisforschung, Wiesbaden

ger starkem Maß auf eigene Rechnung arbeiten – selbst dann, wenn sie als Mitglied der Fraktionsführung eine höhere Verantwortung tragen. Der Vorsitzende einer Arbeitsgruppe ordnet sich nicht ein wie der Abteilungsleiter im Ministerium – und ist gelegentlich versucht, seine von der Fraktion bezahlten Mitarbeiter eher als Persönliche Referenten denn als Fachreferenten der Fraktion anzusehen.

Zweitens: Die Fraktion ist ein offenes System, wozu das aus Sicht der Fraktionsführung eher unerwünscht hohe Maß an Transparenz politischer Prozesse beiträgt. Streitige, wirklich offene interne Diskussionen sind schwer möglich, eigentlich nur im kleinsten Führungskreis des geschäftsführenden Fraktionsvorstandes. In der Fraktionsversammlung der beiden Fraktionen der großen Volksparteien treffen sich in der 15. Wahlperiode um die 250 Abgeordnete, dazu verfolgen jeweils bis zu 100 Mitarbeiter und Gäste die Sitzungen, die man somit genauso gut direkt im Fernsehen übertragen könnte. Selbst im Fraktionsvorstand tummeln sich noch weit über 50 Abgeordnete und einige Mitarbeiter – der Ausschluss der Öffentlichkeit steht auch hier nur auf dem Papier.

Aus demokratietheoretischer Sicht mögen das Befürworter von Transparenz und Responsivität begrüßen. Eine Folge dieser sich in Berlin im Vergleich zu Bonn stark verstärkenden Entwicklung aber ist, dass die nur in vertraulich bleibenden Sitzungsdiskussionen liegenden Chancen für Kompromissfindung oder Innovation nur selten gegeben, die Nachteile öffentlicher Sitzungen jedoch allzu oft vorhanden sind. Auf der einen Seite führt die Gefahr der aus dem Zusammenhang gerissenen oder noch weiter verfälschenden Wiedergabe tendenziell dazu, dass mutige, wirklich neue, vielleicht auch politisch einmal nicht korrekte und glattgeschliffene Beiträge ausbleiben, auf der anderen Seite kommt es häufig genug zu sogenannten „Fensterreden", die nicht die jeweilige Meinungsbildung im Inneren weiterbringen, sondern nach außen an die individuelle Klientel im Wahlkreis oder an Interessengruppen gerichtet sind.

Wer einmal das ständige Kommen und Gehen während entsprechender Gremiensitzungen erlebt, handytelefonierende und im dichten Kreis der vor den Türen der Sitzungssäle wartenden Journalisten zum Teil fast schon nicht mehr erkennbare Sitzungsteilnehmer gesehen hat, kann nachvollziehen, wieso in den Zeitungen der Folgetage zum Teil fast wörtliche Sitzungsprotokolle nachzulesen sind – sieht man einmal von den gezielt gestreuten Verfälschungen ab. Das Geschäft ist eben einfach und verlockend: Wer Journalisten Interna mitteilt, darf im Gegenzug – eine Hand wäscht die andere – davon ausgehen, bei der nächsten Gelegenheit vorrangig zitiert oder vorteilhaft erwähnt zu werden. All diese Versuchungen entfallen innerhalb einer auf eine Person an der Spitze ausgerichtete Bundesbehörde weitgehend.

3. Opposition ist kein Vergnügen

Besonders stark wirken die genannten zentrifugalen Kräfte in einer Oppositionsfraktion. Nichts verschleißt so sehr wie der Zustand der weitgehenden parlamentarischen Machtlosigkeit, verbunden mit einem relativen Schattendasein in den Medien – am 13jährigen Leiden und eher disparaten Zustand der SPD-Fraktion zwischen dem Machtverlust im Oktober 1982 und dem Sturz des Parteivorsitzenden Scharping im November 1995 war dies gut ablesbar. Erst mit dem neuen Parteivorsitzenden Lafontaine, mit dessen Blockadekurs im Bundesrat und der zunehmend realen Machtperspektive für 1998 kam die Disziplin zurück, die für erfolgreiche Fraktionsarbeit notwendig ist. Wenn Aussicht auf die Regierungsübernahme besteht, sind alle potenziellen Minister und Staatssekretäre bereit, vieles zurückzustellen, was der in der Öffentlichkeit wahrgenommen Geschlossenheit und damit den Wahl- und ihren Karrierechancen abträglich sein könnte. So stellte sich die SPD-Bundestagsfraktion vor allem 1998 fast als Monolith und die Unionsfraktion 2002 nicht viel weniger geschlossen dar.

Lässt die politische Lage dagegen einen noch länger anhaltenden Verbleib in der Opposition vermuten, ist die Neigung groß, sich darin nicht nur im Sinne der Akzeptanz demokratischer Wählerentscheidungen, sondern auch recht gemütlich durch Pflege kleiner Biotope einzurichten. Die Bereitschaft, im Interesse der Geschlossenheit der Fraktion eigene inhaltliche Ansichten oder persönliche Interessen zurückzustellen, tendiert dann zuweilen gegen Null, weil gleichzeitig der Führung einer Oppositionsfraktion praktisch alle Disziplinierungsmittel fehlen: Im Raum stehende Drohungen, die man nicht einmal aussprechen muss, erhöhen in Regierungsfraktionen signifikant die Kompromissbereitschaft, sind in Oppositionsfraktionen dagegen eher irrelevant, – beispielsweise der Verlust von Ämtern und Dienstwagen oder die weiträumige Umgehung eines Wahlkreises bei Ministerbesuchen oder Infrastrukturmaßnahmen.

Kleinmütigkeit, Resignation und Selbstbezogenheit können für längere Zeiten zu selbsterfüllenden Prophezeiungen werden, gemäß dem Lutherschen Diktum, dass aus einem verzagten Arsch kein fröhlicher Furz komme. So, wie Machtstrukturen sich selbst bestärken und verstärken, so weisen – bei ähnlichen Abnutzungseffekten – oppositionelle Ohnmachtsstrukturen ebenfalls eine eingebaute Tendenz dazu auf, sich zu verfestigen. Das krasse Ungleichgewicht der Kräfte zwischen Regierung und Opposition, konkret deren jeweilige finanzielle und personelle Ausstattung, trägt das seine dazu bei: In der CDU/CSU-Bundestagsfraktion sehen sich beispielsweise eine Hand voll Mitarbeiter rund 2000 Mitarbeitern im Bundesministerium der Finanzen gegenüber und mühen sich, mit Hilfe einer kleinen Fraktionspressestelle gegenüber der Kampagnenmaschinerie des Bundespresseamts Ansätze von öffentlicher Durchschlagskraft zu erzielen. All dies in dem Wissen, dass Arbeitsweise und Wirkung der Medien zur Verstetigung von Regierung und Opposition ihrerseits eher beitragen – es sei denn, es handelt sich bei Regierenden um schlecht inszenierte bzw. inszenierbare oder um überaus lange im Amt befindliche Politiker.

Zugang zu Regierenden bedeutet Zugang zu interessanteren Informationen und attraktiveren Terminen: In vielen der von ihrer Auflagenhöhe und der Nähe zur Macht eben nicht unabhängigen Medien ist eine doch eher ausgeprägte Neigung zur freiwilligen Selbstbescheidung gegenüber den Regierenden bei der Inanspruchnahme von Pressefreiheit und ein weniger schonender Umgang mit Oppositionspolitikern zu beobachten. Unvorteilhafte Bilder eines Bundeskanzlers werden weitaus seltener abgedruckt als Ablichtungen eines vielleicht im Plenum gähnenden Oppositionsführers. Fotografen oder Journalisten, die im ersten Fall womöglich von den begehrten Reisebegleitungslisten gestrichen werden oder keine Interviewtermine bekommen, wissen im Fall des zweiten zu genau, wie sehr er auf sie angewiesen ist. Dazu kommt, dass auch Medienleute sich in einem von anderen Menschen nicht unterscheiden: Sie wollen lieber beim Sieger sein und nicht dauerhaft gegen die Stärkeren anschreiben oder ansenden. Unbestreitbar ist eben die Tatsache, dass eine Opposition bei aller möglichen Umfrageeuphorie die jeweils letzte Wahl verloren und nicht die Mehrheit im Parlament hat.

Besonders aufregend sind Regierung wie Opposition für die Medien dann, wenn sie sich mit sich selbst auseinandersetzen – genau dazu ist die Versuchung in der Opposition aber deutlich größer. Ohne die disziplinierende Wirkung von Macht und den Zwang, die eigene Mehrheit immer wieder zusammenzuhalten, kann deshalb auch parasitäre Publizistik vor allem zu einem Oppositionsproblem werden.

Medienpräsenz vermag sich zur abhängig machenden Droge zu entwickeln. Der letzte Regierungssprecher Helmut Kohls drückte dies so aus: „Man wird süchtig danach, sich in der Zeitung zu lesen.“[5] Otto Hauser verlor 1998

---

[5] Stuttgarter Zeitung vom 2. Februar 2002

neben seinem Amt auch die politische Bühne des Bundestagsmandates. Andere dagegen verloren „nur" ihr Amt – und konnten dann als langjährige ehemalige Bundestagspräsidentinnen, Generalsekretäre, Minister und Staatssekretäre für ihre Fraktion zu einer echten Belastung werden, weil sie keine Rücksichten mehr zu nehmen brauchten und allzu oft vor allem nicht wollten. Denn zu gut kennen sie den einzigen Weg zur Sicherung nacheilender medialer Aufmerksamkeit und bedienen diesen Mechanismus, der dem Absatz von Memoiren und anderen Publikationen höchst förderlich ist, meist ohne Zögern: Nämlich ihren Namen und Bekanntheitsgrad gegen die eigene Partei oder Fraktion verwenden zu lassen – sei es durch vermeintlich inhaltlich motivierte Kritik am eigenen Lager, durch Übernahme von Kommissionstätigkeiten am Parlament vorbei, dem „frau" einst vorsaß, sei es des weiteren durch Besuche bei bedrängten arabischen Potentaten oder durch ständiges nölendes Querdenken: Die Kritik eines Ex-Generalsekretärs und Ministers a.D. am eigentlichen politischen Gegner interessiert keinen, ein sich vom eigenen Fraktionsvorsitzenden abgrenzendes Statement erreicht die Titelseiten der Zeitungen.

„Parasitäre Publizistik" erschwert die Arbeit einer Fraktionsführung deshalb so sehr, weil sie öffentlich den Eindruck von Zerstrittenheit befördert und damit sowohl die Integrationsleistung eines Fraktionsvorsitzenden in Zweifel als auch mögliche Nachahmer oder nur wohlmeinende, aber die entsprechenden Debatten noch verlängernde Wortmeldungen nach sich zieht.

Opposition zu sein, ist eben nur der zweitschönste Verfassungsauftrag im Land und keine vergnügungssteuerpflichtige Unternehmung. Dies insbesondere für eine Führung nicht, die letztlich nur mit guten Worten an Disziplin und Zusammenhalt appellieren kann und intern zuweilen von den Gleichen im Stich gelassen wird, die sie gern zur Attacke auf die Regierung auffordern. Die wenigen parlamentarischen Waffen einer Opposition vermögen sich dann schnell gegen diese selbst zu richten. Beispiel „namentliche Abstimmung": Besonders bei unpopulären oder mit Wahlversprechen kaum noch in Einklang zu bringenden Gesetzentwürfen wird diese Abstimmungsart, bei der das Stimmverhalten eines jeden Abgeordneten sich im Bundestagsprotokoll wieder findet, mit großer Begeisterung von der Opposition gefordert – die sich dann umso mehr blamiert, wenn beim konkreten Abstimmungsvorgang, zum Beispiel am frühen Freitagnachmittag, ein großer Teil ihrer Abgeordneten schon auf dem Weg in den Wahlkreis ist, weil alles wieder wichtiger scheint als das geschlossene Auftreten der parlamentarischen Minderheit.

4. Das „Küchenkabinett" – Ort und Instrument der „Chefkoordination"

Soweit die Ausgangslage bzw. Rahmenbedingungen der politischen Arbeit in der Führung einer großen Bundestagsfraktion: Wer diese Prämissen nicht angemessen berücksichtigt, wird in keiner Sache etwas bewegen können. Dazu braucht er, mehr noch als an der Spitze eines auf strukturelle Loyalität angelegten Apparates, neben den notwendigen Netzwerken und Unterstützern innerhalb der Fraktion auch ein funktionierendes „Küchenkabinett", d.h. einen kleinen, zuverlässigen Kreis von loyalen Beratern ohne politische Eigeninteressen. Wer alles selbst machen, alle z.b. organisatorischen Details wissen, alles selbst sehen, kommunizieren und auch in kleinen Dingen selbst entscheiden will, wird bald gar nichts mehr entscheiden. Wollte ein Fraktionsvorsitzender nur die an ihn gerichtete elektronische Post vollständig lesen, könnte er damit 16 Stunden am Tag verbringen – gar nicht zu sprechen von den zahlreichen Ausscheidungen meist mehrerer Telefaxgeräte und den Bergen schriftlicher Korrespondenz.

Kurz: Die Informationsflut bedarf der Kanalisierung. Abstimmungsprozesse erfordern Entscheidungsreife und Reduktion auf wenige Handlungsvarianten. Auftritte gilt es professionell vor- und nachzubereiten. Medien sind schnell, umfassend und auch ausgewogen zu „bedienen". Die in der Fraktion zusammenarbeitenden Abgeordneten erwarten eine faire Berücksichtigung durch die Führung und bezüglich all ihrer Initiativen, Eingaben und Anliegen rasche Reaktionen. Schließlich gilt es, die inhaltliche Ausrichtung wie das personelle Erscheinungsbild der Fraktion ständig einer „internen Revision" zu unterziehen und gegebenenfalls Vorschläge für Neu-Justierungen zu entwickeln, die dann durch die politische Führung aufzugreifen oder zu verwerfen sind. Über dies alles muss im kleinsten Beraterkreis, z.B. bei der morgendlichen Lagebesprechung, eine offene Diskussion auch mit ins Unreine formulierten Vorschlägen möglich sein, ohne dass davon etwas nach außen dringt.

Zu wissen, wo gezielt zu schweigen ist, wo kommuniziert werden muss, was zu tun ist, um Besprochenes oder Notwendiges umzusetzen, wo Verbündete gesucht, Gegengeschäfte angeboten und Enttäuschte zumindest verbal aufgefangen werden müssen, bedarf es einer festen Vertrauensbasis, eingespielter Abläufe und genauer Kenntnis des handelnden Politikers. Enge Berater wissen genau, was wann und wie angesprochen werden kann und was gar nicht erst besprochen zu werden braucht, da sie die Antwort ohnehin kennen. Sie arbeiten in der Geschäftsführung oft ohne konkreten Auftrag.

Diese Art von Verständnis charakterisiert ein Wort von Wolfgang Schäuble über dessen frühere Zusammenarbeit mit Helmut Kohl:

> „Ich habe von Anfang an im Grunde das Prinzip haben können: Ich mache das schon richtig, so wie er es wollen würde, wenn er es wüsste."[6]

Auch im Fall verbeamteter oder angestellter Mitarbeiter stellt sich lediglich das Abhängigkeitsverhältnis, der Sachverhalt selbst aber kaum anders dar. Um die politische Führung durch den „Chef" nachhaltig zu unterstützen, müssen „Chefkoordinatoren" bzw. „Küchenkabinette" unter anderem sieben wesentliche Funktionen ausfüllen oder wenigstens mit im Auge haben.

Erste Aufgabe ist es, Warnungen, Skepsis sowie weiterführende Kritik zu äußern, und auch Raum dafür einzufordern. Das klingt banal, ist es aber nicht: Eine der größten Gefahren für Spitzenpolitiker und eines der deutlichsten Merkmale von „Machtsystemen" jenseits ihres Zenits ist das Fehlen offen-kritischer Beratung, oft ausgetauscht gegen ein eher ergebenbeflissenes und tendenziell abschottendes Umfeld. Fraktionsvorsitzende laufen zwar anders als Bundeskanzler oder Minister durch die Zwänge des Ablaufs von Sitzungswochen, die ständigen Begegnungen in den Gremien und im Plenum wenig Gefahr, eine Bunkermentalität zu entwickeln oder autistische Züge erkennen zu lassen. Gleichwohl sind auch sie nicht vor den üblichen Gefahren der Hoffahrt und der Versuchung der Vermeidung kognitiver Dissonanz, sprich, der Ausblendung unangenehmer Tatsachen, gefeit: Journalisten, die sie für offenherzigere und damit schlagzeilenträchtige Interviews „öffnen" wollen und Fraktionskollegen, die sie um Wahlkreisbesuche bitten, sagen ihnen, was vermeintlich „ankommt" – bezüglich der eigenen wie anderer Personen. Gute Beratung trägt dazu bei, dass sich solche interessengeleitete Zustimmung nicht zur Wahrnehmung allgemeiner Gefolgschaft oder verzerrter Einschätzungen verdichtet. Dagegen muss man sich um die „Bodenhaftung" eines bei allem Termindruck auch in seinem Wahlkreis engagierten und auch von den Fraktionskollegen ständig auf den Meinungsstand „draußen" hingewiesenen Fraktionsvorsitzenden wenig Gedanken machen.

Ein funktionierendes Umfeld dient zweitens als Frühwarnsystem – für externe, noch mehr aber für interne Signale von Unverständnis, Unzufriedenheit oder Verweigerung. An der Spitze einer Fraktion von um die 250

---

[6] Korte, Karl-Rudolf (1998): Deutschlandpolitik in Helmut Kohls Kanzlerschaft. Regierungsstil und Entscheidungen, Stuttgart, S. 210

Abgeordneten ist es einem Vorsitzenden völlig unmöglich, sich der Sorgen und des Ärgers aller Kollegen oder von Mitarbeitern anzunehmen. Sein Büro muss aber dafür ansprechbar sein und, häufig auch aktiv nachfragend, ein feines Sensorium für entsprechende Informationen entwickeln. Nur so lassen sich Konflikte entschärfen bzw. Missstimmungen aus der Welt bringen, bevor sie virulent werden. Ein Vorsitzendenbüro stellt insofern auch eine Art internes Petitionsbüro dar: Für Abgeordnete, die sich innerhalb ihrer Arbeitsgruppe oder persönlich übergangen und unfair behandelt fühlen, für Vorsitzende von Arbeitsgruppen, die sich im Rahmen ihres Arbeitsbereiches nicht mit dem zuständigen stellvertretenden Vorsitzenden einigen können, für Verantwortliche in zu kurz gekommenen Landesgruppen oder soziologischen Gruppen und schließlich für Fraktionsmitglieder, die irgendwo persönlich ein Schuh drückt.

Ergänzend gehört zur Frühwarnfunktion noch eine Vorwarnaufgabe der besonderen Art – nämlich Probleme zu erkennen, die es eigentlich nicht gibt, aber bald geben könnte. Antizipation ex negativo erfordert, in unlogischen Kategorien vorauszudenken, sozusagen wie ein falsch gepolter Schachcomputer vorzugehen: Welchem meist mehr oder weniger unverfänglichen Sachverhalt könnte ein um jeden Preis an Schlagzeilen interessierter Journalist einen entsprechenden „Dreh geben"? Welche rein zeitlich bedingte Terminabsage oder welche Nichtteilnahme an einer Sitzung kann als Politikum gedeutet werden? Welchen Satz könnte ein politischer Gegner aus dem Zusammenhang reißen und gegen seinen Autor richten? Welcher inhaltliche Beschluss oder taktische Winkelzug ist im Zeitalter der 10-Sekunden-Botschaft „nicht kommunizierbar" und bietet womöglich noch „Verhetzungspotenzial"? Beispiel für beides sind immer wieder angedachte Kürzungen in sozialen Sicherungssystemen zur langfristigen Sicherung eben dieser Systeme – der erste Aspekt löst stets konkrete Angstreflexe aus, der zweite ist nicht greif- und damit nicht vermittelbar.

Nicht nur aus diesem Grund kann intelligente politische Führung durchaus in der Vermeidung oder zumindest Hinauszögerung jeder Schriftlichkeit bestehen. Interne Diskussionspapiere pflegen nämlich schnell „Füße" zu bekommen und in die Presse zu diffundieren. Dies wiederum vermag für ein öffentliches Echo zu sorgen, das die weitere Diskussion in Form ihrer Unterbindung antizipiert, worin im Regelfall genau das Interesse der „undichten Stelle" liegt. Deshalb können selbst Führungsgremien zuweilen nur in quasi überfallartigem Vorgehen auf neue Wege geführt werden, weil dann niemandem Gelegenheit bleibt zu dem in der deutschen Veto-Gesellschaft meist noch von verständigem Wohlwollen begleiteten Aufbau von Verteidigungsstellungen gegen Veränderungen jeder Art.

Besonders relevant ist Antizipation in den stets besonderes mediales Interesse erheischenden Personalfragen. Um jedoch zu erahnen, dass sogar ein routinemäßiges, lange vereinbartes 15minütiges Kaffeetrinken zweier Spitzenpolitiker am Rande einer Konferenz zum „Geheimtreff" gegen einen dritten Spitzenpolitiker umgedichtet und zur Schlagzeile gemacht werden kann, muss man wahrlich schon viel guten Glauben verloren haben. Aber auch dieses Wissen gehört zum Informationsmanagement: Manche Journalisten machen eben gar zu gern selbst Politik – zum Zweck der eigenen Profilierung geht da bei den gutwilligen „Spürnasen" gelegentlich die Phantasie durch und zündeln die Böswilligen oder Zyniker bewusst, um bezüglich erfundener Sachverhalte echte Reaktionen zu provozieren, die aus nicht existenten Problemen dann schwere Krisen entstehen lassen und die Zeitungsspalten auf Tage füllen.

Da ist es allemal besser, Fehlinformationspotenziale vorher zu erkennen, um durch nachdrückliche Verbreitung korrekter oder erwünschter Information die Verbreitungswahrscheinlichkeit von Unfug zu minimieren. Zur Ehrenrettung der Journalisten darf allerdings auch nicht verschwiegen werden, dass Spitzenpolitiker oft selbst zur nachdrücklichen Verbreitung nicht zutreffender Informationen beitragen, wenn dies geeignet scheint, von einer der eigenen Person weniger dienlichen korrekten Darstellung eines Sachverhalts abzulenken.

Eine weitere unabdingbare Aufgabe professioneller Beratung eines Oppositionsfraktionsvorsitzenden ist die einer Vorklärungsstelle oder eines Planungsstabes: Was ist wichtig, und was nicht – erst aus der Sicht der Gesamtfraktion, dann auch aus der persönlichen Perspektive des Vorsitzenden? Was bietet Chancen, wo liegen nur Risiken? Wo kann bei Nichthandeln der größte Schaden entstehen, wo liegen beim Handeln die größten Aussichten? Wo versucht man, die Regierung zu stellen, wo wirbelt man besser keinen Staub auf, weil die entsprechenden Themen eher in den eigenen Reihen als beim politischen Gegner Unruhe stiften? Wie kann man die Schwächen der Regierung im Parlament sichtbar machen? Welche Redner gehen dies auf welchen Feldern an? Beispielsweise sollte der Vorsitzende der Oppositionsfraktion auf den Bundeskanzler antworten und sich nicht in Rededuellen mit der zweiten Reihe aus der oder den Regierungsfraktionen verschleißen. Welche Auftritte des Fraktionsvorsitzenden sind überhaupt sinnvoll, welche nicht, sowohl im Plenum wie bei öffentlichen Veranstaltungen? Mit welchen Gesprächspartnern sind den Zeitaufwand rechtfertigende Ergebnisse zu erreichen, Anregungen zu erzielen oder ist zumindest Beachtung bei den entsprechenden Zielgruppen zu finden? Wo können Ereignisse geschaffen, Themen gesetzt, Begriffe transportiert werden?

Fünftens muss ein Fraktionsvorsitzendenbüro Dienste als Durchlauferhitzer und Teilchenbeschleuniger zu leisten imstande sein: Schnelligkeit ist Trumpf im politischen Alltag. Wer als erster reagiert, „läuft" in den Medien mit seiner Definition von Begriffen und Sachverhalten. Also besser heute eine gute als morgen eine sehr gute Lösung, Idee oder Formulierung. Nichts verfällt schneller als die Ware „Information", keine Halbwertzeit ist kürzer. Auch die langfristige Vorbereitung eines Fraktionsvorsitzenden wie anderer Spitzenpolitiker auf Termine mag – ob in Form von ausformulierten Redeentwürfen, stichwortartigen Punktationen oder bei guten Rhetorikern nur einem kurzen Vermerk mit Informationen zur Veranstaltung, zum Publikum usw. – noch so fundiert sein, die Wirkung aber wird zunichte, wenn der Auftretende über eine zentrale, für die Veranstaltung relevante neue Entwicklung nicht informiert ist. Kaum etwas wird vom geneigten Publikum weniger verziehen als ein uninformiert wirkender Spitzenpolitiker. Das gilt auch für Gerüchte als halbseidene Vorstufe ernsthafter Information. Man braucht sie nicht ernst zu nehmen, man sollte sie vor der Weitergabe prüfen – aber kennen muss man sie!

Als sechste Funktion sei die der Multiplikation und „Buschtrommel" genannt: Von zuweilen kaum zu überschätzender Bedeutung ist es, dort persönlich zu informieren, wo es der Vorsitzende einer großen Fraktion auch bei seinen Kollegen schlicht nicht selbst zu tun vermag: Für Positionen des Vorsitzenden oder der Führung zu werben, Entscheidungen zu erläutern, möglicherweise Betroffene vor Fernsehauftritten, Gesprächen mit Verbänden aus ihrem Fachbereich oder Interviews zu warnen, wenn es um strittige Fragen geht. Auch da, wo eine politische Führung einmal einen „Testballon", eine neue Idee oder Position, in die Öffentlichkeit lanciert, ist es hilfreich, wenn die zuständigen Fachleute in der eigenen Fraktion vorab informiert sind – schon um zu verhindern, dass sie als erste gegen den Vorstoß öffentlich Stellung beziehen.

Die siebte hier zu nennende Funktion ist schließlich die Aufgabe, zu einer gelungenen Koordination des „Spiels der verbündeten Kräfte" beizutragen. Sich nahe stehende oder organisch miteinander verwachsene politische Einheiten können getrennt marschieren, müssen aber vereint schlagen. Politische Initiativen, Begriffe, Auftritte der Spitzen bei öffentlichen Veranstaltungen und in den Medien sind abzustimmen, um Wirkungen zu verstärken und öffentlichen Dissens als Störfaktor zu minimieren. Das gilt insbesondere für die Zusammenarbeit mit der Parteispitze, im Fall der Unionsfraktion der Parteispitzen. Als zweite Größe sollten – auch wenn es natürlich keine Koalition in der Opposition gibt – potenzielle spätere Koalitionspartner im Parlament berücksichtigt werden. Gemeinsame Anträge und gemeinsames Abstimmungsverhalten, gemeinsames Auftreten auch beim Versuch der Durchsetzung von Minderheiteninteressen im Parlament erhöht schlagartig den Wirkungsgrad für alle Beteiligten. Schließlich gilt es, nach Möglichkeit nicht in Widerspruch zu Landesregierungen aus dem eigenen Lager zu kommen und vor allem fraktionsinterne Sonderfälle wie die CSU-Landesgruppe gebührend und mehr noch als im Rahmen des „normalen" Vorgehens in jede Absprache und Abstimmung einzubeziehen.

Auch bei der Umsetzung der im Folgenden dargestellten operativen Ziele der Arbeit einer Fraktionsführung muss deren Vormann auf das aktive Mittun wie das beobachtend-hinterfragende Wirken seines persönlichen Umfelds bauen können – nicht zuletzt bei der zentralen Aufgabe des Controllings.

Zuvor sei allerdings eines angemerkt, um kein verzerrtes Bild entstehen und auch Selbstverständliches nicht vergessen zu lassen: Am Ende kocht immer der Chef selbst. Er ist der eigentliche „Chefkoordinator", er tritt öffentlich in Erscheinung und trägt die politische Verantwortung. Die mitarbeitenden „Chefkoordinatoren" dagegen, ob sie nun Büroleiter, Pressesprecher, Planungschef oder Abteilungsleiter heißen, bewegen sich auf der vorbereitenden, allenfalls der im Wortsinn vorentscheidenden Ebene. Dort verfügen sie im Rahmen ihrer koordinierenden Rolle und ihres Wissens auch über eigene Spielräume. Dennoch sind der „Maklermacht" schon ex definitionem enge Grenzen gesetzt – wer den, von dessen Gedeih und Verderb er selbst abhängt, nicht optimal berät, sägt den Ast ab, auf dem er sitzt. Und wo „Maklermacht" offensichtlich zum eigenen Vorteil des Maklers genutzt wird, wird die abgeleitete schnell zur abgeschnittenen Position – vor allem dann, wenn das Gesamtergebnis nicht mehr stimmt.

Schließlich kann eine gewisse Zurückhaltung auch der Sache desjenigen, für den man makelt, durchaus nützlich sein. Denn „Maklermacht" beruht auf persönlicher Autorität des „Chefs" und der von anderen angenommenen Nähe zu diesem, nicht jedoch auf demokratischer Legitimität, über die Abgeordnete verfügen. Mäßigung im Auftreten „bediensteter" Mitarbeiter schadet also nicht. Das Scheinwerferlicht gebührt anderen, und wer das nicht zu akzeptieren vermag, kann sich ja jederzeit der Mühsal erst eines innerparteilichen, dann eines Bundestagswahlkampfes unterziehen.

Ohnehin kommt man beim Versuch einer empirischen Analyse – ungeachtet extrem niedriger Fallzahlen – in Versuchung, die These zu formulieren, dass die Bedeutung und Effizienz von „Chefkoordinatoren" sich umgekehrt proportional zu ihrer öffentlichen Präsenz und zur Schau gestellten Wichtigkeit verhält. An mit bedeutendem Gesicht herumlaufenden „Helferchen" ist wahrhaft kein Mangel im Berliner Politikbetrieb. Und da in diesem Biotop auch Blender und Sumpfblüten ausgezeichnet gedeihen, dauert es oft seine Zeit, bis sich die Spreu an anderer Stelle erneut als Weizen verkauft.

5. Operative Ziele – ohne Form keinen Inhalt

Wie und auf welcher Basis können programmatische und personelle Vorstellungen mehrheitsfähig gemacht und kommuniziert werden? Da gilt in einer Bundestagsfraktion vor allem eines: Will deren Vorsitzender erfolgreich politisch führen, müssen er und sein Umfeld immer zuerst die folgenden operativen Ziele im Auge behalten – denn gelegentlich zählt die Form sogar mehr als der Inhalt. In jedem Fall gilt: „Die Form bestimmt die Akzeptanz".[7]

Da ist zuerst die Einbindung aller relevanten Akteure in Kommunikations- und Entscheidungsprozesse zu nennen. Dabei sollte im Zweifel nicht wie auch immer objektivierte, sondern subjektiv empfundene Relevanz Auswahlkriterium sein – trotz allen zusätzlichen und in der Sache auf den ersten Blick nicht notwendigen Aufwands. Aber frühzeitige Information sichert eben Gefolgschaft, nachlässiger und unvollständiger Informationsfluss dagegen politische Widerstände. Vor allem an diejenigen, die in Führungsverantwortung stehen, also an Stellvertretende Vorsitzende, Parlamentarische Geschäftsführer, Arbeits- und Landesgruppenvorsitzende sollten wichtige Informationen schnell und regelmäßig fließen. Als Mitwisser sind sie so früh eingebunden, als Funktionsträger gleichzeitig respektiert und als Verantwortungsträger zur werbenden Weitergabe in den entsprechenden Arbeitsbereichen angehalten. Wer dagegen aus der Zeitung von einer neuen Initiative in seinem Arbeits- oder Verantwortungsbereich erfährt, wird sehr leicht und schnell inhaltliche Bedenken dagegen finden.

In der politischen Quasselbude Berlin erfährt ohnehin grundsätzlich jeder alles – die Frage ist nur, wann und durch wen. Information als Ware wird

---

[7] Der damalige Parlamentarische Geschäftsführer der CDU/CSU-Bundestagsfraktion, Rudolf Seiters, in einem Interview mit der Süddeutschen Zeitung am 17. Januar 1989

vom Empfänger aber nur dann als wertvoll erachtet, wenn sie als neu, relevant und möglichst exklusiv wahrgenommen und wenn sie von höherer Stelle übermittelt wird. Besonders bei strittigen Themen sichert Information durch den Vorsitzenden selbst oder zumindest sein Umfeld mindestens öffentliches Stillhalten, wenn nicht inhaltliche Zustimmung. Nur gelegentlich kann im Sinne der Durchsetzungs- und Vermittlungsrationalität auch das gegenteilige Vorgehen sinnvoll sein: nämlich in der Informationskette den zu übergehen, der als „potenzielles Leck" und dafür bekannt ist, ihm inhaltlich nicht genehme oder persönlich nicht dienliche Überlegungen frühzeitig durchsickern zu lassen, um sie durch mitunter bestelltes, empörtes Protestgeheul von Interessenvertretern oder Parteifreunden zu „verbrennen".

Dies führt zu einem weiteren, in Deutschland angesichts seiner politischen Kultur besonders wichtigen operativen Ziel: Geschlossenheit. Eine der größten Herausforderungen für einen Fraktionsvorsitzenden ist die, alle Andenker, Überdenker, Zu-Kurz-Denker, Nachdenker, Schnelldenker, Querdenker und Bedenker bzw. Bedenkenträger unter einen Hut zu bringen. Gelingt das nicht, wird eine Fraktion als regierungsunfähig oder nicht als ernsthafte Alternative wahrgenommen. Uneinheitlichkeit gilt eher als Zeichen von Schwäche und Führungsversagen – auch weil die leserbriefschreibenden Bürger oder Journalisten, die gerne von dem nur seinem Gewissen verpflichteten Abgeordneten schwärmen, oft identisch mit denen sind, die in beißenden Kommentaren ein nicht geschlossenes Abstimmungsverhalten einer Fraktion als Politikunfähigkeit geißeln.

In vielen Sitzungen eines Geschäftsführenden Fraktionsvorstandes oder eines Fraktionsvorstand steht nach längerer streitiger Diskussion in Sachfragen, die nicht das „Herzblut" der Fraktion bzw. der hinter ihr stehenden Parteien berühren, die Frage im Raum, mit welcher inhaltlichen Position am ehesten Geschlossenheit herstellbar sei: Mangelnde Geschlossenheit mindert eben erwiesenermaßen Wahlchancen drastisch. Aber nicht nur das: Sie verbaut auch die ohnehin geringen Aussichten, einer Regierung und Parlamentsmehrheit Zugeständnisse abzutrotzen.

Ein Beispiel aus dem Sommer 2001: Im Deutschen Bundestag stand eine Abstimmung über die Entsendung von Bundeswehreinheiten nach Mazedonien an. Unübersehbar war im Vorfeld die Mühe der Bundesregierung, die eigene Mehrheit im Parlament in dieser Frage zusammenzuhalten. Die Unionsfraktion sowie CDU und CSU entschieden sich daraufhin, die vermeintliche Schwäche der Regierung auszunutzen und deren Unterstützung mit der Forderung nach zusätzlichen Mitteln für die aus Oppositionssicht dramatisch unterfinanzierte Armee zu verbinden. Dieses Junktim bzw. die Drohung, aus taktischen Gründen gegebenenfalls gegen die eigene politische Grundlinie und den als richtig erachteten Mazedonien-Einsatz zu votieren, konnte nur bei absoluter Geschlossenheit funktionieren, da der Regierung, wenn überhaupt, im Parlament nur wenige Stimmen fehlen würden.

Prompt kam es, wie es in der Opposition eben so kommt: Der außenpolitische Sprecher der Unionsfraktion kündigte als erster und unter großer medialer Beachtung an, dem Einsatz im Parlament in jedem Fall zuzustimmen. Einige schnell folgende Kollegen – Motto: „Lieber an der Spitze einer Bewegung als hinter der Entwicklung herlaufen" – sorgten für einen Dominoeffekt. Den Führungen in Partei und Fraktion, die vorher beharrlich wie kraftvoll darauf verwiesen hatten, man werde in jedem Fall klar Kurs halten – eben um die unsicheren Kantonisten wenigstens ruhig und die Zauderer bei der Stange zu halten – blieb dann im Sinne der Geschlossenheit nurmehr eine Wendung übrig. Durch maßvolles Entgegenkommen der Bundesregierung bei der Bundeswehr-Finanzierung wurde der Schwenk erleichtert, ließ aber wegen seiner Geschwindigkeit diejenigen noch schlechter aussehen, die die taktische Position noch verteidigten, als die Führungen schon eine neue Parole ausgegeben hatten.

Damit ist ein drittes operatives Ziel schon genannt: nämlich einen so guten Informationsfluss zwischen Fraktionsführung und Fraktionsmitgliedern herzustellen, dass beide Seiten keine Überraschungen erleben und zentrale Informationen – meist verbunden mit einer gewissen Peinlichkeit – weder den Medien entnehmen noch durch öffentlichen Zuruf erfahren müssen. Für führende Verantwortliche in der Fraktion ist es wenig erfreulich, Tickermeldungen entnehmen zu müssen, was der eine oder andere Kollege öffentlich gegen den Strich gebürstet hat – natürlich in Umgehung der Fraktionspressestelle, um in der persönlichen medialen Entfaltung keinesfalls im Vorfeld behindert zu werden. Höchst unangenehm wird es aber dann, wenn ihnen bei öffentlichen Veranstaltungen oder Fernsehdiskussionen die Aussagen der eigenen Kollegen, die sie vor laufender Kamera kaum als notorische Querulanten oder inhaltlich Ahnungslose abtun können und wollen, als Querschläger um die Ohren fliegen.

Umgekehrt ist für Abgeordnete nichts unliebsamer, als mehrheitlich beschlossene und vermeintlich noch gültige Fraktionspositionen, womöglich gegen die eigene Überzeugung oder starke Zweifel, im Wahlkreis beim politischen Bericht im Gaststättenhinterzimmer zu verteidigen und dann von später eingetroffenen Zuhörern, die noch die Tagesschau gesehen haben, eines Besseren über den neuesten Schwenk der Führung belehrt zu werden.

Denn schließlich muss, viertens, eine Fraktionsführung immer im Auge haben, dass der einzelne Abgeordnete gut „rüberkommen", also „bella figura" machen kann. Die Bürger im Wahlkreis gehen davon aus, dass „ihr" Abgeordneter an wichtigen Berliner Entscheidungen maßgeblich beteiligt ist und einen Informationsvorsprung besitzt. Eine geschickte Fraktionsführung räumt dem einzelnen Abgeordneten Profilierungschancen ein oder vermittelt diese sogar. Ungeschickt wäre sie dagegen, erschienen insbesondere direkt gewählte „Könige des Wahlkreises" zugleich als „Könige ohne Land" in Berlin, weil sie über längere Zeiträume hinweg für ihre Heimat nichts Sichtbares erreichen oder im Parlament weder durch herausgehobene Funktionen noch durch fernsehwirksame Debatten-Redezeit auffallen. Müssen sich Abgeordnete in den Wahlkreisen dann zusätzlich für magere Leistungen ihrer Fraktionsführung rechtfertigen oder gar beschimpfen lassen, kehren sie insbesondere nach mehreren sitzungsfreien Wochen in Folge zuweilen „geladen" nach Berlin zurück. Drohenden Gewittern in der folgenden Fraktionssitzung sollte jede Führung zuvorzukommen suchen.

Klar ist: Die Identifikation des einzelnen Abgeordneten mit der Fraktionsführung und seine Bereitschaft, gelegentlich zurückzustecken, sind umso größer, je besser das Bild ist, das diese Führung in der Öffentlichkeit und den Medien abgibt. Wie alle Menschen wollen Parlamentarier lieber zu einer starken Mannschaft gehören, als einer „Gurkentruppe" zugerechnet werden. In ersterer suchen sie die Nähe zur Führung, im zweiten Fall finden Absetzbewegungen statt, die die Dynamik von Zerfallsprozessen politischer Autorität ihrerseits beschleunigen. Eine Fraktionsführung, personifiziert besonders der Vorsitzende, muss deshalb im Rahmen des Informationsmanagements bzw. der Selbstdarstellung immer auf die Vermittlung folgender Botschaften zielen: Souveränität, Erfolg, Unterstützung, Maß und Mitte.

Souveränität: Man wirkt aktiv, doch entspannt, locker und nie gehetzt. Man hat alles im Griff, keine Überraschungen zu fürchten und ein stringentes Gesamtkonzept, in das sich alle Handlungen und Beschlüsse einfügen – und sei es nach dem Motto Karl Kraus': „Man glaubt gar nicht, wie schwer es oft ist, eine Tat in einen Gedanken umzusetzen."

Erfolg: Musterbeispiel für eine von der Faktenlage losgelöste, gelungene Selbstdarstellung als „erfolgreich" war der Kanzlerkandidat Schröder mit „seinem" Aufschwung im Sommer 1998 bereits vor der Bundestagswahl. Vom Kanzler Schröder ist seitdem zu erfahren, alles Positive sei der Regierung zu danken, Rückschläge wären als einkalkulierte Zwischentiefs vor dem Langzeithoch zu sehen und Niederlagen der Weltkonjunktur, den Tarifpartnern, der Opposition oder dem Föderalismus geschuldet.

Unterstützung: Streitige inhaltliche Positionen lassen sich mit fühlbarem Rückhalt breiter gesellschaftlicher Gruppen leichter geschlossen durchhalten als unter dem Eindruck gesellschaftlicher Isolierung, die bei den unsicheren Mitkantonisten schnell zu Selbstzweifeln führt. Wortmeldungen in ihrem Sinn zu ermutigen und andere zu relativieren, ist auch eine wichtige Leistung politischer Führung. Maß und Mitte: Wer seine Position als maßvoll und ausgleichend, seine Person als in der politischen Mitte verankert darzustellen vermag, hat in einer derart auf Konsens fixierten Gesellschaft wie der deutschen schon fast gewonnen. Gelegentlich gehören dann auch inszenierte Konflikte im eigenen Lager oder die irreführende Etikettierung anderer als „extrem" zur erfolgreichen Vermittlung einer angeblichen eigenen Mittlerposition.

6. Politisches Controlling: Wenn Informationen zu Eindrücken und Eindrücke zum „Image" werden

„Bella figura" mit und an der Spitze einer politischen Einheit wie einer Bundestagsfraktion dürfte – ungeachtet aller Leistungen der „Verkaufsabteilung" – auf längere Sicht nur zu machen sein, wenn diese Einheit in ihrem Auftreten und ihren Botschaften den Eindruck innerer Konsistenz und Widerspruchsfreiheit vermittelt. Stimmt die „große Linie"? Was gehört überhaupt zur „großen Linie" und wo kann eine Führung dagegen ohne Ansehensverlust „Fünfe gerade sein" lassen? „Controlling" als interne Daueraufgabe auch des beratenden Umfelds eines Fraktionsvorsitzenden umfasst dabei gleich mehrere Aspekte.

Im Sinne von „corporate identity" muss eine Fraktion nach außen ein möglichst rundes Bild abgeben – daraufhin ist jede Rückkopplung, sei es in Medien, Umfragen oder Bürgerbriefen, zu prüfen. Abweichende Einzelmeinungen oder Kleinstgruppen allzu offensichtlicher Interessenvertreter sind hierbei weitaus weniger schädlich als der Eindruck der Lagerbildung. In der Unionsfraktion der 14. Wahlperiode war deshalb die Annäherung der vormals zerstrittenen Wirtschafts- und Sozialpolitiker der Fraktion ein wichtiger Schritt zu einem geschlosseneren Auftreten in der Öffentlichkeit und eine beachtliche Integrationsleistung.

Grundsätzlich sollten bestehende „Beschlusslagen" der Fraktion und Zusagen der Fraktionsführung nicht im Widerspruch zu Verlautbarungen aus der Fraktion oder neuen Initiativen stehen – es sei denn, die entsprechende Ausgangslage hat sich deutlich und auch für die Öffentlichkeit oder zumindest für betroffene Interessengruppen erkennbar verändert. Genauso gilt es, für ein stimmiges Gesamtbild all der parlamentarischen Initiativen und anderer Beiträge zu sorgen, die aus den fleißigen wie auf ihre Profilierung bedachten Arbeitseinheiten der Fraktion normalerweise über einen geregelten „Dienstweg" an die Führung gelangen. Diejenigen, deren Aktivitäten denen anderer oder den Anliegen der Mehrheit der Fraktion widersprechen und sich nicht in ein angestrebtes Gesamtbild fügen, müssten diskret-gesichtswahrend ersucht werden, ihre Vorstellungen früh genug zurückzuziehen, um offenen Dissens zu vermeiden. In diesem Sinn erweist es sich auch als vorteilhaft, wenn die entsprechenden Informationen oder Warnzeichen eine Fraktionsführung früher erreichen als die Medien.

Ähnlich wie innerhalb einer Regierung oder zwischen Regierung und Opposition kann eine Arbeitsteilung nicht funktionieren, nach der die einen für die guten Taten und Ausgaben, die anderen für die Einschnitte zuständig sind. Ein „Klassiker" sind die Haushaltsdebatten, wo es vermieden werden sollte, dass jede Arbeitsgruppe einer Oppositionsfraktion – deren Forderungen kosten ja vermeintlich nichts – ihren Wunschzettel einer begeisterten Öffentlichkeit oder Fachklientel präsentiert. Die Haushaltspolitiker aus dem gleichen Lager, die verzweifelt versuchen, den Finanzminister endlich öffentlichkeitswirksam zum Sparen zu bringen, laufen dann Gefahr, von diesem mit Hilfe des teuren „Gesamtwunschzettels" der Opposition vorgeführt zu werden.

Die Gesamtrichtung muss stimmen, aber nicht jedes Detail stimmig sein: Auf der anderen Seite ist zuweilen auch darauf zu achten, dass es nicht Aufgabe einer Oppositionsfraktion ist, buchhalterische Tätigkeiten für den Finanzminister zu erledigen oder bis zur letzten Ausführungsbestimmung selbst formulierte Gesetzesanträge zu erarbeiten. Die Opposition ist keine Nebenregierung, nicht detailverantwortlich und -rechtfertigungspflichtig. Opposition bedeutet Angriff, Zuspitzung und Demaskierung der Regierung. Es ist ja wahr, dass nicht eine Opposition gewählt, sondern eine Regierung abgewählt wird. Somit ist es auch oft vergebliche Mühe, wenn in den Gremiensitzungen einer Oppositionsfraktion Fachspezialisten mit großer Verve über unterschiedliche Ansichten zur dritten Stelle hinter dem Komma diskutieren. Eine derartige gouvernementale Attitüde ist vor allem in Wahlperioden nach einem Machtverlust zu beobachten, im Fall der CDU/CSU-Bundestagsfraktion zwischen 1969 und 1972 sowie zwischen 1998 und 2002. Sobald dann insbesondere ehemalige Regierungsmitglieder, die im Kopf nurmehr schwer den Schalter auf „Opposition" umstellen können, durch junge Abgeordnete ersetzt werden, steigt die Angriffslust und nehmen

die Liebe zum Detail, die Neigung zur Rücksichtnahme auf Apparate wie
deren bekannte Sachzwänge und die eingebaute Zurückhaltung wegen möglicher eigener Versäumnisse in der Regierung ab. Ungeachtet der Wirkung
ihrer politischen Führung wird schon aus diesen Gründen die Unionsfraktion
in der 15. Wahlperiode anders auftreten als in der ersten Amtszeit des Bundeskanzlers Schröder.

Eine besondere Form des „Controllings" bezieht sich schließlich noch
auf die Bedeutung des Parlaments, das Regierungen tendenziell weniger als
hohes Haus denn als ausführendes Instrument oder Stätte lästiger Rechtferti-
gung zu betrachten neigen. Nur in äußerst seltenen Fällen und dann, wenn
die Kujonierung gar zu offensichtlich wird, finden sich auch die die Regierung tragenden Fraktionen, noch seltener einmal der in seiner Partei stark
eingebundene Parlamentspräsident zu einem leichten Aufbäumen parlamentarischer Selbstachtung bereit. Ein Großteil der Außenwirkung des Deutschen Bundestages, die Qualität von Debatten, die Wahrung der Rechte des
Parlaments hängt letztlich mehr von der parlamentarischen Minderheit ab als
von der Mehrheit. Kaum im Ausmaß jüngerer Zeit, grundsätzlich aber gilt
dies unabhängig von politischen Konjunkturen: Anders als für eine Regierung bzw. Regierungsparteien ist das Parlament für eine Opposition bzw.
Oppositionsparteien die einzige und entscheidende Bühne. Deshalb ist es
meist die Opposition allein, die versucht, die ausufernde außerparlamentari-
sche „Kommissionitis" zu beschränken, auf geordneten Gesetzgebungsverfahren zu bestehen oder das Königsrecht des Parlaments, das Haushaltsrecht,
zu wahren – und sei es mit Hilfe des Bundesverfassungsgerichts wie 2001 im
Fall der außerparlamentarischen Zusage der Beschaffung neuer Transport-
flugzeuge für die Bundeswehr durch den Verteidigungsminister.

7. Informationsmanagement und -fluss: Gesteuerter und ungeregelter Input

Information als Grundlage politischen Handelns fließt in dem offenen System einer Bundestagsfraktion überaus reichlich. In den Sitzungswochen des
Deutschen Bundestages sorgen eine große Zahl von routinemäßigen Gremiensitzungen, Veranstaltungen, Begegnungen insbesondere am Rande der
Plenarsitzungen für unzählige Gespräche und Gesprächsstoff – nimmt man
nur die Fraktionskollegen. Dazu kommt der Informationsinput von Journalisten, Verbänden, Kirchen, anderen gesellschaftlichen Gruppierungen und
Organisationen, Vereinen und Bürgern. Tendenziell hält sich jeder – das soll

auch keinem verdacht werden – für besonders wichtig, besonders gut informiert, besonders intelligent und will seine subjektiv bedeutsamen Hinweise
dem Spitzenpolitiker am liebsten nur persönlich übermitteln, wozu auch jede
sich bietende Gelegenheit genutzt wird. Eine objektivierende Überprüfung
könnte noch häufiger hilfreich sein, hat aber Grenzen. Die Abschottung eines
Fraktionsvorsitzenden durch sein Umfeld ist, so überhaupt wünschenswert
im Sinne des Schutzes und der Effizienzsteigerung, gar nicht zu erreichen.
Dazu trägt nicht nur der Informationshunger der Politiker selbst bei, sondern
auch der systemimmanente Zwang, sich aus Sorge um ein negatives öffentliches Echo höflich und halbwegs geduldig überall alles anhören zu müssen.
Richtig ist allerdings auch, dass Spitzenpolitiker sich nicht nur auf – mit
allen Vorteilen, aber auch allen Gefahren – vorsortierte Informationen verlassen sollten, wenn sie zu einer von allen „Binnensichtblenden" freien Einschätzung von politischen Lagen, Stimmungen und Problemen kommen
wollen.

Gleichwohl ist der Versuch einer beratenden Umgebung unverzichtbar,
eingehende Information zu kanalisieren und unvermeidliche Redundanz
zumindest zu beschränken. Das fängt an mit einer starken Selektion des
Posteingangs, unabhängig von der „Errungenschaft" unserer Informationsgesellschaft, dass fast jedes Schreiben heute parallel postalisch, per Fax und als
Datei elektronisch versandt wird. Jede auch nur annähernd konstruktive Äußerung eines Bürgers erfährt eine Antwort, nicht jeder Vorgang aber kann
einem Fraktionsvorsitzenden zu Gesicht kommen. Besonders charakteristi-
sche oder auffällige Wortmeldungen dagegen sollte er ebenso kennen wie die
Gewichtung der Zusendungen: Wenn z.B. nach öffentlichen kritischen Äußerungen zur Rolle einiger Gewerkschaftsfunktionäre im politischen System
unter hunderten von Zuschriften sich nur zwei negative befinden, ist dies
eine wichtige Information.

Dazu ist Reduktion von Komplexität ein zentrales Ziel der Informati-
onsaufbereitung: Vorbereitende Vermerke oder andere Informationen zu
Veranstaltungen, zu Gesetzentwürfen wie zu politischen Fragen jeder Art
dürfen sich auch durch prägnante Kürze und das Herausarbeiten klarer
Handlungsvarianten plus einer Empfehlung auszeichnen. Schnelligkeit ist
hilfreich, wo es um Hinweise auf bereits kursierende Medieninformationen,
um Profilierungschancen gegen den politischen Gegner oder „Störfeuer" aus
den eigenen Reihen geht.

Neben all dem muss noch genügend Zeit und innere Ruhe zur Aufnahme anderer relevanter Informationen bleiben. Zum einen geht es dabei um
die kurzfristig nie zwingende, langfristig aber unentbehrliche Beschäftigung

mit über den Tag hinausweisenden Gedanken, Plänen, politischen Ideenskizzen. Die Grundlagen dafür, z.B. Papiere von „Denkfabriken" außerhalb wie innerhalb der Fraktion, werden an anderer Stelle in diesem Band dargestellt. Zum anderen müssen Kollegen aus der Fraktion ihren Vorsitzenden erreichen können, nicht nur zur Übermittlung von persönlichen Anregungen, Einschätzungen, hilfreichen Informationen zur politischen Arbeit der Fraktion oder der Regierung. Wesentlich ist für diesen als fast untrügliches Stimmungsbarometer auch das Wissen um deren aktuelle Erfahrungen in den Wahlkreisen. So entsteht, ganz anders als es die Stammtischparole von den „abgehobenen Politikern" vermuten ließe, ein sehr treffendes Bild wenn nicht der Bevölkerung insgesamt, dann zumindest der Bedürfnisse und Empfindungen der eigenen Anhängerschaft.

Auch im Herbst 2000 war diese Rückkopplung mit den Wahlkreisabgeordneten ein zuverlässiger Indikator politischer Unterstützung. In der großes Aufsehen erregenden, von Friedrich Merz angestoßenen Debatte über die „freiheitliche deutsche Leitkultur" stand die Unionsfraktion mit nur zwei Ausnahmen hinter ihrem Vorsitzenden – weil die Abgeordneten zuvor zwei Nichtsitzungswochen in ihren Wahlkreisen verbracht und genau gespürt hatten, wie sehr mit diesem Thema bei vielen Menschen ein Nerv getroffen und Zustimmung ausgelöst worden war. Und dies ungeachtet eines orkanartigen Gegenwinds aus der politisch korrekten Medienlandschaft, die ihrerseits von einer Bundesregierung befeuert wurde, die, Sebnitz lässt grüßen, die Gelegenheit nutzen wollte, sich des politischen Gegners durch „Extremisierung" zu entledigen. Das Beispiel macht nicht nur die gelegentlich krasse Diskrepanz zwischen veröffentlichter und öffentlicher Meinung, sondern genauso die oft größere Bürgernähe der Abgeordneten als der vermeintlich dem Volk „aufs Maul schauenden" Medien deutlich.

Übrigens war, als sich die Medien auf den im Rahmen einer Pressekonferenz zur Frage der Zuwanderung anscheinend beiläufig geäußerten Begriff stürzten, dieser schon wochenlang in der Öffentlichkeit. Der Vorsitzende der CDU/CSU-Bundestagsfraktion hatte ihn mehrfach und ohne großes Aufheben bei öffentlichen Veranstaltungen benutzt – ohne eine einzige negative Reaktion und mit dem Ergebnis des Verständnisses, wenn nicht der Zustimmung selbst bei aus dem Ausland stammenden oder ausländischen Mitbürgern.

8. Kommunikationsstrategien über innen nach außen

Derartige Rückkopplungen fließen in politisches Handeln wie in verbale Äußerungen beileibe nicht nur nach öffentlichen Auftritten ein. Innerhalb einer Sitzungswoche und unter dem Zwang zur Kompromissfindung und Koordination verschiedener Ansichten und Interessen ist vielmehr eine ganze „Palette der Responsivität" zu beobachten. Der einführende Vortrag des Fraktionsvorsitzenden zur aktuellen politischen Lage im Geschäftsführenden Fraktionsvorstand am Montagnachmittag hört sich schon in der darauffolgenden Sitzung des Fraktionsvorstandes anders an und hat noch weniger Ähnlichkeit mit dem bei der Fraktionssitzung am Dienstagnachmittag. Dies hängt nicht nur mit abnehmender Vertraulichkeit und steigender Erklärungs- oder Vermittlungsbedürftigkeit von Beschlüssen oder Sachlagen zusammen, es ist auch eine Folge der Diskussionen im wichtigsten Führungszirkel und anschließend im erweiterten Fraktionsvorstand: Kritische Anmerkungen und Anregungen der Führung erreichen den Vorsitzenden hier institutionalisiert – wenn nicht schon vorher informell –, ebenso das Feedback aus den Sitzungen der Landesgruppen am Montagabend und der Arbeitsgruppen am Dienstagmorgen. Spätestens dann, wenn sich am Dienstagmittag die Arbeitsgruppenvorsitzenden mit dem Fraktionsvorsitzenden, seinen Stellvertretern und den Parlamentarischen Geschäftsführern treffen, sollte zum einen bezüglich des weiteren Ablaufs der Sitzungswoche, ihrer zentralen Botschaften und fraktionsinternen Beschlüsse ein einheitlicher Wille hergestellt und bezüglich der Befindlichkeiten in der Fraktion wie der Stimmung in den Wahlkreisen ein Höchstmaß an Kenntnis vorhanden sein. All dies fließt dann in einen möglichst informativen, erläuternden, zusammenführenden, werbenden, mobilisierenden und am besten noch mitreißenden Vortrag des Vorsitzenden vor der Fraktion ein.

Dabei geht es neben der Diskussion und Beschlussfassung in den Sachfragen auch darum, die Mehrheit der jeweils fachlich nicht spezialisierten Kollegen mit prägnanten Beispielen und Darstellungen der Inhalte für die Auseinandersetzung mit dem politischen Gegner in den Wahlkreisen oder andernorts zu wappnen und alle mit treffenden Informationen über diesen politischen Gegner zu versorgen. Vor allem anderen müssen dabei „Sprachregelungen" an die Abgeordneten und in die Wahlkreise kommuniziert werden. Nicht um Parlamentariern vorzuschreiben, wie sie etwas zu sagen haben, sondern um die mediale Durchschlagskraft zu erhöhen: Begriffe wie 2002 die „rote Laterne" oder „Schlusslicht in Europa" konnten nur erfolgreich in das öffentliche Bewusstsein gelangen und die „ruhige Hand" nur persifliert werden, weil man sie, wie es im Jargon heißt, „penetrierte", d.h. wieder und wieder und von allen in gleicher Weise verwendete. Erst lange, nachdem die Politiker einen Begriff schon nicht mehr hören können, sickert er langsam in eine breitere Öffentlichkeit.

Die sonstige, „normale" Presse- und Marketingtätigkeit eines Fraktionsvorsitzenden unterscheidet sich nicht signifikant von derjenigen anderer Spitzenpolitiker, auch wegen entsprechender Beiträge in diesem Band soll deshalb auf eine genauere Schilderung verzichtet werden. Insgesamt kann man einen Fraktionsvorsitzenden vielleicht am besten mit einem Jongleur vergleichen, der gleichzeitig 50 Bälle in der Luft hat, dabei stets souverän wirken und mit beiden Beinen fest auf dem Boden stehen sollte. Mit Hilfe seines Umfelds muss er stets wissen, wo die Bälle sind, wer ihre Flugbahnen zum Nachteil oder Vorteil verändert, wie man sie kontrolliert beschleunigt oder abfängt und am Ende unter rauschendem Beifall locker auf eine ordentlich abgelegte Reihe von Spielzeugen verweist – und das alles mitten in einer Schar von Kleinkünstlern, die ihrerseits um die Aufmerksamkeit des Publikums buhlen.

Dieses Beispiel wie ein nicht unbeträchtlicher Teil der geschilderten Rahmenbedingungen politischer Führung einer großen Bundestagsfraktion vermittelt ein Stück weit den gleichen Eindruck wie die Lektüre eines Gesundheitsratgebers: Angesichts all der potenziellen Störungen und Schwierigkeiten, die da beschrieben und bebildert werden, fragt sich der deprimierte Leser schnell, wie ein menschlicher Organismus überhaupt „einwandfrei" funktionieren kann ... Und doch scheint das Wunder oft der Regelfall zu sein. Auch in der Unionsfraktion der 14. Wahlperiode des Deutschen Bundestages hat „es" funktioniert – nicht Folge des Ausbleibens von Störungen, sondern Ergebnis politischer Führung.

Politische Planung in der Staatskanzlei Rheinland-Pfalz
Ein Werkstattbericht

Gerd Mielke

1. Einleitung

Politische Planung bewegt sich unter den Bedingungen der Mediendemokratie in einem eigentümlichen, dreipoligen Spannungsverhältnis. Auf der einen Seite steht sie unter dem Zwang, Politik nach den dramaturgischen Erfordernissen der medialen Präsentationsgepflogenheiten zu inszenieren und somit „Politik als Theater"[1] zu entwerfen, will sie nicht riskieren, mit ihren Botschaften als langweilig und anachronistisch von vornherein am Desinteresse der Bürger abzuprallen und in der Informationsüberflutung unterzugehen. Diese Anforderungen an eine mediengerechte kommunizierende Politik haben in den vergangenen Jahren zum Entstehen eines buntscheckigen Feldes von Medien- und Kommunikationsberatern, von „spin doctors" und Werbeexperten geführt, die davon – recht ordentlich – leben, der Politik und den Politikern den letzten kommunikativen Schliff zu verpassen.[2]

Auf der anderen Seite zeigen vor allem wahlsoziologische Studien, dass es nicht reicht, nach den allerneusten Regeln der Werbe-Kunst drauflos zu kommunizieren. Politische Botschaften bewegen sich unweigerlich in einem komplizierten Magnetfeld von historisch gewachsenen Wahrnehmungs- und

---

[1] Vgl. Meyer, Thomas/Kampmann, Martina (1998): Politik als Theater. Die neue Macht der Darstellungskunst, Berlin

[2] Einen Überblick über die Debatte zum Medieneinfluss auf das politische Verhalten geben Pfetsch, Barbara (2000): Strukturbedingungen der Inszenierung von Politik in den Medien: die Perspektiven von politischen Sprechern und Journalisten, in: Niedermemayer, Oskar/Westle, Bettina (Hg.): Demokratie und Partizipation – Festschrift für Max Kaase, Wiesbaden, S. 211-232; Schulz, Winfried/Zeh, Reimar/Quiring, Oliver (2000): Wählerverhalten in der Mediendemokratie, in: Klein, Markus/Jagodzinski, Wolfgang/Mochmann, Ekkehard/Ohr, Dieter: 50 Jahre empirische Wahlforschung in Deutschland. Entwicklung, Befunde, Perspektiven, Daten, Wiesbaden, S.413-443. Zur politischen Kommunikation siehe überblicksartig Jarren, Ottfried/Sarcinelli, Ulrich/Saxer, Ulrich (Hg.) (1998): Politische Kommunikation in der demokratischen Gesellschaft, Ein Handbuch mit Lexikonteil, Wiesbaden

Bewertungstraditionen, und nur eine sorgfältig austarierte Balance zwischen Parteibindungen, Kandidatenorientierung und sachpolitischer Kommunikation wird am Ende zum politischen, zum Wahlerfolg führen. Diese, von Werbe- und Kommunikationsexperten oftmals unterschätzte Wirkungsmächtigkeit langfristiger sozialstruktureller und kultureller Bestimmungsfaktoren hat schon so manche hochprofessionelle Kommunikationskampagne im politischen Desaster enden lassen.

Drittens schließlich ist Politik aufgerufen, durch angemessene Planung praktische Probleme in den dafür vorgesehenen institutionellen Verfahren zu lösen und handfeste Interessen im stets fortlaufenden Verteilungskampf zu berücksichtigen. Zu diesem Zweck bedarf es sachpolitischer Expertisen, einer adäquaten Einschätzung der Gremien und Verfahren und der Bereitstellung finanzieller und anderer Ressourcen. Problemlösungs- und Interessenberücksichtigungskompetenz stehen in engem Zusammenhang mit den beiden anderen Zielen politischen Handelns. Sie bilden gewissermaßen den harten, sozialtechnologischen Kern sowohl der medienorientierten Kommunikation als auch der Aktualisierung und Fortschreibung traditioneller politischer Orientierungen.

Politische Planung, die es versäumt, die kommunikativen, traditionsorientierten und sozialtechnologischen Dimensionen des politischen Handelns zur Deckung zu bringen, läuft Gefahr, Politik als Karikatur ihrer selbst zu organisieren. Sie verkommt dann zum Medienzauber, zur symbolischen Politik oder zur Expertokratie. Dies komplexe und von Spannungen geprägte Anforderungsbündel macht politische Planung unter allen Umständen und auf allen Ebenen des politischen Systems zu einem schwierigen Balanceakt, der sich auf die jeweils spezifischen Eigenheiten des historischen Kontexts, der handelnden Akteure, der zur Debatte stehenden Streitfragen und der medialen und Kommunikationsstrukturen einzustellen hat.

Der hier vorgestellte Werkstattbericht versucht, die Konkretisierung dieses bewusst breit angelegten Planungsverständnisses am Beispiel der rheinland-pfälzischen Staatskanzlei unter Ministerpräsident Kurt Beck zu illustrieren[3]. Dabei soll nicht in erster Linie der – sehr erfolgreiche – persönliche Regierungsstil Becks und die besonderen Eigentümlichkeiten der politischen

---

[3] Die hier präsentierte Darstellung schließt an eine größere Erhebung zur Lage der politischen Planung und sozialwissenschaftlichen Beratung in den Staatskanzleien in den sozialdemokratisch regierten Ländern an; siehe hierzu Mielke, Gerd (1999): Sozialwissenschaftliche Beratung in den Staatskanzleien, in: Forschungsjournal Neue Soziale Bewegungen, Jg. 12, Heft 3, S.40-48

Kultur von Rheinland-Pfalz[4] im Vordergrund stehen, sondern der Akzent ist
hier auf die durchaus verallgemeinerbaren Randbedingungen und Zwänge
landespolitischer Planung – im Gegensatz etwa zur Planung auf Bundesebene – gesetzt. Dabei erfolgt die Darstellung in drei Schritten. Ein erster Abschnitt beschreibt die Randbedingungen und Voraussetzungen, von denen
politische Planung auf Landesebene ausgehen muss. Ein zweiter Absatz
schildert die Kernelemente des Planungsverständnisses, wie es sich in den
letzten Jahren unter Becks politischer Führung herausgebildet hat. Und in
einem dritten Schritt werden die theoretischen Vorüberlegungen am Beispiel
eines ausgewählten ministerpräsidentiellen Aktionsfeldes in ihrer praktischen
Umsetzung illustriert. Eine kurze verallgemeinernde Zusammenfassung run-
det den Werkstattbericht ab.

2. Rahmenbedingungen politischer Planung auf Landesebene

Auch in Rheinland-Pfalz kommen bei der Entwicklung politischer Planungs-
vorhaben einige Randbedingungen zur Geltung, die in ihrer Summe das Pla-
nungsgeschäft auf Landesebene sehr deutlich von den Planungsbedingungen
auf der bundespolitischen Ebene abgrenzen und auch in den zumeist verall-
gemeinernden Thesen von der Mediendemokratie und den ihr innewohnen-
den Inszenierungsnotwendigkeiten in der Regel übersehen werden. Aus diesen Rahmenbedingungen seien hier drei besonders herausgegriffen: die Spezifika der landespolitischen Agenda, die Eigentümlichkeiten der landespolitischen Medienberichterstattung und schließlich die Rolle der Ministerpräsidenten als zentrale Akteure im landespolitischen Prozess.
    Die Spezifika der landespolitischen Agenda lassen sich in einer ersten
Annäherung durch die These vom Bedeutungsverlust der Landespolitik beschreiben. Vor allem in der öffentlichen Wahrnehmung, aber auch auf zahlreichen Politikfeldern hat sich in den letzten Jahrzehnten eine kontinuierliche
Ausweitung bundes- und europapolitischer Kompetenzen vollzogen. Ergänzt
wird dieser Kompetenzzuwachs der übergeordneten Ebenen durch einen von
den Ländern sich zum Teil selbst auferlegten Koordinierungs- und Verein-
heitlichungszwang. Die Ministerpräsidentenkonferenz und die ihr ähnlichen
Fachministerkonferenzen der Länder haben hier durch die Konzentration auf

---

[4] Einen Überblick über die wichtigsten Facetten der politischen Kultur in Rheinland-Pfalz und auch
über die Etappen des Parteienwettbewerbs liefern die Beiträge in Sarcinelli, Ulrich/Falter, Jür-
gen/Mielke, Gerd/Benzner, Bodo (Hg.) (2000): Politische Kultur in Rheinland-Pfalz, Mainz

das Ziel einheitlicher Lebensverhältnisse zu einer kontinuierlichen Abschleifung genuiner landespolitischer Eigenständigkeiten geführt. Diese Tendenzen sind in der deutschen Föderalismusdiskussion ausführlich unter den Stichworten der Politikverflechtung und des kooperativen Föderalismus dargestellt und erörtert worden. Der allmähliche Bedeutungsverlust der Landespolitik ist im übrigen von dem Bedeutungszuwachs der Landesregierungen zu unterscheiden, den diese durch ihre Mitwirkung bei der Bundesgesetzgebung im Bundesrat erlangt haben, wenn sie – bei entsprechenden Parteikonstellationen – die Länderkammer als hochwirksames Instrument der bundespolitischen Opposition zur Blockade oder de facto-Mitregierung nutzen können.

Den tektonischen Verschiebungen zwischen den Ebenen des politischen Systems und den Angleichungstendenzen zwischen den Ländern entspricht ein „gefühlter" Bedeutungsverlust aus der Perspektive der Öffentlichkeit und Wählerschaft. Landespolitische Themen rangieren in aller Regel – mit Ausnahme der Bildungspolitik – in ihrer Bedeutung weit hinter den Streitfragen der Bundespolitik. Überdies erscheint die landespolitische Agenda, wie sie sich dem politischen Publikum in der Form von Ministerrats- oder Landtagsbeschlüssen darstellt, eher erratisch und lässt sich zumeist nicht ohne weiteres in eingängige und schlüssige politische Geschichten transformieren. Damit werden zwei der zuvor erwähnten Planungserfordernisse – die auf die Medien ausgerichteten Kommunikation und die Anknüpfung aktueller Politik an historisch gewachsene „belief systems" – von vornherein nicht unwesentlich erschwert.

Eng verbunden mit diesen Spezifika der landespolitischen Agenda ist eine gegenüber der Bundespolitik deutlich abgeschwächte mediale Begleitung der Landespolitik. Während auf der Bundesebene und hier vor allem nach dem Umzug in die neue Hauptstadt und Medienmetropole Berlin ein sprunghaft angewachsenes System von Radio- und Fernsehsendern und Zeitungsredaktionen bereitwillig und pausenlos alle Oszillationen des politischen Prozesses in die öffentliche Arena projiziert, verstärkt und so eine ruhige und kontrollierte Politikgestaltung nahezu unmöglich macht, geht es auf der landespolitischen Bühne weitaus beschaulicher zu. Ausgiebige und aggressive Medienbegleitung ist hier die Ausnahme, und auch das schiere Quantum landespolitischer Berichterstattung bleibt – entsprechend dem eher schwachen Interesse der Leser und Fernsehzuschauer an der Landespolitik – deutlich hinter der Befassung mit der „großen" Politik, und übrigens auch mit der „kleinen", der Lokalpolitik, zurück. Die viel beschworene Mediendemokratie findet auf der landespolitischen Ebene nur in erheblich einge-

schränktem Maße statt, und auch diese Randbedingung, die keineswegs nur
auf Rheinland-Pfalz, sondern auf fast alle Flächenländer zutreffen dürfte, hat
weit reichende Auswirkungen auf die kommunikative Dimension politischer
Planung.

Die dritte Randbedingung, auf die sich die Planung auf Länderebene
einstellen muss, ist die absolut dominierende Rolle der Ministerpräsidenten
sowohl im politischen Prozess selbst als auch vor allem in der Wahrnehmung
der Öffentlichkeit[5]. Auch hier fallen sogleich die Unterschiede zur Bundespolitik auf. Die bundespolitische Bühne ist von einer großen Zahl bekannter
Figuren aus dem Regierungs- und Oppositionslager bevölkert. Der Bundeskanzler ist durchweg von einer ganzen Reihe ebenfalls populärer Spitzenpolitiker umgeben, die ihn bisweilen an Bekanntheit und Beliebtheit erheblich übertreffen. Im Gegensatz hierzu beherrscht ein Ministerpräsident die
landespolitische Szene völlig unangefochten. Seine Bekanntheit wird selbst
von lang gedienten Ministern oder Oppositionspolitikern auch nicht annähernd erreicht. Für den in dieser Fallstudie besonders betroffenen Ministerpräsidenten von Rheinland-Pfalz Kurt Beck treffen diese Feststellungen bezüglich Bekanntheit und Beliebtheit nun überdies in einer Weise zu, die weit
über das durchschnittliche Maß ministerpräsidentieller Popularität hinaus-
reicht.

Die verfassungsmäßige Grundlage der überragenden Stellung der Ministerpräsidenten liegt in der Doppelfunktion als Regierungschef und höchster
Repräsentant des Landes. Während ihn die Führung der Exekutive naturgemäß in parteipolitische Kontroversen verwickelt, gleicht die präsidiale Funktion mit ihren zahlreichen Repräsentationsaufgaben diese Polarisierungsten-
denz in aller Regel aus und zeigt in der Öffentlichkeit sehr oft das Bild eines
über allen Parteistreitigkeiten residierenden Landesvaters. Dabei spielt es
keine Rolle, dass gerade in den letzten Jahren – und gerade auch der hier im
Zentrum stehende Ministerpräsident Beck – die Ministerpräsidenten diese
Landesvaterrolle unprätentiös und mit einer freundlichen Aufforderung an
die Bürger versehen, die Dinge selbst in die Hand zu nehmen. Für die politische Planung in der Landespolitik kommt es entscheidend darauf an, diesen
starken persönlichen Faktor des Ministerpräsidenten angemessen zu berücksichtigen, sei es, dass politische Maßnahmen in besonderer Weise auf seinen
Stil hin ausgerichtet sein müssen, sei es, dass rollenfremde, polarisierende

---

[5] Das Amt des Ministerpräsidenten wird in all seinen Facetten ausführlich dargestellt bei Schneider,
Herbert (2001): Ministerpräsidenten. Profil eines politischen Amtes im deutschen Föderalismus,
Opladen

politische Aktivitäten nur mit Bedacht ins Spiel gebracht werden sollten, oder sei es, dass man eine leichtfertige Abnützung oder Banalisierung ministerpräsidentieller Aktivitäten tunlichst vermeiden sollte.

Mit Sicherheit lassen sich neben den drei hier vorrangig erwähnten Randbedingungen politischer Planung auch noch andere wichtige Bestimmungsfaktoren für die kommunikative oder prozessuale Politiksteuerung finden, so etwa die Stellung der Landesregierung zur Bundesregierung, die Eigenarten der jeweiligen regionalen politischen Kultur oder die spezifischen Kräfteverhältnisse und Aufgaben-Zuweisungen im Koalitionsregierungen. Von diesen Faktoren hat in Rheinland-Pfalz für den hier betrachteten Zeitraum die Koalitionskonstellation eines sozialliberalen Bündnisses zuweilen eine bedeutsame Rolle gespielt. Es galt sowohl die Eigenständigkeiten und Empfindlichkeiten der Koalitionspartner zu berücksichtigen, als eventuelle Lücken z.b. der SPD im Spektrum der Politikfelder, die sich aus der Ressortverteilung zwischen den Koalitionspartnern ergaben, durch geschickte Aktivitäten zu verkleinern oder gar zu schließen, ohne die Geschlossenheit und Koalitionsfähigkeit der Regierung als Ganzes zu gefährden.

3. Politische Planung in der Staatskanzlei Rheinland-Pfalz 1996 – 2001

Vor dem Hintergrund dieser allgemeinen Rahmenbedingungen hat sich die politische Planung in der Staatskanzlei zunächst an den verbindlichen Grundlagen zu orientieren, die zu Beginn der hier betrachteten Legislaturperiode in der Koalitionsvereinbarung und der Regierungserklärung festgelegt werden. Die dort vereinbarten politischen Vorhaben werden in ein Gesetzgebungs- bzw. Arbeitsprogramm der Landesregierung transformiert. Diese Programme geben ressortweise die Arbeitstakte vor, in denen die politischen Vorhaben der Regierungskoalition im Laufe der Legislaturperiode behandelt und abgearbeitet werden. Es ist Aufgabe der Staatskanzlei als politische Steuerungszentrale, mit Hilfe dieser EDV-gestützten Arbeitsprogramme den jeweiligen Bearbeitungsstand von Gesetzen und anderen Maßnahmen zu überwachen, eventuelle zeitliche Korrekturen und sachliche Ergänzungen in Absprache mit den Ressorts vorzunehmen und somit eine ordnungsgemäße Choreographie der politischen Aufgabenerfüllung zu gewährleisten.

Diese, auf eine zeitliche und verfahrenstechnische Abläufe ausgerichtete Planung und Steuerung der Regierungsaktivitäten ist eine für das Verhältnis zum Parlament und die regierungsinterne Moral hochbedeutsame Aufgabe, und sie wird sehr häufig – so auch in Rheinland-Pfalz – durch Halbzeit- und

Schlussbilanzen öffentlich dargestellt. Im Blick auf die beiden, für den Wahlerfolg und damit den Fortbestand der Regierung ausschlaggebenden Aspekte der Planung – die öffentliche Kommunikation und die Einordnung des politischen Geschehens in langfristige Traditionen – ist diese Prozessplanung allein freilich nicht ausreichend. So ist die politische Planung in der Staatskanzlei aufgerufen, die vielfältigen Gesetzgebungs- und Arbeitsabläufe durch eine zweite Ebene der politischen Interpretation des Regierungshandelns – und hier insbesondere des politischen Handelns des Ministerpräsidenten – zu einer kommunizierbaren, anschlussfähigen und sinnfälligen politischen Linie zu verdichten und gewissermaßen zu „veredeln".

Dieses im eigentlichen Sinne politische Planungsverständnis hat in der hier beispielhaft referierten Zeitspanne zwischen 1996 und 2001, der zweiten Legislaturperiode unter der sozialliberalen Koalition, vier Kernelemente umfasst, die in ihrem Zusammenspiel ganz vorrangig auf die kommunikativen und Traditionen aufgreifenden und aktualisierenden Funktionen von Planung ausgerichtet waren. Ein erster Grundsatz war das „permanent campaigning"-Prinzip, ein Grundsatz, der sich in fast allen Lehrbüchern der modernen Wahlkampfführung finden lässt. Hinter dem „permanent campaigning"-Prinzip steckt zunächst die Einsicht, dass die Aufnahme, Verarbeitung und Bewertung politischer Informationen und Aktivitäten durch die Bürger und Wähler ein fortlaufender Prozess ist und keineswegs auf die Wahlkampfphase beschränkt bleibt. Die Chancen, Gehör und Aufnahmebereitschaft für politische Informationen außerhalb der polarisierten und von lautem Getöse durchdrungenen Wahlkämpfe zu finden, werden von vielen Wahlanalytikern höher eingeschätzt als die Möglichkeit von „Missionierungseffekten" im Wahlkampf selbst. In jedem Falle ist es ratsam, die Kommunikation zu strategisch wichtigen Ziel- und Bezugsgruppen möglichst fortdauernd aufrecht zu erhalten, um Bindungen und Identifikationen, aber auch eine intellektuelle und emotionale Teilhabe dieser Gruppen am politischen Prozess zu ermöglichen. Eine Ausrichtung am „permanent campaigning"-Prinzip setzt eine gründliche und kontinuierliche Beobachtung der Wählerschaft und der sie prägenden Faktoren voraus. Hier konnte auf umfangreiche und einschlägige Studien und Befunde zurückgegriffen werden, die genaue Aufschlüsse über Zielgruppen und Schlüsselregionen liefern.

Eng verknüpft mit dem Ansatz einer fortlaufenden Begleitung des politischen Prozesses durch wählerorientierte Kampagnen und Events ist als zweites Kernelement der Planung das „simple stories"-Prinzip. Die Komplexität und die Differenzierung, die alle modernen Politikbereiche mittlerweile auszeichnen, machen umso intensivere Anstrengungen erforderlich, die je-

weiligen Problemlagen und Lösungen in einer verständlichen und anschlussfähigen Form zu kommunizieren. Dieses Postulat an politische Planung geht
überdies auf die Einsicht zurück, dass Konflikt- und Spannungslinien innerhalb der Wählerschaft einer fortlaufenden Aktualisierung bedürfen. Politische Maßnahmen müssen also nicht nur so weit vereinfacht und zugespitzt
werden, dass sie für das politische Publikum verständlich werden, sie müssen
darüber hinaus als Fortschreibungen von identitätsstiftenden Konflikten und
Bindungen interpretiert werden können. Dabei erweist sich als zunehmend
wichtiger, Kommunikation nicht nur als Verbreitung einseitiger Verlautbarungen, etwa in der Gestalt von hoheitlichen Pressemitteilungen, zu verstehen. Der Wertwandel der siebziger Jahre hat neben vielen anderen auch partizipatorische und diskursive Wünsche in weiten Teilen der Bürgerschaft
hervorgebracht. Sie verlangen nach Mitsprache und nach „offenen Geschichten", ein Umstand, der den Misserfolg vieler politischer Berieselungs-
kampagnen plausibel zu erklären vermag. Schließlich haben die Bemühungen um eine verständliche Darstellung politischer Projekte die Filterwirkung
von Sehgewohnheiten und Wahrnehmungsmustern der Bürger zu antizipie-
ren, die sich diese bei ihrer Kommunikations- und Mediennutzung in anderen
Lebensbereichen angeeignet haben. In diesem Sinne konkurrieren politische
Botschaften nicht nur mit anderen politischen Meldungen, sondern auch mit
„soap operas" und Talk-Shows.

Als dritter Grundsatz politischer Planung in einer Staatskanzlei muss das
„Chefsache"-Prinzip gelten; dieser Grundsatz einer Popularisierung von
Themen durch den Ministerpräsidenten leitet sich aus dessen Stellung als
überragender landespolitischer Akteur ab. In der planerischen Arbeit bedeutet dies nicht nur eine Priorisierung politischer Themen und damit eine Konzentration auf einige wenige politische Schwerpunkte, sondern es stellt sich
in diesem Zusammenhang auch die Frage nach der inhaltlichen und stilisti-
schen Kongruenz zwischen Thema und Akteur, nach der in allen qualitativen
Studien von dem politischen Publikum eingeforderten Authentizität des politischen Handelns des Ministerpräsidenten. In diesem Sinne haben nur
„maßgeschneiderte", von dem spezifischen Akteur ausgehende und auf ihn
ausgerichtete Planungs- und Kommunikationsmodelle eine Aussicht auf
öffentliche Akzeptanz und damit auf politischen Erfolg. Eine Folge des
„Chefsache"-Prinzips, die nicht unerwähnt bleiben sollte, weil sie bisweilen
durchaus zu Irritationen in einem Landeskabinett führen kann, ist der damit
notwendig verbundene „Übergriff" des Ministerpräsidenten in Ressortzu-
ständigkeiten außerhalb der Staatskanzlei. Dies macht eine rechtzeitige und
sensible Abstimmung zwischen dem Ministerpräsidenten und den betroffe-

nen Ressortministern erforderlich, die dann in eine Rollenzuweisung mündet,
die zugleich das überragende Gewicht und die Popularität des Ministerpräsidenten und die fachspezifischen Kompetenzen des Ressortministers überzeu-
gend zur Geltung bringen kann.

Die wohl schwierigste Aufgabe bei der politischen Planung für einen
Ministerpräsidenten bzw. bei ihrer Umsetzung liegt in der bei aller Planung
zwangsläufig implizierten Verpflichtung des zentralen Akteurs auf Einhaltung der festgelegten Planungsschritte. Eine stetig fortlaufende, völlig errati-
sche Terminnachfrage, quer schießende Themen von „außen", etwa von der
Bundesebene, das Aufkommen neuer Streitfragen und nicht zuletzt mehr
oder minder spontane Auslassungen und Initiativen von den Spitzenpolitikern selbst machen eine gezielte thematische Profilierung über einen längeren Zeitraum hinweg zu einem extrem schwierigen Unterfangen. Als eine
brauchbare Lösung dieses Dauerproblems hat sich eine flexible Anordnung
von „Pflichtevents" bzw. „Pflichtbestandteilen" bei Veranstaltungen erwiesen, die über einen längeren Zeitraum hinweg angelegt und einem spezifischen Thema gewidmet werden. Ich möchte diese flexible Vorgehensweise
als „Wäscheleinen-Prinzip" bezeichnen. Dabei kommen verschiedene Veran-
staltungs- und Aktionsformate zum Einsatz, und es besteht auch die Möglichkeit, Termine „nachzuladen" oder umzuwidmen. Durch diese Flexibilität
wird der Ministerpräsident in kein starres Korsett von Termin- und Redever-
pflichtungen gezwungen; er hat sich lediglich auf ein Minimum an themen-
bezogener Disziplin festzulegen. Ein wesentlicher Teil des flexiblen Vorgehens beim „Wäscheleinen-Prinzip" ist auch der Wechsel der politischen
Ebenen und Arenen; dies erlaubt zum Teil selbstreferentielle Bezüge innerhalb ein und desselben Themenfeldes, wenn – wie noch gezeigt wird – ein
überregionaler und viel beachteter Zeitungsbeitrag zum Thema „Bürgerschaftliches Engagement" hilft, die Einladung von bürgerschaftlich aktiven
Gruppen im Rahmen einer Kreisbereisung politisch aufzuladen und in gewis-
sem Sinne der Veranstaltung einen zusätzlichen Subtext zu verleihen.

Alle vier Kernelemente des Planungsverständnisses können und sollen
sich gegenseitig ergänzen und in ihrer Wirkung verstärken. In ihrer so aggre-
gierten Summe führen sie zu einer politischen Zuspitzung und Kommunikation auf wenigen, vorab festgelegten, wahlsoziologisch gut begründeten
Themengebieten. Diese auf Inszenierung und Kommunikation angelegte
Planung ergänzt und überlagert die schwer verdauliche landespolitische
Agenda und verwandelt sie so in eine Abfolge bzw. ein Arrangement von
verständlichen Geschichten, die sich in die relevanten politischen Traditionen einfügen und sie fortschreiben und aktualisieren.

4. Die Akteure im Planungsprozess

Die Frage nach den Akteuren im Planungsprozess in der rheinland-pfälzischen Staatskanzlei und nach ihrem Einfluss auf die Themenagenda und ihre Umsetzung in ein Planungs- und Kommunikationsmodell ist keineswegs durchgängig gleich zu beantworten. Agenda-Setting und Terminvorgaben sind bekanntlich eingelagert in einen fortwährenden Konkurrenzkampf von Themen und ihren Fürsprechern um das knappe Zeitbudget des Ministerpräsidenten und um die Aufnahme in seinen Prioritätenkatalog. So gibt es immer wieder neben den dann planmäßig durchexerzierten politischen Maßnahmen und Kampagnen zugleich auch Vorschläge für politische Maßnahmen auf anderen Themenfeldern, die schon im Vorfeld und Frühstadium stecken bleiben oder wegen verschiedener Inkompatibilitäten mit anderen Projekten bzw. anderen Prioritäten abgebrochen werden oder auf einen späteren Zeitpunkt verschoben werden müssen.

Am einfachsten verlaufen Planungsprozesse naturgemäß, wenn sie von klaren Vorgaben des Ministerpräsidenten selbst oder des Kabinetts, eben von den maßgeblichen politischen Zentren, ausgehen und von daher sofort einen sicheren Platz auf der politischen Agenda finden. Das politische Zentrum in der Staatskanzlei bestand für den hier betrachteten Zeitraum aus dem Ministerpräsidenten selbst, dem Chef der Staatskanzlei, Staatssekretär Klaus Rüter, der die Staatskanzlei als Steuerungszentrum der Landespolitik in Schuss zu halten und zu führen hatte, und dem Regierungssprecher Walter Schumacher, dem die Kommunikation und Kooperation mit dem Medienbereich zufiel.

Unterhalb bzw. neben diesem politischen Zentrum sind verschiedene Organisationseinheiten, aber auch informelle Gruppen angesiedelt, die in mehr oder minder dauerhaftem Kontakt zur politischen Spitze stehen. Da ihre Position in aller Regel auf einem vertrauensvollen persönlichen Verhältnis zur politischen Spitze basiert, üben sie zugleich einen sehr großen Einfluss als Kommentatoren und Interpreten von Vorschlägen, Entwürfen und Initiativen aus, die von unten aus der Hierarchie oder von außen an die politische Spitze herangetragen werden. In diesem Personenkreis bilden zweifellos die Büroleiter des Ministerpräsidenten bzw. des Chefs der Staatskanzlei noch einmal eine gesondert zu würdigende Gruppe mit herausragendem Einfluss auf das Entscheidungsverhalten des politischen Zentrums. Ihr spontaner und steter Zugang zu den Entscheidungsträgern, die Führung des Terminkalenders des Ministerpräsidenten, die herausgehobene persönliche Vertrauensposition mitsamt der durch sie erzeugten abgeleiteten Autorität gegenüber dem Apparat und nicht zuletzt die üppigen Patronageerwartungen machen sie zu loyalen und mächtigen „gatekeepers" mit einer weit reichenden Filterfunktion. Sie bilden im Übrigen eine Gruppe, die sowohl hinsichtlich ihrer politischen Sozialisation, ihres Einflusses und ihrer weiteren Karrieren bislang einer systematischen Analyse durch die Forschung weitgehend entgangen ist, obwohl sie eine hochbedeutsame Schlüsselgruppe auf allen Ebenen des politischen Systems darstellt.

Neben dem politischen Zentrum und seinem Vertrauens- bzw. unmittelbaren Kommunikationsumfeld bilden die im formalen Sinne für Planung zuständigen und mit der entsprechenden Expertise ausgestatteten Organisationseinheiten eine dritte Akteursgruppe im Planungsprozess der Mainzer Staatskanzlei. Hierzu zählten in dem hier beschriebenen Zeitrahmen vor allem die Stabsstelle Grundsatzfragen, jedoch auch bei einigen Themenfeldern die für Ressortkoordination zuständige Kabinettsabteilung. Letztere ist im Übrigen für die Einhaltung und Fortschreibung des Gesetzgebungs- und Arbeitsprogramms der Landesregierung zuständig. Sie überwacht und steuert mithin die eigentliche landespolitische Agenda. Hinzu kommt der Bereich der Öffentlichkeitsarbeit, der etwa bei Fragen des öffentlichen Erscheinungsbildes und der Anmutung eine wichtige Rolle spielen kann.

Diese Planungseinheiten erhalten Arbeitsaufträge zur Konzipierung von themenzentrierten Kampagnen durch das politische Zentrum, oder aber sie bringen selbst Vorschläge für Planungsmodule ein, über deren Realisierung dann auf der Ebene der politischen Entscheidungsträger diskutiert und entschieden wird. Dabei wird selbstverständlich von Anbeginn versucht, die Vorschläge aus dem bisherigen politischen Profil des Ministerpräsidenten abzuleiten und in den ohnehin festgelegten, allgemeinen Themen- und Prioritätenkorridor einzufügen.

In ihrer Gesamtheit bilden die Akteure des Planungsprozesses keineswegs ein homogenes, von gleich bleibender Interessenkonstellation geprägtes Entscheidungs- und Implementationssystem, sondern politische Planung ist stets in einen fortlaufenden und mehrstufigen Prozess staatskanzleiinterner Diskussionen und auch in partielle Konflikte um den Einfluss auf das Agenda-Setting eingelagert. Dreh- und Angelpunkt dieses Prozesses ist der Ministerpräsident selbst, der sich in einer Mischung aus gezielten eigenen Initiativen und dem Aufgreifen dieses oder jenes Vorschlags politisch positioniert und damit der Planung die Richtung vorgibt.

5. Das Themenfeld „Bürgerschaftliches Engagement" als Fallbeispiel für politische Planung in der Staatskanzlei Rheinland-Pfalz

Das Themenfeld „Bürgerschaftliches Engagement" soll abschließend als anschauliches Beispiel für das Zusammenwirken der vorab skizzierten Elemente und Akteure des Planungsprozesses in der Staatskanzlei vorgestellt werden. Über einen Zeitraum von mehreren Jahren hinweg ist hier – angestoßen durch den Ministerpräsidenten – ein auf der landespolitischen Agenda neues Themenfeld intensiv bearbeitet worden und hat sich dabei zu einem markanten Bestandteil des politischen Profils von Ministerpräsident Beck entwickelt.

„Chefsache" war und ist das Themenfeld „Bürgerschaftliches Engagement" in gleich mehrfacher Hinsicht. Zunächst hatte sich das Thema aus einer langjährigen Praxis des intensiven Diskurs des Ministerpräsidenten mit zahlreichen ehrenamtlichen und freiwilligen Projekten und Initiativen entwickelt. Damit war von vornherein eine starke persönliche Affinität des zentralen Akteurs zu dem Thema gewährleistet, die durch die politische Konjunktur aufgeladen und verdichtet wurde, die das bürgerschaftliche Engagement durch die Bildung der Enquêtekommission des Bundestages[6] und das „Internationale Jahr der Freiwilligen" erlebte. Die Übernahme des Themas in den Prioritätenkatalog des Ministerpräsidenten bedeutet jedoch zugleich auch, dass Beck damit – neben dem ressortmäßig zuständigen Innenminister – zum sichtbarsten und wichtigsten Akteur auf diesem Themenfeld avancierte. Dabei konzentrierte sich Beck vor allem auf die gesellschaftspolitischen, demokratie- und partizipationsbezogenen Aspekte des bürgerschaftlichen Engagements, ohne in die traditionellen Bereiche der routinemäßigen Vereinsförderung einzugreifen. Zur „Chefsache" wurde das Themenfeld jedoch in erster Linie durch eine ganze Reihe von Aktivitäten und Veranstaltungen des Ministerpräsidenten zwischen dem Auftakt der Kampagnen im August 1999 und ihrem vorläufigen Höhepunkt beim Tag der Deutschen Einheit in Mainz 2001. (Einen Überblick bietet hier die Abbildung 1)

---

[6] Siehe hierzu den umfassenden Schlussbericht bei der Enquete-Kommission „Zukunft des Bürgerschaftlichen Engagements" des Deutschen Bundestages (2002): Bericht. Bürgerschaftliches Engagement: auf dem Weg in eine zukunftsfähige Bürgergesellschaft, Opladen

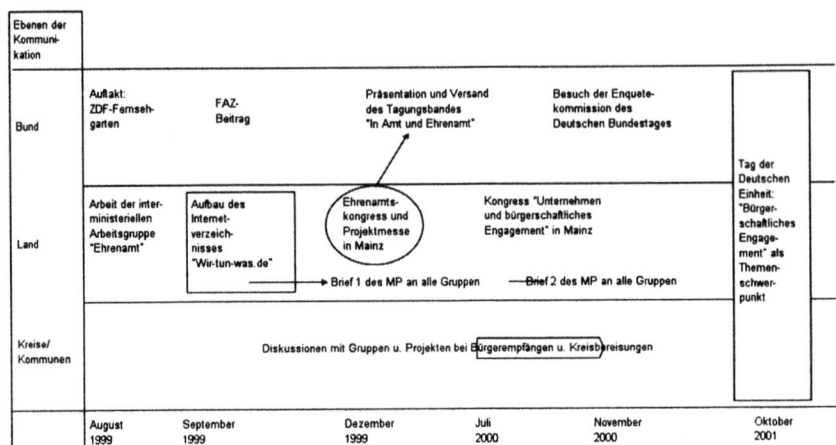

Abbildung 1: Die Kampagne des Ministerpräsidenten Beck zum Themenfeld "Bürgerschaftliches Engagement"

Über diesen Zeitraum hinweg variierte Beck eine Reihe von zentralen Botschaften, mit denen das bürgerschaftliche Engagement an die verschiedenen politischen Traditionen angekoppelt werden konnte. Im Kern lief dies auf eine Ermunterung zu ausgeprägter Teilhabe – vor allem im kommunalen Bereich – und auf eine Neudefinition des Sozial- und Wohlfahrtsstaates hinaus, die neben dem Part staatlicher Fürsorge auch einen eigenverantwortlichen und solidarisch gesellschaftlichen Bereich einschließt. Diese doppelte Botschaft von Partizipation einerseits und Solidarität und Verantwortung andrerseits ist in ganz verschiedenen Kontexten variiert worden, und der Ministerpräsident hat sie durch aktivierende und unterstützende flankierende Maßnahmen des Landes untermauert.

Der Grundsatz des „permanent campaigning" kam über die Langfristigkeit der Kampagne und ihre Unabhängigkeit von aktuellen und polarisierenden Wahlkampfphasen zum Tragen. Auch nach dem Tag der Deutschen Einheit wird die Themenkampagne fortgesetzt.

Schließlich bietet die Kampagne Becks zum bürgerschaftlichen Engagement ein gutes Beispiel für einen flexiblen Einsatz von unterschiedlichen Kommunikationsformaten und Aktivitäten des Ministerpräsidenten auf verschiedenen Ebenen des politischen Systems, die ihm gleichwohl große Freiheiten hinsichtlich der spontanen Platzierung eigener Akzente beließen und ihn auch darüber hinaus zeitlich in kein enges Korsett zwangen. Die Palette der Formate reicht von einer Fernsehshow im ZDF zum Auftakt über einen FAZ-Beitrag, Kongresse[7] und Projektmessen bis hin zur Ansprache in kleineren Kontexten auf Bürgerempfängen und Kreisbereisungen. Ein besonders wirksames Kommunikations- und Interaktionsinstrument ist das Internet-Verzeichnis „Wir-tun-was.de". Hier hatte der Ministerpräsident über die jeweiligen Bürgermeister einen Aufruf an die bürgerschaftlichen und freiwilligen Vereine, Gruppen und Initiativen in Rheinland-Pfalz gerichtet, sich in ein übergreifendes Netzwerk einzubringen. Im Gegenzug wurde allen Gruppen eine Homepage zur Verfügung gestellt, die sie in eigener Regie verwalten können. Das Internetverzeichnis umfasst mittlerweile ca. 12.000 Vereine, Gruppen und Initiativen, und es wird in äußerst lebendiger und intensiver Weise als Kommunikationsdrehscheibe und Informationsbörse genutzt. Kontaktaufnahmen zwischen thematisch verwandten Gruppen, Fortbildungsangebote und gemeinsame Veranstaltungen werden durch das Instrument des Internetverzeichnisses, das von einem Mitarbeiter der Landesregierung gewartet wird, in erheblichem Maße gefördert. Eine ähnliche Resonanz, allerdings auf der nationalen Ebene, hatte Becks Ansinnen, als Bundesratspräsident das Thema „Bürgerschaftliches Engagement" in den Tag der Deutschen Einheit zu integrieren, ein Fest, zum dem er gleichzeitig auch die Aktivisten der bereits im Vorfeld kontaktierten 12.000 rheinland-pfälzischen Vereine und Initiativen nach Mainz einlud. Tausende von Besuchern aus der Freiwilligenszene informierten sich über die Möglichkeiten zum Engagement; man traf Bekannte und Gesinnungsgenossen, und dem politischen Anliegen des Ministerpräsidenten, die Bürger im Lande zu mehr Eigenverantwortung und Teilhabe zu ermuntern, wurde beim Flanieren durch eine imposante Projektmesse auf das Unterhaltsamste entsprochen.

In ihrer Gesamtheit erzeugten die Elemente der Kampagne ein weit verzweigtes System von Aktivitäten und Referenzmöglichkeiten zwischen diesen Aktivitäten, und sie rückten zugleich den Ministerpräsidenten auf einem von ihm selbst definierten Feld ins Zentrum einer breiten Kommunikation und davon ausgehenden politischen Maßnahmen. Nicht zuletzt konnte Beck auf diesem Feld seine herausragende Begabung im unkomplizierten und liebenswürdigen Umgang mit Menschen ins Spiel bringen. Damit verschaffte die Kampagne Meinungsführerschaft für Beck, nicht im Sinne einer obrig-

---

[7] Der Ministerpräsident konnte durch mit den Kongressen verbundene Publikationen zugleich breit in die Freiwilligen-Szene hineinwirken und sich als Vordenker und Interpret in der Diskussion um das bürgerschaftliche Engagement profilieren; siehe Beck, Kurt (2000): Bürgerschaftliches Engagement zwischen Tradition und Aufbruch, in Forschungsjournal Neue Soziale Bewegungen, Jg. 13, Heft 2, S.15-21

keitlichen Vorgabe der Marschrichtung, sondern als Resultat umfangreicher, von ihm persönlich stimulierter und geförderter gesellschaftlicher Kommunikationsprozesse und Interessenberücksichtigungsschritte. Sie schmiedete aber auch die Möglichkeit für die Aktualisierung alter und die Schaffung neuer Koalitionen zwischen dem Ministerpräsidenten – und seiner Regierung – und dem weit gefächerten Bereich des bürgerschaftlichen Engagements. Indem Beck das Leitmotiv gesellschaftlicher Solidarität als eine wichtige Ursache freiwilligen Engagements anstimmte, bekräftigte und aktualisierte er bestehende Bindungen in die Bereiche gesellschaftlichen Engagements, zu denen er als Sozialdemokrat bereits traditionelle Kontakte hatte. Jedoch konnte er diesen Bereich zugleich durch seine Kommunikation und die politischen Angebote der Förderung von Ehrenamt und Freiwilligkeit auch auf die Segmente des freiwilligen Engagements ausweiten, die sich von Haus aus eher distanziert zu den sozialdemokratischen Traditionen verhalten, gleichwohl nun aber eine durchaus reizvolle Interessenallianz mit der Initiative des Ministerpräsidenten auf dem Feld ihres gesellschaftlichen Engagements konstatieren können.

6. Fazit

Eine zeitgemäße politische Planung muss sich – das zeigen die hier vorgelegten holzschnittartigen Impressionen aus Rheinland-Pfalz – immer wieder an Kontextbedingungen und Kontextveränderungen anpassen, die sich vor allem in zwei Bereichen manifestieren. Zum einen gilt es, zwischen den verschiedenen Ebenen des politischen Systems zu differenzieren. Der Werkstattbericht aus Rheinland-Pfalz verweist – bei allen grundsätzlichen Einschränkungen, die für einzelne Beispiele immer gelten müssen – auf landespolitische Strukturbedingungen wie die Dominanz des Ministerpräsidenten, die von vornherein in der Planung berücksichtigt werden muss, will man nicht das Risiko einer falschen politischen Choreographie eingehen. Das heißt aber auch: Politische Planung kann nicht nach einem für alle Ebenen gültigen Schnittmuster erfolgen.

Zum anderen muss Planung unter den Bedingungen der Mediendemokratie weitaus stärker als die klassischen, ökonomisch inspirierten Planungsmodelle dies vorsehen, auf kommunikative und partizipatorische Aspekte der politischen Kultur Rücksicht nehmen. Die klassische Gesetzgebungs- und Maßnahmenplanung, Kommunikationsplanung und die gezielte Eröffnung partizipatorischer Interventionsräume für die Bürger müssen ineinander greifen. Das etablierte Begriffspaar von Entscheidungspolitik und Darstellungspolitik[8] sollte mithin um die Dimension der Beteiligungspolitik ergänzt werden.

---

[8] Siehe hierzu Korte, Karl-Rudolf/Hirscher, Gerhard (Hg.) (2000): Darstellungspolitik oder Entscheidungspolitik? Über den Wandel von Politikstilen in westlichen Demokratien, München

Kommunikationsstrategien in Hessen
Controlling als politisches Management in der Hessischen Landesregierung

Dirk Metz

Im Juli 2001 reiste der Hessische Ministerpräsident Roland Koch nach Wisconsin, um das 25-jährige Jubiläum der Partnerschaft zwischen seinem Bundesland und dem US-Bundesstaat zu feiern und anschließend politische Gespräche in Washington zu führen. Eine ganz normale Reise eines deutschen Ministerpräsidenten, dem die deutsch-amerikanischen Beziehungen wichtig sind, und der die Gespräche in den USA im Juli 2001 so führte, wie er es zwei Jahre vorher ebenfalls getan hatte und auch zukünftig tun wird. Und wie bei seiner ersten Visite informierte er sich auch im Sommer 2001 über das sogenannte Wisconsin-Modell, bei dem Sozialhilfeempfänger über Job-Center besonders individuell gefördert, aber auch stärker gefordert werden. Und er erfuhr, dass das vom früheren Gouverneur Wisconsins und heutigen US-Sozialminister Tommy Thompson „erfundene" Modell weiterhin sehr erfolgreich sei, die Zahl der Sozialhilfeempfänger dank der Mischung aus gezielterer Förderung und stärkerem Druck um 90 Prozent reduziert werden konnte.

Überraschendes Medienecho

Vor dem Abflug nach Deutschland gab Koch dem einzigen mitgereisten Journalisten, Thomas Zorn vom Münchner Nachrichtenmagazin „Focus", ein Interview und lobte das Wisconsin-Modell als vorbildhaft auch für uns in Deutschland. An diesem Wochenende sorgte die entsprechende „Focus"-Vorabveröffentlichung nicht nur für ein breites Medienecho, sie bescherte mir auch den Anruf eines davon völlig überraschten Wiesbadener Zeitungskorrespondenten einer großen deutschen Tageszeitung, der sich daran erinnerte, dass Ministerpräsident Koch sich bereits nach Rückkehr von seiner ersten Wisconsin-Reise 1999 positiv – wenngleich ohne jede nennenswerte publizistische Resonanz – zu diesem Modell zur Wiedereingliederung der Sozialhilfeempfänger ins Erwerbsleben geäußert hatte. Was folgte waren nicht nur Medienberichte in Hülle und Fülle, sondern auch eine kontroverse Debatte, die den ganzen Sommer über andauerte. Manche Sozialdemokraten kritisierten den Hessischen Ministerpräsidenten als unsozial, andere stimmten zu, die meisten „eierten herum" – vermutlich unter dem Eindruck von Meinungsumfragen, die sehr rasch zeigten, dass die überwältigende Mehrheit der Bevölkerung hinter Koch stand und ihn ermunterte, an seinem Ziel fest zu halten. Was aber auch folgte war die Frage an den Ministerpräsidenten, was er denn tue, um aus einer politischen Willensbekundung mehr zu machen.

So entstand schließlich nach monatelanger Kleinarbeit das hessische OFFENSIV-Gesetz (**O**ptimal **F**ördern und **F**ordern – **EN**gagierter **S**ervice **I**n **V**ermittlungsagenturen)[9], das Ministerpräsident Koch und Sozialministerin Silke Lautenschläger schließlich im Januar 2002 in Berlin der Öffentlichkeit vorstellen konnten. Das Gesetz wurde im zweiten Anlauf, nachdem sich als Folge des Sieges von CDU und FDP bei den Landtagswahlen in Sachsen-Anhalt die Mehrheitsverhältnisse im Bundesrat gedreht hatten, vom Bundesrat verabschiedet, stößt bislang jedoch auf die Ablehnung durch die rot-grüne Bundestagsmehrheit, obwohl weite Teile des Hartz-Papiers aus dem hessischen OFFENSIV-Gesetz abgeschrieben wurden.

Möglichst wenig „Management by Zufall"

Warum stelle ich diese Geschichte voran? Weil sie zeigt, dass selbst bei einer Landesregierung wie der in Hessen, für die politisches Management eine sehr große Rolle spielt, es auch am „Management by Zufall" nicht fehlt. Die CDU/FDP-Landesregierung, die Hessen von 1999 bis 2003 regierte, ehe die CDU bei den Landtagswahlen die absolute Mehrheit der Mandate errang, hatte ihre Koalitionsvereinbarung vom März 1999, wie noch zu erläutern sein wird, Schritt für Schritt in allen substantiellen Punkten umgesetzt. Ein OFFENSIV-Gesetz oder Ähnliches freilich fehlte in den Wahlprogrammen der beiden Parteien wie auch in der 67-seitigen Koalitionsvereinbarung. Die Entscheidung, ein Gesetz zu erarbeiten, war durchaus auch eine Folge der enormen öffentlichen Resonanz auf das „Focus"-Interview und der sich anschließenden Fragen, was Hessen denn tun werde, um das Wisconsin-Modell

---

[9] Siehe www.sozialministerium.hessen.de

auf Deutschland bzw. Hessen zu übertragen. Ansonsten hätte man es sicher auch bei Eckpunkten und entsprechenden Forderungen an die Bundesregierung belassen können, um den politischen Standpunkt zu markieren.

Zum Thema „Politikmanagement"[10] ist zudem voran zu stellen, dass vieles in der Politik nicht langfristiges Management, sondern kurzfristiges Krisenmanagement ist und immer sein wird. Für die Hessische Landesregierung waren die Krisen um die Seuchen BSE und MKS solche Bewährungsproben, die nicht planbar sind und deren Bewältigung für das Image einer Regierung von erheblicher Bedeutung ist. In noch stärkerer Erinnerung als BSE und MKS sind die Bilder von der Hochwasserflut im Sommer 2002, die zu Management-Herausforderungen für die Bundesregierung wie auch die betroffenen Landesregierungen wurden.

Eine Landespolitik aus einem Guss

Während auf der einen Seite in einer immer schnelllebigeren Zeit das tagespolitische Geschäft betrieben werden muss und in der Mediengesellschaft die Themen in einer atemberaubenden Geschwindigkeit wechseln, begreift die Hessische Landesregierung politische Planung sowohl als Aufgabe der Tagespolitik als auch der längerfristig angelegten Politik. Diese Planung ist den folgenden Hauptzielen untergeordnet:

• Gestaltung und Vermittlung einer Landespolitik aus einem Guss
• Bekenntnis zur Absicht, das Land längerfristig umzugestalten
• Erkennbarkeit der Bedeutung Hessens im Konzert der Bundesländer
• Klare Profilierung der Person des Ministerpräsidenten Roland Koch.

In aktuellen landespolitischen Fragen und bei mittelfristigen Weichenstellungen lag das Erfolgsgeheimnis der CDU/FDP-Regierung in der montäglichen Koalitionsrunde, in der die wesentlichen Entscheidungen fielen und deren Arbeitsatmosphäre erheblich zum guten Klima der Koalition beitrug. Ihre logische Fortsetzung und Konkretisierung fand diese Runde in den wöchentlichen Treffen der Büroleiter der Ministerien mit dem Bürochef des Ministerpräsidenten und – noch tagespolitischer angelegt – in der täglichen Schaltkonferenz des Regierungssprechers mit den Pressesprechern der Mini-

---

[10] Vgl. grundsätzlich Korte, Karl-Rudolf/Fröhlich, Manuel (2003): Politik und Regieren in Deutschlanden, Paderborn, u.a.

sterien und der Koalitionsfraktionen. Büroleiter-Treffen und Sprecher-Schaltkonferenz werden auch unter der CDU-Alleinregierung fortgesetzt, weil sie sich als Führungselemente bewährt haben. Ziel der engen Abstimmungsinstrumente war und wird bleiben, den notwendigen Informationsfluss zu gewährleisten, eine einheitliche Regierungslinie jenseits unterschiedlicher Interessen oder Positionen zu erreichen, vorhandene Konflikte zwischen Ressorts und Personen zu kanalisieren und zu entschärfen. Je geräuschloser dieses gelingt, um so erfolgreicher haben die Instrumente funktioniert.

Sachpolitik durchziehen

Dass die Hessische Landesregierung sich selbst klare Vorgaben macht und deren Umsetzung gezielt steuert, zahlte sich in den Jahren 2000 und 2001 aus, als die Finanzaffäre der CDU die Landespolitik über einen ungemein langen Zeitraum überschattete. Ziel der Opposition, aber auch von Teilen der Medien, war dabei keineswegs, die Aufarbeitung der Affäre voran zu treiben, sondern die CDU/FDP-Koalition mit Ministerpräsident Roland Koch an der Spitze zu stürzen. Und Ziel der Regierung musste es sein, die Arbeit so nüchtern wie möglich fortzusetzen. Zwar nahmen die journalistischen Beobachter die „normale" Landespolitik zeitweise kaum noch wahr, der Vorwurf, die Regierung mache ihre „normale" Arbeit nicht mehr, konnte jedoch zu keinem Zeitpunkt erhoben werden.

Und als die Debatten über die Finanztransaktionen der CDU in den 80er Jahren und den Umgang damit um die Jahreswende 2001/2002 zu Ende gingen, wurde allgemein anerkannt, dass sich die Regierung nicht von ihrer Sachpolitik hatte abbringen lassen, und alle Gesetze wie inhaltlich und zeitlich geplant verabschiedet wurden. Hätte es einen solchen Fahrplan nicht gegeben, wäre auch eine andere Entwicklung denkbar gewesen. Die „Sympathie-Delle", die insbesondere Roland Koch als Folge monatelanger negativer Berichterstattung über die CDU-Finanzaffäre davon getragen hatte, war nämlich durchaus im Landtagswahlkampf 2003 noch demoskopisch messbar – sie blieb aber ohne jede Auswirkung auf das Wahlergebnis.

Die Wählerinnen und Wähler erwarten von Politik und von Politikern in erster Linie das Lösen konkreter politischer Sachfragen – der Kontrast zwischen den Regierungsparteien, die sich auf ihr Sachprogramm konzentrierten und den Oppositionsfraktionen, die sich weitgehend auf das Ausschlachten und Verlängern der Finanzaffäre beschränkt, hätte nicht größer sein können, als dies in Hessen der Fall war. Und Ministerpräsident Koch wurde in allen

Meinungsumfragen, was Führungsstärke und Durchsetzungsfähigkeit betrifft, beeindruckende Werte zugemessen.

Zeitliche Vorgaben für die Gesetzesvorhaben

Die Hessische Landesregierung hatte sich als Ergebnis der Koalitionsverhandlungen von CDU und FDP 1999 eine sehr präzise Koalitionsvereinbarung als verbindliche Grundlage ihrer Arbeit gegeben. Auch nach der Erringung der absoluten Mehrheit bei der Landtagswahl am 2. Februar 2003 hat die CDU ein konkretes, zielorientiertes Regierungsprogramm erarbeitet, diesmal jedoch nicht als Vereinbarung zwischen zwei Koalitionspartnern, aber nach vielen Gesprächen mit Verbänden, Organisationen und Institutionen. Und auch die Bürgerinnen und Bürger wurden gebeten, Anregungen zu geben.

Für die Erarbeitung und Beratung der Gesetze werden wie schon 1999 klare zeitliche Vorgaben gemacht, um weder den Regierungsapparat noch das Parlament zu überfrachten – und um über die gesamte Legislaturperiode verteilt die politischen Themen der Landespolitik zu setzen und kontinuierlich das vereinbarte Regierungsprogramm umzusetzen. Aber nicht nur die Beratung von Gesetzen, auch die Abgabe von – nicht aktuellen – Regierungserklärungen, die längerer Vorbereitung bedürfen, wird gezielt gesteuert.

Ein gutes Beispiel für politische Planung aus der vergangenen Legislaturperiode ist die Novellierung der Hessischen Bauordnung. Dank eines gezielten Projekt-Controllings der Staatskanzlei konnten wichtige „Meilensteine" wie etwa die rechtzeitige Fertigstellung des Referentenentwurfs gemeistert und das Ziel, das Gesetzesvorhaben bis zur Sommerpause 2002 vom Hessischen Landtag verabschieden zu lassen, eingehalten werden. Die Novellierung war früh – nämlich 1999 – vereinbart worden – und ebenso ihre Verabschiedung „erst" zum Sommer 2002. Das Ergebnis: Die Hessische Bauordnung wurde erheblich vereinfacht und entbürokratisiert. So wurde die Genehmigungsfreistellung für Wohngebäude eingeführt, das bewährte vereinfachte Genehmigungsverfahren zum Regelverfahren gemacht und der Katalog der genehmigungsfreien Vorhaben um 57 Vorhaben erweitert.

Regelmäßige Statusberichte

Die Staatskanzlei koordiniert die Umsetzung, sie setzt in einem „politischen Vorhaben-Kalender" klare Vorgaben und kümmert sich dabei besonders intensiv um die sogenannten „Leuchtturmprojekte". Unter diesem Begriff sind die zentralen landespolitischen Vorhaben zu verstehen, insbesondere aus der Bildungs-, Innen- und der Wirtschaftspolitik, seit Ablösung der rot-grünen Landesregierung 1999 die Topthemen der Landespolitik. Damit die politischen Leuchttürme pünktlich und hell leuchten, erarbeiten die Ministerien regelmäßig sogenannten Statusberichte, in denen der aktuelle Stand der Vorbereitung oder Umsetzung eines Projektes zusammen gefasst wird. Der gezielten Beobachtung dient auch die regelmäßige Erarbeitung von „Hessen-Profilen". Dabei werden rund 120 wichtige Kennzahlen – vom Wirtschaftswachstum über die Schüler-Lehrer-Relation bis zur Kriminalitätsentwicklung – auf den aktuellen Stand gebracht. Sie können – je nach Entwicklung – ebenso als Beleg für die Erfolge dienen wie Alarmsignal sein, das Handlungsbedarf aufzeigt. In den „Hessen-Profilen" wird die hessische Situation auf zentralen politischen Feldern mit der Entwicklung im Bundesdurchschnitt bzw. den anderen Bundesländern verglichen.

So wurde – um ein Beispiel von vielen zu nennen – in der Koalitionsvereinbarung 1999 zwischen CDU und FDP vereinbart, bis zum Ende der Legislaturperiode sicher zu stellen, dass die Schülerinnen und Schüler in Hessen den Unterricht erhalten, der ihnen laut Stundentafel des Kultusministeriums zusteht. Dieses Versprechen der Unterrichtsgarantie hat die von Ministerpräsident Koch geführte Landesregierung in den vergangenen vier Jahren Schritt für Schritt realisiert. So konnte bereits im ersten Regierungsjahr die Zahl der ausgefallenen Unterrichtsstunden von 100.000, die von der rot-grünen Vorgängerregierung übernommen worden waren, auf 57.000 reduziert werden. Dank der entschlossenen Arbeit, die in enger Abstimmung zwischen dem Kultusministerium und der Staatskanzlei erfolgte, konnte Kultusministerin Karin Wolff zu Beginn des Schuljahres 2002/2003 schließlich verkünden: „Unterrichtsgarantie erfüllt!"

Doch auch Warnsignale werden registriert, um umgehend gegensteuern zu können. So konnte sich Hessen im Herbst 2002 nicht von der bundesweiten negativen Entwicklung auf dem Arbeitsmarkt abkoppeln und musste einen Anstieg der Jugendarbeitslosigkeit auf 6,4 Prozent verzeichnen. Auch wenn Hessen damit hinter Bayern und Baden-Württemberg immerhin auf dem dritten Platz lag, sah die Landesregierung Handlungsbedarf. So lud Ministerpräsident Roland Koch die Tarifpartner im Oktober 2002 zu einem

„Runden Tisch" ein und verständigte sich mit ihnen auf einen Ausbau der Zahl der Teilzeitjobs, um den jungen Menschen in Hessen damit eine „Brücke" auf dem Weg zum Ganztagsjob zu bauen bis der Konjunkturmotor wieder anspringt.

Ebenso zeitnah handelte die Landesregierung, als ihr Vorhaben, zusätzliche Lehrer für Hessens Schulen einzustellen, ins Stocken geriet, da der hessische „Lehrermarkt" schlichtweg leer gefegt war. Das Kultusministerium entwarf daraufhin in Abstimmung mit der Staatskanzlei eine Zeitungsanzeige mit dem Slogan „Hessen sucht Lehrer", die außerhalb der Grenzen Hessens geschaltet wurde. Mit Erfolg: Das Einstellungsverfahren kam wieder in Schwung: Bis 2002 wurden 2.900 Lehrer und 1.600 Referendare zusätzlich eingestellt.

Befristung der Gesetze auf fünf Jahre

Zum Controlling der Landespolitik gehört auch die Befristung der Gesetze auf fünf Jahre, eine Regelung, die Hessen als erstes Bundesland eingeführt hat, die aber in den Ministerien auf durchaus sehr begrenzte Begeisterung stieß und für die Entwicklung von Horrorszenarien sorgte, in denen an die Wand gemalt wurde, was passieren könne, wenn die Novellierung eines Gesetzes sich verzögere oder gar vergessen werde. Seit 1999 laufen die vom Landtag verabschiedeten oder novellierten Gesetze nach fünf Jahren aus – um sie dann einer Überprüfung auf ihre prinzipielle Notwendigkeit oder einen Veränderungsbedarf unterziehen zu können. Parallel dazu stellte die Landesregierung die Effektivität der Landesverwaltung auf den Prüfstand und lichtete den „Vorschriften-Dschungel". Dabei wurden – natürlich im übertragenen Sinne – 3.500 Vorschriften (39 Prozent der Verwaltungsvorschriften und 15 Prozent der Rechtsverordnungen) in den Reißwolf gesteckt.

Das grünste Programm Hessens

Das hessische Kabinett beschäftigt sich in regelmäßigen Klausuren mit dem Stand der Umsetzung der politischen Vorgaben – um gleichzeitig auch einen Blick voraus zu werfen. Und auch in den demoskopischen Aktivitäten spielt nicht die ominöse Sonntagsfrage die Hauptrolle. Auch hier geht es vor allem um Controlling, nämlich zu ermitteln, inwieweit die Bürgerinnen und Bürger

– bei den unterschiedlichen Themenfeldern – der Ansicht sind, dass die Landesregierung das tut, was sie zugesagt hat.

Und zum Ende der vergangenen Legislaturperiode konnten dann die Bürgerinnen und Bürger selbst „politisches Controlling" betreiben, nämlich die Zusagen der Koalition auf ihre Erfüllung überprüfen. In monatelanger mühsamer Kleinarbeit hatte die Landesregierung zuvor abgeglichen, inwieweit die Koalitionsvereinbarung von CDU und FDP in konkrete Regierungspolitik gegossen wurde. Und so konnte die gesamte Koalitionsvereinbarung im Herbst 2002 unter www.hessen.de farblich unterlegt ins Internet eingestellt werden. Grün markiert waren dabei die Projekte (90 Prozent), die wie versprochen umgesetzt wurden, Gelb markiert diejenigen Vorhaben, die in Arbeit waren bzw. sind (8 Prozent), und Rot unterlegt wurden die Vorgaben, die nicht in die Tat umgesetzt wurden oder werden konnten (2 Prozent). Gleichzeitig lieferte die Landesregierung konkrete Daten und Fakten zu den erfüllten Versprechen mit – und erläuterte auch, warum Ziele nicht erreicht werden konnten. Es wurde – wie Ministerpräsident Koch nicht ohne Stolz landauf landab im Wahlkampf 2003 hinzufügen konnte – das „grünste Papier, das Hessen je gesehen hat". „Versprochen-Gehalten" wurde so zu einem Markenzeichen des Ministerpräsidenten, nach der Finanzaffäre der CDU im Jahr 2000 sogar zu einem ganz besonders wichtigen – und „Viel getan – viel zu tun" zu einem Slogan der hessischen CDU im Landtagswahlkampf.

„Controlling" durch die Wählerschaft

Die eigentliche Erfolgskontrolle in der Politik freilich wird von den Bürgerinnen und Bürgern bei Wahlen vorgenommen. Auch wenn in die Ergebnisse von Landtagswahlen immer auch das aktuelle bundespolitische Großklima einfließt, so fiel das „politische Controlling" durch die Wahlberechtigten in Hessen gerade beim Vergleich Landesregierung – Bundesregierung ganz eindeutig zu Gunsten der Hessischen Landesregierung aus, spürbarer hätte der Kontrast kaum sein können, nachdem Rot-Grün in Berlin in den ersten Monaten alle Versprechungen aus dem Wahlkampf über Bord geworfen hatte.

Und auch in fünf Jahren will die jetzige CDU-Alleinregierung ihr Regierungsprogramm wieder ins Internet einstellen – und wieder soll es ein ausgesprochen „grünes Programm" für Hessen werden!

Politikberatung und Politikerberatung*
Zum Dilemma wissenschaftlicher Politikberatung in Deutschland

Susanne Cassel

1. Wie offen ist die Politik gegenüber den Think Tanks? – Drei Thesen

Wissenschaftliche Beratung der praktischen Wirtschaftspolitik muss sich im Spannungsfeld zwischen Theorie und Praxis bewähren. Dass dies nicht immer problemlos gelingt, wird an den Klagen der Beteiligten deutlich: Politiker werfen ihren Beratern Realitätsferne und mangelnde Berücksichtigung des politisch Machbaren vor, wissenschaftliche Berater beklagen sich darüber, dass ihre Empfehlungen bei den Politikern meist auf taube Ohren stoßen. Obwohl es nicht an Vorschlägen der wissenschaftlichen Profession zur Behebung der drängenden ökonomischen Probleme wie anhaltend hohe Arbeitslosigkeit, Finanzierungsengpässe in den sozialen Sicherungssystemen oder zu hohe Staatsverschuldung mangelt, ignoriert die Politik diese Lösungsvorschläge häufig mit der Begründung, sie wären unrealistisch und politisch nicht durchsetzbar. Der Einschätzung von Manfred J. M. Neumann, dem ehemaligen Vorsitzenden des Wissenschaftlichen Beirats beim Bundesministerium für Wirtschaft und Arbeit zufolge, dass „wissenschaftliche Beratung keine durchschlagende Erfolgsgeschichte, sondern ein mühsames Geschäft mit ungewissem Ausgang ist"[1], dürften wohl die meisten der mit dem Beratungsgeschäft Vertrauten zustimmen.

Die Medien kommentieren die gescheiterten Beratungsversuche der Wissenschaftler mit Titeln wie „Die begossenen Pudel – Zwei Experten-Kommissionen mussten erfahren, welchen Stellenwert ihre Fachaussagen in der Politik besitzen" oder „Die Ohnmacht der Ratgeber – Die fünf Wirt-

---

*Im folgenden Beitrag vertritt die Autorin ihre persönliche Auffassung, die sich nicht notwendigerweise mit der Sichtweise des Bundesministeriums für Wirtschaft und Arbeit deckt
[1] Neumann, Manfred J. M.(1998): Läuse im Pelz der Politik, Frankfurter Allgemeine Zeitung vom 10. Januar

schaftsweisen halten der Bundesregierung regelmäßig eine Standpauke – doch niemand hört ernsthaft zu."[2] Alan Blinder will sogar ein „Murphy's Law of Economic Policy" gefunden haben:

> „Economists have the least influence on policy where they know the most and are most agreed; they have the most influence on policy where they know the least and disagree most vehemently."[3]

Die wissenschaftliche Beratung sieht sich immer mehr ins Abseits gedrängt, zumal ihre Vorschläge meist nur zur Legitimation bereits getroffener oder zur Verzögerung oder Verhinderung wirtschaftspolitischer Entscheidungen genutzt werden.[4]

Die Reaktion der wissenschaftlichen Berater besteht meist darin, den politischen Entscheidungsträgern Opportunismus vorzuwerfen, weil sie die als ökonomisch vorteilhaft erscheinenden Handlungsoptionen nicht umsetzen: Es existiere eine Diskrepanz zwischen ökonomischer und politischer Rationalität. Damit ist für die meisten Ökonomen das Thema Beratung der Wirtschaftspolitik beendet. Sie ziehen sich zurück und finden sich mehr oder weniger mit ihrer Einflusslosigkeit ab.

Ist angesichts dieser Diagnose tatsächlich Resignation angezeigt? Im Folgenden sollen mit Hilfe des institutionenökonomischen Instrumentariums das skizzierte Dilemma der wissenschaftlichen Beratung der Wirtschaftspolitik näher beleuchtet und ein möglicher Ausweg aufgezeigt werden. Die Argumentation orientiert sich dabei an den folgenden drei Thesen:

---

[2] Maier-Mannhart, Helmut (1994): Die begossenen Pudel – Zwei Experten-Kommissionen mussten erfahren, welchen Stellenwert ihre Fachaussagen in der Politik besitzen, Süddeutsche Zeitung vom 12. /13. November; Beise, Marc (2002): Die Ohnmacht der Ratgeber, in Süddeutsche Zeitung vom 13.November

[3] Blinder, Alan S. (1987): Hard Heads, Soft Hearts. Tough-Minded Economists for a Just Society, Reading, Mass, u.a., S. 1

[4] Vgl. Kloten, Norbert (2001): Wirtschaftspolitische Beratung und politisches Handeln, Statement zum Round Table über wirtschaftspolitische Beratung anlässlich des 30. Wirtschaftswissenschaftlichen Seminars Ottobeuren vom 10.-14. September 2000, in: Deutsche Bundesbank, Auszüge aus Presseartikeln, Nr. 33, 25. Juli, S. 8.; Rüdiger Pohl, Präsident des Instituts für Wirtschaftsforschung Halle (IWH) und ehemaliges Mitglied im Sachverständigenrat zur Begutachtung der gesamtwirtschaftlichen Entwicklung, misst den Ökonomen überhaupt keinen Einfluss mehr auf die Wirtschaftspolitik zu. Seine Begründung: „Die Politiker haben nämlich entdeckt, dass Wirtschaftspolitik immer eine konsistente theoretische Basis am bequemsten ist. Zur Beruhigung der Ökonomen betraut man dieselben zwar mit Gutachten, die dann aber nach kurzer Rosinenpickerei sogleich in der Registratur landen." Pohl, Rüdiger (2002): Geld ausgeben nur zu zweit, in Financial Times Deutschland vom 14. Januar.

1. These: Politiker sind nicht besonders offen gegenüber Ratschlägen aus den Think Tanks und können es auch nicht sein.
2. These: Wissenschaftliche Beratung kann nur erfolgreich sein, wenn sie zwischen der öffentlichkeitsbezogenen Politikberatung und der Politikerberatung unterscheidet.
3. These: In der Bundesrepublik Deutschland ist wissenschaftliche Beratung der Politik so erfolglos, weil Politikberatung und Politikerberatung institutionell nicht klar getrennt sind.

Diese Thesen sollen nachfolgend expliziert und begründet werden.

2. Das Dilemma der wissenschaftlichen Beratung der Wirtschaftspolitik

2.1 Die Public Choice-Kritik an der traditionellen Theorie der Wirtschaftspolitik

In der wissenschaftlichen Diskussion steht die traditionelle Theorie der Wirtschaftspolitik, die der Frage nach der ökonomisch zweckmäßigen Lösung wirtschaftspolitischer Probleme nachgeht, der Public Choice-Theorie, die die Wahlhandlungen von Politikern in demokratisch verfassten Wirtschafts- und Gesellschaftssystemen erklärt, gegenüber. Aus der Tatsache, dass die Politik die von der wissenschaftlichen Beratung bereitgestellten Entscheidungshilfen kaum nutzt, folgt nach der traditionellen Theorie der Wirtschaftspolitik, dass wirtschaftspolitische Entscheidungen mehr oder weniger irrational getroffen werden. Denn sie geht von einem Beratungsverständnis aus, das sowohl die politischen Entscheidungsträger als auch die wissenschaftlichen Berater als wohlwollend agierende Akteure modelliert: Die wissenschaftlichen Berater leiten aus ihren theoretischen Modellen die zur Erreichung der vorgegebenen Ziele jeweils effizienten Maßnahmen ab, und die Politiker setzen diese Maßnahmen uneingeschränkt um. Berater und Politiker streben nach dieser Vorstellung einzig die Steigerung der gesamtwirtschaftlichen Wohlfahrt an. Aus dieser Sicht erscheint politisches Handeln, das den ökonomischen Rat nicht befolgt, irrational.

Die Public Choice-Theorie[5] bezieht dagegen die Nutzenkalküle der beteiligten Akteure mit in die Analyse ein, um deren Handeln zu erklären. Indem sie den politischen Entscheidungsprozess zum Analysegegenstand macht, richtet sich ihr Erkenntnisinteresse auf die Bedingungen und Funktionsweise sozialer Interaktionen. Während der Untersuchungsgegenstand der traditionellen Wirtschaftstheorie auf Markttransaktionen beschränkt bleibt, analysiert die Public Choice-Theorie diejenigen Interaktionen, die im politischen Prozess erst die Voraussetzungen dafür schaffen, dass marktgerechtes Handeln möglich wird. Dabei bedient sie sich des ökonomischen Ansatzes und legt bei der Analyse des politischen Prozesses auch dessen methodologische Annahmen zugrunde. So nimmt die Public Choice-Theorie an, dass das in der ökonomischen Theorie gängige Verhaltensmodell des Homo oeconomicus auch auf das Verhalten der Akteure im politischen Prozess übertragen werden kann. Politische Entscheidungsträger werden – analog zu den Entscheidern im Markt – als eigeninteressierte, rationale Nutzenmaximierer modelliert, da es unplausibel ist, dass sich dieselben Menschen unterschiedlich verhalten, je nachdem, ob sie im Markt oder im politischen Bereich agieren.

Bezogen auf das Verhalten von politischen Entscheidungsträgern ist davon auszugehen, dass sie vorwiegend daran interessiert sind, Einkommen, Prestige und Einfluss zu gewinnen und weniger danach streben, die soziale Wohlfahrt der Bevölkerung zu mehren. Politische Entscheidungsträger tun also nicht genau das, was den Präferenzen der Wähler entspricht, sondern sie werden versuchen, soweit es mit der Wiederwahlrestriktion zu vereinbaren ist, ihre persönlichen Interessen durchzusetzen. Dies gelingt ihnen um so mehr, je größer der diskretionäre Spielraum ist, innerhalb dessen ihre Handlungen nicht durch Abwahl sanktioniert werden. Aber auch von den wissenschaftlichen Beratern kann nicht ohne weiteres angenommen werden, dass sie lediglich daran interessiert sind, die jeweils gemeinwohlförderlichsten Ratschläge zu unterbreiten. Auch ihnen muss vielmehr eigeninteressiertes Verhalten unterstellt werden. Ihnen kann neben dem Interesse an der Erhö-

---

[5] Die Public Choice-Theorie, die sich aus den Arbeiten von Anthony Downs, James M. Buchanan und Gordon Tullock, Mancur Olson, William A. Niskanen und anderen entwickelt hat, befasst sich mit der ökonomischen Analyse politischer Entscheidungsprozesse. Siehe Downs, Anthony (1957): An Economic Theory of Democracy, New York; Buchanan, James M. und Gordon Tullock (1962): The Calculus of Consent - Logical Foundations of Constitutional Democracy, Ann Arbor; Olson, Mancur (1965): The Logic of Collective Action - Public Goods and the Theory of Groups, Cambridge, Mass; Niskanen, William A. (1971): Bureaucracy and Representative Government, Chicago, New York; Einen umfassenden Überblick bietet Mueller, Dennis C.(1989): Public Choice II, Cambridge

hung ihres Einkommens durch die Beratungstätigkeit auch ein Interesse an der Mehrung ihrer wissenschaftlichen Reputation durch die Tätigkeit als Einzelberater oder als Mitglied angesehener Beratungsgremien unterstellt werden – zumal sich beides bedingt.

Durch die Berücksichtigung der Restriktionen des Politik- und Beratungsprozesses erweitert sich der Problemhorizont erheblich. Denn das Problem wissenschaftlicher Beratung der Wirtschaftspolitik besteht dann nicht mehr lediglich darin, die geeignetsten Maßnahmen zur Realisierung der vorgegebenen Ziele zu ermitteln; es geht vielmehr auch darum, nach jenen Institutionen im politischen und im Beratungsbereich zu suchen, die eigeninteressiertes Handeln der beteiligten Akteure in gesellschaftlich wünschenswerte Bahnen lenken.

2.2 Defekte demokratischer Politiksysteme: Prinzipal-Agent- und Rent-Seeking-Problem

Politische Prozesse demokratischer Systeme zeichnen sich durch zwei analytisch scharf zu trennende Probleme aus: Auf der einen Seite besteht das Problem der Kontrolle der Agenten, nämlich der Politiker bzw. der Regierung, durch die Prinzipale, die Bürger. Auf der anderen Seite wirken die Anreize im politischen System nicht in der Weise, dass die konsensfähigen Bürgerinteressen von den politischen Entscheidungsträgern nachhaltig verfolgt werden.[6]

Das Prinzipal-Agent-Problem ergibt sich daraus, dass es den Bürgern nur bedingt möglich ist, die Politiker effizient zu kontrollieren. Dies insbesondere deshalb, weil die Informationen zwischen Bürgern und Politikern asymmetrisch verteilt sind: Die Bürger haben nur eine schmale Informationsbasis, um die Handlungen der Politiker zu beurteilen. Auch sind die Sanktionsmöglichkeiten der Bürger gegenüber den politischen Entscheidungsträgern relativ beschränkt. Sie haben lediglich in den periodisch wiederkehrenden Wahlen die Möglichkeit, ihre politischen Präferenzen zur Geltung zu bringen. Dabei ist es ihnen zudem nur möglich, gesamte Politikbündel zu bewerten; auf einzelne politische Entscheidungen haben sie praktisch keinen Einfluss. Für die politischen Entscheidungsträger entsteht daraus

---

[6] Zum Folgenden vgl. Cassel, Susanne (2001): Politikberatung und Politikerberatung – Eine institutionenökonomische Analyse der wissenschaftlichen Beratung der Wirtschaftspolitik, Bern, Stuttgart, Wien, S. 42-49.

ein diskretionärer Handlungsspielraum, innerhalb dessen sie nicht von den Bürgern sanktioniert werden.

Das Rent-Seeking-Problem ergibt sich aus den Anreizen demokratischer politischer Systeme in Verbindung mit dem Sachverhalt, dass sich gesellschaftliche Gruppen unterschiedlich gut organisieren lassen. So sind Gruppen mit spezifischen Interessen, wie z.B. Arbeitgeber oder Arbeitnehmer einer bestimmten Branche, wesentlich leichter organisierbar als große Gruppen, deren Mitglieder sehr heterogene Interessen verfolgen (z.b. Konsumenten oder Steuerzahler).[7] Sobald der Gesetzgeber die Macht hat, Privilegien an bestimmte gesellschaftliche Gruppen zu vergeben, wird er zur Zielscheibe organisierter Gruppeninteressen, die versuchen, für ihre Mitglieder Sondervorteile zu Lasten der Allgemeinheit zu erlangen. Sie können gegebenenfalls massiv mit Wahlstimmenentzug drohen, während von der breiten, nicht organisierten Bevölkerung nur selten eine kollektive Sanktionsandrohung kommt. Deshalb ist es für Politiker oft aussichtsreicher, Partikularinteressen zu befriedigen und sich dadurch die Unterstützung wichtiger Wählergruppen zu sichern, als Maßnahmen zu ergreifen, die im Interesse der Allgemeinheit liegen. Mit anderen Worten können Politiker, die an ihrer Wiederwahl interessiert sind, gar nicht anders handeln, da sie anderenfalls die Unterstützung der Interessengruppen verlieren und bei der nächsten Wahl Gefahr laufen, nicht wiedergewählt zu werden.

2.3 Das Beratungsdilemma

Unter Beratung wird allgemein verstanden, dass bestimmte Personen (Berater), die in einem bestimmten Fachgebiet über qualifiziertes Wissen verfügen, Ratschläge an Personen (Ratsuchende, Beratene) zu bestimmten Sachfragen abgeben. Dabei geht es in der Regel um Empfehlungen darüber, mit welchen Mitteln der Ratsuchende seine Ziele am besten verwirklichen kann. Schaut man sich die wirtschaftspolitischen Ratschläge an, die üblicherweise von Ökonomen aus Think Tanks vorgebracht werden, so stellt man fest, dass es sich dabei in der Regel um Vorschläge handelt, die an einer langfristigen Verbesserung für die Gesamtheit der Bürger, d.h. an gesamtwirtschaftlicher Effizienz, orientiert sind.

Aufgrund der Funktionsweise des politischen Prozesses sind Politiker aber weniger daran interessiert, ein irgendwie geartetes Gemeinwohl zu rea-

---

[7] Vgl. Olson, Mancur (Anm. 5)

lisieren, sondern verfolgen in der Regel eine an den Wünschen gut organisierter Interessengruppen ausgerichtete Politik, um ihre Wiederwahl zu sichern. Entsprechend sind sie weniger daran interessiert, Vorschläge zu ökonomisch effizienten Maßnahmen zu erhalten, als vielmehr Informationen darüber zu bekommen, wie sich unterschiedliche Handlungsweisen auf ihre eigenen Ziele, insbesondere die Wiederwahlchancen, auswirken.

Die Beratungsvorschläge aus den Think Tanks sind jedoch meist nicht dazu geeignet, die Wiederwahlinteressen der Politiker zu fördern. Im Gegenteil, würden Politiker diese Vorschläge befolgen, müssten sie in vielen Fällen damit rechnen, ihre Wiederwahlchancen zu verringern. Das Dilemma der wissenschaftlichen Beratung der Wirtschaftspolitik besteht folglich darin, dass sich die Berater entweder systematisch an die „falschen Adressaten" wenden, wenn sie Politikern ökonomisch rationale Empfehlungen unterbreiten, oder den richtigen Adressaten den „falschen Rat" geben. Aus Sicht des Politikers ist es völlig rational, Reformvorschläge zu ignorieren, die erst längerfristig positive Wirkung zeigen und kurzfristig mit negativen Effekten für gut organisierte Gruppen oder im Einzelfall auch der Allgemeinheit verbunden sind. In diesem Sinne sind Politiker nicht besonders offen gegenüber Ratschlägen aus den Think Tanks und können es auch nicht sein, wenn sie ihre Macht nicht verlieren möchten.

3. Politikberatung und Politikerberatung

Politischer Machterhalt und ökonomische Effizienz legen somit in vielen Fällen unterschiedliches Handeln nahe, d.h. politische und ökonomische Rationalität klaffen oftmals auseinander. Aufgrund der Anreizbedingungen des politischen Prozesses handeln Politiker nicht als perfekte Agenten ihrer Bürger, denn sie verfolgen auch eigene Interessen, die denen der Bürger zuwiderlaufen können. Daher bedeutet die Tatsache, dass die politischen Entscheidungsträger die ökonomisch rationalen Ratschläge nicht umsetzen, aber nicht ohne weiteres, dass diese Maßnahmen von der Mehrheit der Bürger nicht gewünscht werden.

Die Öffentlichkeit und die Politiker sind daher als zwei unterschiedliche Adressatengruppen von Beratung anzusehen, denen sinnvoller Weise nicht derselbe Ratschlag erteilt werden kann. Wissenschaftliche Beratung, die diese Diskrepanz zwischen den Bürgerinteressen und den Politikerinteressen ignoriert, ist zum Scheitern verurteilt. Erfolgreiche Beratung muss deshalb streng zwischen *Politikberatung* und *Politikerberatung* unterscheiden. Die folgende Abbildung gibt dieses Beratungsverständnis wieder. Der Unterscheidung sollte durch eine geeignete institutionelle Ausgestaltung der Beratung Rechnung getragen werden.

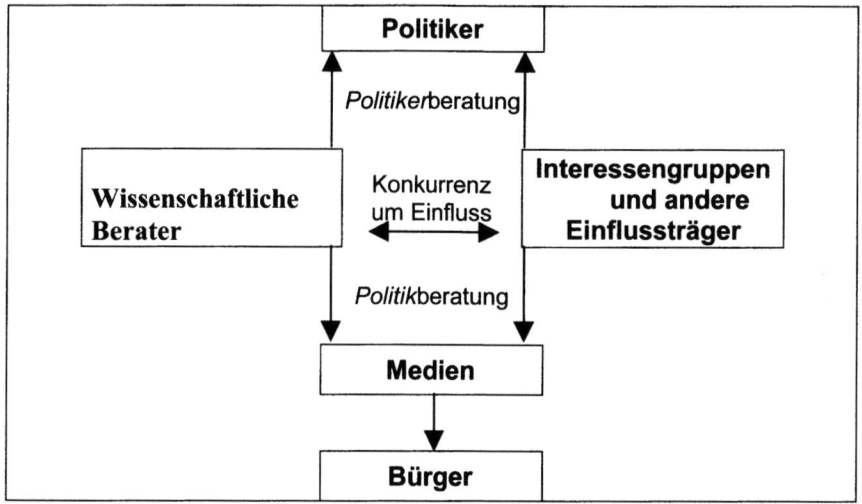

3.1 Politikberatung

Politikberatung dient als Hilfestellung für kollektive Entscheidungen, die im Namen der Gesamtheit der Bürger einer bestimmten Jurisdiktion getroffen werden. Sie stellt für die Bürger ein Kollektivgut dar. Es handelt sich nämlich um Informationen, die sich auf einzelne Politiker, Parteien oder konkrete Reformvorschläge beziehen und dazu beitragen sollen, die Bedingungen des wirtschaftlichen und gesellschaftlichen Zusammenlebens für alle Bürger zu verbessern. Da diese Verbesserungen allen zugute kommen, besteht für den einzelnen Bürger kein Anreiz, solche Beratungsleistungen (entgeltlich) nachzufragen. Außerdem muss über Reformmaßnahmen kollektiv abgestimmt werden: Bei hinreichend großer Grundgesamtheit von Wählern ist der Einfluss des Einzelnen auf den Ausgang der Wahl jedoch verschwindend gering.

Daher ist es für den einzelnen Wähler sinnvoll, bei kollektiven Entscheidungen „rational ignorant" zu bleiben.[8]

Dies bedeutet jedoch nicht, dass Wähler überhaupt nichts über die zur Wahl stehenden Alternativen wissen. So existiert in jeder Gesellschaft ein freier Informationsfluss, über den alle Bürger auch Informationen über politische und wirtschaftliche Zusammenhänge erhalten.[9] Diese freie Information, die z.b. von Parteien, Interessengruppen, Wissenschaftlern und Unternehmern produziert wird, findet über die Medien einen großen Empfängerkreis. Darüber hinaus stiftet das Informiertsein für viele Bürger einen Nutzen, unabhängig von der Beeinflussung des Wahlausgangs, etwa, um sich an der gesellschaftlichen Auseinandersetzung beteiligen zu können und als informierter Diskussionspartner zu gelten. Deshalb bestehen bei den Wählern durchaus Anreize zur Informationsaufnahme; sie werden nur nicht bereit sein, die Informationskosten zu tragen.

Politikberatung, die die Bürger darüber aufklärt, wie sie ihre gemeinsamen Interessen verwirklichen können, muss also versuchen, diese begrenzt vorhandene Nachfrage der Wähler nach Informationen über wirtschaftspolitische Maßnahmen und deren Bewertung zu befriedigen. Um einen öffentlichen Diskussionsprozess mit möglichst breiter Beteiligung anzustoßen, ist es jedoch entscheidend, die Informationskosten für die potenziellen Diskussionsteilnehmer zu senken. Damit kommt der Bereitstellung gut aufbereiteter, kostengünstiger Information über politische Handlungsoptionen als Voraussetzung für die Gestaltung ökonomisch rationaler Wirtschaftspolitik eine wichtige Rolle zu.[10] Nur über eine starke Öffentlichkeitsarbeit der wissenschaftlichen Beratung ist zu erwarten, dass Politikvorschläge, die die Interessen aller Bürger berücksichtigen, gehört und möglicherweise auch umgesetzt werden.[11] Denn wenn in der Öffentlichkeit Problemzusammenhänge besser

---

[8] Siehe Downs, Anthony (Anm. 5); Aranson, Peter H. (1989/1990): Rational Ignorance in Politics, Economics and Law, in: Journal des Economistes et des Etudes Humaines, Vol. 1, Nr. 1, S. 25-42

[9] Vgl. Downs, Anthony (Anm.5), S. 222

[10] Eine weitere Möglichkeit, die öffentliche Diskussion zu stimulieren, besteht in der Einführung direkt-demokratischer Entscheidungselemente. Im Vorfeld direkter Entscheidungen über Sachfragen findet in der Regel ein breit angelegter öffentlicher Diskussionsprozess statt. Die Anreize für die Bürger, sich über die zur Wahl stehenden Alternativen zu informieren, steigen dadurch. Damit steigen aber auch die Anreize für Politikberater, entsprechende Informationen anzubieten. Siehe Cassel, Susanne (1998): Direkte Demokratie, Bürgerpräferenzen und die Rolle von Politikberatung, in: Renner, Andreas/Hinterberger, Friedrich (Hg.): Zukunftsfähigkeit und Neoliberalismus – Zur Vereinbarkeit von Umweltschutz und Wettbewerbswirtschaft, Baden-Baden, S. 465-483

[11] Dabei führt jedoch die Orientierung des massenmedialen Informationsangebotes an den Regeln der Aufmerksamkeitsgewinnung dazu, dass Informationen insbesondere durch das Selektionskriterium „Negativität" verzerrt dargestellt werden. Hintergrundinformationen, z.B. Informationen über kom-

erkannt werden und dadurch die Akzeptanz für bestimmte Problemlösungen zunimmt, liegt es auch im Interesse der politischen Entscheidungsträger, solche Vorschläge stärker zu berücksichtigen. Insgesamt geht es bei der Politikberatung also darum, die Transparenz des wirtschaftspolitischen Entscheidungsprozesses zu erhöhen und den Bürgern Hilfestellung bei der Beurteilung politischer Handlungsalternativen zu geben.

Politikberatung stellt somit eine indirekte Transmission ökonomischer Ratschläge in den politischen Prozess dar. Diese Art der Transmission ist, wie John R. Zaller gezeigt hat, unvollkommen und langwierig, aber nicht wirkungslos.[12] Veränderungen der Einstellungen von Meinungseliten zu bestimmten Themen können ihm zufolge signifikanten Einfluss auf die öffentliche Meinungsbildung und damit auf die Politik haben. Wichtig sei, dass sich Experten mit unterschiedlichen ideologischen Standpunkten und sachlichen Lösungsvorschlägen öffentlich Gehör verschaffen können und die institutionelle Struktur hinreichend Anreize setzt, um eine sachgerechte, auf hohem wissenschaftlichem Niveau stehende Beratungsleistung zu erbringen. Die Konkurrenz verschiedener Standpunkte in der öffentlichen Diskussion könne dazu beitragen, dass bestimmte Problemlösungen auch in der Öffentlichkeit größere Akzeptanz erlangen.[13]

3.2 Politikerberatung

Politikerberatung muss dagegen, um erfolgreich zu sein, das Wiederwahlinteresse der Politiker berücksichtigen; denn man kann von Politikern vernünftigerweise nicht erwarten, dass sie Ratschläge befolgen, die ihre Wiederwahl gefährden. Aufgrund der oben dargestellten Prinzipal-Agent-Beziehung zwischen Bürgern und Politikern ist davon auszugehen, dass die politischen Entscheidungsträger den ihnen zur Verfügung stehenden diskretionären Handlungsspielraum für ihre eigenen Ziele möglichst gut zu nutzen suchen. Daher werden sie vor allem Informationen darüber nachfragen, auf welche Weise sie ihre eigenen Ziele erreichen können.

---

plexe kausale Zusammenhänge, haben aus diesem Grund wenig Chancen, gesendet zu werden. Zu den Wechselwirkungen zwischen öffentlicher Meinung und politischem Handeln siehe Zoll, Ingrid (2003): Öffentliche Meinung und politisches Handeln – Eine ordnungspolitische Analyse der öffentlichen Wahrnehmung von Wettbewerb und Globalisierung, Bern
[12] Zaller gibt in seiner Studie verschiedene Beispiele für die Einflussnahme von Meinungseliten auf die Berichterstattung in der Presse und über die Presse auf die Einstellungen der Bürger. Vgl. Zaller, John R. (1992): The Nature and Origins of Mass Opinion, Cambridge
[13] Vgl. Zaller, John R. (Anm. 12), S. 325f

Die von den wissenschaftlichen Beratern angebotenen Informationen beziehen sich im allgemeinen auf theoretisch fundierte ökonomische Ziel-Mittel-Beziehungen. Sie schlagen daher Maßnahmen vor, von denen erwartet werden kann, dass sie sich insgesamt für die Bürger positiv auswirken werden. Die politischen Entscheidungsträger werden aber den von den Beratern vorgelegten Empfehlungen, wenn überhaupt, dann nur selektiv folgen; denn wissenschaftliche Beratung wird von Politikern vorwiegend dazu genutzt, ihre eigene Argumentation im Hinblick auf ihre persönlichen Ziele zu untermauern und zu „objektivieren" (strategische Funktion) sowie ihre bereits vorgefassten politischen Standpunkte zu legitimieren (Legitimations- oder Alibifunktion).[14] Gegen diese von Wissenschaftlern oft als Missbrauch empfundene „Feigenblattfunktion" können sich diese jedoch kaum wehren. Der Berater braucht sich deshalb jedoch nicht völlig den Interessen der Politiker unterzuordnen; er muss jedoch die Funktionsweise des politischen Prozesses berücksichtigen und die Durchsetzungschancen verschiedener Reformalternativen realistischerweise in Betracht ziehen.

3.3 Institutionelle Ausgestaltung der wissenschaftlichen Beratung der Wirtschaftspolitik

Der Regelrahmen für die Politikberatung sollte den wissenschaftlichen Beratern Anreize geben, die Bedürfnisse der Öffentlichkeit als Beratungsnachfrager zu berücksichtigen. Dies bedeutet auch, die Beratungsangebote allgemein verständlich und in der gebotenen Kürze zu formulieren, damit sie von den Adressaten aufgenommen und bei ihren Wahlentscheidungen berücksichtigt werden.

Neben der Berücksichtigung des Problems der rationalen Ignoranz muss auch dem Wissensproblem bei der Ausgestaltung von Beratungsinstitutionen Rechnung getragen werden. Es wurde bereits auf die Rolle des öffentlichen Diskussionsprozesses für die Politikberatung hingewiesen. Damit er seine Aufgabe erfüllen kann, ist es entscheidend, dass öffentliche Diskussionen angeregt und in Gang gehalten werden. Für die Ausgestaltung der Politikbe-

---

[14] Wasem belegt dies für die im deutschen Gesundheitswesen tätigen Beratungsgremien. Vgl. Wasem, Jürgen (1998): Institutionalisierte Politikberatung am Beispiel der Gesundheits- und Krankenversicherungspolitik, in Ackermann, Rolf u.a. (Hg.): Offen für Reformen?: Institutionelle Voraussetzungen für gesellschaftlichen Wandel im modernen Wohlfahrtsstaat, 2. Freiburger Wirtschaftssymposium, Baden-Baden, S. 185-198

ratung bedeutet dies, dass Unabhängigkeit und Konkurrenz der Berater gesichert werden sollten.

Unabhängigkeit – und damit ist in erster Linie die Unabhängigkeit von politischer Einflussnahme gemeint – ist wichtig, damit neue, kreative Ideen entwickelt und in die öffentliche Diskussion eingebracht und aktuelle Politikmaßnahmen kritisch hinterfragt werden können. Hier spielt vor allem die finanzielle Unabhängigkeit eine wichtige Rolle. Diese kann entweder durch eine geeignete staatliche Finanzierung[15] oder durch den Rückgriff auf private Finanzierungsformen wie z.B. Stiftungsgelder oder Unternehmensspenden gesichert werden. Daneben sollten auch Vorkehrungen zur Sicherung der personellen Unabhängigkeit, z.B. durch geeignete Auswahlverfahren für Berater, getroffen werden.

Eine wettbewerbliche Organisation wissenschaftlicher Politikberatung ist entscheidend dafür, dass neues Wissen über Problemlösungsmöglichkeiten entdeckt, konkurrierende Lösungsmöglichkeiten öffentlich diskutiert und falsche Lösungen zurückgewiesen werden können. Durch die Konkurrenz verschiedener Beratungsanbieter entsteht ein „selbstkorrigierendes System der Themengenerierung".[16] Die Nachfrager können so aus den konkurrierenden Beratungsangeboten auswählen. Dies ist wichtig, weil aufgrund der Ziel- und Theorienvielfalt in der Regel nicht nur eine Lösung für ein wirtschaftspolitisches Problem existiert. Darüber hinaus kommt dem Wettbewerb zwischen verschiedenen Beratungsangeboten die Funktion der Kontrolle der Politikberater zu: Wettbewerb kann z.B. verhindern, dass falsche Theorien richtig oder richtige Theorien falsch angewendet werden und es dadurch zu fragwürdigen Maßnahmeempfehlungen kommt. Auch können Manipulationsversuche durch Politikberater besser verhindert und implizite Wertungen konkurrierender Lösungsvorschläge aufgedeckt werden. Die institutionelle Struktur der Politikberatung muss daher sicherstellen, dass der Beratungsmarkt offen für Neueintritte ist und keine Beratungsmonopole entstehen.

Ein wichtiges Erfordernis für einen effizienten Beratungsprozess besteht in der Sicherung der Qualität der Beratung. Gute Politikberatung zeichnet sich durch wissenschaftliche Qualität einerseits und die Ausrichtung an rele-

---

[15] Hier könnte z.B. an die Bereitstellung einer einmaligen größeren Summe an Eigenkapital, aus der die laufenden Ausgaben bestritten werden können, oder eine Ausschreibung staatlicher Mittel für Politikberatung in bestimmten Zeitabständen gedacht werden.

[16] Zöller, Michael (1998): Innovative Allianzen: Was können Wissenschaft und Stiftungen – angesichts des „Reformstaus" – für die politische Öffentlichkeit und die Bürgerorientierung leisten – und was nicht?, in: Hilterhaus, Friedhelm/Scholz, Rupert (Hg.): Rechtsstaat – Finanzverfassung – Globalisierung: Neue Balance zwischen Staat und Bürger, Symposium der Hanns-Martin-Schleyer-Stiftung, 10.-12. Dezember 1997, Köln, S. 185-192, hier S. 192

vanten Themen und eine adressatenfreundliche Aufarbeitung andererseits
aus. Um die wissenschaftliche Qualität der Analysen zu sichern, kann weitgehend auf die Konkurrenz zwischen verschiedenen Politikberatern und
deren intersubjektive Kritik vertraut werden. Darüber hinaus sollten Politikberater in den Wissenschaftsprozess eingebunden und dessen „Spielregeln"
unterworfen sein. Die Angst vor Reputationsverlust durch qualitativ
schlechte Politikberatung dient hier als Steuerungsmechanismus für die Beratung.

Die Qualität der Politikberatung bezüglich der Ausrichtung der Beratung an den Bedürfnissen der Öffentlichkeit könnte z.B. an Indikatoren wie
Zitationshäufigkeit eines Beraters in der Presse, Anzahl der Fernsehauftritte
oder Anzahl der Zeitungs- und Zeitschriftenkommentare gemessen werden.
Anreize, stärker an der öffentlichen Diskussion teilzunehmen, könnten dadurch geschaffen werden, dass die Finanzierung zum Teil an die Bedingung
geknüpft wird, dass Nachweise über die Präsenz in der öffentlichen Diskussion erbracht werden müssen.[17]

Die Effizienz der Politikberatung – sowie der Politikerberatung – hängt
jedoch auch entscheidend von den Anreizbedingungen des Wissenschafts-
prozesses ab. In dem Maße, in dem sich die Wirtschaftswissenschaft durch
zunehmende Formalisierung immer weiter von den realen Problemen der
Wirtschaftspolitik abkoppelt, dürften die Anreize für hervorragende Wissenschaftler, sich als Berater zu engagieren, eher sinken.

Um Einfluss auf politische Entscheidungsträger nehmen zu können, ist
ein Vertrauensverhältnis zwischen den Beratern und den politischen Entscheidungsträgern unabdingbar. Nur dann ist zu erwarten, dass die Ratschläge der Berater auch ernsthaft in Betracht gezogen werden. Ein solches Vertrauensverhältnis kann institutionell dadurch geschaffen werden, dass sich
die politischen Entscheidungsträger diejenigen Berater aussuchen, denen sie
das größte Vertrauen schenken. Dabei werden sie sicherlich neben der fach-
lichen Qualifikation des Beraters auch dessen Werthaltung als Kriterium in
Betracht ziehen. Auf diese Weise kann sichergestellt werden, dass die Ziele
von Berater und Beratenem mehr oder weniger übereinstimmen, was eine
wichtige Voraussetzung für den Beratungserfolg ist. Um das Vertrauensverhältnis zwischen Beratern und politischen Entscheidungsträgern nicht zu
gefährden, müssen sich die Berater auf ihre interne Rolle beschränken und

---

[17] Dies dürfte vorwiegend für staatlich finanzierte Politikberatung relevant sein, da bei privater
Finanzierung über Stiftungen und Spenden davon ausgegangen werden kann, dass Politikberater aus
eigenem Interesse heraus eine starke Präsenz in der Öffentlichkeit anstreben, um gegenüber ihren
Geldgebern und potenziellen neuen Geldgebern ihre Arbeit zu legitimieren.

insbesondere mit kritischen Kommentaren zur Regierungspolitik in der Öffentlichkeit zurückhalten.

Da es bei der Politikerberatung in erster Linie darum geht, Lösungen für aktuelle wirtschaftspolitische Probleme zu erarbeiten, sollten die Berater jederzeit mit ihrem Rat zur Verfügung stehen. Dies könnte z.b. dadurch erreicht werden, dass für die Politikerberatung ein Gremium mit Vollzeitkräften eingerichtet wird, das in nächster Nähe zu den politischen Entscheidungsträgern tätig ist. Um die Qualität der Beratung zu sichern und um sicher zu stellen, dass die Ratschläge nicht einseitig politische Interessen zu Lasten wissenschaftlicher Seriosität verfolgen, sollten die Berater lediglich befristet beschäftigt sein. Wollen sie nach ihrer Beratungstätigkeit wieder in den Wissenschaftsprozess zurückkehren, so haben sie einen Anreiz, ihre Reputation im Wissenschaftsprozess beizubehalten, und werden eher dazu geneigt sein, theoretisch fundierte Ratschläge zu erteilen und nicht die wissenschaftliche Seriosität politischen Interessen zu opfern.

4. Politikberatung und Politikerberatung in Deutschland

Die institutionalisierte wissenschaftliche Beratung der Wirtschaftspolitik in Deutschland ist geprägt durch die von staatlicher Seite durch Gesetz bzw. Ministererlass gegründeten Gremien – die Wissenschaftlichen Beiräte beim Bundesministerium für Wirtschaft und Arbeit und beim Bundesministerium der Finanzen sowie der Sachverständigenrat zur Begutachtung der gesamtwirtschaftlichen Entwicklung (SVR) und der Sachverständigenrat für die Konzertierte Aktion im Gesundheitswesen (SVRKAiG) – einerseits und die großen Wirtschaftsforschungsinstitute andererseits, die mit staatlichen Mitteln grundfinanziert werden und darüber hinaus Aufträge von staatlichen Stellen einwerben. Daneben existieren einige wenige private bzw. von Interessengruppen unterhaltene Institute, die das öffentliche Gut Beratung der Wirtschaftspolitik anbieten. Der Stellenwert dieser Think Tanks, die versuchen, ihre Empfehlungen aktiv in die öffentliche Diskussion einzubringen, ist in Deutschland eher gering. Neben all diesen Institutionen, die dauerhaft Beratung anbieten, existiert eine unüberschaubare Anzahl kurzfristig einberufener Beratungsgremien, die nach Erfüllung ihres Beratungsauftrages wieder aufgelöst werden.[18]

---

[18] Ein aktueller Überblick über die deutsche Beratungslandschaft findet sich z.B. in Thunert, Martin W.(2001): Germany, in: Weaver, R. Kent/Stares, Paul B. (Hg.): Guidance for Governance – Compa-

Die Wissenschaftlichen Beiräte und Sachverständigenräte sowie die großen Wirtschaftsforschungsinstitute richten sich in ihrer Arbeit relativ stark an den politischen Entscheidungsträgern als Hauptadressaten für ihre Beratungstätigkeit aus. Dies gilt in besonderem Maße für die Wirtschaftsforschungsinstitute, die einen beträchtlichen Teil ihrer Finanzierung über Auftragsforschung z.B. für Bundes- und Landesministerien erhalten. In der Regel werden zwar die Expertisen recht bald nach ihrer Fertigstellung veröffentlicht – im Falle des SVR und der Wirtschaftsforschungsinstitute wird die Öffentlichkeit sogar explizit als Adressat der Beratung genannt –, doch fällt die Resonanz darauf in der Öffentlichkeit meist eher gering aus. Insofern scheinen die Gutachten (zumindest kurzfristig) nur wenig Einfluss auf die öffentliche Meinungsbildung zu haben.

Dies ist – wenigstens zu einem Teil – damit zu erklären, dass die Öffentlichkeit als Beratungsadressat nicht in geeigneter Weise angesprochen wird. Allein die Länge der Veröffentlichungen – das jüngste Gutachten des SVR umfasst mehr als 550 Seiten – wirkt selbst auf den interessierten Leser abschreckend. Darüber hinaus entsprechen Analyse und Sprache der Gutachten eher dem Selbstverständnis der Wissenschaft und dürften den interessierten Laien vielfach überfordern.[19] Inhaltlich geht es sowohl in den Gutachten des SVR als auch in den Ausführungen der Wissenschaftlichen Beiräte in der Regel um ordnungspolitische Analysen der wirtschaftlichen Entwicklung bzw. einzelner Teilbereiche des Wirtschaftssystems, verbunden mit Vorschlägen für strukturelle Reformen. Sie bieten also vorwiegend das an, was hier als Politikberatung bezeichnet wurde.

Eine Institutionalisierung der Beratung durch Gremien, die einerseits die politischen Entscheidungsträger beraten sollen, andererseits aber unabhängig von politischer Einflussnahme sind und sich meist als scharfe Kritiker der jeweiligen Regierung in der Öffentlichkeit präsentieren, weist diesen eine Doppelrolle zu, die letztlich nicht zu erfüllen ist. Hier zeigt sich das Dilem-

---

ring Alternative Sources of Public Policy Advice, Japan Center for International Exchange, S. 157-206

[19] Dass die Gutachten wesentlich adressatenfreundlicher gestaltet werden müssten, wird von den Mitgliedern des SVR offensichtlich selbst gesehen. So räumt Rürup, derzeit Mitglied im SVR, ein: „[Es] besteht ein erhebliches Entwicklungspotential bei der Aufbereitung der Expertisen [des SVR, d. Verf.], die noch immer zu wenig auf den Adressatenkreis, der ja sowohl Politiker wie Medien umfasst, zugeschnitten sind. [...] Kommt Mitte November jeden Jahres das Gutachten [des SVR, d. Verf.] heraus, fühlen sich die Pressevertreter häufig überfordert von der Fülle und Tiefe des Materials." Rürup, Bert/Bizer, Kilian (2001): Der Sachverständigenrat und sein Einfluss auf die Politik, in: Jens, Uwe/Romahn, Hajo (Hg.): Der Einfluss der Wissenschaft auf die Politik, Marburg, S. 59-73, hier S. 66f

ma, in dem sich die wissenschaftliche Beratung der Wirtschaftspolitik in Deutschland befindet: Gemessen an der Art der Ratschläge und Empfehlungen, die sie erteilt, macht sie Politikberatung. Adressiert werden diese Ratschläge und Empfehlungen jedoch zu einem großen Teil an die politischen Entscheidungsträger und weniger an die breite Öffentlichkeit. Damit werden Elemente der Politikberatung und der Politikerberatung in einer Weise vermischt, die dazu führt, dass die Beratung relativ einflusslos bleibt. Die unzureichende Trennung von Politikberatung und Politikerberatung resultiert aus der institutionellen Ausgestaltung der Beratungsgremien.

Die Reaktion auf die falsche Ausrichtung der wissenschaftlichen Beratung besteht vorwiegend darin, dass politische Entscheidungsträger und wissenschaftliche Berater gegenseitig Schuldzuweisungen erheben. Ein größerer Einfluss der wissenschaftlichen Beratung auf die Politik ist nur dann zu erwarten, wenn es gelingt, die institutionellen Rahmenbedingungen für die wissenschaftliche Beratung so zu verändern, dass diese Anreize erhält, ihre jeweiligen Adressaten in geeigneter Weise anzusprechen.

5. Fazit

„Politiker nutzen Ökonomen wie Betrunkene Laternen – sie suchen nicht Erleuchtung, sondern Halt." Diese Redewendung drückt überspitzt das Verhältnis zwischen politischen Entscheidungsträgern und wissenschaftlichen Beratern aus. Der Grund dafür ist in den Anreizbedingungen des politischen Prozesses zu suchen, die es für eigeninteressierte Politiker vorteilhaft erscheinen lassen, meist kurzfristig an Gruppeninteressen orientierte Politikoptionen entgegen der ökonomischen Vernunft durchzusetzen. Aus Sicht der Gesellschaft als Ganzes dürfte es jedoch wünschenswert sein, dass sich auch gesamtwohlorientierte Politikoptionen mit einem Zeithorizont von mehr als einer Wahlperiode durchsetzen. Wenn dies so ist, dann besteht auch Bedarf an Politikberatung von außen, die nicht nur „Halt" gibt, sondern auch „Erleuchtung" bringt.

Damit wissenschaftliche Erkenntnisse stärker in die Politik einfließen können, ist eine klare institutionelle Trennung der Beratung in Politikberatung und Politikerberatung notwendig. Der Stellenwert von Think Tanks für die Politikberatung im hier beschriebenen Sinne ist in Deutschland bisher relativ gering. Der Think Tank-Markt wird beherrscht von den großen staatlich grundfinanzierten Forschungsinstituten sowie den partei- und interessengebundenen Instituten. Durch bessere Bedingungen für die private Finanzierung von Think Tanks, etwa durch Reformen des Stiftungsrechts, könnte die Think Tank-Landschaft eine verstärkte Dynamik erfahren. Um die Politikerberatung wirkungsvoll zu institutionalisieren, wäre ein „Inside-Beratungsgremium" ähnlich dem amerikanischen Council of Economic Advisers einzurichten.[20]

Eine Reform der deutschen Beratungslandschaft entlang der hier skizzierten Linien könnte dazu beitragen, die vorhandenen Einflussmöglichkeiten für wissenschaftliche Berater besser auszunutzen. Wer sich von einer solchen Reform der wissenschaftlichen Beratung erhofft, dass sich nun das „ökonomisch Richtige" in jedem Fall im politischen Prozess durchsetzt, wird allerdings enttäuscht werden. Dies kann weder erwartet noch als wünschenswert angesehen werden. Dies schon deshalb nicht, weil die wirtschaftspolitische Beratung in einem demokratischen System nur eine Stimme unter vielen ist, die versucht, wirtschaftspolitische Entscheidungen zu beeinflussen; die Berater müssen ihre Argumente in Konkurrenz zu Interessengruppen, Parteien und sonstigen Meinungsträgern in der Öffentlichkeit vortragen und schließlich in den politischen Alltagsentscheidungen zur Geltung bringen.

Außerdem können sie – genauso wenig wie andere Gesellschaftsmitglieder – für sich in Anspruch nehmen, die jeweils beste Lösung für ein Problem zu kennen. So wenig realistisch das Bild vom wohlwollenden Politiker ist, so unrealistisch ist die Vorstellung vom wohlwollenden, allwissenden Berater. Daher ist es geboten, den Beratungsprozess wettbewerblich zu gestalten. Wettbewerb zwischen verschiedenen Beratungsanbietern trägt nicht nur dazu bei, neues Wissen zu entdecken, sondern wirkt gleichzeitig als Anreiz- und Kontrollinstrument und sorgt damit für eine gute Beratungsqualität.

---

[20] Berninghaus u.a. dürfte etwas ähnliches vorschweben, wenn sie vorschlagen, die institutionalisierte Politikberatung durch einen volkswirtschaftlichen Beraterstab zu ergänzen, der die Bundesregierung in konkreten Sachfragen berät. Vgl. Berninghaus, Siegfried u.a. (2002): Zusammenfassung und Empfehlungen, in: Zimmermann, Klaus F. (Hg.): Neue Entwicklungen in der Wirtschaftswissenschaft, Heidelberg, S. 546

Wissenschaftliche Politikberatung
Einige Anmerkungen zu einem schwierigen Verhältnis

Dirk Messner

In Teilen des Wissenschaftssystems gilt politik- und anwendungsorientierte sozialwissenschaftliche Forschung zuweilen als subalterne Wissenschaft. Und aus der Politik wird oft eine möglichst theoriefreie, konkrete, anwendungsbezogene Forschung gefordert, die den handelnden Akteuren rasche Orientierung vermittelt und eine unmittelbare Umsetzung von Forschungsergebnissen in die gesellschaftliche Praxis erlaubt. Diese beiden Sichtweisen sind durchaus kompatibel und verstärken sich wechselseitig. Im ersten Teil des folgenden Aufsatzes wird statt dessen für eine theoretisch anspruchsvolle politik- und anwendungsorientierte sozialwissenschaftliche Forschung plädiert. Eine so verstandene anwendungsorientierte Forschung kann wichtige Beiträge zur Weiterentwicklung von Theorien leisten und zugleich Grundlage tragfähiger und seriöser Politikberatung sein.

Im zweiten Teil des Beitrages wird argumentiert, dass wirksame wissenschaftliche Politikberatung sich nicht allein auf hochwertige Expertise zu jeweiligen Problemfeldern (wie der Wirtschafts-, Umwelt-, Außen- und Entwicklungspolitik) verlassen darf. Wissenschaftliche Politikberatung muss die jeweiligen Eigenheiten, Logiken und Dynamiken des politischen Systems berücksichtigen, wenn Problemlösungsangebote erfolgreich und wirksam in die Politik transferiert werden sollen. Denn hinter der Frustration vieler Politikberater über die „Beratungsresistenz" und das Desinteresse der politisch Handelnden an den Problemlösungsangeboten der wissenschaftlichen Politikberatung stecken oft nicht etwa Pathologien der verantwortlichen Entscheider oder gar des ganzen politischen Systems, sondern beschreibbare Logiken kollektiven Handelns in komplexen Institutionenlandschaften, die nicht nur, aber auch typisch für „die Politik" sind. Zwei wesentliche Mechanismen, die es der Politikberatung schwer machen, rasch und unmittelbar politische Prozesse zu beeinflussen, werden skizziert: das „garbage can- Phänomen" und die komplexen Grundlagen für tiefgreifende Veränderungen von Institutionen und Normensystemen. Vor diesem Hintergrund wird deutlich, dass wissenschaftliche Politikberatung kein Handwerk ist, dass dazu in der

Lage wäre, durch Reparaturen an diesen und jenen Stellschrauben der Gesellschaft oder kluge Reparaturvorschläge die Dinge unmittelbar zum Besseren zu bewegen, sondern selbst „nur" ein Bestandteil im vielfältigen Räderwerk nicht-linear lernender und auf sich selbst einwirkender Gesellschaften ist. Diese Sichtweise reduziert keineswegs die Anforderungen an die wissenschaftliche Politikberatung oder deren Bedeutung für das politische System. Die skizzierten Überlegungen sollen jedoch die Sinne für die gesellschaftlichen und politischen Rahmenbedingungen schärfen, in deren Kontext Politikberatung stattfindet, und zugleich die zuweilen überschätzten, oft auch unterschätzten und vielfach unausgeschöpften Spielräume wissenschaftlicher Politikberatung ausleuchten.

1. Anwendungs- und politikorientierte Sozialwissenschaften: Vom Elfenbeinturm zur theorielosen Einzelfallbeschreibung?

Aus der Perspektive vieler anwendungs- und politikorientierter Sozialwissenschaftler sind die Ergebnisse der „Elfenbeinturmforschung", die sich vor allem um die Weiterentwicklung theoretischer Diskurse und Paradigmen, ohne Rückkopplung an gesellschaftliche Veränderungsprozesse, kümmert, für Gesellschaft, Politik und Wirtschaft im wesentlichen irrelevant. Die Elfenbeinforschung reproduziert sich aus dieser Sicht als selbstreferentielles System. Diese Einschätzung wird von den handelnden gesellschaftlichen und politischen Akteuren, die von der Wissenschaft brauchbare, verwertbare und umsetzbare Ergebnisse und Ratschläge erwarten, in der Regel geteilt. Aus der Sicht der „Theoretiker" wiederum driften weite Teile der anwendungs- und politikorientierten Forschung in Richtung theorielose Einzelfallbeschreibungen sowie beliebige Deskriptionen ohne Verallgemeinerungsfähigkeit ab. Forschung, so wird aus dieser Perspektive argumentiert, die ihre Distanz zu Politik und Gesellschaft verliert, wird zur subalternen Wissenschaft, oft zum reinen Beratungsgeschäft, das im Gewand der objektiven Wissenschaft daherkommt.

Im folgenden möchte ich für eine theoriegeleitete politikorientierte Forschung plädieren, die die skizzierten Dichotomien überwindet. Einerseits ist seriöse anwendungsorientierte Forschung, die Orientierungswissen für Gesellschaft und Politik liefern und Entwicklungsimpulse geben möchte, ohne theoriegeleitete Analyse unmöglich; andererseits sollten Theorieproduzenten, die ihre Aufgabe nicht in der Beeinflussung der Gesellschaft sehen, den wissenschaftlichen Nutzen empirischer Forschung und von Einzelfalluntersu-

chungen nicht unter- sowie die Reichweite verallgemeinerbarer Gesetzmäßigkeiten nicht überschätzen.

Nicht nur die politikorientierten Sozialwissenschaften, sondern alle
Wissenschaften, die sich mit der Welt des Sozialen beschäftigen, haben ein
Problem mit dem wissenschaftlichen Ideal von Allgemeinaussagen nach dem
Muster „Wenn X, dann Y". In den Sozialwissenschaften gibt es keine Ge-
genstücke zu den physikalischen Gesetzmäßigkeiten der Schwerelosigkeit
oder zu Wasserstoffatomen, die über Zeit und Raum unverändert bleiben.
Auch die in den Wirtschaftswissenschaften beliebte „ceteris paribus"-Me-
thode, die durchaus hilfreich ist, um Aussagen über begrenzte Populationen
invarianter Einheiten zu treffen, hilft nicht weiter, wenn man sich mit komplexen Veränderungsprozessen von Nationalstaaten, Innovationssystemen,
Internationalen Organisationen, Umweltregulierungssystemen oder gar globalen Märkten beschäftigt. Die Sozialwissenschaften haben auf dieses grundsätzliche Problem zwei radikal unterschiedliche Antworten gegeben. Die
eine Antwort orientiert sich am Ideal formaler Klarheit, systematischen
Analysen einer kleinen Zahl von Variablen, radikaler Vereinfachung und
hoher Abstraktion, mit dem Ziel, verallgemeinerbare Gesetzmäßigkeiten
formulieren zu können. Weite Bereiche der Wirtschaftswissenschaften, die
immer stärker auf formale, mathematische Modelle ausgerichtet sind, oder
auch die Systemtheorie von Luhmann folgen diesem Muster. Dem entgegen-
gesetzt verfolgen andere Sozialwissenschaftler kognitive Strategien, die nicht
auf Abstraktion und maximale Vereinfachung, sondern Konkretisierung,
hohe Komplexität und die Erklärung von Einzelphänomenen setzen.

Aus der Perspektive der Politikberatung sind beide Suchrichtungen unbefriedigend. Der Abstraktionsgrad formaler Modelle, die gesellschaftliche
(oder gar weltgesellschaftliche) Prozesse, Zusammenhänge und Dynamiken
zu erklären versuchen, ist in der Regel so hoch, dass daraus keine konkreten
Schlussfolgerungen in realen Entscheidungssituationen gezogen werden
können. Politikberatende Wissenschaftler folgen daher häufig dem zweiten
Pfad der möglichst konkreten Analyse spezifischer Prozesse oder einzelner
Fälle. Doch auch diese Forschungsstrategie ist unbefriedigend, wenn sie auf
Versuche der Objektivierung und Verallgemeinerung von Beobachtungen
völlig verzichtet und das Instrumentarium der Komplexitätsreduktion vernachlässigt, ohne das überbordende Komplexität nicht kognitiv verarbeitet
werden kann. Die Methode der maximale Konkretisierung schafft die Illusion perfekter Informiertheit (in isolierten Teilbereichen), beeindruckt oft die
zu beratenden „Praktiker", droht jedoch an der Fülle von Einzelinformationen zu ersticken und zu beliebigen Schlussfolgerungen zu führen. Narrative

Einzelfallkonstruktionen entstehen, die kaum plausibel erklären können, weshalb die gerade hervorgehobene Ursache und nicht irgendwelche anderen Faktoren entscheiden sind.

Gibt es einen Weg für die politikorientierte Forschung zwischen der Skylla abstrakter Formalmodelle und der Charybdis narrativer Beschreibungen? Renate Mayntz hat in einer Publikation zur Theoriefähigkeit makrosozialer Analysen einige interessante Schneisen geschlagen, um sich systematisch mit dieser Frage zu beschäftigen.[1] Mayntz unterscheidet drei Formen von Wissensbeständen:

„Allgemeinaussagen", die oft als der zentrale Kern von „Wissenschaft" wahrgenommen werden:

> „Dieses heroische Ideal unterschätzt jedoch das Ausmaß unserer Unkenntnis und Unsicherheit gegenüber jeder komplexen, dynamischen und der sinnlichen Erfahrung nicht unmittelbar zugänglichen Wirklichkeit."[2]

Denn je stärker ein Modell die Zahl der berücksichtigten Faktoren reduziert, um zu allgemeinen Aussagen zu kommen, desto weniger kann es uns über reale Prozesse in der Gesellschaft aussagen.

Unter diesen Bedingungen gewinnen zwei andere Aussagetypen an Bedeutung, die auch für die anwendungsorientierte Forschung von zentraler Bedeutung sind:

- „Existenzurteile" (es gibt Prionen, Atome, AIDS-Viren, Klimawandel, globale Finanzströme in Echtzeit usw.) sowie
- Aussagen, Beschreibungen und Interpretationen von Teilbereichen der sozialen Welt („Einzelaussagen"), z.B. über die deutsche Entwicklungspolitik, die Konrad-Adenauer-Stiftung, die globalen Anleihemärkte, internationale NGO-Netzwerke.

Je weniger Bereiche der Wirklichkeit uns vertraut sind, desto relevanter ist der Erkenntniszuwachs über „Existenzurteile" und „Einzelaussagen". Schon die beschreibende Interpretation komplexer Entwicklungen und die Identifikation wesentlicher Aspekte eines historischen Prozesses (was gibt es, was

---

[1] Vgl Mayntz, Renate (2002): Zur Theoriefähigkeit makro-sozialer Analysen, in: Mayntz, Renate (Hg.): Akteure – Mechanismen – Modelle, Frankfurt a.M., New York
[2] Mayntz, Renate (Anm.1), S.14

verändert sich in welche Richtung?) ist ein höchst schwieriges Unterfangen und keineswegs „subalterne Wissenschaft". Die Globalisierungs- und auch die Global Governance-Forschung der vergangenen Jahre basiert im wesentlichen auf Versuchen, Veränderungsprozesse wahrzunehmen, zu beschreiben und zu interpretieren. Sie leistet damit einen Beitrag, um den Übergang vom Nationalstaatensystem zur Epoche des Globalismus überhaupt verstehen zu können. Neuere Arbeiten über das Zusammenwirken von Außen-, Sicherheits-, Entwicklungs- und Umweltpolitik unter Bedingungen der Globalisierung gehen ebenfalls in diese Richtung, weil sie zusammendenken, was lange getrennt voneinander bearbeitet wurde. „Existenzurteile" und „Einzelaussagen" sind jedoch nicht nur für den wissenschaftlichen Erkenntnisprozess relevant, sondern auch für die Politikberatung, denn sie schaffen Orientierungswissen: welche neuen Phänomene in Politik, Wirtschaft und Gesellschaft es gibt und in welche Richtung sie sich verändern, ist gerade in Zeiten von Umbrüchen, über die derzeit viel die Rede ist, von großer Bedeutung.

Doch trotz der Bedeutung von „Einzelaussagen" bleibt die Achillesverse dieses Wissenstypus in der Frage bestehen, ob ein beobachteter empirischer Zusammenhang eine über den Fall hinausreichende Regelmäßigkeit und Relevanz besitzt. Mayntz plädiert für eine kognitive Strategie, die auf der Grundlage von „Existenzurteilen" und „Einzelaussagen" auf eine „theoretisch ambitionierte kausale Rekonstruktion" abzielt, die sich nicht in einer möglicht detaillierten Einzelfallklärung erschöpft:

> (...) die Absicht [ist], die zunächst empirisch ermittelten Sachverhalte und Zusammenhänge theoretisch zu erklären beziehungsweise daraus verallgemeinerbare Schlussfolgerungen zu ziehen. Nur wenn die an der ‚Bewirkung der Wirkung‘ beteiligten Zusammenhänge zumindest hypothetisch generalisierbar sind, leistet die kausale Rekonstruktion mehr als eine Einzelfallklärung (...)..[3]

Eine so verstandene und gerüstete anwendungsorientierte Sozialwissenschaft könnte auch in der Politikberatung gute Dienste leisten, denn sie wäre konkret, empirisch und erfahrungsgesättigt, aber zugleich um die Verallgemeinerung von Wissen sowie die Überprüfung empirischer Beobachtungen in komplexen Zusammenhängen bemüht und insofern „belastbarer" als isolierte Einzelfallbetrachtungen.

Wie nun stellt sich Renate Mayntz den Schritt von den wichtigen „Existenzurteilen" und „Einzelfallaussagen" zur gehaltvolleren „kausalen Rekon-

---

[3] Vgl. Mayntz, Renate (Anm.1), S. 16

struktion" vor? Sie verweist auf drei Vorgehensweisen.[4] *Erstens* erlauben anspruchsvolle Einzelfallstudien (z.b. über Verhandlungsprozesse in der WTO, die Krise des transatlantischen Bündnisses im Irakkonflikt, zu Umweltregimen, zum Gefüge der multilateralen Entwicklungskooperation) zunächst zwar nur hypothetische Verallgemeinerungen über etwaige Kausalzusammenhänge, aber sie können wichtige Beiträge leisten, um existierende Theorien zu verifizieren oder zu falsifizieren. Und nicht nur das: profunde Einzelfallstudien, die vorhandene Theorien prüfen, tragen häufig zu deren Modifizierung und Erweiterung bei. Diese Iteration zwischen Anwendung, Re- und Neukonstruktion von Theorien durch empirisch gestützte Einzelfallstudien ist also eine Methode, um von narrativen Deskriptionen zu theoriebildender kausaler Rekonstruktion und Interpretation zu kommen.

Zweitens können komparative Studien dazu beitragen, die Ergebnisse von Einzelfallstudien zu überprüfen und so existierende Theorien weiterzuentwickeln. Theorieanwendung und Theorieproduktion werden also eng miteinander verknüpft. Doch auch komparative Untersuchungen führen im strengen Sinne nicht zu „Beweisen" hinsichtlich der korrekten Identifikation ausschlaggebender Kausalbeziehungen. Theoretische Schlussfolgerungen können daher „nur" Plausibilität beanspruchen und sie bleiben vorläufig, sind also offen für Revision und neue Forschungsergebnisse. Doch vieles spricht dafür, dass der Erkenntniswert plausibler, qualitativer Aussagen über komplexe Zusammenhänge oft größer ist, als quantitative, formalisierte Generalisierungen auf hohem Abstraktionsniveau. Dies gilt insbesondere aus der Perspektive von Akteuren in Politik, Gesellschaft und Wirtschaft, die sich für Ergebnisse der Wissenschaft interessieren. Anwendungs- und politikorientierte Sozialwissenschaftler, aber auch soziale Akteure, die von der Wissenschaft Rat und Unterstützung erhoffen, müssen sich über den „trade-off zwischen Bedeutung und Gewissheit"[5] – also empirisch gesättigten, aber zugleich begrenzten Theorien mittlerer Reichweite sowie Theorien mit dem Anspruch auf Allgemeingültigkeit – klar sein.

Drittens zeigt Renate Mayntz, dass komplexe Strukturen, Prozesse und Ereignisse („soziale Makrophänomene"), mit denen es anspruchsvolle politikorientierte Sozialwissenschaften in der Regel zu tun haben, durch eine Reihe ontologischer Merkmale gekennzeichnet sind, die systematisch berücksichtigt werden müssen, um empirische Studien im Sinne kausaler Rekonstruktion zu betreiben. Sie skizziert einen mehrdimensionalen Merkmals-

---

[4] Vgl. Mayntz, Renate (Anm. 1), S. 17-35
[5] Mayntz, Renate (Anm. 1), S. 18

raum, der die Sensibilität für die Wahl der analytischen Perspektiven, für die relevanten Fragen an das Untersuchungsobjekt sowie für die Begrenztheit der je eigenen Herangehensweise erhöht. Die zentralen ontologischen Merkmale bei der Analyse komplexer Phänomene der Welt des Sozialen sind:

- *Multikausalität, im Sinne kontingenter Zusammenhänge und komplexer Interdependenzen*: Bestimmte Wirkungen haben in der Regel vielfältige Ursachen, die häufig nicht additiv, also unabhängig voneinander wirken, sondern ihrerseits kausal miteinander verflochten sind, weshalb von kontingenten und nicht von determinierten Zusammenhängen auszugehen ist. Das Erkenntnisinteresse besteht also darin, das Geflecht kausaler Wirkungszusammenhänge – „Systeme von Wirkungszusammenhängen"[6] – zu rekonstruieren und dessen Dynamik im Kontext spezifischer Rahmenbedingen zu erklären.

- *Prozessualität und Mechanismen*: Kausale Rekonstruktion impliziert die Analyse von Prozessen mit dem Ziel, „Mechanismen", Grundmuster zu identifizieren. Der Fokus auf die Prozessualität verweist auf die zeitliche Dimension und den dynamischen Charakter eines Geflechtes von Wirkungszusammenhängen. „Mechanismen" betonen das Wie seines schrittweisen Zustandekommens und sind auf die Identifizierung verallgemeinerbarer Grundmuster ausgerichtet. Die Analyse muss zudem offen sein für soziale Prozesse nicht-linearer Natur, die durch Sprünge, abrupte Trendwenden oder positive und negative Feedbacks charakterisiert sind.

- *Pfadabhängigkeit*: Prozessanalyse impliziert immer eine Zeitdimension und die Berücksichtigung von Historizität. In der Vergangenheit getroffene Entscheidungen, geschaffene Institutionen, etablierte Denkschemata, Routinen oder vergangene Konflikte wirken in die Gegenwart hinein. Pfadabhängigkeit impliziert zudem, dass es Kreuzpunkte und Gabelungen in Entwicklungsprozessen gibt, an denen es auch in eine ganz andere Richtung gehen könnte oder hätte gehen können.

- *Komplexität durch vertikale Differenzierung*: Nationalstaaten, Regulierungssysteme, Unternehmen, Innovationsnetzwerke oder Internationale Organisationen agieren in der Regel in Mehrebenensystemen (lokal – national – europäisch – global) und sind zudem intern hochgradig differenziert, worauf schon Herbert Simon 1973 hingewiesen hat. Die Berücksichtigung dieser strukturellen Komplexität ist wichtig, weil Hand-

---

[6] Mayntz, Renate (Anm. 1), S. 23

lungszusammenhänge auf unterschiedlichen Handlungsebenen und in jeweiligen Teilbereichen verschiedenen Logiken, Rationalitäten, Steuerungsmodi und Wertemustern folgen können. Die Analyse von Dynamiken in Mehrebenen-Funktionsräumen muss dieser gesteigerten Komplexität gegenüber „lokalen Ereignissen und Strukturen" (z.b. lokalen Umwelt- und Regulierungssystemen) besondere Aufmerksamkeit schenken, um nicht von Erkenntnissen über lokale Wirkungszusammenhänge vorschnell auf Dynamiken in Mehrebenenräumen zu schließen (Analogiefallen).

• *Komplexität durch systemische Interdependenz*: Diese entsteht durch das Zusammenspiel, die Überlagerung oder auch Interferenz zwischen unterschiedlichen Funktionsräumen, wie z.b. der Welthandels- und der Weltumweltordnung, oder auch komplexen Zusammenhängen zwischen demographischen, ökonomischen, ökologischen, technologischen und politischen Prozessen in Entwicklungs- und Unterentwicklungsprozessen. Bei der Analyse systemischer Interdependenz geht es um die Berücksichtigung wechselseitiger Abhängigkeiten und Beeinflussungen zwischen verschiedenen Prozessen oder auch Institutionen, die parametrisch miteinander verknüpft sind, also wechselseitig wichtige Randbedingungen füreinander verändern können.

Selbst wenn anspruchsvolle anwendungsorientierte Forschung diese ontologischen Merkmale systematisch berücksichtigt, bleibt sie selektiv und fokussiert die Aufmerksamkeit auf ausgewählte Aspekte der Wirklichkeit. Sie stellt damit immer nur ein Interpretationsangebot des jeweiligen Ausschnittes der sozialen Welt dar. Zudem gilt für die Mehrzahl komplexer Strukturen, Ereignisse und Phänomene, dass sie im Rahmen eines Kausalmodells nicht umfassend erklärt werden können. Der Theorienwettbewerb, theoretischer Eklektizismus und die Kombination von Theorieangeboten unterschiedlicher Reichweite sind für die anwendungs- und politikorientierte Sozialwissenschaft unumgänglich. „Die Vielfalt sozialer Makrophänomene ist zu groß, die soziale Wirklichkeit insgesamt zu komplex",[7] ... um sie mit einer Universaltheorie (á la Luhmann oder auch der neoliberalen Modellökonomie) abzubilden und sie auf einem Abstraktionsniveau, das gesellschaftlich relevante Schlussfolgerungen erlaubt, beschreiben zu können. Die von Renate Mayntz skizzierte Suchrichtung zeigt Wege zu und Anforderungen an eine anspruchsvolle anwendungs- und politikorientierte Sozialwissenschaft, die

---

[7] Mayntz, Renate (Anm.1), S. 40

einerseits den Sackgassen einer der Wirklichkeiten entrückten Modellschrei-
nerei heroischer Wissenschaft ausweicht und andererseits die Fallstricke
narrativer und letztlich beliebiger Einzelfallstudien überwindet, auf deren
Grundlage letztlich nur singuläre, erfahrungsgeleitete, kurzatmige und wenig
seriöse Politikberatung in Richtung sozialer Akteure möglich ist.

Die Überlegungen von Mayntz zeigen zugleich, dass tragfähige politikorientierte Sozialwissenschaften ziemlich anspruchsvolle Forschungsstrate-
gien implizieren – und eine permanente Zumutung für die Politik darstellen,
denn sie können nur selten einfache Antworten auf zunehmend komplexe
Fragen geben. Einfache Auswege aus diesem schwierigen Verhältnis zwischen einer den Kriterien und Möglichkeiten der Wissenschaft genügenden
anwendungs- und politikorientierten Forschung und der Politik gibt es nicht.
Prinzipienlose Politikberatung unterhalb der erreichten Standards und Poten-
ziale der Sozialwissenschaften würde zwar „bequemere" Antworten produzieren, jedoch die tatsächlich komplexen Problemkonstellationen, Zielkonflikte, Widersprüchlichkeiten, Spannungsfelder und Ambiguitäten ausblen-
den, die moderne Gesellschaften unter Bedingungen der Globalisierung auszeichnen. Dennoch ließe sich viel tun, um oft komplexe Forschungsergebnisse für die Politik fruchtbar zu machen: Mehr Anstrengungen und Geld als
bisher müssten für den Transfer von politikrelevantem Know how in das
politische System investiert werden; dickleibige Gutachten und umfangreiche Forschungsberichte wären da nur der erste Schritt, auf den weitere Anstrengungen folgen müssten, um Wissen in Handeln zu übersetzen. Unend-
lich viele Problemlösungspotenziale bleiben irgendwo zwischen der Logik
der Wissenschaft und der Rationalität von ministeriellen Planungsstäben
oder gar tagesorientierten Abteilungen und Referaten im politischen System
stecken, weil es an Brücken zwischen diesen gesellschaftlichen Teilsystemen
sowie „Übersetzern", die beide Welten kennen und verstehen, mangelt. Darüber hinaus wären ein personeller Austausch zwischen Wissenschaft, Politik
und Wirtschaft hilfreich, um die Sichtweisen und Handlungszwänge der
jeweils anderen gesellschaftlichen Akteure verstehen zu lernen und so wechselseitige Lernprozesse zu verstärken. Und nicht zuletzt müssten die univer-
sitäre und postuniversitäre Ausbildung der politischen Eliten von morgen den
Umgang mit und die politische Umsetzung von Ergebnissen anspruchsvoller
anwendungs- und politikorientierter Sozialwissenschaften vermitteln.

2. Wissenschaftliche Politikberatung und der nicht-lineare Charakter von Lernprozessen in Gesellschaften

Eine fundierte anwendungs- und politikorientierte Forschung ist eine notwendige, aber keine hinreichende Bedingung für seriöse und wirksame Politikberatung. Die „Übersetzung" sozialwissenschaftlicher Erkenntnis für Praktiker ist ein eigenständiger Schritt auf dem Weg von der „Produktion" problemlösungsrelevanter Wissenspotenziale in der Forschung, bis zu deren Anwendung in der Gesellschaft. Hierbei kommt es oft auf Kürze, Prägnanz, den Sinn für das Wesentliche und die Fähigkeit des Politikberaters, komplexe Zusammenhänge und Hintergründe in einprägsame Konzepte und Leitbilder zu verwandeln und Instrumente zu deren Realisierung zu entwickeln, an. Es lohnte sich, diese wenig untersuchte Transformation wissenschaftlicher Forschungsergebnisse in politikrelevante und -bewegende Expertise genauer zu betrachten. Darauf möchte ich an dieser Stelle jedoch verzichten und den Blick auf einen anderen Sachverhalt richten: die Funktionsweisen des politischen Systems. Für erfolgreiche wissenschaftliche Politikberatung reicht Expertenwissen in jeweiligen Politikfeldern (etwa der Technologie-, Umwelt-, Finanz- und Entwicklungspolitik) nicht aus. Ohne ein Grundverständnis von den Mechanismen des politischen Systems kann noch so wertvolles Problemlösungswissen leicht verpuffen, wenn die „zwei Welten (Politik und Wissenschaft), aufeinander prallen".[8]

Schilderungen wissenschaftlicher Politikberater über ihre Tätigkeit als Grenzgänger zwischen Wissenschaft und Politik lassen sich in drei Mustern abbilden:

1. Politikberater überschätzen ihre Möglichkeiten, halten die Erarbeitung von Lösungsmustern, Ideen und Programmen bereits für hinreichend oder zumindest zentral, um gesellschaftliche Probleme erfolgreich zu bewältigen. Sie unterschätzen die institutionelle Komplexität des politischen Systems, die konstitutive Bedeutung von Interessen und Macht in politischen Verhandlungsprozessen sowie mögliche Zielkonflikte zwischen Problemlösungspakten für unterschiedliche Problemfelder (von denen die jeweiligen Politikberater in der Regel nur Ausschnitte vor Augen haben). Hans Singer, einer der Pioniere der Entwicklungsforschung, hat mit Blick auf die Entwicklungspo-

---

[8] Kümmel, Gerhard (2002): Wenn Welten aufeinander prallen: Die Wissenschaft, die Politik und das Geschäft der wissenschaftlichen Politikberatung, in: Kümmel, Gerhard (Hg.): Wissenschaft, Politik und Politikberatung. Erkundungen zu einem schwierigen Verhältnis, Straussberg

litikberatung selbstkritisch darauf hingewiesen, dass seine Zunft jahrzehnte-
lang darauf konzentriert war, policy-Dimensionen auszuleuchten und politische Programme zur Überwindung von Unterentwicklung zu entwerfen und
dabei die politics- und polity-Dimensionen weitgehend ausblendete.[9] Doch
ob die Umsetzung von klugen policy-Empfehlungen in reale Politik gelingt,
entscheidet sich vor allem im Implementierungsprozess, wenn neue Programme und Instrumente auf institutionelle Eigendynamiken und Rigiditäten
sowie Interessen, Macht und Aushandlungsprozesse treffen.

2. Politikberater überschätzen ihre „Weisheit" und unterschätzen die spezifischen Wissenspools und das „tacit knowledge" der politischen Praktiker – und
umgekehrt neigen die Praktiker zur Verabsolutierung ihrer Wahrnehmungen
und zur Unterbewertung der Leistungsfähigkeit wissenschaftlicher Analyse. In
der Regel entstehen jedoch erst durch die Kombination beider Perspektiven auf
die realen Welt wirksame Lernprozesse im politischen System.

3. Politikberater unterschätzen zuweilen ihren Spielraum, oft nachdem sie
zuvor ihre Möglichkeiten der Einflussnahme und die Bedeutung ihrer Expertise überschätzt haben. Das politische System, die Politiker gelten dann nicht
selten als irrational und beratungsresistent; selbst schuld, wenn sie die Angebote der Wissenschaft nicht annehmen. Zynismus oder Rückzug aus dem
Feld der Politikberatung sind daher keineswegs selten.

Allen drei Perspektiven liegt das tradierte Modell des Politikzyklus der Poli-
cy-Forschung zu Grunde: in der Gesellschaft werden Probleme erkannt; das
politische System bemüht sich um die Einschätzung der Relevanz des Problems; steuerungsrelevante Wirkungszusammenhänge werden analysiert;
unterschiedliche Lösungsansätze entwickelt und in bezug auf ihre Wirkungen geprüft; Politiken auf dieser Grundlage festgelegt und implementiert;
Wirkungen beobachtet und evaluiert; Korrekturen angebracht, um nicht-
intendierte Folgen zu bewältigen. Natürlich ist allen Beteiligten klar, dass
dieses Modell die Wirklichkeit nur begrenzt abbildet. Jedermann weiß um
politische Machtkämpfe, Verhandlungsprozesse, institutionelle Blockaden.
Doch das Politikzyklus-Modell symbolisiert auch weiterhin die oft nur implizite, aber die Ligaturen in den Köpfen der Beteiligten prägende Annahme
von mehr oder weniger linearen Lernprozessen in demokratischen Gesell-

---

[9] Vgl. Singer, Hans (2001): A Research Agenda, in: Meier, Gerald/Stiglitz, Joseph (Hg.): Frontoers
of Development Economics, New York

schaften – trotz all der Widrigkeiten der Politik. Und wenn dann trotz all der
Expertisen, den wissenschaftlichen Begleitungen sowie Monitoring- und
Evaluierungsinstrumenten doch wieder keine Problemlösungen produziert
wurden und angesteuerte Veränderungsprozesse sich nicht einstellen, dann
kann es nur an den unwilligen, beratungsresistenten Praktikern des politischen Systems liegen. Hinter all dem steckt noch immer das Ideal von der
„rationalen Politik", der „verwissenschaftlichten Politik" und dem schon von
Max Weber beschriebenen abendländischen Rationalisierungsprozess von
Staat und Gesellschaft, der insbesondere in den 60er und frühen 70er Jahren
für unbegrenzten politischen Gestaltungsoptimismus sorgte. Auch wenn
diese Grundstimmung seitdem einem zunehmenden Steuerungsskeptizismus
gewichen ist, bleiben doch in vielen think tanks und politikberatenden Forschungsinstituten sowie im Zusammenspiel von Politik und Wissenschaft das
heroische Konzept des Politikzyklus und die Ideen von der linear lernenden
Gesellschaft und der „rationalen Politik" präsent.

Im folgenden sollen zwei „Mechanismen" (im Sinne von Renate
Mayntz, s.o.) skizziert werden, die erstens erklären, weshalb in Gesellschaften nicht-lineare Lern-, Entwicklungs- und Modernisierungsprozesse die Regel und nicht die Ausnahme sind. Beide Mechanismen verdeutlichen zweitens die Bedeutung des Faktors „Zeit" im Prozess des Zusammenspiels von
Politik und Wissenschaft. Das Verständnis der beiden Mechanismen kann zu
einem realistischeren Bild von den Interventionsmöglichkeiten wissenschaftlicher Politikberatung beitragen.

Mechanismus 1:   Das Garbage Can-Phänomen und die Grenzen
                   problemlösungsorientierter Politikberatung

James G. March und Johan P. Olson haben schon 1976 auf *drei Missverständnisse* in bezug auf Veränderungsprozesse in Organisationen von Politik,
Wirtschaft und Gesellschaft hingewiesen:

1. Die Vermittlung von Problemlösungswissen in Organisationen führt mehr
oder weniger automatisch zu einer gesteigerten Problemlösungsfähigkeit.
March und Olson beobachten, dass dies manchmal, aber bei weitem nicht
immer der Fall ist.
2. Differierende Intentionen handelnder Akteure führen zu jeweiligen Wirkungen.

„Bessere Intentionen" führen zu „besseren Outcomes" [10]

March/ Olson beobachten statt dessen oft Entwicklungen, die von keinem der handelnden Akteure intendiert waren.

3. Problemkonstellationen, die Suche nach Problemlösungen und die Präferenzen von Akteuren sind linear miteinander verknüpft. Dieses Denken entspricht der Logik des Politikzyklus-Modells. March/ Olson verweisen jedoch auf nicht-lineare, zuweilen auch blockierte Lernprozesse in Organisationen und Gesellschaften, obwohl zuweilen überzeugende Problemlösungen existieren:

> „Although choice opportunities may lead first to the generation of decision alternatives, then to an examination of the consequences of those alternatives, then to an examination of the consequences in terms of objectives, and finally to a decision, such a model is often a poor description of what actually happens." [11]

March und Olson entwickeln vor diesem Hintergrund ihr „Garbage Can-Modell" [12]. Sie gehen davon aus, dass Entscheidungen in komplexen Organisationen (in unserem Fall in politischen Systemen) von vier relativ unabhängigen, jedoch miteinander korrespondierenden „Strömen" („streams") beeinflusst werden. Diese Ströme interagieren, wie Dinge in einer „garbage can", also einer Mülltonne. Man ahnt, das es in „garbage can-Entscheidungsprozessen", im Gegensatz zum Politikzyklus-Konzept, nicht notwendigerweise „ordentlich", im Sinne von problemlösungsorientiert, zugeht. Die vier Ströme sind die folgenden:

Probleme und Problemkonstellationen: Probleme werden durch die öffentliche Meinung, das politische System, die Medien oder auch die Wissenschaft sichtbar gemacht: Arbeitslosigkeit, Standortkrisen, globale Armut, Schurkenstaaten und vieles mehr werden durch öffentliche Debatten als politische Probleme thematisiert und so zum Gegenstand des politischen Systems.
Lösungen: Problemlösungen sind Produkte und Angebote von aktiven Individuen oder Organisationen. Natürlich gibt es Lösungen, die als Reaktion auf

---

[10] March, James G./Olson, Johann P. (1976): Ambiguity and Choice in Organizations, Bergen, Oslo, S. 19
[11] March, James G./Olson, Johann P. (Anm. 10), S. 26
[12] Vgl. March, James G./Olson, Johann P. (Anm. 10), S. 26ff

Probleme entwickelt worden sind. Doch genauso häufig gibt es Lösungsmuster „actively looking for a question".[13]

Handelnde Akteure und Entscheider: Handelnde Akteure und Entscheider, die auf politische Prozesse Einfluss nehmen, kommen und gehen. Sie bewerten Probleme aus ihrer Sicht, nehmen Lösungsangebote auf oder verwerfen diese. Ihre Präferenz ist keineswegs stabil. Ihre Aktivitäten und Interaktionen setzen Prozesse in Gang, deren Ergebnisse von den Intentionen aller Beteiligten abweichen können.

Entscheidungssituationen und -momente: In Entscheidungssituationen müssen Akteure sich aktiv verhalten. In Organisationen entstehen regelmäßig Entscheidungssituationen, z.b. wenn Abstimmungen stattfinden, Haushalte verabschiedet werden müssen, Personen befördert und degradiert werden. Entscheidungssituationen können jedoch auch emergieren, z.b. wenn sich Krisen zuspitzen und „etwas geschehen muss" oder einige Akteure handeln und andere Beteiligte zu Reaktionen zwingen.

Aus der Sicht von March und Olson sind diese Ströme nicht völlig voneinander entkoppelt, aber letztlich getroffene Entscheidungen sind „a somewhat fortuitous confluence".[14] Die vier Ströme werden durch institutionelle und soziale Strukturen kanalisiert. Die Ergebnisse des „garbage can decision process" werden a) durch die Zeitdimension geprägt, in der Probleme, Problemlösungen, Entscheider und Entscheidungsmomente aufeinander treffen oder folgen, b) durch die Allokation von Macht sowie die Energie und Handlungskraft der Entscheider und handelnden Akteure beeinflusst und c) durch unterschiedliche, denkbare Vernetzungen, Überlagerungen, Interaktionen oder auch Entkoppelungen zwischen den vier Strömen bewirkt. Dass auftretende Probleme die Erarbeitung von Problemlösungen anstoßen, Entscheider und handelnde Akteure diese Angebote prüfen und in problemadäquate Politiken übersetzten, ist aus dieser Sicht nur eine der denkbaren Entwicklungspfade.

March und Olson unterscheiden neben dem gerade skizzierten und in der Realität wohl eher seltenen, aber im Alltagsverständnis eher als typisch angenommenen Idealfall eines problemorientierten Entscheidungsprozesses zwei weitere wichtige Handlungskonstellationen:

[13] March, James G./Olson, Johann P. (Anm. 10), S. 26
[14] March, James G./Olson, Johann P. (Anm. 10), S. 27

Erstens: „*Entscheidungen aus Versehen"* („*by oversight"*). Wenn Entscheidungssituationen entstehen (z.B. nach dem 11. September 2001 oder infolge eines verheerenden Umweltunglücks) und diese auf handlungsbereite Akteure und Entscheider treffen, kommt es oft zu Aktivitäten, die nur wenig mit dem zu Grunde liegenden Problem und adäquaten Problemlösungen zu tun haben. Der Irakkrieg im Frühjahr 2003 könnte in diese Kategorie gehören. *Zweitens: sich aufdrängende Entscheidungen nach erfolgloser Problembearbeitung.* Zuweilen werden Entscheidungen über Richtungsänderungen in der Politik getroffen, nachdem Probleme lange erfolglos bearbeitet wurden und in Situationen, in denen großer Handlungsdruck entsteht (Entscheidungsmomente), scheinbar „attraktive Problemlösungen" auftauchen (manchmal auch solche, die schon lange angeboten wurden, jedoch ohne sich zuspitzenden Handlungsdruck nicht aufgegriffen wurden). „The problems leave the choice, and thereby make it possible to make the decision."[15]

Der Umbruch in Lateinamerika zum Neoliberalismus in den 80er Jahren könnte in diese Richtung interpretiert werden. Nach unterschiedlichen Anläufen zur Modernisierung des gescheiterten Modells binnenmarktorientierter Importsubstitution und sich zuspitzenden Zahlungs- und Wachstumskrisen kommt das neoliberale Lösungsangebot daher, dessen „Attraktivität" sich vor allem daraus ergibt, dass es von den internationalen Finanzorganisationen IWF und Weltbank durch großzügige Kredite unterstützt wird. Handlungsdruck und erfolglose Krisenüberwindungsversuche führten hier dazu, Lösungsmuster zu übernehmen, die nur in seltenen Fällen mit den je konkreten Problemen der Länder korrespondierten. Eine ähnliche Dynamik könnte man hinter der Erfindung des „Hartz-Konzeptes" vor der Bundestagswahl 2002 oder auch der plötzlichen „Erfindung" des „Agenda 2010-Projektes" der Bundesregierung zur Bekämpfung der Arbeitslosigkeit vom Frühsommer 2003 vermuten. In diesen Fällen sind ebenfalls nicht mehr die tatsächlichen Probleme und die handelnden Akteure die ausschlaggebenden „Ströme" des „Garbage Can-Entscheidungsprozesses", sondern die sich zuspitzenden Entscheidungssituationen und attraktiv erscheinende Problemlösungspakete. Dass in den beiden genannten Beispielen („Hartz" und Agenda 2010) Lösungsmuster aufgegriffen wurden, die kurz zuvor noch als „Instrumente aus der neoliberalen Mottenkiste" erschienen waren, nun aber angesichts eskalierender Krisen und mangelnder Alternativen sowie mit Verweis auf erfolgreiche sozialdemokratische Modernisierungsprozesse in den Nie-

---

[15] March, James G./Olson, Johann P. (Anm. 10), S. 33

derlanden oder auch in Schweden als Auswege aus der Krise präsentiert wurden, unterstützt diese Interpretation.

Das hier nur kurz skizzierte „Garbage Can-Konzept" erlaubt es, komplexe Interaktionen zwischen durchaus bekannten Faktoren in politischen Entscheidungsprozessen systematisch zu reflektieren und die Logik von Entwicklungsdynamiken zu verstehen, die häufig eher als pathologische Entgleisungen des politischen Systems oder Folge der Beratungsresistenz von Praktikern interpretiert werden:

> „The garbage can process, ..., is one in which problems, solutions and participants move from one choice opportunity to another in such a way that the nature of the choice, the time it takes, and the problem it solves all depend on a relatively complicated intermeshing of the mix of choices available at any one time, the mix of problems that have access to the organization (in unserem Fall dem politischen System, D.M.), the mix of solutions looking for problems, and the outside demands on the decision makers."[16]

Wissenschaftliche Politikberatung, die Entscheidungsprozesse wirkungsvoll beeinflussen will, sollte das Interpretationsangebot des „Garbage Can-Konzeptes" nutzen, nicht zuletzt, weil es die Wirklichkeit eher abzubilden vermag als das Politikzyklus-Modell. Es schützt vor akademischem Voluntarismus, schärft die Sinne für Eigenheiten und Logiken des politischen Systems, verweist auf die Kontingenz politischer Prozesse und nicht zuletzt darauf, dass auch kluge Ideen und problemadäquate Lösungsangebote ihre Zeit haben und auf spezifische Konstellationen zwischen Problemlösungen, Problemen, Entscheidungssituationen und handelnden Akteuren sowie Entscheidern angewiesen sind. Zudem sensibilisieren March und Olson dafür, dass die Probleme im Zusammenspiel von Politik und Wissenschaft nicht nur in den Idiosynkratien des politischen Systems und der Schwierigkeit, komplexe wissenschaftliche Forschungsergebnisse in allgemeinverständliche Beratung zu übersetzen, bestehen, sondern auch in Eigenheiten des politikorientierten Wissenschaftssystems selbst, das nicht nur an „Wahrheitsfindung" und „Problemlösung" orientiert ist:

> „(Es gibt) answers actively looking for a question. The creation of need is not solely a curiosity of the market in consumer products."[17]

---

[16] March, James G./Olson, Johann P. (Anm. 10), S. 36)
[17] March, James G./Olson, Johann P. (Anm. 10), S. 27)

Mechanismus 2: Zur Dynamik des Wandels von Normen- sowie Institutionensystemen und der Ungeduld der Politikberater

Die Erwartungen wissenschaftlicher Politikberater hinsichtlich der Reichweite ihres Engagements werden oft frustriert, wenn es um grundsätzliche Weichenstellungen in Politik, Wirtschaft und Gesellschaft geht, in die oft wissenschaftliche Beratungsgremien durch die Politik eingebunden werden. Beispiele sind Enquete-Kommissionen des Deutschen Bundestages zur nachhaltigen Entwicklung oder auch zu den Folgen der Globalisierung für das politische System der Bundesrepublik sowie internationale Beratungsgremien, wie z.b. der internationale Verbund der Klimaforscher, der die Grundlagen für eine globale und zukunftsfähige Energiepolitik erarbeiten soll. Von solchen Expertengremien werden oft – und in der Regel gut begründet – tiefreifende Reformen vorgeschlagen. Nur wenige der Reformvorschläge übersetzten sich in rasche Anpassungen der realen Politik. Statt dessen kommt es üblicherweise zu inkrementellen, punktuellen Reformen. Woran liegt das? Politische Borniertheit? Interessenbasierte Ignoranz? Machtpolitische Blockaden? Für all diese Erklärungsversuche gibt es überzeugende Beispiele. Auch das „Garbage Can-Modell" würde helfen, politische Entscheidungsprozesse, die sich an Expertengremien anschließen, durchschaubarer und verstehbarer zu machen.

Besonders interessant sind in unserem Zusammenhang jedoch Erkenntnisse der Organisationstheorie zum Wandel von Organisationen und zu Lernprozessen von und zwischen Organisationen, die auf wichtige Aspekte kollektiven Handelns unter Bedingungen großer Unsicherheit hinweisen. Diese Sichtweise verdeutlicht, weshalb Veränderungsprozesse innerhalb des politischen Systems viel langsamer verlaufen als von den nicht handelnden, aber vordenkenden Experten empfohlen und erwartet – gerade wenn es um weitreichende politische Reformenangebote und -zwänge geht (wie derzeit in den Diskussionen über die „Neuerfindung des Sozialstaates oder auch der transatlantischen Beziehungen, Schritte in Richtung Global Governance oder auch das Zusammenspiel von Außen-, Entwicklungs- Sicherheits- und Umweltpolitiken). Woran liegt das?

Theorien des Organisationslernens unterscheiden zwischen einfachem und komplexem Lernen sowie damit verbundenen Prozessen inkrementellen und radikalen Wandels.[18] Einfaches Lernen bezieht sich auf die korrekte Anwendung geltender Regeln. Es erlaubt inkrementelle Innovationen. Die Leistungsgrenzen und Risiken einfachen Lernens hängen von der Tauglichkeit der Regeln ab, innerhalb derer inkrementeller Wandel stattfindet. In Zeiten politischer Weichenstellungen, in denen der Umbruch des Wohlfahrtsstaates, der Übergang vom Nationalstaatensystem zu Global Governance und die Neuordnung der transatlantischen Beziehungen unter Bedingungen US-amerikanischen Unilateralismus diskutiert werden, werden etablierte Institutionen und Regelsysteme der Politik mit Anforderungen radikalen Wandels konfrontiert. Dieser radikale Wandel kann durch einfaches Lernen nicht bewältigt werden. Er erfordert Prozesse komplexen Lernens, die bestehende Regelsysteme im Lichte von Alternativen und neuen Situations- und Umweltdeutungen in Frage stellen und gegebenenfalls modifizieren. Einfaches Lernen umfasst also im Kern Regelanwendung und routinisiertes Handeln. Komplexes Lernen bezieht sich auf die Veränderung etablierter Regelsysteme als Reaktion auf die Neubewertung von Informationen über turbulente oder neue Umfeldbedingungen, woraus Strategieveränderungen resultieren müssten. Oft sind es zunächst Experten, Wissenschaftler, externe Beobachter und Ratgeber des politischen Systems, die auf Erschütterungen von Kernkategorien tradierter Leitbilder der Politik hinweisen und Reaktionen vorschlagen, die aus der Perspektive der Organisationen des politischen Systems als grundlegender Wandel perzipiert werden. Weshalb setzen sich Einsichten in die Notwendigkeit weitreichender Reformen nur langsam, mit großer Zeitverzögerung und manchmal gar nicht im politischen System durch?

Die Organisationstheorien haben hierfür eine plausible Erklärung. Komplexes Lernen, grundsätzlicher Wandel, Strategien jenseits routinisierten Handelns sind für Organisationen risikobeladen, schwierig und voraussetzungsvoll.[19] Gegenstand komplexen Lernens und radikaler Innovationen von Organisationen ist vor allem das Wissenssystem, in dem operative Regeln, normative Prämissen und kognitive Annahmen gespeichert sind. Das Wissenssystem baut nicht nur auf Kenntnissen über objektive Ursache- und Wirkungsketten auf (die ja häufig unbekannt oder unsicher sind), sondern auch

---

[18] Vgl. Fiol, Marlen C./Lyles, Marjorie A. (1985): Organizational Learning, in: Academy of Management Review, Nr. 10, S. 803-813; Argyris, Chris/Schön, Donald A. (1978): Organizational Learning. A Theory of Action Perspective, Oxford
[19] Vgl. Willke, Helmut (1998): Systemisches Wissensmanagement, Stuttgart; Wiesenthal, Helmut (1995): Konventionelles und unkonventionelles Organisationslernen: Literaturreport und Ergänzungsvorschlag, in: Zeitschrift für Soziologie, H. 2, S. 137-155

auf Organisationsmythen, mit denen die Lücken empirischen und theoretischen Wissens gefüllt werden,[20] sowie auf „mental maps"[21], die implizites Wissen komprimieren und „Landkarten in den Köpfen"[22] darstellen, um überhaupt erst Orientierung in einer komplexen Welt und damit zielgerichtetes kollektives Handeln von Organisationen zulassen. Die Grenzen zwischen kognitiven Annahmen, normativen Ideen und Organisationsmythen sind fließend.[23] Komplexes Lernen und radikale Innovationen im Sinne weitreichender Strategiewechsel stellen gerade diese für die Handlungsfähigkeit von Organisationen konstitutiven Wissens- und Deutungsmuster („core beliefs") in Frage.

Die Organisationstheorien zeigen, dass Organisationen auf hohe Umweltunsicherheit (z.b. erzeugt durch Expertengremien oder sich zuspitzende Krisen) zunächst entweder mit Ignoranz und einer Bestärkung der etablierten Handlungsorientierungen reagieren oder mit selektiver Wahrnehmung, also einer Aufnahme derjenigen neuen Anforderungen von außen, die Anschlussfähigkeit zum etablierten Wissens-, Deutungs- und Regelsystem aufweisen. Die begrenzten Reaktionen des deutschen politischen Systems auf die Enquete-Kommissionen zur Nachhaltigkeit oder auch zu Globalisierung und Weltwirtschaft, in denen weitreichende Reforminitiativen entwickelt wurden, können in diese Richtung gedeutet werden. Inkrementelle Veränderungen, die im Rahmen „bewährter Politik" verbleiben, werden angestoßen, tiefgreifende Strategiewechsel zunächst aufgeschoben.

Mit anderen Worten: Handeln und Lernprozesse von Organisationen des politischen Systems (aber auch anderer Organisationen) sind aufgrund der Bedingungen kollektiven Handelns von Großorganisationen hochgradig pfadabhängig. Neues Wissen kann sich nur sukzessive gegen vorhandene Wissens- und Deutungsmuster durchsetzen und als relevant identifiziert und akzeptiert werden. Als Ursache tiefgreifenden Organisationswandels sind Zweifel an oder Erschütterungen von „bewährten Regeln und Orientierungen" oder Inkonsistenzen zwischen neuem Wissen und etablierten Organisationsmythen nicht ausreichend. Weil Organisationen auf „geglaubte", internalisierte und routinisierte „mental maps" angewiesen sind, müssen tief verankerte und lange Zeit erfolgreiche Orientierungssysteme erst nachhaltig

---

[20] Vgl. Wiesenthal, Helmut (Anm.19)

[21] Hedberg, Bo (1981): How Organizations Learn and Unlearn, in: Nystrom, Paul C./Starbuck, William H. (Hg.): Handbook of Organizational Design, Vol. 1, New York/ Oxford, S. 3-27

[22] Willke, Helmut (Anm. 19.), S. 48

[23] Vgl Mintzberg, Henry (1996): Managing Government – Governing Management, in: Havard Business Review, Mai/Juni, S. 75-83

entwertet und durch neue, überzeugende Orientierungsangebote ersetzt werde.[24] Wissenschaftler können es sich gegebenenfalls leisten, in kürzeren Abständen neue Paradigmen auf den Wissens- und Politikberatungsmarkt zu werfen: (Groß-)Organisationen sind auf stabile Orientierungssysteme angewiesen und können sich zwischen zwei Paradigmen keine „Leerstellen" oder lange Suchprozesse erlauben.[25]

Vor diesem Hintergrund erstaunt nicht, was wissenschaftliche Politikberater oft zutiefst frustriert: Weil Organisationen pfadabhängig und selektiv, im langen Schatten der Vergangenheit und orientiert an den Tiefenstrukturen ihrer Organisationsmythen lernen, werden Strategieangebote der Politikberatung, die über inkrementelle Veränderungen hinausgehen, in der Regel zunächst ignoriert. Dennoch sind solche Irritationen der Politik durch Wissenschaft und Politikberatung nützlich, denn sie tragen sukzessive dazu bei, etablierte kognitive Wissensbestände zu hinterfragen, vielleicht sogar aufzubrechen. Die Beiträge politikorientierter Sozialwissenschaften zu Globalisierung und Global Governance seit den 90er Jahren wirken vermutlich in diese Richtung. Sie stellen tradierte Interpretationsmuster wirksam in Frage (z.B. die Konzepte von Souveränität oder von nationalen Interessen, das Leitbild des Nationalstaates als zentralem Ort der Politik), hinterlassen jedoch noch immer in vielen Bereichen zahlreiche offene Fragen (z.B. zur Zukunft von Demokratie und Legitimation im Kontext von Global Governance; zu vielfältigen Koordinationsproblemen) und können daher für die meisten Organisationen des politischen Systems noch keine „kohärenten" Antworten oder „neue Landkarten" für das Zurechtfinden in der globalisierten Welt zur Verfügung stellen. Und neben den kognitiven Leerstellen mangelt es vielen politischen Organisationen noch an globalisierungstauglichen mentalen und normativen Sinnarchitekturen als Substitute für das erodierende Leitbild des Nationalstaatensystems. Daher ko-existieren die alten strategischen Orientierungen der politischen Akteure mit Versatzstücken von neuen Wissens- und Deutungssystemen. Grundlegende Weichenstellungen und politische Innovationen erfordern also – so die Lehre aus den Erkenntnissen der Organisationstheorie zu Lernprozessen und Institutionenwandel – ZEIT.

Gerade wissenschaftliche Politikberatung, die auf Weichenstellungen und Strategiewandel ausgerichtet ist (und davon ist derzeit in allen möglichen Politikfeldern viel die Rede), sollte die Lehren der Organisationstheori-

---

[24] Vgl. Wiesenthal, Helmut ((Anm. 19)
[25] Vgl. March, James G./Olsen, Johan P. (1988): The Uncertainty of the Past. Organizational Learning under Ambiguity, in: March, James G. (Hg.): Decisions and Organizations, Oxford, S. 335-358

en zur Kenntnis nehmen, um zu einer realistischen Einschätzung der eigenen Möglichkeiten zu gelangen. Die skizzierte Sichtweise schützt *erstens* vor Voluntarismus und dem naiven Glauben an die unmittelbare Veränderbarkeit komplexer Organisationslandschaften. Sie schärft *zweitens* den Blick dafür, dass zwischen der Entwicklung neuer politischer Leitbilder und deren sukzessiver Übersetzung in das politische System in der Regel beachtliche Zeitgräben liegen. Der Weg von den Debatten über den Klimawandel seit den frühen 80er Jahren bis zu zaghaften Ansätzen einer globalen Klimapolitik Ende der 90er Jahre verweisen auf diese zeitintensiven „trickle down"-Effekte. Das Wissen um die Unterschiede zwischen inkrementellen sowie radikalen Lernprozessen vermittelt *drittens*, dass die Veränderung von Sinnarchitekturen und Deutungsmuster, an denen Organisationen ihr Handeln neu ausrichten, nur durch die Kommunikation neuer Interpretations- und Strategieangebote entstehen können, die sukzessive die tradierten „mental maps" der handelnden Akteure des politischen Systems verdrängen. In diesem Feld können die politikorientierten Sozialwissenschaften und die wissenschaftliche Politikberatung ihre Beiträge zu Lernprozessen in der Gesellschaft verorten. *Viertens* verdeutlichen die Organisationstheorien, dass wissenschaftliche Politikberatung mehr leisten muss als überzeugende Kritik an etablierter Politik. Solange keine überzeugenden, hinreichend konkreten Lösungs- und Sinnstiftungsangebote vorliegen, die alte, aber lange Zeit erfolgreiche Handlungs- und Deutungsmuster ersetzen können, fällt es Organisationen des politischen Systems schwer, sich von ihren vertrauten „mental maps" zu lösen – komplexes Lernen, weitreichende Strategiewechsel und radikale Innovationen, die möglicherweise den von anwendungsorientierten Sozialwissenschaftlern und Politikberatern zutreffend beschriebenen neuen Herausforderungen angemessen wären, sind dann unwahrscheinlich.

Raus aus dem Elfenbeinturm
Zehn Erfolgsfaktoren angewandter Europaforschung

Claus Giering

Europapolitik ist seit mehr als fünf Jahrzehnten ein tragendes Element der deutschen Staatsräson. Neben der transatlantischen Bindung und dem Streben nach der Wiedervereinigung gehörte die europäische Einigung immer zur Substanz bundesdeutscher Außenpolitik. Während die Wirtschaftspolitik schon lange ein wichtiges Feld der Politikberatung aus akademisch geprägten Instituten ist, gilt das nicht im selben Maß für die Außen- oder gar die Europapolitik. Der Kreis der mit Europa operativ und administrativ befassten Berufspolitiker, Beamten und Berater ist vergleichsweise begrenzt. Je abstrakter das Thema – wie etwa Verfassungsfragen oder die Reform der EU-Institutionen – desto kleiner ist der Akteurszirkel und der Beraterkreis in Deutschland. Doch obwohl sich kaum institutionalisierte Schnittepunkte zwischen Wissenschaft und Praxis – wie dies beispielsweise in der Wirtschafts-, der Umwelt oder der Energiepolitik der Fall ist – etabliert haben, gibt es dennoch eine gewisse Offenheit gegenüber Beratung von außen.[1] Und um die Beratung zu europapolitischen Grundsatzfragen soll es in diesem Werkstattbericht aus der Arbeit des Centrums für angewandte Politikforschung (CAP) gehen. Der Erfolg dieser Beratung ist dabei von bestimmten Faktoren abhängig, die im Folgenden vorgestellt und diskutiert werden sollen.

1. Mulitdimensionalität

These: Im Idealfall will Politikberatung sowohl die Setzung der Agenda wie die Entscheidungen der Akteure beeinflussen. Dazu sollte Politikbe-

---

[1] Vgl. zur Politikberatung in Deutschland u.a. Heinrich, Harald (2002): Politikberatung in der Wissensgesellschaft. Eine Analyse umweltpolitischer Beratungssysteme, Wiesbaden; Segbers, Klaus (Hg.) (1999): Außenpolitikberatung in Deutschland, Arbeitspapiere des Osteuropa-Instituts der FZ Berlin, Heft 24; Thunert, Martin (2000): Think Tanks in Deutschland. Beratung für die Politik, in: Deutschland 03 (siehe auch Archiv unter http://www.publikation-deutschland.de/)

ratung nicht nur partiell bei Gelegenheit, sondern gezielt auf allen beteiligten Entscheidungsebenen ansetzen.

Die Leitlinien und die Grundsatzentscheidungen der Europapolitik werden zumeist im Europäischen Rat vorbereitet und getroffen. Damit sind letztlich der Bundeskanzler, sein Außenminister und deren Administration das Ziel wissenschaftlicher Politikberatung auf diesem Feld. Im Rahmen der Neugestaltung der Beratungslandschaft nach dem Berlin-Umzug soll Bundeskanzler Schröder gesagt haben, dass er diese Art Beratungsinstitute nicht brauche, er habe doch „seinen Steiner".[2] Eine der Schlussfolgerungen, die man aus diesem Politikverständnis ziehen kann, ist, sich an die Steiners dieser Welt zu wenden, wenn man bestimmte Vorschläge transportieren möchte. Je nach Thema gilt es also, die zuständigen Führungspaare – den Entscheider und seinen Vertrauten – zu identifizieren.

Doch auch die Herren Spin-Doktoren und Informationsmakler in der Administration sind wiederum in bestimmte Entscheidungskontexte und Hierarchien eingebunden. Um also eine Idee einspeisen zu können, ist daher die gesamte Informations- und Entscheidungskette zu einem Vorgang vom zuständigen Referenten über den Referatsleiter, den Abteilungsleiter, den Staatssekretär bis hin zum Minister zu berücksichtigen. Als Hypothese lässt sich aufstellen: je mehr Ebenen mit einem bestimmten Input erreicht werden, desto größer ist die Chance, als Beratungsinstanz wahr- und angenommen zu werden und Einfluss auszuüben. Wenn diese Kette durch Unkenntnis der Beraterinstitution einerseits und der konkreten Reformvorschläge andererseits, oder gar durch die Ablehnung von „Hersteller" oder „Produkt", unterbrochen wird, sinkt der potenzielle Einfluss oder wird bewusst blockiert.

Für erfolgreiche Beratung ist es also entscheidend, auf möglichst allen vertikalen Ebenen der internen Politikberatung anzusetzen. Dasselbe gilt natürlich auch in der Breite. Beratung muss auch die horizontalen Verflechtungen der an der Europapolitik beteiligten Ministerien, Institutionen, Ausschüsse und auch die Landesregierungen sowie ihre jeweiligen Akteure im Blick haben, wenn es darum geht Grundsatzüberlegungen in die Debatte einzubringen. Anders liegt der Fall hingegen bei auf Vertraulichkeit beruhender, exklusiver Fachberatung, da dort eine breite Streuung des Beratungsgegenstandes kontraproduktiv wäre.

---

[2] Wehner, Markus (1999): Politikberatung im Rückwärtsgang, in Frankfurter Allgemeine Zeitung vom 19. August

2. Methodenadäquanz

These: Dieselbe Botschaft muss bei unterschiedlichen Akteuren mit passge-
nauen Instrumenten und in spezifischer Form vermittelt werden.

Die zunehmende internationale Verflechtung wie auch die Verkürzung von
Entscheidungszyklen fixieren die Aufmerksamkeit der Akteure auf die aktuell drängenden Fragen – zu Lasten mittel- und langfristiger Konzeptionen. Es
besteht daher Bedarf an einer systematischen praktischen Ausrichtung, wie
sie in den Naturwissenschaften längst als notwendige Ergänzung der Grundlagenforschung etabliert ist. Als unabhängige Berater mit wissenschaftlichem
Hintergrund ist es der Arbeitsansatz der Projektpartner, diese Lücke zu
schließen. Dazu organisieren die Bertelsmann Stiftung und das Centrum für
angewandte Politikforschung den wissenschaftlichen Sachverstand zur Entwicklung von Problemlösungen der Europapolitik. Den verschiedenen Pro-
jektabschnitten ist gemeinsam, dass sie die international und interdisziplinär
angelegte Analyse mit Vorschlägen und Empfehlungen für die politische
Praxis verbinden. Angewandte Politikforschung unterscheidet sich auch in
der Systematik der Projektabläufe. In der Regel entsprechen die einzelnen
Schwerpunkte innerhalb des Projektbereichs „Strategien für Europa" einem
erprobten Muster:[3]

1. Am Beginn stehen die Problemanalyse und eine genaue Bestandsauf-
    nahme der bisher entwickelten Regelungsansätze und -vorschläge. Da-
    bei gilt es gleichzeitig, die drängenden Probleme der kommenden Jahre
    zu antizipieren, um eventuelle Lösungsmodelle dann vorhalten zu kön-
    nen, wenn der europapolitische Handlungsbedarf steigt oder eine Mate-
    rie entscheidungsreif wird.
2. Im zweiten Schritt werden Ziele und Kriterien sachgerechter Lösungen
    entwickelt. Die Projektpartner organisieren dazu unter anderem interdis-
    ziplinäre Expertengruppen, beziehen politische Akteure und wissen-
    schaftlichen Sachverstand in die Erarbeitung ein.
3. Auf der Basis von Problemanalyse und Zielraster werden im dritten
    Schritt Lösungsoptionen erarbeitet. Dabei orientiert sich die Arbeit nicht

---

[3] Weidenfeld, Werner (2000): Die Zukunft Europas – Strategien und Optionen. Der Beitrag angewandter Politikforschung in 15 Jahren Europa-Arbeit der Bertelsmann Stiftung und des Centrums für
angewandte Politikforschung, in: Europäische Rundschau Nr. 4, S. 83-94

in erster Linie an dem, was heute schon machbar erscheint, sondern daran, was sachlich notwendig wäre.

4. Der vierte Schritt dieser Projekte besteht in der Vermittlung der Ergebnisse an die Adressaten in Politik und Öffentlichkeit. Dabei geht die Europa-Initiative gezielt über die sonst übliche Publikation von Arbeitsergebnissen hinaus. Die direkte Beratung von politischen Akteuren ist ebenso ein Bestandteil der Arbeit wie die Erstellung von Multimedia-Materialien oder eine offensive PR-Arbeit.

Die Botschaft beruht also auf wissenschaftlicher Analyse. Erfolgreiche Politikberatung kann es demnach nur geben, wenn die Forschung einen qualitativ hochwertigen und für die Umsetzung in Politik relevanten Input liefert.

Jede Entscheidungsebene erfordert aber eigene Instrumente der Ansprache. So werden die Akteure an der Spitze zum einen durch Foren anzusprechen sein, die eine besonders große Aufmerksamkeit in der Öffentlichkeit erzeugen, wie dies beispielsweise beim etwa alle zwei Jahre in Kooperation mit der Bertelsmann Stiftung durchgeführten *International Bertelsmann Forum* der Fall ist. Für solche Events werden vom Centrum für angewandte Politikforschung (CAP) dann entsprechende Strategiepapiere vorbereitet, die die Gesamtentwicklung der europäischen Einigung in den Blick nehmen.[4] Oder es muss genau das Gegenteil angestrebt werden, also ein Format, in dem sich die Spitzenakteure untereinander und gegebenenfalls mit Akteuren von Einrichtungen mit tendenziell gegensätzlichen Interessen ohne Medienberichterstattung zu bestimmten Themen austauschen können. Falls Journalisten einbezogen werden, gilt dabei die sogenannte *Chatham-House*-Regel, nach der individuelle Aussagen nur nach Absprache für die Berichterstattung verwendet werden dürfen. Diese Art der Politikberatung setzt darauf, Raum und Zeit, eine gewisse Exklusivität sowie intellektuelle Ruheräume für die vom politischen Alltag gehetzten Akteure zu schaffen, um auf diese Weise die Bereitschaft zur Aufnahme und Verarbeitung von Analysen und Strategieempfehlungen zu fördern.

Ähnliche Formate auf nationaler und internationaler Ebene – mit der für die jeweilige Entscheidungsebene entsprechenden Besetzung – können auch für die verschiedenen Leitungsebenen interessant sein. Für die Vermittlung von Projektergebnissen und Reformoptionen sind nicht-öffentliche Bera-

---

[4] Vgl. u.a. Bertelsmann Stiftung (Hg.) (1997): Das neue Europa – Strategien differenzierter Integration, International Bertelsmann Forum, Gütersloh; Bertelsmann Stiftung (1999): Central and Eastern Europe on the Way into the European Union. International Bertelsmann Forum 1999, Gütersloh

tungsrunden im kleinen Kreis zu konkreten Sachthemen die für beide Seiten effektivste Kommunikationsform. Als Diskussionsbasis dienen hier knapp gehaltene *Policy-paper*. Auf der Arbeitsebene hingegen besteht zusätzlich Bedarf, die generellen Strategieüberlegungen durch fundierte Grundlagen-studien zu ergänzen und zu untermauern.

3. Personalität

These: Gute persönliche Beziehungen sind wichtiger als breite Medienreso-nanz.

Oft wird mittlerweile behauptet, dass Politikberatung hauptsächlich über die Medien stattfinden würde. Das ist sicherlich ein wichtiges Element, um Aufmerksamkeit zu erzeugen und den Bekanntheitsgrad eines Beraters und seiner Institution zu steigern – und damit letztlich auch die potenzielle Rele-vanz seiner Aussagen zu erhöhen. Artikel, Interviews und Kommentare sind aber nur ein zusätzlicher Pfad, um Botschaften zu vermitteln und einer brei-teren Öffentlichkeit bekannt zu machen.

Für die konkrete Sachberatung gilt aber, dass der persönliche Kontakt und das gegenseitiges Vertrauen elementar für erfolgreiche Beratung sind. Wie bereits betont wurde, geht es ja bei vielen Kontakten gerade darum, keine Öffentlichkeit zu erzeugen, sondern die Akteure mit Analysen und Argumenten zu „munitionieren". Eine breite Medienpräsenz ist also wichtig zur Verstärkung von Aussagen und Bekanntheitsgrad des Beraters – und natürlich auch zur Evaluierung der Beratungsleistung. Ohne eine persönliche Beziehung drohen nur publizierte Beratungsleistungen aber in der Masse der Medieninformationen und -kommentare unterzugehen.

4. Objektivität

These: Um auf verschiedenen Ebenen bei unterschiedlichen Institutionen, Fraktionen oder Parteien mit der Beratung ansetzen zu können, muss eine gewisse Überparteilichkeit gewährleistet sein.

Parteinahe Stiftungen und Interessenverbände haben mit dem Thema Über-parteilichkeit weniger ein Problem. Sie vertreten ja explizit bestimmte Inter-essen. Die Offenheit der Institutionen für Beratung oder Zuarbeit ist durch die Interessengebundenheit nicht gefährdet. Vielmehr ist sie die Eintrittskarte, um im eigenen Milieu, aber auch bei politischen Kontrahenten aus genau diesem Grund zumindest in offenen Runden Zugang zu erhalten. Think Tanks und Universitätsinstitute müssen hier natürlich viel stärker auf Objektivität achten. Ein am Ausgleich divergierender Interessen ausgerichteter oder auf der Basis reiner Funktionalität argumentierender Beitrag kann aber leicht entweder nicht zugespitzt genug sein oder jenseits der momentanen Realisierbarkeit liegen. Beides ist im Beratungskontext eher schwieriger zu vermitteln als ein von bewussten Interessen geleiteter Vorschlag.

Eine zu große Nähe zu einzelnen Akteuren birgt auch die Gefahr in sich, dass man nicht mehr ausreichend kritikfähig gegenüber dem zu beratenden Akteur oder der beratenen Institution ist, um es sich nicht zu „verscherzen". Kritikfähigkeit ist aber nicht zuletzt notwendig, um eigene Akzente in der Europadebatte setzen zu können. Politikberatung setzt ja durchaus auch bei Systemdefiziten an. So kann es unter Optimierungsgesichtspunkten sachgerecht sein, eine Reorganisation der Koordinierung der deutschen Europapolitik zu fordern, selbst wenn diese zu Lasten eines Partners im Beratungskontext geht. Hier gilt es einen Mittelweg zu finden, der die Glaubwürdigkeit des Beratungsinstituts nicht in Frage stellt.

5. Kontinuität

These: Glaubwürdigkeit und Relevanz als Berater für bestimmte Themen müssen hart erarbeitet werden. Dazu ist eine langfristige Beschäftigung mit den Themen notwendig, bei denen man als Experte identifiziert werden will.

Expertise ist ein kostbares Gut. Vor allem durch Restriktionen, die sich aus wechselnder Projekttätigkeit ergeben, ist es in der nicht an Grundlagen orientierten und dafür finanzierten Forschung schwierig, ausreichende Kontinuität in einem Themenfeld zu gewährleisten. Kontinuität bedeutet auch, sich mit Ausdauer und dem Mut zur Wiederholung zu einem Thema über eine längere Zeit hinweg zu äußern. So haben sich das CAP und die darin zusammengefassten Forschungsgruppen unter der Leitung von Prof. Weidenfeld seit Ende der achtziger Jahre mit der Notwendigkeit einer europäischen Verfassung beschäftigt. Bereits Ende der 80er Jahre wurde in einer Arbeitsgruppe der Bericht „Wie Europa verfasst sein soll" erstellt.[5] Anhand des dort aufgestellten Sollmodells für Europa wurden die Ergebnisse der großen Vertragsreform von Maastricht in einem Analyseband geprüft.[6]

Seitdem wurden vor jeder weiteren Reformrunde ein Forderungskatalog für ein effizient und demokratisch verfasstes Europa aufgestellt und die Fortschritte evaluiert.[7] Und immer wieder wurde in der Folge das Verfassungsthema aufgegriffen, da grundlegende Studien ergeben haben, dass die stetig wachsende Europäische Union eine robuste konstitutionelle Basis braucht, wenn sie auch mit mehr als 15 Mitgliedstaaten handlungsfähig bleiben soll und ihre Zielsetzung den Bürgern vermitteln möchte. Bereits 1999 wurde daher erneut die „Vollendung Europas" gefordert – in einer Zeit als Begriffe wie „Verfassung", „föderal" oder „analog zu bundesstaatlichen Strukturen" Tabuthemen selbst in der deutschen europapolitischen Debatte waren.[8] Mittlerweile ist die Forderung im Rahmen der Konventsverhandlungen von einer Utopie zum gängigen Ziel nahezu aller beteiligten Akteure geworden.

6. Prospektivität

These: Erfolgsorientierte Politikberatung muss ihrer Zeit immer wieder einen Schritt voraus sein.

Das Verfassungsthema zeigt exemplarisch, dass Forderungen nicht nur kontinuierlich verfolgt werden müssen, sondern ein Berater auch mit bestimmten Analysen verknüpft werden muss. Daher reicht es nicht aus, Defizite an bestehenden Systemen und Politiken zu identifizieren, sondern es müssen auch immer wieder Zukunftsthemen aufgegriffen werden, die die Politik zum jeweiligen Zeitpunkt noch gar nicht im Visier hat. Politikberatung sollte also

---

[5] Vgl. Forschungsgruppe Europa (1988): Europäische Defizite, europäische Perspektiven – eine Bestandsaufnahme für morgen, Gütersloh; Weidenfeld, Werner (Hg.) (1991): Wie Europa verfasst sein soll – Materialien zur Politischen Union, Gütersloh

[6] Vgl. Weidenfeld, Werner (1994): Maastricht in der Analyse. Materialien zur Europäischen Union, Gütersloh

[7] Vgl. Weidenfeld, Werner (Hg.) (1994): Europa'96. Reformprogramm für die Europäische Union, Gütersloh; Weidenfeld, Werner (Hg) (1998): Amsterdam in der Analyse, Gütersloh; Bertelsmann Europa-Kommission (2000): Die Vollendung vorbereiten. Forderungen an die Regierungskonferenz 2000, Gütersloh; Weidenfeld, Werner (Hg.) (2001): Nizza in der Analyse, Gütersloh

[8] Vgl. Forschungsgruppe Europa (1998): Strategiepapier zum International Bertelsmann Forum 1998, in: Bertelsmann Stiftung (Hg.): Europa vor der Vollendung, Dokumentation des International Bertelsmann Forum, Gütersloh; Bertelsmann Forschungsgruppe Politik (2000): Ein Grundvertrag für die Europäische Union. Entwurf zur Zweiteilung der Verträge, München

ihrer Zeit immer einen Schritt voraus sein und im Idealfall Antworten für Fragen parat haben, die noch gar nicht gestellt werden. Denn wenn sich die Politik eines Problems bemächtigt, kann dieses eine erhebliche Dynamik erleben, bevor es (vorübergehend) gelöst ist oder wieder hinter dem Wahrnehmungshorizont von Öffentlichkeit und Politik verschwindet. Wer sich zu Beginn einer Themenkonjunktur erst zum Nachdenken zurückziehen muss, wird es schwer haben, im Beratungsprozess noch wahrgenommen zu werden. Potenzielle Problemfelder und Entwicklungstendenzen müssen also frühzeitig aufgegriffen werden und analytisch erfasst werden. Erst auf dieser Basis können dann Lösungsansätze und Strategieempfehlungen entwickelt und formuliert werden.

Aus diesem Vorlauf ergibt sich ein zeitlich aufwändiger und wissenschaftlich anspruchsvoller Prozess, den die interne Politikberatung der Administration aufgrund ihrer eher aktuellen Ausrichtung kaum leisten kann. Das gilt etwa für die Frage der direkten Nachbarschaft und ihrer Konsequenzen, die sich für die EU aus der Erweiterung auf 25 und später 28 und mehr Staaten ergeben werden.[9] In diesem Sinne werden am CAP auch Szenarien zur Zukunft der Europäischen Union erarbeitet, die denkbare unterschiedliche Entwicklungsstränge der internen EU-Reformen, des EU-Erweiterungsprozesses und Europas Rolle in der Welt miteinander kombinieren, um so plausible Szenarien und die damit zusammenhängenden Probleme zu identifizieren und Lösungsvorschläge zu erarbeiten.

In dem Maße, wie die internationale Vernetzung voranschreitet und internationale Beziehungen immer komplexer werden, steigt auch der Bedarf an vorausblickender und konzeptioneller Beratungsleistung. Die Leitlinien des CAP lassen sich daher wie folgt skizzieren: Angewandte Politikforschung avanciert so zur differenzierten Orientierungsleistung und bietet als Ideenagentur Lotsendienste für die Politik. Ihre Dienstleistung kann sich nicht mehr nur auf die reine Vermittlung von Fakten zurückziehen, sondern sie muss Möglichkeiten und Pfade systemischer Gestaltung ausloten und aufzeigen. Dies erfordert einen mehrstufigen Prozess, der die Problemerkennung und -analyse im Sinne der Frühwarnfunktion, die Erkenntnis der damit verbundenen Sensibilitäten, die Formulierung von politischen Optionen und ihre Aggregation zu politischen Strategien sowie die anschließende Implementierung und Bewertung der Ergebnisse umfasst."[10]

---

[9] Vgl. u.a. Kempe, Iris (1998): Direkte Nachbarschaft – die Beziehungen zwischen der erweiterten EU und der Russischen Föderation, Ukraine, Weißrussland und Moldova, Gütersloh
[10] Vgl. Weidenfeld, Werner/Turek, Jürgen (2003): Schlüsselfertige Beratung: eine Frage der Kommunikation, in: politik&kommunikation, März, S. 6-7

7. Aktualität

These: Politik ist kurzlebig und reaktiv, Politikberatung muss daher meist aktuell und rasch agieren.

Wissenschaftliche Politikberatung steht vor einem Dilemma. Sie kann nur einen glaubwürdigen Beitrag – der über Ad-hoc-Aussagen hinausgeht – leisten, wenn die Beratung auf fundierten Analysen beruht. Diese brauchen aber je nach Thema einen manchmal erheblichen, zeitlichen Vorlauf. Politik wird aber immer kurzlebiger und reaktiver. Die knappste Ressource der Politik und der Politiker ist die zur Verfügung stehende Zeit. Aktualität, Praxisnähe und Durchsetzbarkeit werden deshalb zu wichtigen Prüfsteinen einer verwertbaren Kommunikation. Angewandte Politikforschung, die den zeitlichen Rahmen und den Verwertungskontext der Politik vernachlässigt, bleibt letztlich irrelevant für die politische Entscheidung.[11]

Ähnliches gilt für die politische Kommunikation im Medienbereich. In unserer medienzentrierten Demokratie wechseln die Themen rasch und auch Politikwissenschaftler werden zunehmend um Kommentierung in Printmedien und Rundfunk gebeten. Das ist einerseits eine Bestätigung der Relevanz der Politikwissenschaft und zeigt, dass auch die vorhanden sprachlichen Barrieren zwischen Fachwissenschaft und Praxis überwunden werden können. Andererseits ist eine aktuelle Kommentierung oft genug auf eine durch die Medien vermittelte Realität angewiesen und kann sich nur noch bedingt auf eine wissenschaftlich fundierte Analyse stützen.

Auch das Internet hat dazu beigetragen, die Politik und ihre Analyse zu beschleunigen. Jeder erwartet einen raschen Kommentar zu jedem Thema. Wenn die Homepage von Beratungsinstituten nicht fast täglich mit innovativen und interessanten Meldungen versehen wird, entsteht der Eindruck von Trägheit. Das Internet bietet für die Politikberatung zwar ganz neue Möglichkeiten ihre Beiträge und Analysen rasch und ansprechend aufbereitet einer breiten interessierten Öffentlichkeit anzubieten. Es wächst aber gleichzeitig die Gefahr, sich zu sehr auf die Tagespolitik zu fixieren. Wissenschaftliche Politikberatung kann aber nicht in Konkurrenz zu den Medien treten. Auch hier muss die angewandte Politikforschung und -beratung einen vernünftigen Mittelweg zwischen zeitnaher Kommentierung von Tagespolitik und langfristiger, von aktuellen Ereignissen unabhängiger Analyse finden.

---

[11] Vgl. Weidenfeld, Werner/Turek, Jürgen (Anm. 10)

8. Priorität

These: Wenn Politikberatung nicht zwischen den Anforderungen, die sich aus Prospektivität und Aktualität ergeben, aufgerieben werden will, muss sie klare strategische Prioritäten setzen.

Die Kurzlebigkeit der Ereignisse und die wechselseitige Reaktivität von Medien und Politik birgt auch für die Politikberatung die Gefahr, sich in der Vielfalt der Themen zu verzetteln. Aufgrund der meist sehr beschränkten personellen und finanziellen Ressourcen darf nicht zu viel Energie dabei verpuffen, in der Dynamik des jeweiligen Beratungsfeldes bei allen Themen in erster Reihe präsent zu sein. Es müssen also klare strategische Prioritäten gesetzt und diese konsequent verfolgt werden, ohne sich die Agenda allzu sehr von außen diktieren zu lassen.

So ist es beispielsweise im Rahmen des Konvents zur Reform der Europäischen Union kaum möglich, alle Themen zu behandeln oder auf allen Foren präsent zu sein. In der schieren Papiermasse, die der Konvent selbst, die Mitgliedstaaten, die Europäischen Union und andere Institutionen, die Regionen, die Zivilgesellschaft oder auch die Wissenschaft produzieren, gehen auch viele gute und wichtige Beiträge unter.[12] Um solche längerfristigen Ereignisse angemessen und effektiv begleiten zu können, selbst noch ein Stück weit Agenda-setting zu betreiben und bei Bedarf mit Beratungsleistungen zur Verfügung zu stehen, bedarf es also klarer Handlungs- und Themenprioritäten. So versuchen wir etwa im Rahmen der Arbeit der Bertelsmann Forschungsgruppe Politik durch das zu jeder Konventsitzung erscheinende „Spotlight" eigene Akzente zu setzen.[13]

9. Reziprozität

These: Politikberatung muss darauf achten, einen Mehrwert für Politik, Administration und Medien zu bieten, wenn sie aus einer auf eigene Angebote ausgerichteten in eine durch Nachfrage gesteuerte Position kommen möchte.

---

[12] Siehe allein die schiere Masse von Beiträgen auf den konventsbezogenen Internetseiten wie http://european-convention.eu.int/ (Konvent), http://europa.eu.int/futurum/forum_convention/index_de.htm (Forum) und http://europa.eu.int/futurum/index_de.htm (Futurum)
[13] Siehe http://www.cap.uni-muenchen.de/konvent/spotlight.htm.

Reziprozität ergibt sich aus Angebot und Nachfrage. Politikberatung zu europäischen und internationalen Themen ist heute noch stark auf die Erarbeitung eigener Angebote ausgerichtet. Das Angebot ist groß und die Sozialwissenschaften bieten einen weitläufigen Markt der Ideen an. Allerdings ist es mit viel Aufwand verbunden, eine breite Palette an „Produkten" zu aktuellen und potenziellen Themen bereit zu stellen. Es ist schwierig, immer wieder Nachfrage bei Politik, Administration und Medien zu erzeugen. Das liegt zum einen daran, dass oft die Verpackung der guten Ideen und Analysen nicht stimmt. Noch immer neigen die Sozialwissenschaften dazu, ihre Ergebnisse in Werken zu publizieren, die sich allein schon durch Umfang und sprachliche Abschottung nur an ein teils sehr kleines Fachpublikum wenden. Grundlagenforschung ist wichtig und muss auch weiterhin unabhängig vom Tagesgeschehen durchgeführt werden. Die Erkenntnisse müssen dann aber auch für die Politik nutzbar aufbereitet werden. Hier kann eine anwendungsorientierte Politikwissenschaft eine wichtige Übersetzungsleistung erbringen.

Das zweite Problem liegt vor allem in Deutschland daran, dass die gezielte Nachfrage nach politikwissenschaftlicher Beratung im Vergleich zum Angebot oder gar zur Situation in den Vereinigten Staaten noch sehr gering ist. Viel wird also mehr oder weniger umsonst produziert. Politik und Administration sollten daher klare Anforderungen benennen, welche Art Beratung, Inhalte und Vermittlungsforen von ihrer Seite gebraucht und genutzt werden. Die Erfahrung hat gezeigt, dass besonders kleine Diskussionsrunden ergiebig sind, die auf der Basis einer klaren Themenabsprache und knappen Papieren dazu durchgeführt werden. Allerdings verfügt die Administration nur über begrenzte Ressourcen, um über die von ihnen bereits finanzierten Einrichtungen hinaus zusätzlich nachgefragte Beratungsleistungen angemessen zu finanzieren. Ohne engagierte Förderer solcher Ansätze – wie etwa die Bertelsmann Stiftung – hätten parteipolitisch unabhängige, wissenschaftliche Think Tanks noch weniger Möglichkeiten, angewandte Politikforschung zu entfalten.

10. Validität

These: Wissenschaftliche Politikberatung von außen tut sich auch deswegen schwer, weil sich die konkrete Wirkung ihrer Arbeit kaum evaluieren lässt.

Jede Form der Politikberatung und Projektförderung muss sich fragen, wie und woran man den Erfolg der Arbeit messen kann. Problemlösungen und Konzepte werden ja kaum eins zu eins umgesetzt. Zu jedem Thema gibt es, wie oben gezeigt wurde, eine Reihe von beteiligten Akteuren in der Entscheidungsfindung und in der Regel auch mehrere Berater, die von außen Einfluss nehmen. Politiker werden sich zudem kaum explizit auf wissenschaftliche Quellen berufen, wenn sie neue Ideen aufgreifen. So lässt sich bei manchen Ereignissen zwar durchaus feststellen, dass gewisse strategische Erwägungen, Begriffe oder auch konkrete Vorschläge Eingang in die Debatte oder in Entscheidungen genommen habe. Ein quantifizierbarer Nachweis ist aber nur schwer zu erbringen. Auch in der Projektarbeit werden aber immer strengere Maßstäbe an die Evaluation angelegt. Dabei stehen drei Fragen im Mittelpunkt:

- Gelingt die Analyse? (Beraterevaluation)
- Gelingt die Kommunikation? (Beratungsevaluation)
- Gelingt die Implementierung? (Umsetzungsevaluation)

Der Ansatzpunkt für eine Evaluierung von Politikberatung ist, dass die wissenschaftliche Politikberatung einen Kommunikationskreislauf durchläuft. Dieser lässt sich in die genannten Teilschritte Analyse, Kommunikation und Implementierung zerlegen, an dem zahlreiche Akteure direkt oder indirekt beteiligt sind. Der Beratungsprozess ist durch ständige Rückkoppelungen geprägt. Diese bestimmen dann wieder die weitere Analyse und das weitere Vorgehen. Man muss davon ausgehen, dass es keine lineare Wirkungskette gibt, zahlreiche Transaktionen vorliegen und indirekte Vermittlungen die Messung der Wirkung erschweren.

Der Erfolg der Politikberatung ist zudem von drei Übersetzungsleistungen abhängig: Transkription der wissenschaftlichen Grundlagenforschung durch den Berater, Transkription der Botschaft durch die Administration für die Entscheidungseben und die Ergebnisvermittlung durch die Medien. Es müssten für die Beraterebene, die Botschaft, die Rezipienten, die Implementierung und die Öffentlichkeit jeweils spezifische Evaluationskriterien angesetzt werden.[14] Eine nachvollziehbare Evaluierung müsste also auf allen Ebenen ansetzen, um die verschiedenen an der Politikberatung beteiligten

---

[14] Vgl. Claus Giering (1998): Politikberatung evaluieren: Wie und woran den Erfolg messen? CAP-Thesenpapier, Oktober

Ebenen und Akteure identifizieren und den Politikberatungsprozess nachvollziehen zu können. Doch auch ohne eine umfassende Analyse lassen sich einige Indikatoren für erfolgreiche Politikberatung identifizieren:

- Zum einen sagt natürlich der *Bekanntheitsgrad* der beratenden Institutionen und der dort beschäftigten Personen sowie die Verknüpfung einer bestimmten Expertise mit diesen etwas über den Erfolg der geleisteten Arbeit aus.
- Zweitens kann auch aus der Wahrnehmung und *Einordnung* der Institution durch unabhängige Studien auf die Position innerhalb der Beraterlandschaft und damit den Erfolg der Arbeit geschlossen werden.[15]
- Drittens ist die *Bereitschaft* der Zielgruppe, sich mit dem Berater im Rahmen von Diskussionen, Konferenzen oder auch in bilateraler Kommunikation einzulassen, ein deutlicher Hinweis auf die Akzeptanz der Beratungsleistung.
- Insbesondere ist aber die direkte *Nachfrage* nach Beratung und Expertise ein entscheidender Gradmesser erfolgreicher Politikberatung

Wenn es gelingt, die sozialwissenschaftliche Politikberatung – gerade auch im Bereich der Europapolitik und der internationalen Politik – entlang dieser zehn Faktoren erfolgreicher Beratung weiterzuentwickeln, dann wird auch in Deutschland ein engeres Zusammenspiel von Politik, Öffentlichkeit und Wissenschaft möglich sein. Eine der wichtigsten strukturellen Defizite in diesem Zusammenhang ist aber der noch immer sehr geringe Austausch zwischen diesen drei Bereichen, wie er gerade in den angelsächsischen Ländern viel stärker ausgeprägt ist.[16] Dennoch ist die angewandte Politikforschung auch heute schon eine faszinierende Schnittstelle zwischen Theorie und Praxis, zwischen Wissenschaft und Politik.

---

[15] Vgl. Thunert, Martin (1999): „Think Tanks als Ressourcen der Politikberatung – Bundesdeutsche Rahmenbedingungen und Perspektiven" in: *Forschungsjournal Neue Soziale Bewegungen,* September, S. 10-19; Vgl. die Ergebnisse der DVPW-Studie von Hans-Dieter Klingemann und Jürgen Falter, zusammengefasst in Focus 36/1998, S. 94

[16] Vgl. Gellner, Winand (1995): Ideenagenturen für Politik und Öffentlichkeit – Think Tanks in den USA und in Deutschland, Opladen; Reinicke, Wolfgang H.(1996): Lotsendienste für die Politik: Think Tanks – Amerikanische Erfahrungen und Perspektiven für Deutschland, Gütersloh

Politisches Kommunikationsmanagement in der Mediengesellschaft
Zur Professionalisierung der Politikvermittlung

Klaus Kamps

„Bin Baden": In Zynismus kaum noch zu steigern scheint dieser angeblich bundeswehrinterne Spitzname für den ehemaligen Verteidigungsminister Rudolf Scharping. Im August 2001 hatte der Minister dem Magazin *Bunte* ein längeres Interview und eine Fotostrecke gewährt – „Total verliebt auf Mallorca" (Titel) – und damit das in jüngerer bundesdeutscher Vergangenheit wohl misslungenste Stück politischer Öffentlichkeitsarbeit vorgelegt. Zwar finden sich in dem Interview noch Äußerungen Scharpings zur politischen Großwetterlage, haften blieb gleichwohl das, was die *Bunte* letztlich in den Mittelpunkt der Urlaubsgeschichte stellte: Das feucht-fröhliche Wasserspiel des Ministers mit seiner Lebensgefährtin Kristina Gräfin Pilati-Borggreve. Spätestens nachdem der *Spiegel* in der darauffolgenden Woche ein der Kabale angemessenes Titelbild publizierte, schlug der Versuch Scharpings, im Sommerloch sein staubtrockenes Image aufzubessern, höhere Wellen. Die Sache ging – salopp ausgedrückt – in die (Bade-)Hose, weil die private Glückseligkeit des Ministers nicht so recht mit den Sorgen seiner Soldaten in Einklang zu bringen war, die kurz vor einem Auslandseinsatz standen. Nahe dem Rücktritt war Scharping dann knapp zweieinhalb Wochen später, als nun auch „Auffälligkeiten" bei der Nutzung der Flugbereitschaft ruchbar wurden. Allein dem makaberen Umstand der Terroranschläge vom 11. September war es zu verdanken – daher auch der o. g. Spottname – dass Scharping (vorerst) im Amt blieb. Die Tagesordnung der politischen Öffentlichkeit änderte sich radikal und ließ keinen Raum für Kritik und Schwadronieren an und über politische Inszenierung.

Eine geschicktere, vor allem authentischere Form der Selbstdarstellung fand Scharpings Nachfolger im Amt, Peter Struck, als er die im Ausland eingesetzten Soldaten bei einer Stippvisite mit einer eigenwilligen, aber eben eigenen Interpretation der „Blues Brothers" unterhielt bis amüsierte. Was Adenauer das Boccia-Spiel im italienischen Cadenabbia war, war Helmut Kohl die Fütterung von sorgsam ausgewählten Alpentieren am Wolfgangsee, waren Jürgen W. Möllemann die Fallschirmabsprünge in Anstoßkreisen, Wochenmärkten und Stadtteilfesten: Nüchterne Politikvermittlung, natürlich, ist allemal anders. Und als der damalige FDP-Generalsekretär Guido Westerwelle die Teilnehmer der Reality-Soap „Big Brother" im Container besuchte, verstieg er sich immerhin zu der Äußerung, „man hat mir gesagt, über Politik darf ich reden" – „*quo vadis* Politik?" war mindestens einem Dutzend Kommentatorenseufzer zu entnehmen. Andere Beispiele anderer politischer Akteure wären zu nennen: Zweifelsohne verlangt die „Aufmerksamkeitsökonomie"[1] der Mediengesellschaft mitunter von Spitzenpolitikern und solchen, die es werden wollen, vom vermeintlich engen Pfade politischer Inhalte, Überzeugungen, Ideologien und sonstigen „Wahrheiten" abzuweichen und kommunikationsstrategisch vorzugehen. Sei es (nur) zur persönlichen Imagepflege, sei es, um im Dickicht politischer Kommunikation und Öffentlichkeit Akzente zu setzen oder Meinungen zu bilden und Interessen anzumelden.

Dass Politik im hohen Maße ein *kommunikationsabhängiges* Geschäft ist, ist unbestritten und im Grundsatz nicht neu. Fehlende oder anspruchslose Inhalte, oberflächliche bis populistische Appelle, mangelnde Bodenhaftung und (gelungen und weniger gelungene) symbolische Inszenierungen sind dementsprechend auch keine Episteln, die einzig der gegenwärtigen Politikergeneration ans Revers zu heften wären. Gleichwohl hat es den Anschein, als würden kommunikative Elemente, als würde Planung, Anlage und Stil öffentlicher Kommunikation in der Politik an Stellenwert gewinnen – und als würde darüber hinaus ein *Kommunikationsmanagement* zunehmend über Erfolg respektive Misserfolg auf dem politischen Parkett bestimmen. Dies soll im Folgenden näher systematisiert werden.

1. Entwicklungsskizze und Systematik

Franklin D. Roosevelt führte bei seiner ersten Pressekonferenz als amerikanischer Präsident etwas gänzlich Neues ein: Er bat die anwesenden Reporter, ihn (im Zusammenhang mit gewissen innerparteilich diffizilen Informationen) nicht namentlich zu zitieren; im Gegenzug bot er ihnen „background" und „off-the-record-information": Dass „FDR" damit Einfluss auf Ton und Fokus der Berichterstattung üben wollte, liegt auf der Hand. Die angesprochenen Journalisten hingegen sahen sich – dem Vernehmen nach – zu „Stan-

---

[1] Franck, Georg (1998): Ökonomie der Aufmerksamkeit. Ein Entwurf. München, Wien

ding Ovations" veranlasst: „Franklin D. Roosevelt elevated *news management* to an art form".[2]

Angesichts der Entwicklungsgeschichte des politischen Journalismus, der sich als autonomes (wenngleich kapitalgesteuertes) System erstmals in den Vereinigten Staaten etablierte, ist in der Retrospektive kaum verwunderlich, dass sich eine Professionalisierung der politischen Öffentlichkeitsarbeit (auch jenseits von Wahlkämpfen) zunächst auch dort beobachten lässt. „The first word in President is PR" ist dann unter amerikanischen Politikberatern spätestens seit Ronald Reagan ein verbreitete Losung, und auch die amerikanische Politikwissenschaft versteht die Präsidentschaft heute vornehmlich als eine kommunikative Institution: „Public Engineering" nennen sie eine nachgerade generalstabsmäßig organisierte Medienarbeit mit Permanenzcharakter.[3] Und der Franzose Roger-Gérard Schwartzenberg hat schon vor zwei Dekaden den Begriff *Marketing Politique* geprägt.[4]

Hier lassen sich – grob für die Vereinigten Staaten – drei Phasen der politischen Kommunikation unterscheiden, die zeitversetzt auch für Westeuropa gelten dürften:[5] Die beiden Dekaden vor dem zweiten Weltkrieg zeichnen sich durch eine „party-dominated communication" aus; als zweite Phase wird eine Ära identifiziert, in der das Fernsehen als dominantes Medium das *öffentliche* politische Handeln bestimmt. Seit etwa Anfang der 90er Jahre – in den USA wird dies an die erste Clinton-Regierung gekoppelt – bewegen wir uns im „dritten Zeitalter" der politischen Kommunikation, in dem aufgrund einer Reihe externer Faktoren („Modernization", „Individualization", „Secularization", „Economization", „Aestheticization" etc.)[6] ein fundamentaler Wandel in Richtung Professionalisierung und Rationalisierung politisch-strategischer Kommunikation zu verzeichnen ist. Wichtigster Aspekt mit Blick auf das journalistische System ist hierbei, dass dort die Selbstdarstellungsbemühungen, dass die Versuche zur Interpenetration durch das politische System – über das Anekdotische hinaus – reflektiert und thematisiert werden.

In der Bundesrepublik stand die Öffentlichkeitsarbeit von Parteien oder Regierungen angesichts der nationalsozialistischen Agitation lange Zeit,

---

[2] Kerbel, Matthew Robert (1995): Remote & Controlled. Media Politics in a Cynical Age, Boulder u. a, S.32 (Hervorhebungen im Original)

[3] Vgl. Alger, Dean E. (1989): The Media and Politic, Englewood Cliffs

[4] Vgl. Schwartzenberg, Roger-Gérard (1980): Politik als Showgeschäft. Moderne Strategien im Kampf um die Macht, Düsseldorf, Wien

[5] Vgl. Blumler, Jay G./Kavanagh, Dennis (1999): The Third Age of Political Communication: Influences and Features, in: Political Communication, 16, Heft 3, S. 209-230

[6] Vgl. Blumler, Jay G Kavanagh, Dennis (Anm. 5), S.213 f

zumindest bis in die 60er Jahre, unter Propagandaverdacht. Allerdings hatte auch Konrad Adenauer bereits jenseits seiner – legendären – Tee- und Kamingespräche einen ausgeprägten Sinn für das, was wir heute wohl „Imagepflege" nennen würden, ohne dass ihm wohlfeile Expertisen zur politischen PR zur Verfügung standen. Und dass sich das Bundesverfassungsgericht im März 1977 in einem Urteil mit der Öffentlichkeitsarbeit von Staatsorganen befasste, zeugt von einer Sensibilität gegenüber Persuasionskommunikation, noch ehe die multimediale Kommunikationsgesellschaft das politische Publikum fragmentierte.

Politische Kommunikation mit Hang zur Öffentlichkeits*arbeit* war hierzulande bis in die 50er Jahre hinein zunächst auch noch dem Wahlkampf vorbehalten. Dabei dominierten schon aus der Weimarer Republik bekannte Methoden: massiver Einsatz von Plakaten, Handzetteln, Flugblättern, Wahlrundbriefen und Großkundgebungen. Hinsichtlich einer Modernisierung des Wahlkampfs nahmen dann die Kampagnen zu den Bundestagswahlen 1953 und 1957 eine Vorreiterrolle ein. Das gilt für eine Orientierung an den Medien („Interviewpolitik"), für den Ausbau des Bundespresseamtes als PR-ähnliche Informationsagentur der Bundesregierung, insbesondere aber für den Einsatz von Umfragen und die Ausrichtung der Kampagne an demoskopischen Befunden.[7] Bis 2002 ist dann ein kontinuierlicher Prozess der Expansion des Wahlkampfs zu immer aufwendigeren Medien- und Materialschlachten zu dokumentieren.

Heute wird auch für das hochnormative System Politik Öffentlichkeitsarbeit weitgehend akzeptiert als eine Reaktion der Systemakteure auf die Notwendigkeit, in der Mediengesellschaft Öffentlichkeit *herzustellen* – und dies mit Permanenz, also auch jenseits von Wahlkämpfen. Die Spannweite politischer Öffentlichkeitsarbeit, partiell unter „symbolischer Politik"[8] subsumierbar, erstreckt sich dabei von der Inszenierung des politischen Handelns über Politik als personenorientiertes Showgeschäft, die Anpassung jeder extern orientierter politischer Aktivität an die Medienlogik und Medienlogistik bis zur Kreation und Distribution übersichtlicher Informationshappen für ausgesuchte soziale Gruppen. Bei der Beobachtung der Entwicklung politischer Kommunikation ist dabei in jüngster Zeit verstärkt von einer Professionalisierung des politischen Kommunikationsmanagements die Rede.

---

[7] Vgl. Recker, Marie-Luise (1997): Wahlen und Wahlkämpfe in der Bundesrepublik Deutschland 1949-1969, in: Ritter, Gerhard A. (Hg.): Wahlen und Wahlkämpfe in Deutschland. Von den Anfängen im 19. Jahrhundert bis zur Bundesrepublik, Düsseldorf, S. 267-309
[8] Sarcinelli, Ulrich (1987): Symbolische Politik. Zur Bedeutung symbolischen Handelns in der Wahlkampfkommunikation der Bundesrepublik Deutschland, Opladen

Politisches Kommunikationsmanagement meint hier die Ausrichtung, Steuerung und Kontrolle, die strategische Planung und den operativen Einsatz politischer Kommunikation durch politische Akteure mit dem Anspruch und Ziel, eigene Vorstellungen und Interessen allgemein verbindlich durchzusetzen.[9] Management ist dabei, folgt man der wirtschaftswissenschaftlichen Lehrbuchliteratur, ein an und in sich ordentlicher, d. h. steuerbarer Prozess der Unternehmensführung, bei dem üblicherweise fünf Phasen unterschieden werden: (1) Planung, (2) Organisation, (3) Personaleinsatz, (4) Führung und schließlich (5) Kontrolle.

Hierfür wiederum ist in der Tat der schon mehrfach genutzte Begriff der Professionalisierung bedeutsam – d. h. in unserem Kontext: die Frage nach einem vom politischen Inhalt abgehobenen, systematischen, durchaus planerisch-analytischen Vorgehen von Kommunikatoren bei der Politikvermittlung. Überspitzt ausgedrückt: Es geht eher um kommunikative Mittel und Instrumente, um deren Planung, Einsatz und Kontrolle (Effektivität und Effizienz), weniger um Inhalte (wenngleich Inhalte als Handlungshorizonte stets präsent bleiben). Damit soll nicht der Trennung zweier Sphären – Politik hier, Kommunikation dort – das Wort geredet werden. Vielmehr handelt es sich um eine Schwerpunktsetzung angesichts der kommunikativen Herausforderungen einer komplexen Großgesellschaft. Professionalisierung wird dabei konzipiert als ein über kommunikatives Routinehandeln hinausgehender Versuch, Wissen, Fertigkeiten und Fähigkeiten von Personen oder Gruppen zu differenzieren und zielkonzentriert und systemimmanent einzusetzen.

Zwar liegen derzeit noch keine sozialhistorischen Studien über den Entwicklungsprozess gesellschaftlicher Kommunikations- und Medienstrukturen vor; gleichwohl soll im Folgenden ein Modernisierungsprozess umrissen werden, der alle westlichen Industriestaaten erfasst hat und der Basisindikatoren liefert für eine Neuorientierung öffentlicher Kommunikation im skizzierten Sinne einer Professionalisierung durch Kommunikationsmanagement.

2. Sozialer Wandel, intermediäres System, Medienwandel

Traditionell betrachtet vollzieht sich politische Interessenvermittlung in der Bundesrepublik im Rahmen eines intermediären Systems, bestehend aus

---

[9] Vgl. Kamps, Klaus (2003): Politisches Kommunikationsmanagement. Grundlagen und Tendenzen einer Professionalisierung moderner Politikvermittlung, Wiesbaden

Parteien, Verbänden, Kirchen, Gewerkschaften, Interessengruppen, sozialen Bewegungen – und Medien. Der verfassungsrechtlich verankerte Pluralismus des demokratischen Wettbewerbs beschränkt sich nicht einzig auf einen periodisch gewählten und damit zeitlich befristet mit allen Handlungsfreiheiten ausgestatten Politik-Kader, sondern umfasst auch die strukturelle Einbindung größerer gesellschaftlicher Gruppen in den politischen Meinungs- und Willensbildungsprozess. Intermediäre Instanzen wie z. B. Verbände greifen Probleme auf und formulieren sie – interessengeleitet – gegenüber der Politik; umgekehrt wendet sich die Politik an diese Akteure, um ein gesellschaftlich breites Meinungsbild zu er- und hinterfragen bzw. um ihre eigenen Überzeugungen zu vermitteln.

Parallel zum sozialen Wandel moderner Gesellschaften läuft nun ein Strukturwandel der Organisationen und Institutionen des intermediären Systems. Zunächst liegen zahlreiche Belege für soziale Wandlungsprozesse vor.[10] Für unseren Kontext sind vor allem folgende Punkte wichtig:

- Immer weniger Personen engagieren sich dauerhaft in Parteien oder Gewerkschaften und Verbänden, die politische Organisationsbereitschaft – zumal: von der Wiege bis zur Bahre – nimmt ab;
- analog hierzu verlieren *ideologische Bindungen* an Parteien ihre Anziehungskraft; seinen Niederschlag findet das u. a. in der Zunahme der Wechselwählerschaft und der Fluktuation auch politisch engagierter Bürgerinnen und Bürger zwischen verschiedenen Organisationen;
- die Bevölkerung in ihrer Gesamtheit begegnet gesellschaftlichen Organisationen und staatlichen Organen zunehmend unter dem Signum einer Dienstleistungserwartung – mit entsprechendem Präferenzwechsel bei „Nichterbringung" dieser Leistungen.

Begleitet werden diese Entwicklungen von Reorientierungsbemühungen einzelner Organisationen und zugleich von neuen Formen der Institutionalisierung. Das Beziehungs- und Machtgefüge innerhalb des intermediären Systems verschiebt sich, da das Mediensystem, bedingt nicht zuletzt aufgrund der Expansion der elektronischen Medien, gegenüber dem traditionellen Gefüge an Autonomie gewinnt. Wurde den Medien ursprünglich eine gesellschaftlich „dienende", Kommunikationsinhalte ausschließlich „vermittelnde"

---

[10] Vgl. Jarren, Otfried (1994): Medien-Gewinne und Institutionen-Verluste? Zum Wandel des intermediären Systems, in: Ders. (Hg.): Politische Kommunikation in Hörfunk und Fernsehen. Elektronische Medien in der Bundesrepublik Deutschland, Opladen, S. 23-34

Funktion bzw. Aufgabe zugetragen, so hat die weitreichende Differenzierung *innerhalb* des Massenkommunikationssystems selbst – nicht zuletzt aufgrund der Deregulierungspolitik Mitte der 80er Jahre – eine *relative* Entpflichtung hiervon zur Folge. Kurz: Das Mediensystem a) entkoppelt sich sukzessive von den hergebrachten Institutionen des intermediären Systems, und b) – weitreichender – es evolviert selbst zum zentralen Horizont der modernen Gesellschaft.

Horizont heißt vor allem: Einem postulierten „institutionellen Eigensinn" der Medien folgt eine umfassende Reorientierung der gesellschaftlichen Vermittlungsstruktur. Konzeptionell ist dann festzuhalten, dass die Medien eben nicht – wie in traditionellen Modellen noch angenommen – als eine vermittelnde, rein technische Instanz Informationen weiterleiten und damit indirekt (aber passiv) das Anliegen anderer Institutionen oder Organisationen promovieren. Vielmehr stellen sie heute für eben diese anderen Akteure selbst den zentralen Handlungskontext dar, ihre Handlungslogik (z. B.: Form der Umweltbeobachtung, Ansprache des Publikums) überträgt sich auf die Handlungsoptionen der anderen Akteure.

Im Kern stützt sich diese These eines Autonomiegewinns der Medien und des Wandels des intermediären Systems auf Aspekte der Ökonomisierung, Internationalisierung, einen technischen Wandel, die Entwicklung neuer Medientypen und darüber auf eine dynamische Differenzierung der Medienkultur selbst.[11]

Ökonomisierung: Mit dem Erscheinen kommerzieller Akteure im Rundfunksystem tritt neben eine Qualitätsorientierung die Marktorientierung der Verleger, Produzenten oder Intendanten. Von privat-kommerziell operierenden Akteuren wird schlichtweg weniger Gemeinwohlorientierung erwartet. Hinsichtlich der Medieninhalte findet diese Ökonomisierung ihren pointierten Niederschlag z. B. beim Fernsehen in der Ausrichtung der Qualitätsmaßstäbe des Programms an Einschalt- und Marktquoten, mit anderen Worten: in einer Reichweitenorientierung. Unter den Konditionen des marktwirtschaftlichen Wettbewerbs kann es Fernsehsendern letztlich nicht allein darum gehen, möglichst viele Personen besonders gut zu informieren; vielmehr zeigen sie sich notwendigerweise daran interessiert, ausgewiesen konsumfreudige und kaufkräftige Zuschauergruppen an den Sender – und seine Werbezeiten – zu binden. Organisationsstrukturell treten mit dem privaten Rundfunk auch zahlreiche Unternehmen und Unternehmer in der Medien-, Multimedia- und

---

[11] Vgl. Jarren, Otfried (1998): Medien, Mediensystem und politische Öffentlichkeitsarbeit, in: Sarcinelli, Ulrich (Hg.): Politikvermittlung und Demokratie in der Mediengesellschaft, Bonn, S. 74-94

Telekommunikationsbranche in Erscheinung, die zuvor kaum bis herzlich wenig in der Publizistik engagiert waren:

> „Mit den neuen Unternehmern und Eignern ändern sich allmählich die Handlungsnormen im gesamten Mediensystem bis hin zu einzelnen Medienunternehmen sowie Veranstaltern: von kulturell und politisch sowie publizistisch geprägten Vorstellungen hin zu ökonomischen Leitbildern."[12]

Internationalisierung: Parallel zur Integration regionaler Märkte und der Verknüpfung von Volkswirtschaften ist auch auf dem Kommunikationssektor und bei den Medienunternehmen in den letzten Jahren eine zunehmende internationale Verflechtung zu beobachten – in der Produktion, beim Handel mit Rechten usw. Gesellschaftliche Regulierungsinstanzen wie z. B. die Landesmedienanstalten stellt diese Entwicklung in erster Linie vor neue medienpolitische Herausforderungen, und es bleibt angesichts eines Standortwettbewerbs der Länder zunächst weiterhin offen, ob die föderale Regulierungs- und Aufsichtsstruktur der Bundesrepublik in der Lage sein wird, Instrumente einer dem Rundfunk (auch) als ökonomisches Gut angemessenen Rundfunkordnung zu erarbeiten.

Technischer Wandel und neue Medientypen: Die Medientechnik wie Telekommunikations-, Informations- und Kommunikationstechnologien zeichnen sich weiterhin und bereits seit geraumer Zeit durch eine außergewöhnliche Innovationsdynamik aus. Schlagwörter einer im Zuge dieser Entwicklung verschwimmenden Grenze von Individual- und Massenkommunikation sind z. B. beim Fernsehen: Pay-TV, Pay-Per-View, Video-On-Demand – und die so bezeichnende wie irreführende Schöpfung „Free-TV". Internet, Online-Dienste, Breitbankabel sind Marker eines technologischen Wandels, der die Lebenswelt der Bevölkerung zumindest der westlichen Industriestaaten bereits erfasst hat. Mit den vielfältigen Distributionstechniken ergeben sich nicht nur mehr Programme oder Wahloptionen für das Publikum, neue Angebotsformen und Medientypen – aus ökonomischen Gründen dürfen wir zudem eine weitere Differenzierung erwarten.

All dies korrespondiert mit Entwicklungen bei Medienformaten. Hier werden schon seit einiger Zeit die ökonomischen Vorzeichen des dualen Rundfunksystems mit Blick auf eine neue (?) Selbstverständlichkeit politischer Inhalte unter „Boulevardisierung" oder „Infotainment" gefasst. Begreift man diese Debatte, die nicht erst mit Westerwelles Gang in einen Kölner Vorort-Container begann, nicht medienimmanent, sondern medienstruk-

---

[12] Jarren, Ottfried (Anm. 11), S.79

turell, dann droht womöglich eine Marginalisierung der Politik im Rahmen einer an ökonomischen Kriterien orientierten Medienkultur. Siegfried Weischenberg hat das prägnant bereits vor einiger Zeit als „Schreinemakerisierung"[13] bezeichnet: Im Verfolgen einer Publikumsorientierung und unter den Konditionen eines verschärften Wettbewerbs werden Informationen nicht länger asketisch-trocken angeboten; vielmehr richtet sich der Journalismus auch an der Logik, ja an der dramaturgischen Konzeption von Unterhaltungssendungen auf. Und die politischen Akteure folgen diesem Aufruf nach Trivialität mitunter recht ungezwungen: Eine mit unterhaltenden und emotionalen Ingredienzen angereicherte, nunmehr kaum noch politische Wirklichkeit nähert sich dem Anspruch von „Schreinemakers live" (vormals), „Beckmann", „Kerner" etc.

Einerseits mag politische Transparenz durch moderne Massenmedien erst ermöglicht oder vorangetrieben werden; andererseits wirken eben diese Medien als institutionelle Träger der politischen Öffentlichkeit, als „Scharnier" auf die Konstitution auch der politischen Kommunikationskultur zurück – und als dementsprechend folgenreich erweisen sich Wandlungsprozesse innerhalb des Massenkommunikationssystems. Sozialer Wandel und Medienwandel geben damit den Takt an für eine Professionalisierung moderner Politikvermittlung. Unter den Bedingungen einer derart differenzierten und zugleich ökonomisierten Medienkultur steht dabei die Aufmerksamkeit des publizistischen System im Vordergrund:

> „In einer Gesellschaft, in der alles durch Kommunikation bewegt wird, kann sich niemand mehr dem Zwang zur Erzielung öffentlicher Aufmerksamkeit entziehen. (...) Kommunikation muß angeheizt werden, wenn gesellschaftlich etwas bewegt werden will."[14]

3. Kommunikationsmanagement und die Inszenierungsmetapher

In der so skizzierten Situation einer „Politik in den Medien – Politik mit den Medien" ist es im Grunde genommen nur folgerichtig, wenn sich die politischen Akteure zur Optimierung ihrer kommunikativen Aktivitäten auf Spezialisten wie Meinungsforscher, PR-Berater, Werbe-, Marketing- und Media-Agenturen stützen. Kommunikationsstrategische Überlegungen bestimmen

---

[13] Weischenberg, Siegfried (1997): Neues vom Tage. Die Schreinemakerisierung unserer Lebenswelt, Hamburg
[14] Münch, Richard (1992): Dialektik der Kommunikationsgesellschaft, Frankfurt a. M., S.17

darüber zunehmend den Alltag in den Staats- und Senatskanzleien, in den Ministerien, Fraktionen und Parteizentralen. Im Kern schlägt sich das in folgenden Entwicklungen nieder:[15]

- Eine Intensivierung der Politikberatung und eine steigende Abhängigkeit der Politik von *professioneller*, d. h. nicht dem „Apparat" entsprungener Politikberatung, die in der Lage ist, die Medien für die eigenen Zwecke einzuspannen und sich – gegebenenfalls – umgekehrt auch eines bedrohlichen Mediendrucks zu erwehren;
- ein steigendes Bewusstsein dafür, dass politische Kommunikation keine lästige Ergänzung politischen Handelns ist, sondern elementare Voraussetzung für politischen Erfolg, der nicht allein „aus dem Bauch heraus" zu begegnen ist;
- die institutionell-strukturelle Verortung und die Berufung von Medienstrategen und Kommunikationsexperten in z. T. neugeschaffene Ämter, die ihnen nicht nur engen Kontakt zur politischen Führung garantieren, sondern darüber hinaus auch eine eigene Stimme verleihen;
- und schließlich ein zunehmendes Bemühen der Politik, ihre Ideen und Vorstellungen oder auch nur die eigene Person an den immer „eigensinniger" agierenden politischen Medien vorbei dem Publikum direkt bzw. in traditionell eher politikfernen Formaten (Unterhaltung) anzutragen.

Spätestens seit dem Bundestagswahlkampf 1998 und dem Antritt der rot-grünen Regierungskoalition in Berlin gerät nun die Professionalisierungstendenz der Politikvermittlung auch in die bundesdeutsche Inszenierungs-Diskussion: „Bella figura" meinte die *ZEIT* im Frühjahr 1998 habe der designierte Spitzenkandidat Schröder auf dem Parteitag gemacht,

„schon der weihevoll choreographierte Einzug in die Halle (...) war papales Schreiten zum Hochamt; dem Volk wurde huldvoll zugewinkt, zugelächelt und mit dem leeren Blick des Entrückten die Hände geschüttelt. Gerhard Schröder trug Ornat"[16]

---

[15] Vgl. Blumler, Jay G./Kavanagh, Dennis (Anm. 5); Esser, Frank (2000): Spin-doctoring als Regierungs-PR. Strategisches Skandal-, Themen- und Imagemanagement der Clinton-Administration, in: Kamps, Klaus (Hg.): Trans-Atlantik, Trans-Portabel? Die Amerikanisierungsthese in der politischen Kommunikation, Wiesbaden, S. 129-158.
[16] Die Zeit vom 23. April 1998, S.6

Mit der Kanzlerkandidaten-Kür auf dem Leipziger SPD-Parteitag geriet politische Kommunikation (erneut) in die Fahrwasser der Inszenierungs- und dann Amerikanisierungskritik. Markierte der Parteitag – ein „Gesamtkunstwerk aus Lichtern, Farben, Tönen, Gesichtern, Posen, Gesten und mythischen Szenen"[17] – in Anlehnung an die „Conventions" eine neue Stilform politischer Dramaturgie US-amerikanischer Provenienz? Immerhin stand den Delegierten eine dreimal so große Schar Journalisten gegenüber, immerhin wurde, wie bei US-Parteitagen üblich, ein speziell für dieses Ereignis produziertes Kandidatenvideo präsentiert, und immerhin bekannte sich Franz Müntefering offen zum Vorbild USA:

> „[E]inen amerikanischen Wahlkampfstil zu pflegen, ist 1961 schon Willy Brandt vorgeworfen worden. Ich bekenne mich dazu. Man muss auch inszenieren." [18]

Man muss auch inszenieren? Tiefgreifende Veränderungen (s. o.) der Gesellschaftsstruktur stellen in der Tat das politische System und die politischen Entscheider vor gravierende Steuerungsprobleme. Zugleich wird der Handlungsspielraum der Politik im Zuge der Globalisierung des Wirtschaftssystems immer enger. Dem begegnen politische Akteure – unter anderem – mit dem Versuch strategischer Einflussnahme auf öffentliche Kommunikation, sie nutzen durchaus in Anlehnung an die Wirtschaftswerbung und Produktvermarktung die Instrumente der Public Relations und des Marketings zur Promotion der eigenen Personen, Positionen, Ziele. Diese Prozesse sind immer weniger der konkreten Wahlkampfsituation zuzuordnen, wenngleich sie in der Auseinandersetzung um Wählerstimmen sicherlich ihre Wurzeln haben. Wer heute in der Kommunikationsgesellschaft Aussicht auf politisches Gehör haben will, der nimmt dann mit Permanenz Rücksicht auf Optik wie Leistungsparameter des Journalismus und seiner Medien. Für die Analyse dieser permanenten Öffentlichkeitskampagne bietet sich dabei in der Tat die Inszenierungs- und Theatermetapher an.

Und so ist es in Teilen der Literatur mittlerweile gängig, die Rekonstruktion des Politischen und des politischen Handelns in der Medienberichterstattung mit der Inszenierungs- und Theatermetapher zu fassen.[19] Nach

---

[17] Meyer, Thomas/Kampmann, Martina (1998): Politik als Theater. Die neue Macht der Darstellungskunst. Berlin, S.22

[18] zit. n. Müller, Marion G. (2000): Parteitagsinszenierungen diesseits und jenseits des Atlantiks, in: Kamps, Klaus (Hg.): Trans-Atlantik, Trans-Portabel? Die Amerikanisierungsthese in der politischen Kommunikation. Wiesbaden, S. 221-246, S.235

[19] Vgl. z.B. Meyer, Thomas/Kampmann, Martina (Anm. 17)

einem *Stück* eines *Autors* wird auf einer *Bühne* mit *Ausleuchtung, Bühnen-bild* und *Statisten* von *Schauspielern,* die in eine *Rolle* schlüpfen eine nach dem Gustos des *Intendanten* und *Regisseurs* vor einem (zahlenden) *Publikum,* eine *Inszenierung* gegeben. Stimmt die Diagnose, dass sich politische Öffentlichkeit darüber weiter weg von der Dimension der Handlungspro-gramme (politiy) hin zur Dimension der Aufführung (politics) bewegt, so zeichnet sich mit der theatralen Logik des Politischen und der Professional-sierung des politischen Kommunikationsmanagements auch ein Funktions-wandel politischer Legitimation ab. Die Bedingungen eines konkurrenzinten-siven Aufmerksamkeitsmarktes genannt Öffentlichkeit legen diese Vermu-tung zumindest nahe.

Nun sollte man allerdings sommerliche Freilichtaufführungen am und im Pool von Mallorca nicht gleichsetzen mit einem nüchternen Kommunika-tionsmanagement im politischen Meinungs- und Willensbildungsprozess. Und man muss auch nicht von Kulturzerfallsszenarien geplagt werden und die Inszenierung politischer Öffentlichkeit als Zerfall der bürgerlichen Öffent-lichkeit liberaler Provenienz identifizieren. Gleichwohl bleibt es sorgsam zu beobachten, inwiefern die Entwicklung moderner politischer Kommunikati-on eine Tendenz forciert, das politische Programm hinter das Imaginäre, das Dargestellte zurücktreten zu lassen. Immerhin hat jüngst die Reformdiskus-sion in der Bundesrepublik gezeigt, dass selbst ein als „Medienkanzler" eti-kettierter Regierungschef auf Substanzielles zurückgreifen *muss,* um in der Schärfe der öffentlichen Auseinandersetzung überhaupt bestehen zu können.

4. Fazit

In den volkssouveränen Demokratien der Gegenwart orientiert sich das Han-deln und Entscheiden politischer Akteure *notwendigerweise* an einer (massen)medialen Öffentlichkeit; Machterhalt und/oder Machtgewinnung ist an eine kommunikative Leistung gebunden. Die dann spannungsreiche, mit-unter symbiotische Beziehung zwischen politischem System und Journalis-mus kennt viele Formen und Schattierungen von Verschränkung: Von der Allgegenwart des Medialen in der Politik, vom Aufgehen des Politischen im Medialen bis zur subtileren, auch persönlichen Affinität und Verflechtung politischer Persuasion und politischer Kommunikation mit den Publizitätsan-sprüchen des Journalismus.

In Zeiten zunehmender Komplexität des Kommunikationsgefüges einer Gesellschaft gewinnt dann die Handlungslogik der Medien sowie die Interdependenzen und Interpenetrationen zwischen Journalismus und politischem System für den Verlauf des politischen Prozesses, ja für politischen Erfolg oder Misserfolg an Gewicht. Wir leben eben in einer „Verhandlungsdemokratie", und politisches Handeln vollzieht sich zusehends weniger als machtvolles „Entscheiden", vielmehr als „an Entscheidungsprozessen mitwirkende und in Aushandlungsprozessen moderierende Gesellschaftspolitik".[20]

Wer in dieser Gesellschaft öffentliches Vertrauen, zumal politisches Vertrauen einfordert, der ist auf die Medien als kommunikative Infrastruktur angewiesen – und deren Vermittlungsfunktion gewinnt in dem Maße an Bedeutung, in dem die Politik an faktischem Handlungs- und Entscheidungsspielraum einbüßt.

Wir leben längst in Zeiten der permanenten politischen Kampagne. Die hier umrissenen Vorgänge spiegeln dabei Modernisierungs- und Transformationsprozesse wider sowie einen Wandel des Selbstverständnisses und Agens gesellschaftlicher und politischer Kommunikation, die mit „Amerikanisierung" wohl plakativ, aber unzureichend beschrieben sind. In der (politischen) Kommunikationskultur westlicher Industriestaaten, in der „Informations"- oder „Kommunikationsgesellschaft" beruhen nicht nur wirtschaftliche Aktivitäten und ökonomischer Erfolg, sondern auch soziales, gesellschaftliches und politisches Handeln, Planen und Werben zunehmend auf der Fähigkeit, Informationen und Meinungen, Überzeugungen, Argumente, Positionen aufzuarbeiten, zu transportieren und öffentlich zu vermitteln.

Für die Politik wird Kommunikation dadurch immer voraussetzungsvoller, ja risikoanfälliger. Kommunikation in all ihre Facetten konstituiert als *modus operandi* den politischen Prozess, und angesichts eines Wandels des kommunikativen Selbstverständnisses des politischen Publikums oder Veränderungen im Mediensystem und Journalismus, sehen sich die politischen Akteure und Institutionen vor einer erheblichen Herausforderung kommunikativer Art. Die Kompetenz zum politischen Kommunikationsmanagement jenseits des schlichten Aufmerksamkeitserheischens dürfte dabei ein künftig immer wichtiger werdendes Qualitätskriterium für das politische Personal sein. Kommunikation und geschulte Kommunikatoren nachgerade als Allheilmittel politischer Vermittlungs- und Reputationsproblem in einer reizintensiven „Informationsgesellschaft"?

---

[20] Jarren, Otfried (1997): Politik und Medien: Einleitende Thesen zu Öffentlichkeitswandel, politischen Prozessen und politischer PR, in: Bentele, Günter/Haller, Michael (Hg.): Aktuelle Entstehung von Öffentlichkeit. Akteure, Strukturen, Veränderungen, Konstanz, S. 103-110, S.104

Darauf kann es hier keine Antwort geben. Aber in der Tat: Der Grat ist schmal zwischen einerseits einer Politik, die sich mehr dem Schein als dem Sein widmet (und der öffentlichen Meinung hinterher läuft), und andererseits einer Politik, die notwendige Darstellungs- und Reduktionsleistungen erbringt, Öffentlichkeit auch „herstellt", um Transparenz zu schaffen, Positionen zu bestimmen – und zu überzeugen. Kritisch zu beobachten bleiben dabei die Publizitätsansprüche der Politik und deren Korrespondenz mit den Publizitätskriterien des Journalismus.

Distanz aus der Nähe
Medien und Politikberatung – Besichtigung eines schwierigen Terrains

Thomas Leif

Gerhard Schröder will künftig von Tony Blair lernen. Die Verzahnung von Politik und Kommunikation ist in Großbritannien viel weiter fortgeschritten als in der sogenannten Berliner Republik. Dies soll sich nun ändern. Anfang Juni 2003 forderte Regierungssprecher Bela Anda alle Ministerien auf, für „politisch wichtige Vorhaben" gleichzeitig auch umfassende Kommunikationskonzepte vorzulegen. „Spätestens vier Wochen vor der geplanten Kabinettsbefassung" will der Regierungssprecher die kommunikative Durchdringung eines neuen Themas kontrollieren. Kommunikative Ziele und Problemlagen sollen definiert und die Kernbotschaften für Medien und Zielgruppen vorbereitet werden. Runderlasse wollen künftige Prozesse gestalten, die politische Praxis der Ministerien hinkt aber den Soll-Vorschriften hinterher.[1]

Auch die politische Konkurrenz kennt ihr kommunikatives Dilemma. 120 000 Euro lässt sich die CDU/CSU-Fraktion ihre Politikberatung kosten.[2] Dabei greift sie auf Vertraute des früheren Bundeskanzlers Helmut Kohl zurück, die heute für die Politikberatungsfirma dimap consult tätig sind.

Zu den Gesellschaftern der Tochterfirma des Meinungsforschungsinstituts dimap gehören der frühere Kohl-Berater und Journalist Michael Mertes, Kohls früherer Experte für politische Werbung im Bundespresseamt, Klaus Gotto und Herbert Müller, der als Generalsekretär der hessischen CDU arbeitete. Das erfahrene Trio soll für die Unionsfraktion die Reformbereitschaft und daraus eine „strategische Analyse" ermitteln. Doch dieser Beratungsvertrag war im Sommer 2003 selbst in der Fraktionsspitze umstritten, weil Frau Merkel intern einen strikten Sparkurs verordnet und andere personelle Ressourcen in der Fraktion abgebaut hatte. Wenn im politischen Be-

---

[1] Vgl. Der Spiegel 28. Juni 2003
[2] Vgl. Der Spiegel 14. Juni 2003

trieb Beratungs-Budgets zur Debatte stehen, sind Konflikte meist vorpro-
grammiert. Denn hier geht es um den Zugriff auf wichtige Ressourcen.
Diese Erfahrung musste auch Hans Eichels persönlicher Berater Klaus-
Peter Schmidt-Deguelle machen, der mit Unterbrechungen seit 1999 Eichels
kommunikativen Auftritt plant und begleitet.[3] Der Journalist, der an bis zu 10
Tagen im Monat für ein Honorar von 510 Euro am Tag, den Finanzminister
kommunikativ berät, muss sich nun gegen die Angriffe des Bundesrech-
nungshofes wehren. Denn die Bonner Beamten unterstellen in ihrem Prüfbe-
richt, dass sich die fachliche Beratung für den Finanzminister und den SPD-
Politiker nicht trennen lasse. Außerdem werde nicht begründet, warum
Schmidt-Deguelles Beratertätigkeit nicht von dem hauseigenen Personal
wahrgenommen werden könnte. Schließlich verfüge das Finanzministerium
insgesamt über 22 Mitarbeiter im Pressereferat.
Wo die CDU „Genossenfilz" und „Missbrauch von Steuergeldern" wit-
tert, sieht Eichels Berater die pure Notwendigkeit. In einem der ganz seltenen
Schlüsseltexte aus der Feder eines Praktikers reflektiert der Medienberater
kühn und klar:

> „Die Mitarbeiter in den Pressestellen der Ministerien haben meist keine jour-
> nalistische Erfahrung, die Ausstattung der Öffentlichkeitsarbeit mit Ressourcen
> ist z.T. völlig unzulänglich. Hier wird an der falschen Stelle Zurückhaltung ge-
> übt."[4]

Der frühere Fernsehjournalist, der auch in den Diensten von Sabine Christi-
ansens TV-Produktionsfirma TV21 steht, lässt die Schreibtisch-Illusionen
vieler Medienwissenschaftler zum meist mystifizierten Thema gleich plat-
zen: „Deutschland ist in Sachen Medienberatung der Politik ein Entwick-
lungsland." „Noch ist Spindoctoring und Medienberatung in Deutschland die
Ausnahme." Und: „Das Diktat der Medien bestimmt das politische Kommu-
nikationsgeschäft." Die nüchterne Realität des Spindoctoring scheint zudem
in der Praxis begrenzter auszufallen, als sich manche Autoren – sozusagen
befreit von den Zwängen der empirischen Realität – vorstellen.
„Eine gezielte Themensteuerung ist unter diesen Bedingungen (Anm.
immense Informationsverflachung in den Medien und Anonymität der politischen Entscheidungsprozesse) nur eingeschränkt möglich." Ein Grund für

---

[3] Vgl. Die Welt 06. Juni 2003 sowie Der Spiegel 28. Juni 2003
[4] Schmidt-Deguelle, Klaus-Peter (2002): Mehr als nur reaktives Handeln. Die Praxis der Medienberatung, in: Nullmeier, Frank/Saretzki, Thomas (Hg.): Jenseits des Regierungs-Alltags, Strategiefähigkeit politischer Parteien, Frankfurt a.M., S.108

diesen sehr begrenzten Handlungshorizont und ein „Risiko der Kommunikationssteuerung" eines Medienberaters liegt – so Schmidt-Deguelle- „in der
Konkurrenz zwischen den einzelnen Regierungsstellen."[5]

1. Gedämpfte Medienmacht

Auch Fritz Kuhn hält eine strategische Steuerung der Öffentlichkeit nur ausnahmsweise für möglich:

> „Diese Möglichkeit ist durch eine Vielzahl von einschränkenden Bedingungen
> sehr reduziert. Diese Einschränkungen haben mit Ressourcen, mit Personen,
> mit Glaubwürdigkeitsfragen und mit Veränderungen in der Umwelt der Partei-
> en zu tun."[6]

Für Fritz Kuhn gibt es vier Bedingungen, die eine erfolgreiche Kommunika-
tion ermöglichen können. Dazu gehören Verständlichkeit, Relevanz, Glaub-
würdigkeit und Unterhaltsamkeit. Damit dieser Vierklang sich voll entfalten
kann, müssen alle vier Faktoren in eine durchdachte, langfristig angelegte
Kommunikationsstrategie eingebettet sein. Dass es solche Strategien in den
Parteien aber nicht gibt, bezweifelt kaum ein Praktiker. Der grüne „Allround-
Politiker", dessen Ehrgeiz viele Grüne in die Verzweiflung treibt, hat die
Möglichkeiten der medialen Steuerung – aus der Sicht eines Politikers im
Machtzentrum – in ein vielsagendes Bild gepackt. „Man sitzt auf einem
Baumstamm, der in einem Hochwasser oder gar in einem reißenden Fluss
treibt, und stellt sich die Frage: kannst du den steuern?" Kuhns Antwort:

> „Man kann vieles eben nicht steuern, man ist allen möglichen Zufälligkeiten,
> Strömungen und Widrigkeiten des Flusses ausgesetzt. Aber zu sagen, man
> hätte selbst keinen Einfluss darauf, ob man durchkommt oder herunterfällt, wä-
> re auch ignorant. Eine falsche Bewegung und man liegt im Wasser. Es gibt ein
> paar stabilisierende Bewegungen, die man gemeinhin als Steuerung ausgibt,
> wenn man durchgekommen ist."[7]

---

[5] Schmidt-Deguelle (Anm. 4), S. 107
[6] Kuhn, Fritz (2002): Strategische Steuerung der Öffentlichkeit? in Nullmeier, Frank/Saretzki, Thomas (Anm.4), S.97
[7] Kuhn, Fritz (Anm. 6)

Kuhns politisches Bild, mit dem er den politischen Prozess der Berliner Republik als „reißenden Fluss" und den Politiker „auf einem Baumstamm" beschreibt, sagt mehr über die Beratungsfähigkeit und die möglichen Rahmenbedingungen von politischer Beratung aus, als viele von der nüchternen Realität abgekoppelten „Consultant-Texte".

Welche Grunderkenntnis kann man aus dem Erfahrungswissen der beiden zitierten Akteure ableiten? Wer selbst die Steuerungsmöglichkeit von Öffentlichkeit – als zentraler Ressource im politischen Geschäft – als gering kalkuliert, wird die Chancen von politischer Beratung in der Praxis entsprechend justieren und nicht ins Zentrum seiner Aktivitäten rücken. Wenn eine erfolgreiche Steuerung der Öffentlichkeit faktisch nicht vorgenommen werden kann, werden die investierten Beratungs-Ressourcen folglich eng begrenzt sein. Den Medien im politischen Beratungsprozess kommt folglich eine Rand- und Sonderrolle zu.

Fritz Kuhn betont eher die Ohnmacht der Politik, spricht nur indirekt von der Macht der Medien. Sein politischer Kontrahent in der Union, Friedrich Merz, formuliert pointiert. Der Sonntags-Talk-Show „Christiansen" misst der „Dauergast" der Sendung mehr Wirkung zu, als den üblichen Parlamentsdebatten. Auch andere Politiker weichen in ihren Einschätzungen bezogen auf die Medienmacht vom Mainstream der Publizistik ab.

Skeptisch über die Reichweite der Medien-Macht im politischen Tagesgeschäft zeigte sich auch der CDU-Spitzenpolitiker Roland Koch beim 11. hessischen Unternehmertag im Oktober 2002. „Koch spricht den Medien Macht ab" titelte die Allgemeine Zeitung Mainz. „Wahlen werden nach wie vor durch die Summe von Multiplikatoren entschieden und nicht ausschließlich durch Medien," so Koch. Öffentliches Thema werde nur, was den Bürger interessiere und betreffe und nicht das, was die Medien als Thema setzen würden.[8]

Auch SPD-Fraktionschef Franz Müntefering glaubt, dass die Medienmacht in der Politikberichterstattung überschätzt werde. Auf dem 29. Open Ohr Festival an Pfingsten 2003 in Mainz bilanzierte der SPD-Politiker: „Ich glaube nicht, dass die Kirchs und die Springers dieses Land beherrschen können." Statt der Kategorie der Medien-Macht betont Müntefering die zentrale Bedeutung des Vertrauens in eine politische Persönlichkeit und die daraus abgeleitete Resonanz in den Medien.

---

[8] Kochs Rede ist als Redemanuskript nicht verfügbar; die zuständige Pressestelle wollte es jedenfalls nicht übermitteln.

Aus diesen Einschätzungen zentraler politischer Akteure lässt sich eine wichtige Erkenntnis ableiten. Öffentlichkeitssteuerung steht auf Grund der ihr anhaftenden Unberechenbarkeit und ihres begrenzten Einflusses nicht ganz oben auf der Skala der politischen Prioritäten. Daraus ergibt sich die bereits von den zitierten Akteuren diagnostizierte Sondersituation für die mediale Beratung. Sie hat nach wie vor Ausnahmecharakter und erfolgt vor allem indirekt durch die detaillierte Auswertung der Leitmedien durch Politiker und ihre Mitarbeiter.

2. Informelle politische Beratungsprozesse zwischen Medien und Politik

Andreas Fritzenkötter, lange Jahre Berater von Ex-Kanzler Kohl formuliert sein Erfahrungswissen aus der Machtzentrale pointiert und selbstbewusst: „Jeder Politiker ist nur so gut wie seine Berater." Eine Lagebewertung, die viele Politiker sicher nicht akzeptieren würden.

Träfe Fritzenkötters Analyse zu, wäre es schlecht um die Politik in Deutschland bestellt. Denn folgt man den vorliegenden empirischen Studien und den Auskünften von wichtigen Spitzenbeamten in Bund und Ländern, werden die für die Beratung und die politische Analyse zuständigen Abteilungen und Stabsstellen etwa der Staatskanzleien seit Jahren zunehmend ausgedünnt. Die entsprechende Abteilung im Bundeskanzleramt wurde sogar aufgelöst, die Beratungsaufgaben in andere Referate verlagert.[9]

Die Berater selbst klagen über die grassierende Beratungsunfähigkeit der politischen Klasse.

Selbst wenn ein Ministerpräsident oder ein Minister etwa von einer neuen Idee oder einer weitreichenden Initiative überzeugt worden sei, werde dieser Impuls oft in der Praxis nicht implementiert oder nur halbherzig umgesetzt.

Die Flut der Gutachten, die von Ministerien Jahr für Jahr bestellt werden, belegt zudem den oft zweifelhaften Nutzen der teuren Papierproduktion. Die jeweilige Opposition fragt in regelmäßigen Abständen nach Sinn und Funktion der „wissenschaftlichen Ratschläge".

Die Antworten nähren die Zweifel am praktischen Nutzen der Gutachten-Maschinerie, die seit Jahren auf Hochtouren läuft. Der Rechnungshof hat

---

[9] Vgl. Mielke, Gerd (1999): Sozialwissenschaftliche Beratung in den Staatskanzleien. Ein Werkstattbericht, in: Forschungsjournal Neue Soziale Bewegungen, Jg. 12, Heft 3,S. 40-48

nicht nur die zehn Beratertage von Eichel-Berater Schmidt-Deguelle im Visier; die Behörde untersucht auch die wuchernde Berater-Praxis in Bund und Ländern. Oft seien die Gutachten nur Selbstzweck, um komplizierte Entscheidungen hinauszuschieben oder konkurrierende Politikentwürfe auszugrenzen.

Zwei Drittel der eingekauften Erkenntnisse könne die Ministerialbürokratie ohnehin selbst produzieren, der Rest sei oft überflüssig. Aus den wenigen brauchbaren und innovativen Gutachten würden nur selten politische Konzepte abgeleitet. Der oft passiv-administrative Umgang mit den „formalen" Gutachten im politischen Betrieb steht stellvertretend für die Haltung vieler Politiker mit politischen Beratern insgesamt.

Der Adressat der Beratung hat zudem in der Regel das Bedürfnis absoluter Vertraulichkeit, weil die Wahrnehmung eines Beratungs-Mandats immer noch als Zeichen der Schwäche und nicht der Stärke interpretiert wird. Aus diesem Grund diffundieren viele Politiker ihre Beratungs-Infrastruktur. Statt die Berater etwa in den Staatskanzleien zu versammeln, weichen sie auf Einzelpersonen in den Fachressorts aus oder suchen den Rat von Experten im vertrauten, nicht öffentlichen Raum.

Zusammenfassend lässt sich also feststellen, dass die Kultur der wirksamen und sinnvollen Beratung in Deutschland noch unterentwickelt ist und systematische politische Beratung im hektischen politischen Betrieb nur eine nachgeordnete Rolle spielt.

3. Stichwortgeber und Stimmungs-Transporteure – Welche Rolle bleibt den Medien in diesem Szenario?

Die Durchführung von Medien-Kampagnen – im Angriff und der Verteidigung – gehören zunehmend zum Kerngeschäft von „Public Affairs Beratern". „Es wird ja viel über die Medien gespielt", sagt Wigan Salazar von der Agentur Publicis Public Affairs, die unter anderem den Wahlkampf der Berliner CDU betreut hat. Der Umgang mit den Medien und die Verschmelzung von Journalismus, PR und Werbung zu einem Konglomerat von „politischer Kommunikation" gehören zum Handwerk der Consulter.[10]

Nur in den aller seltensten Fällen werden Medienvertreter außerhalb solcher aus dem Kraut schießenden Agenturen aber *direkt* in den Beratungs-

---

[10] Vgl. Frankfurter Allgemeine Zeitung vom 14. Juni 2003: Vitamin B ist ihr Kapital. Die Berliner Republik hat mit dem Berater für Public Affairs ein neues Berufsbild hervorgebracht

prozess eingebunden. Dies kann bei langjährigen und engen persönlichen Beziehungen zwischen Spitzenpolitikern und Journalisten gelegentlich vorkommen. Dieser Zustand ist jedoch die seltene Ausnahme. Wenn Joschka Fischer einen pensionierten, sehr erfahrenen Spiegel-Redakteur zu seinem persönlichen Berater macht, werden solche individuellen Beziehungen sogar formalisiert. Oft sollen solche Berater die Stimmung in der unübersichtlichen Berliner Politikmaschine aufnehmen und möglichst treffsicher kommunizieren. Was denken die Journalisten? Welche Gerüchte wabern durch die Schluchten rund um die Friedrichstrasse? Welcher Politiker wird mit welchem Marktwert taxiert? Muss Joschka Fischer seinen Pollenflug wieder aufnehmen?[11] Frühwarnsysteme, Konflikt-Fernmelder und Atmosphären-Diagnostiker werden immer gebraucht.

Wolfgang Clement vertraut ebenfalls auf das Urteil eines Journalisten aus der „alten Spiegel-Garde". Er nutzt vertraute Journalisten in kleinen Runden als Sparrings-Partner, die ungeschminkt und subjektiv Konflikte aussprechen und die „Kollegen-Stimmung" transportieren sollen. In solchen Runden können die Vertrauten ihre Positionen und ihre Konzeptionen freimütig präsentieren. Für Profi-Politiker sind dies aber meist nicht mehr als Stoffsammlungen und Impulsfelder.

Auch andere Spitzenpolitiker nutzen solche Runden. Sie finden allerdings selten statt. Die Einladungen zu den zahllosen Hintergrundkreisen können ebenfalls Informations-Foren sein. Die Politiker nehmen nun Witterung auf, hören zu und versuchen so die aktuelle politische Stimmung zu inhalieren. Oft lassen sie „Luftballons steigen", um das Spektrum der Reaktionen zu neuen Vorschlägen zu testen.

Journalisten gewinnen dabei Informationen, die reicher sind als die vorgestanzten Worthülsen in den sterilen Räumen der Bundespressekonferenz. Doch solche direkten Begegnungen zwischen Politik und Medien sterben langsam aus, auch weil viele Journalisten „nur die Papiere mit den news haben wollen," sich aber „nicht mehr die Zeit für Hintergrundgespräche nehmen." So die Klage eines früheren FDP-Wirtschaftsministers, der – wie viele in der politischen Klasse – einen gravierenden Substanzverlust der politischen Berichterstattung in Berlin ausgemacht hat.

Der informelle Austausch am Rande von Hintergrundgesprächen, Parteitagen oder Pressefesten ist vielleicht die häufigste Scharnierstelle zwischen Medien und Politik. Zunehmend wird eine weitere Variante der per-

---

[11] Vgl. Niehjahr, Elisabeth/Pförtner, Rainer (2002): Joschka Fischers Pollenflug – Wie Politik wirklich funktioniert, Frankfurt a.M., Seite 69ff.

sönlichen Begegnung zwischen den sonst getrennten Welten organisiert. Ausgewählte Journalisten erhalten die Einladung, an internen Beratungsprozessen als Beobachter teilzunehmen. Die Hessische Landesregierung lud beispielsweise einige Journalisten zur internen Ergebnis-Debatte der Studie „Muss die Familienpolitik neue Wege gehen? (Wiesbadener Entwurf)" ein. Der rheinland-pfälzische Ministerpräsident Kurt Beck tat dies kürzlich bei der Diskussion über die Weiterentwicklung der Bildungspolitik in Berlin. Journalisten beraten die Politik bei solchen Anlässen nicht. Es werden aber besondere Nischen der Nähe erzeugt, die eine besondere Vertraulichkeit zulassen. Seltene Gelegenheiten den sonst versperrten Maschinenraum der Politik zu besichtigen, Politiker im Diskurs mit ihren Beratern zu erleben und daraus Schlüsse für die journalistische Reflexion zu ziehen.

Viel wichtiger und wahrscheinlich wirksamer ist der „Beratungs"-Einfluss auf dem Umweg über die Veröffentlichungen der Medien; denn Medienberichte sind die entscheidende Referenzgröße für Politiksteuerung, der Resonanzboden für die präsentierten Ideen oder avisierten Gesetzesvorschläge. Diese Informationsquellen und Wahrnehmungsfilter gewinnen an Bedeutung, weil die klassischen Bezugsquellen von Information – nämlich direkte Berater, die Parteieliten, die Parteibasis – weiter an Bedeutung verlieren und nur noch reduziert für die Einschätzung des aktuellen politischen Prozesses genutzt werden.

In Morgenrunden der politischen Büros werden die Medienpräsenz und Resonanz eines Themas, die jeweilige Wertung, die tonality etc. oft zunächst definiert. Das heißt: die Medien – wahrgenommen über Pressespiegel und die Auswertung der elektronischen Medien – konstruieren Wirklichkeit für die Politiker, die nur selten über direkten Quellenzugang zu Ereignissen und Entwicklungen verfügen.

Die Medienresonanz der wichtigen Blätter und Agenturen etwa war nach der Platzierung der Hartz-Kommission in den Medien zentraler Indikator, *wie* die SPD mit diesem Thema im Wahlkampf umgehen würde. Das heißt: Medienresonanz beeinflusst zumindest die Intensität mit der ein „neues" Thema behandelt wird. Zu diesem Zweck führte etwa der frühere Bundesgeschäftsführer der SPD ein „Hintergrundgespräch" mit der Redaktion der „Financial Times" in Berlin. Sicher auch, um Stimmung und die Chancen des neuen Themas aufzunehmen. Weil die eigenen Bewertungskriterien immer brüchiger werden, es immer viele Meinungen zu einem Thema gibt, werden die Medien als „Stimmungsbarometer" immer wichtiger, als Ergänzung zur Demoskopie und den Erkenntnissen aus Focus-Gruppen. Sie beraten also vor allem indirekt, indem sie Folien zur Beurteilung bestimmter Themen liefern.

In den deutschen Machtetagen gilt die geheime Regel, dass Initiativen und Projekte nicht existieren, wenn sie nicht in den Medien gespiegelt werden. Laurenz Meyer, CDU Generalsekretär, kritisierte die kurzatmige Mediengesellschaft. Er bemängelte, dass die Bürger ihre Informationen über politische Zusammenhänge fast ausschließlich über die elektronischen Medien bezögen. Für ihn sei fraglich, ob komplexe Themen in 30 Sekunden langen TV-Beiträgen zusammengefasst werden könnten. „Was im Fernsehen nicht vorkommt, gibt es nicht," bilanzierte Meyer auf dem ökumenischen Kirchentag Ende Mai in Berlin.

Auf Grund dieser Einschätzung – die lagerübergreifend zu hören ist – wird Politik zunehmend bereits in der Ideenphase auf ihre Medienwirkung hin taxiert und akzentuiert. Daraus wächst den Medien ein besonderer Einfluss zu; zugespitzt könnte man sagen: Die Medien filtern in diesem Prozess der Selektion vorab, entscheiden, welches Thema „funktionieren" könnte und was nicht ankommt. Der Wunsch der Medien nach Vereinfachung, Komplexitätsreduzierung und Unterhaltung überträgt sich folglich auf die Tagesordnung der Politik. Aus diesen Selektionsmechanismen entstehen Agenda-Setting und Agenda-Cutting Prozesse.

Klaus-Peter Schmidt-Deguelle hat diesen Mechanismus perfektioniert, in dem er etwa die Bild-Zeitung vorab mit „Exclusiv-Informationen" über avisierte Steueränderungen fütterte. Nach der Veröffentlichung überprüfte er die Intensität und das Ausmaß der Reaktionen. Diese Informationen galten dann als „Pretest" zu der möglichen Wirkung eines Vorschlags, der sich noch in der Abklärungsphase befand.

4. Sondersituation Wahlkampf

In der Mediendemokratie werden Medienwahlkämpfe ausgetragen; die Medienwirkung bestimmt die Schlachtordnung. Die „Stoiber-light"-Fassung – also die Verabschiedung von den Klischees eines harten „law and order" Politikers – wurde für die Medien inszeniert um eine indirekte Wirkung auf die SPD-Anhänger und Sympathisanten auszuüben. Die Platzierung des Unions-Kanzlerkandidaten in der „Mitte" der Gesellschaft wurde über die unionsnahen Medien „intensiv gespielt" mit einem eindeutigen Ziel: die SPD-Strategen sollten in ihren Planspielen gestört und die Mobilisierung potenzieller SPD-Wähler erschwert werden. Da die Mobilisierung des eige-

nen Klientels über Sieg und Niederlage entscheidet, war die mediale Inszenierung des Kandidaten ein zentraler Baustein des Unions-Wahlkampfes. Die
Medien wirkten bei diesem Projekt als Transporteure und als „Rückkoppler"
der avisierten Stimmung. Der beliebte Einsatz von „Regionalkonferenzen" –
von Union und SPD jeweils in turbulenten Krisenzeiten eingesetzt – hat
medial adressiert, eine ähnliche Funktion.

Eine weiterer indirekter Einfluss kommt den Medien zu, auch wenn diese in der Parteien- und Kommunikationsforschung noch weitgehend unter-
belichtet ist. Die Medien bestimmen indirekt auch die Kandidaten-
Rekrutierung von der Kommune bis hin zum Kanzleramt mit. „Medientaug-
lichkeit" und Telegenität wird zunehmend zum entscheidenden Faktor für die
Auswahl und Vermittlungsfähigkeit eines Kandidaten. Mediale Akzeptanz,
gutes Aussehen und klare Sätze sind dann wichtiger, als ein Rucksack voller
Ideen, Fachkenntnis, Lebenserfahrung, Belastbarkeit und Durchsetzungsfähigkeit.

Roger de Weck schrieb in der FAZ: „Unter den Journalisten finden sich
mehr Populisten als unter Politikern."[12] Folglich finden populistische Stim-
mungswellen durchaus ihre Resonanz in den Medien, besonders auffällig ist
diese Tendenz bei Entscheidungen über Personen und bei der Berichterstattung über emotionalisierende und polarisierende Themen.

Auch ungewöhnliche Formen der Verschmelzung von Journalismus und
Politik – werden gelegentlich beobachtet. Zunehmend legen die Medien den
Politiker sogenannte quotes – also Zitate – vor, die sie mit ihrem Namen
belegen können – oder nicht. Nachweislich wird dies von Boulevardzeitun-
gen praktiziert. Ein prominenter Parteienforscher beschwerte sich kürzlich
darüber, dass ein Magazinautor eines renommierten ZDF-Magazins schon
mit fertigem Statement bei ihm auftauchte und seine Einschätzung nur noch
aufzeichnen wollte. Selbst in den *heute*-Nachrichten wurde ein von einer PR-
Agentur aufgezeichneter und gelieferter Interviewauszug des Bahnchefs
Mehdorn gesendet. Offenbar kein Einzelfall, wie das NDR-Medienmagazin
„Zapp" im Mai 2003 berichtete.

Wirksame Beratung setzt Kompetenz und intensives politisches Interesse voraus: beides fehlt aber weitgehend bei den Akteuren im kurzatmigen
Mediengeschäft. Journalisten, mit Weit- und vor allem Durchblick sterben
zunehmend aus; stattdessen wächst ein Heer von Mediendienstleistern und
-producern heran, die Politik nur noch als relativ langweilige Roadshow

---

[12] de Weck, Roger (2002): Die wahren Populisten sind die Journalisten, in Frankfurter Allgemeine
Zeitung vom 15. Juni

begreifen; sie wünschen sich mehr Action, Abwechslung, Dramatik und Spannung in der gut geölten Politikmaschine der Berliner Republik. Sogar ein anerkannter Leitartikler der Süddeutschen Zeitung hat diese verbreitete Stimmung nach der Bundestagswahl im Wochenendmagazin der SZ protokolliert.

Eine dritte Spezies breitet sich zudem explosionsartig aus – die PR-Journalisten; sie wissen wo man Informationsblockaden setzt, wie man Bilder produziert, Kampagnen anzettelt, Soundbites vorbereitet und Definitionsmacht festlegt. Denn im politischen Geschäft geht es im wesentlichen um Deutungsmacht zu einem bestimmten Thema. Bei der Konstruktion von Deutungsmacht arbeiten zunehmend kommerziell agierende Akteure im Auftrag von Parteien, Verbänden und Ministerien. Diese Gruppe der PR-Agenten und politischen Consultants hat faktisch beratenden Einfluss auf die Politik, weil sie das Repertoire der Tricks und Fouls kennen, mit denen Journalisten „angefüttert" werden und Politiker sich die Schneisen durch den Mediendschungel schlagen können.

5. Beratung durch Nähe – die Grammatik einer Austauschbeziehung

Natürlich gibt es auch einen wechselseitigen „Beratungsprozess" durch Nähe. Wenn die Kampa ihre Strategiepapiere am liebsten über Michael Inacker in der FAZ-Sonntagszeitung veröffentlichen lässt, wenn Susanne Höll von der SZ zufällig das CDU-Programm am Tag der SPD-Programmpräsentation auf Seite Eins veröffentlicht, sind sicher Beratungs- und Abstimmungsprozesse vorausgegangen. Gesteuerte Exklusivität gehört zur Normalität in den Austauschbeziehungen von Medien und Politik.

Auch über andere „Kommunikations-Formate" werden Beratungssituationen hergestellt.

Hauptjob der Feindbeobachter auf Parteitagen ist es etwa, die relevanten Journalisten auf ihre Sicht der Dinge einzustimmen. Ergänzend gibt es „Hintergrund-Gespräche" mit den entsprechenden Botschaften und fast täglich intensive Telefonate mit den wichtigsten Journalisten der Hauptstadt. Das heißt: die einflussreichsten Journalisten (gemessen nach Auflage/Reichweite und Meinungsführerschaftspotenzial) und die sogenannten „Watcher" einer bestimmten Partei befinden sich in einem dauernden, wechselseitigen Austauschprozess. Um Spuren der Nähe zu verwischen, wird gelegentlich mit wichtigen Magazinen sogar eine Negativ-Geschichte über einen bedeutenden Informanten vereinbart, um die Quelle mittelfristig nicht zu gefährden und der Skepsis von Kollegen bereits im Vorfeld zu begegnen. Die Intensität mit der etwa in Hessischen Ministerien (im Fall des NPD-Verbots) mit Hilfe des Bundeskriminalamtes nach undichten Stellen gesucht wurde, beweist, wie gefährlich der ungesteuerte Informationsfluss in der politischen Administration eingeschätzt wird.

Wer freitags nachmittags zu Walter Steinmeier ins Kanzleramt zur beratenden Information eingeladen wird, um die Ereignisse der nächsten Woche zu besprechen, befindet sich gewollt oder ungewollt in einem beratenden Prozess, in dem Meinungen und Positionen vertraulich ausgetauscht werden. Wer die Vertraulichkeit verletzt, wird zu solchen Treffen sicher nicht mehr eingeladen. Dies gilt generell für relevante „Hintergrundgespräche". Nähe und Distanz zwischen Politik und Medien bewegt sich also in einem dauernden Pendelzustand des Gebens und Nehmens.

Auch mit Hilfe „gesteuerter Exklusivität" (etwa die Ergebnisse der Hartz-Kommission in einem Spiegel-Titel) entstehen faktisch Beratungssituationen. Denn bestimmte mediale Schlüsselfiguren erhalten aus Ministerien oder dem Sicherheitsapparat nur dann wertvolle Informationen, wenn sie sich strikt an die vereinbarten Spielregeln halten. Über die gemeinsamen Projekte wird natürlich intensiv kommuniziert. Auch hier entfalten sich Beratungsprozesse, weil die Informationen in einer vertraulichen Sphäre vermittelt werden. Am deutlichsten sind die Auswirkungen solcher „Beratungen" bei den sogenannten Geheimdienst-Experten etwas des ZDF, der FAZ und von Focus zu besichtigen.

Bei diesen oft langjährigen „Arbeitsverhältnissen" von Spitzenpolitikern zu einzelnen Journalisten entstehen gelegentlich sehr enge Kontakte, manchmal Freundschaften, aber sicherlich vertrauensvolle Kooperationen. Diese haben einen Ausnahmecharakter, weil beim Austausch von Nachrichten und Informationen von Verlässlichkeit der Vereinbarungen und Absprachen ausgegangen werden kann.

Manchmal entwickeln sich so auch Beratungsfreundschaften, die aber individuellen Charakter haben und manchmal auch der Karriereförderung dienen. Auch Sympathie zwischen Politikern und Journalisten, die Teilnahme an internen Konferenzen, die Gewährung von längeren Interviews, das Mitreisen im Ausland, das Einweisen in wirklichen Hintergrundgesprächen – all diese Arbeitsprozesse ermöglichen einen Beratungsdiskurs über aktuelle Fragen nach dem Motto: Was kommt an, welche Themen werden wichtig, was lässt sich (nicht mehr) vermitteln? Im Dialog ist der wechselseitige Austausch zwischen Politik und Medien kein ungewöhnlicher Vorgang.

Die Journalistenrituale rund um den CDU-Spenden-Untersuchungs-ausschuss sind typisch für die Grauzone zwischen Informationsaustausch und beratender Kommunikation. Streng getrennt nach Politiker und Journalisten-Lagern, traf man sich regelmäßig vor den Sitzungen, um alle Details zu besprechen und Unterlagen auszutauschen. Besonders amüsant: Bestimmte Politiker entwickelten ein intensives Arbeitsverhältnis zu verschiedenen Journalisten einer bestimmten Redaktion. Daraus ergab sich gelegentlich die groteske Situation, dass Mitglieder einer Redaktion zum Teil über konkurrierende Informationen verfügten, die jeweils an unterschiedliche Politiker-Informanten gebunden waren.

In vielfältig gestaffelten Beratungsprozessen – informell und sehr selten formell – geht es also oft um „bestellte Wahrheiten", die verpackt als „exklusive" Informationen und Hintergrunderläuterung den fiebrigen Medienmarkt inspirieren sollen. Journalisten beraten fast nie offiziell aus der Position formal definierter Rollen, aber häufig indirekt mit ihren Publikationen und Analysen. Sie sind wie Igel; sie suchen die Wärme der Informanten und kugeln sich dann wieder ein; später fahren die Profis aber wieder die Stacheln aus. Profis auf der Gegenseite reagieren dann nicht selten mit Respekt – und Distanz.

Die Grenzen der spin-doctors
Was können Politik und Politikberatung
überhaupt von uns Journalisten lernen?

Stefan Raue

Nähmen wir Journalisten die Chefrhetoriker der Parteien ernst, dann müssten wir das Wahljahr 2002 als unseren eigentlichen Durchbruch begreifen; wir scheinen bedeutend, mächtig, ein wesentlicher Faktor des politischen Systems, an dem Kandidaten straucheln und Sieger scheitern. In der Planung des Bundestagswahlkampfes und in der Nachbereitung des Ergebnisses haben wir Medien einen Stellenwert erhalten, der uns, wären wir bei klarem Verstand, eher zur stillen Einkehr, Reue und Buße zwingen müsste. Die öffentlich-rechtlichen Medien hätten den Kandidaten Stoiber verhindert und den Amtsinhaber zum Kämpfer gegen Flut und Irakkrieg stilisiert. Die Druckwerke des Springer-Verlags würden eine Erregungskampagne führen, die ein seriöses Regieren in und nach Wahlkampfzeiten nahezu unmöglich machten. Dies ist nicht der Ort, dem Wahrheitsgehalt dieser hochamtlichen Medienschelte nachzugehen. Die Wucht der Vorwürfe, die zuweilen mit dem Versuch, personelle Konsequenzen zu erzwingen, verbunden sind, diese Wucht verrät einiges über die Konstrukte, die in den Vorstellungen prominenter Politiker und deren Berater unter dem Titel „Medien" fest verankert sind. Dazu gehören zahlreiche Merksätze, deren Genese, Weiterverarbeitung und vor allem Auswirkung auf tatsächliches politisches Handeln im einzelnen hinterfragt werden müssten. Unter denen sind solche Prämissen wie: „Anzahl und Länge von geschriebenen oder ausgestrahlten Zitaten eines Politikers erhöhen seine Popularität und verbessern seine Wählbarkeit." Oder: „Glaubwürdigkeit, Sympathie und Kompetenz eines Politikers sind durch Kameraperspektiven im Zuschauer dauerhaft zu fixieren". Ein Heer von PR-Experten der Parteien hat in diesem Wahlkampf versucht, mit all dem Wissen von den Tipps und Tricks des politischen PR-Geschäfts Einfluss auf uns Journalisten zu nehmen. Denn eine weitere Hausregel lautet: „Mit einer Mischung aus Drohung und Gnadenerweis macht man sich in der Regel seine Medienvertreter gefügig. Im besten Fall berichtet der Bearbeitete über den eigenen Kandidaten nur das Allerbeste, im schlechtesten hält er sich mit kritischer Berichterstattung zumindest ein wenig zurück." Diese Methode scheint zunächst erfolgsversprechend. Ein schneller Blick auf das Innenleben der Medienbranche legt Schwächen der Journalisten frei und deren Verfügbarkeit nahe. Schauen wir uns den Berufsstand und seine innere Verfassung einmal an.

Über Hans Dietrich Genscher werden zahlreiche Anekdoten verbreitet. Eine, die ich selbst erlebt habe, passt erfreulicherweise in unseren Zusammenhang. Eine Zeitlang spielten sich die Begrüßungsdialoge zwischen dem damaligen Außenminister und den um ein Gespräch bittenden Journalisten wie folgt ab:

Der Redakteur: „Herr Außenminister, mein Name ist Müller vom Buxtehuder Anzeiger, darf ich Ihnen ein paar Fragen stellen?" Genscher pflegte darauf mit freundlich einladender Miene zu sagen: „Aber Herr Müller, ich kenne Sie doch!"

Ein typischer Genscher, eine Unwahrheit und eine Wahrheit einträchtig nebeneinander in einem kurzen Satz. Natürlich hatte er den angstschlotternden Redakteur namens Müller niemals in seinem Leben vorher gesehen, und er hatte auch nicht vor, sich dessen Namen und Bestimmung zu merken. Gleichzeitig sagte Genscher die Wahrheit, besser als viele andere hatte er die Medien gekannt. Ein Berufsstand, über den schon Max Weber in „Politik als Beruf" bemerkt hat: Es handelt sich bei den Journalisten um eine „Pariakaste, die in der Gesellschaft stets nach ihren ethisch tiefststehenden Repräsentanten sozial eingeschätzt wird."[1]

Ein Berufsstand, der einer vorbildlichen Charta unterworfen ist, dessen Angehörige allerdings ein ganz eigenes charakterliches Profil entwickelt haben, das keine pathologische Verirrung, sondern die notwendige Voraussetzung für eine erfolgreiche Ausübung des Berufs darstellt.

Schauen wir uns also die fünf zentralen Eigenschaften der Journalisten an. Sie sind ressortübergreifend, gelten für Print, Hörfunk und Fernsehen in ähnlicher Weise, und formen die mediale Wirklichkeit, mit der die politischen Akteure umzugehen haben.

1. Die Eitelkeit

Der alte Fuchs Genscher hat in unserem Beispiel, ganz ohne Kommunikationstrainer, den Nerv getroffen. Unser Beispielredakteur Müller hatte natür-

---

[1] Weber, Max (1992): Politik als Beruf, Stuttgart, S. 33

lich während des gesamten Interviews seine Gedanken nicht bei NATO, KSZE oder Deutscher Einheit. „Woher kennt mich der Genscher, vielleicht aus dem Pressespiegel, vielleicht durch Empfehlung, vielleicht auf Hinweis durch den Pressesprecher?"

Die schönsten Gefühle werden Müller in diesen Minuten übermannt haben, und das mit langer Nachwirkung.

Die Methode ist bekanntlich nicht neu: Wahlkämpfer im alten Rom hielten sich sogenannte Nomenklatoren. Das waren Sklaven, die dem Politiker beim Gang über das Forum möglichst schnell und diskret die Namen und persönlichen Verhältnisse der Passanten und möglichen Wähler und Sponsoren zuflüsterten. Es folgten dann der Gruß mit Namen und den besten Wünschen für den neugeborenen Sohn oder das jüngst erworbene Landhaus.

Dass die Angesprochenen mit dabei scheinen, dass der Glanz der Prominenz auch ihre Existenz erleuchtet, das wirkt wie eine Droge, die eine immer größere Dosis fordert. Bei uns politischen Journalisten gibt es ein hochkomplexes System, Prominenz zu schaffen, zu erhalten und zu mehren. Da sind die berühmten Hintergrundkreise, in denen im Vorfeld von Kampagnen und wichtigen Entscheidungen handverlesene Journalisten gebrieft werden. Das meint, die Medienvertreter werden unter dem Siegel der Verschwiegenheit in das eingeweiht, was tatsächliche Absicht und Motivlage genannt wird. Nüchtern wird jeder halbwegs professionelle Journalist schnell durchschauen, dass diese Annäherung nur dazu dient, ihn für die Kampagne zu instrumentalisieren. Aber Mächtige und Halbmächtige wirken in einem Radius von fünf Metern offensichtlich wie ein angenehmes Narkotikum, das die normalen Wahrnehmungsreflexe auf süße Weise lähmt.

Die emotionale Steigerung bedeutet das Hintergrundgespräch beim Auslandsbesuch. Da gibt es meist keine Parteien mehr, da fühlen sich Politiker und Medienvertreter als Angehörige einer nationalen Mission, die sich in jedem Land der Welt zu Kamingesprächen versammelt.

In der Kohl- und Genscherära war das die Stunde der Strickjacken und offen getragenen Pullunder, man machte es sich bequem und philosophierte über die Welt. Erfahrene Kollegen sicherten sich frühzeitig die Plätze in Kaminnähe, unabhängig von Jahreszeit und Klimazone: In Augen- und Nickkontakt mit den Mächtigen.

Eine weitere Steigerung bedeutet der sogenannte Chefredakteurstisch der Parteichefs bei den Presseempfängen vor den Parteitagen. In Sichtweite des normalen Fußvolks parliert man da auf Augen- und Sitzhöhe. Die Sitzordnung verrät einiges über die aktuellen Prioritäten und Näheverhältnisse, auch da lösen die Talkmaster so allmählich die gestandenen Chefredakteure ab. Für Beteiligte wie Beobachter unvergessen sind die Tischrunden des Altkanzlers. Viele Anekdoten aus einem langen, erfüllten Politikerleben, einer spricht, alle hören zu, synchrones Lachen nach dem späten Erreichen der Pointe.

2. Die Gier

Journalisten messen sich in ihrem Standesbewusstsein meist an den Erfolgreichsten ihres Studiengangs. Und die sind in der Regel nicht Journalisten geworden. Und weil die von den Gewerkschaften erstrittenen Tarifverträge eine adäquate Besoldung nicht zulassen, ist die ganze Findigkeit der Kollegen gefordert. Der Presseausweis als Paybackkarte ist da eine fast rührende, anachronistische Erscheinung. Umsonst ins Museum, die berühmten Prozente bei Handy, Unterhaltungselektronik und Kraftfahrzeugen, der Journalist ist gierig, aber nicht unbedingt käuflich. Er nimmt fast alles, das allerdings ohne Gegenleistung. Wo wollte ein Politikredakteur eine Automarke fördern, wo ein Wirtschaftsredakteur eine Kunstausstellung, wo ein Nachrichtenredakteur den günstigen Handytarif. Der FAZ-Kollege Ulfkotte hat eine Webseite damit gestaltet, dass er alle Kollegen namentlich aufgeführt hat, die ein Besprechungsexemplar seines neuesten Buchs angefordert hatten, ohne es jemals zu rezensieren. Ein hochmoralischer Vorstoß, der an der Reichweite des Delikts mit Wucht vorbeistößt. Es geht nicht um realisierbare Werte, es geht schlicht darum, mit dem inneren Feuer eines Sammlers Dinge umsonst zu bekommen. Ein Berufsstand, dessen Privilegien als „presserabatte.de" im Internet eine eigene Adresse haben, ist auf unideologische Weise maßlos. Wer jemals Medienvertreter dabei beobachtet hat, wie sie die Parteitagsunterlagen nach Verwertbarem durchstöbern, weiß, wovon ich rede. Meine Beute vom kleinen Parteitag der CSU in Fürth im Juni 2002: Ein kleiner klappbarer Taschenspiegel, ein blaues Plastikbehältnis für Pfefferminzplätzchen und ein stählerner Kugelschreiber. Bündnis 90/Die Grünen haben da übrigens viele Jahre bitteres Lehrgeld zahlen müssen. Keine Extras in den Tagungsunterlagen, kein Presseempfang für die hungrigen und durstigen Medienvertreter, keine Tagungslounge mit warmer und kalter Verpflegung. Wer einmal in Magdeburg in der Bördelandhalle mit knurrendem Magen in einer langen Delegiertenschlange vor den teuren Vollkornbrötchen gestanden hat, der hat eine Ahnung davon, wie anstrengend es für den einen oder anderen Kollegen gewesen sein muss, über den Fünf-Mark-Benzin-Beschluss wohlwollend oder fair zu berichten.

3. Der Größenwahn

Wer diese Einschätzungen für eine beliebige Sammlung von Sottisen hält, dem mag der Band 109 der Kritischen Studien zur Geschichtswissenschaft im Verlag Vandenhoeck & Ruprecht empfohlen sein. Der Sozialhistoriker Jörg Requate[2] hat die Entstehung des Journalistenberufs im 19. Jahrhundert erforscht. Anders als in England hat der politische Redakteur in Deutschland als Verlautbarer der politischen Clubs und Parteien begonnen, bei deren Zeitung er meist angestellt war. Informationen wurden nur als linientreu bekannten Schreibern gegeben – ohne diesen Vertrauensbeweis gab es nichts zu melden. Und schon in dieser frühen Professionalisierungsphase galt der Journalismus als „Auffangbecken der Gescheiterten". Juristen, Schriftsteller, Geisteswissenschaftler verdingten sich als Redakteure, wenn ihre ursprünglich geplante Karriere schlechte Wendungen nahm. Bezugspunkt bei den Kollegen des 19., 20. und 21. Jahrhunderts bleibt aber das ursprüngliche Karriereziel. Ein Berufsstand, der eigentlich neben der sozialen Schichtung steht, orientiert sich stets nach oben.

Als Mitarbeiter eines Massenmediums sieht man sich im Zentrum der öffentlichen Aufmerksamkeit. Die Zuschauer sehen nicht meinen Beitrag über das Wahlprogramm der Unionsparteien, sie sehen mich. Wer den Kult um die Namenszeichnung und das richtige Namensinsert bei Printmedien und Fernsehen erlebt hat, weiß, wovon ich spreche. Zu den schönsten Augenblicken gehört im Fernsehen der berühmte Gegenschuss, die Aufnahme vom nickend zuhörenden Interviewer, zu den schlimmsten gehört es, dass zumeist Nachrichtensprecher, Programmansager oder Wetterfrösche auf der Straße eher erkannt und mit richtigem Namen angesprochen werden. Diese narzisstische Orientierung am eigenen Namen, an der eigenen Stimme, am eigenen Bild führt dann zu einer Steigerung, nämlich dem sicheren Gefühl, öffentlich Einfluss zu haben. Ob als Grußwort des Herausgebers eines Wochenendmagazins, als Kommentar, als gut gemeinter Hinweis im Hintergrundgespräch, die einzigen, die noch an die tiefe Wirkung der Medien glauben, sind die Journalisten selbst. Wissenschaftliche Studien über die Vergeblichkeit ihres Tuns ignorieren sie, die Vergesslichkeit ihrer prominenten Ratnehmer ebenso.

---

[2] Vgl. Requate, Jörg (1995): Journalismus als Beruf. Entstehung und Entwicklung der Journalistenberufs im 19. Jahrhundert. Deutschland im internationalen Vergleich, Göttingen

4. Nervosität

Die Medien haben sich in den vergangenen Jahren nicht nur rasant gewandelt, sie sind selbst rasant geworden. „Das Tempo dieser Zeit ist keine Kleinigkeit!", dieses Gefühl einer schwer erträglichen Beschleunigung gab es schon in den 20er Jahren. Doch die Medienarbeiter der Gegenwart arbeiten nicht an der Zeitdiagnose des schnellen Wandels, sie selbst sind die eigentlichen Träger dieser haltlosen Unruhe, dieser großen Zappelei, die nur zwei Regeln kennt: Nicht nachdenken, nicht zu spät kommen. So sind häufig kleine Ereignisse der Ursprung wahrer Kettenreaktionen, die die Themen, die Personen und die Kommunikationsformen sprunghaft erhitzen. Die sogenannte „Skandalisierung" in den Medien bei allen Formen von politischen Affären, sie ist weniger der Verlust von ethischer und moralischer Substanz oder die Boulevardisierung, ein Reizthema ist wie ein Lauffeuer, das auch das entfernste Lokalblatt entflammt. Die Journalisten, sie reden gerne miteinander, pokern und putschen sich hoch, ganze Arbeitsstäbe in den Chefredaktionen beobachten die Themenfindungsprozesse und Entscheidungsrituale der Konkurrenz. Den anderen zuvorzukommen, das ist das wesentliche Ziel der Medienbranche. Diese Nervosität, die häufig ins Hysterische eskaliert, und ist unideologisch, erfasst alle Bereiche, besonders die Nachrichtenagenturen und elektronischen Medien. Diese große Aufregung ist das Gegenteil von Wachheit und Neugier, sie begrenzt die Rechercherichtung, sie ist unersättlich und fällt dennoch irgendwann in sich zusammen, um sich nach kurzer Pause wieder aufzublähen. (Beispiele: Sebnitz, Flugaffären, Erfurt, Kriegseinsatz der Bundeswehr)

5. Einsamkeit

Zunächst klingt das alles ja schon gesellig. Und in der Tat ist der Journalist schrecklich gerne unter sich. Der Arbeitsmarkt ist überschaubar, Gier, Ehrgeiz und Neid wollen im Kollegen-Klatsch gefüttert werden. Der Medienpressespiegel ist das, was auf jeden Fall täglich und gründlich gelesen wird. Wir über uns.

Aber: Die Zeiten der Redakteursversammlungen, Redaktionsstatute, gewerkschaftlichen Orientierung sind lange vorbei. Der hohe Anteil an freien und befristet beschäftigten Journalisten hat dem eigentlich rein eitlen Kampf um die Zeilen und Minuten eine existentielle Basis gegeben. Da aktuelle Berichterstattung körperlicher Leistungssport ist, hat der übliche Generationenkonflikt zwischen Nachwuchs und alter Führungsschicht in den Medien eine härtere Note. Die Altersgruppe der 50 bis 60jährigen kann sich eigentlich nur in Toppositionen oder Nischen halten, den Rest drängen die Jungen in den Vorruhestand. Innerhalb von wenigen Jahren tauschen sich so ganze Redaktionen aus, Netze, Beziehungsgeflechte, nichthierarchische Orientierungen sind selten. Hinzu kommt, dass die höheren Führungsaufgaben, auch unter dem Druck der ökonomischen Krise, selten mit Kontinuität vergeben werden. Chefredakteure und ähnliche Positionen werden im schnellen Wechsel ausgetauscht, das ist in den letzten Jahren vor allem im Printbereich zu beobachten. Das bedeutet, dass die Politik einen Berufsstand als Gegenüber vorfindet, dessen Hierarchie und dessen Akteure kaum länger zuständig sind als eine Legislaturperiode dauert, ein Berufsstand, dessen „Befehlsstruktur" durch Fluktuation und Autoritätsverlust der geschassten Chefs kaum vorhanden ist. Auch das ist eine eher unideologische Entwicklung.

6. Schlussfolgerung

Was bedeutet dieses Sittenbild nun für die, die mit den Medien umgehen müssen?

Im Wesentlichen sind zwei Handlungsrichtungen der politischen Medienarbeit zu unterscheiden: Die Analyse des Veröffentlichten und die Beeinflussung des künftig zu Veröffentlichenden.

Ohne Zweifel ist eine gründliche Beobachtung der Medien und ihrer Produkte unumgänglich. Was ist berichtet worden, in welchem Kontext, in welcher Bewertung? Zum einen wird das Medienecho auf eigenes oder fremdes politisches Handeln registriert, zum anderen sind die Themen und Informationen im Gesamtkontext ein Frühwarnsystem. Probleme bahnen sich in hoher Spontanität ihren Weg in die Schlagzeilen, werden von anderen Medien aufgegriffen, verstärkt, bekämpft, trivialisiert, popularisiert. Eine präzise Beobachtung des Veröffentlichten kann problematische Entwicklungen im Frühstadium entdecken.

Meiner Beobachtung nach hält sich aber die Medienbeobachtung in den politischen Planungsstäben zu häufig und zu intensiv mit den Einordnungen, Kommentaren und politischen Tendenzen der Medien auf, mit dem subjektiven Faktor. Es ist zu viel von Freund und Feind die Rede. Das führt zu fast familiären Dialogen, Lob für positive Berichterstattung, Tadel und Drohung für Kritik, menschlich verständlich, für die politische Analyse aber ohne

Belang. Es sei denn, die politischen Akteure und ihre Stäbe machten sich ernsthaft Illusionen, dass Medien erziehbar wären.

Womit wir beim zweiten Handlungsstrang sind.

Die Beeinflussung der medialen Agenda, die Vorfeldarbeit, die Informationen und die Desinformation, die strategische Kampagnenplanung – in ihrer tatsächlichen Schlagkraft im Wahlkampf sind sie schlichte Legende. Die berühmten spin-doktoren, die als graue Eminenzen das mediale Milieu beeinflussen und sogar steuern können, sie sind nach meiner Beobachtung Selbststilisierung und nachträgliche Konstruktion, die Wahlsiege für Freund und Feind erklärlich machen sollen. Die Parteien haben sich eine Zeitlang berauscht an den Ideen, mit professioneller Planung Wählersympathien organisieren zu können. Diese gutdurchdachten Kampagnen sind aber in den vergangenen fünf Jahren mindestens so häufig schiefgegangen, wie sie erfolgreich waren. Als alle noch mit Flugblättern und Plakaten gearbeitet haben, da konnte man mit Internet und Fernsehinszenierung noch punkten. Da das heute alle betreiben, ist es ein Nullsummenspiel.

Zum anderen treffen die politischen Bemühungen, die Medien in den Griff zu bekommen, auf die eben geschilderte Verfassung der Medienarbeiter. Die Schwächen und Neurosen der Journalisten verheißen ja zunächst ein leichtes Spiel. Meine These lautet aber: Das Gegenteil ist der Fall. Die Medien als giftiges, gärendes Milieu mit fast irrationalen Temperaturschwankungen, schnellen Emotionalisierungen, überraschenden Riesenwellen, Themenerruptionen, Phasen erschöpfter Lethargie, geschwächter Chefs, unideologischer Dauerhysterie gegenüber allem und jedem. Dieses Milieu entzieht sich als verachtetes, tiefzerstrittenes soziales System der rationalen Bearbeitung. Politische Ideen und Personen – heute überraschend in den Himmel gehoben, ein paar Tage später ebenso plötzlich fallen gelassen. Die Illusion der persönlichen Nähe von Politik und Medien in der Berliner Republik, sie ist für beide Seiten gefährlich.

Für die Politik und die Politikberatung bedeutet dies: Seien Sie auf alles gefasst, lassen Sie nicht nach in Ihrem Misstrauen, glauben Sie niemals, Sie hätten die veröffentlichte Meinung im Griff. Der Landplage Medien mit den vielen eifrigen Müllers ist nicht einmal Genscher entkommen, und der hat doch immer geglaubt, sie zu kennen.

Politikberatung in der französischen Regierung

Axel Murswieck

1. Einleitung

Der französische Regierungschef verfügt über eine stattliche Anzahl von Beratungsressourcen. Im Folgenden sollen nur institutionalisierte Strukturen der Beratung erörtert werden. Ad hoc Beratungsressourcen bleiben außerhalb der Betrachtung. Die Beratungsstrukturen sind in besonderer Weise durch das Regierungssystem und nationale Verwaltungstraditionen geprägt.

Ungleich zu Deutschland, wo mit dem Bundeskanzleramt eine einheitliche Beratungsstruktur vorhanden ist, gibt es in Frankreich, ähnlich wie in Großbritannien eine duale Struktur. Zum einen gibt es das *cabinet du Premier ministre* mit mehrheitlich politischen Ernennungen (*political appointees*) und das *Secrétariat Général du Gouvernement (SGG)*, das ausschließlich mit Berufsbeamten besetzt ist.[1] In Großbritannien entsprächen diese Einheiten dem *Prime Minister's Office* und dem *Cabinet Office*.[2] Als Besonderheit für Frankreich und ebenfalls ungleich zu Deutschland kommt hinzu, dass das *SGG* als Unterstützungseinheit nicht nur den Premierminister, sondern die gesamte Regierung berät, und ferner, dass ähnlich dem *cabinet* des Premierministers alle Minister ebenfalls über ein eigenes *cabinet* als Beratungseinheit verfügen. Schließlich sind die Beratungsstrukturen noch im Kontext der exekutiven Dyarchie des französischen Regierungssystems zu sehen.

Der französische Staatspräsident hat nur wenig formale Kompetenzen gegenüber dem permanenten Regierungsapparat. Seine verwaltungsmäßige und politische Unterstützung erhält er hauptsächlich über sein eigenes Amt, dem *Maison du Président (L'Elysée)*, ausgestattet mit einem *Secrétariat général de la Présidence* mit einem *Secrétaire* général an der Spitze als zen-

---

[1] Vgl. zu der unterschiedlichen Ausgestaltung auch Murswieck, Axel (2003): Nationale Regierungszentralen in Deutschland und Frankreich, in: Benz, Arthur/Siedentopf, Heinrich/Sommermann, Karl-Peter. (Hg.): Institutionenbildung in Regierung und Verwaltung. Festschrift für Klaus König. (i.E.)
[2] Vgl. zum Ländervergleich auch Andeweg, Rudy (1999): Advising Prime Ministers, in: Public Money & Management, April-June 1999, S. 13-17

trale Einheit für die administrativen und politischen Führungsaufgaben. Vom Tätigkeitsprofil und den Beratungsstrukturen her lässt sich das *Secrétariat général* mit dem *cabinet du Premier ministre* vergleichen. Etwa 200 Mitarbeiter arbeiten im *Elysée*. Rechnet man die diversen technischen Dienste hinzu, stehen dem Präsidenten zwischen 700 – 800 Mitarbeiter zur Disposition. Hingegen umfassen die gesamten Dienste des Premierministers um die 5000 Personen.[3] Die dualen Beratungsgremien des Premierministers haben sich daher stets mit den Unterstützungseinheiten des Präsidenten zu arrangieren.

Im Mittelpunkt der weiteren Ausführungen steht die Regierung mit dem Premierminister an der Spitze, der die Regierungsgeschäfte zu leiten hat – *diriger l'action du gouvernement* (Art. 21 der Verfassung). Neben den *cabinets* als Kern der Beratungsstrukturen stehen der Regierung weitere umfangreiche Beratungsstrukturen zur Verfügung. Sie sind im dritten Teil vorzustellen.

2. Die *cabinets* als politische Beratungsstäbe

Beim *cabinet* des Premierministers als auch bei den entsprechenden *cabinets ministériels* der Ressortminister handelt es sich ungleich dem *SGG* um politische Beratungsgremien zur politischen Unterstützung des Regierungschefs und seiner Minister. Dem *SGG* obliegt vor allem die administrative und juristische Beratung mit dem Schwerpunkt der Verfahrenskoordination.

Wie das *SGG* haben auch die *cabinets* tiefe historische Wurzeln in der Entwicklung der französischen Verwaltung. Als politische Beratungsgremien wurden sie endgültig in der III. Republik etabliert.[4] Sie gelten eigentlich auch heute noch als Phantome der Verfassung[5], da ihre Existenz fester rechtlicher Grundlagen entbehrt und ihre Arbeitsweise nicht durch Geschäftsordnungen reguliert wird. Ihre Beratungsfunktionen erstrecken sich von der strategischen Beratung innerhalb der Regierung bis auf die externe Beratung gegenüber dem Parlament und den Medien. Dazu gehört auch die persönliche Beratung des Ministers, wenn gegeben, in seiner parteipolitischen Einbettung. Sie sind zuständig für die intra- und interministerielle Koordination und kön-

---

[3] Vgl. Massot, Jean (1993): Chef de l'Etat et chef du gouvernement: Dyarchie et hiérarchie, Paris, S. 154 ff

[4] Vgl. Bigaut, Christian (1997): Les cabinets ministériels, Paris, S. 48 ff

[5] Vgl. Gaffney, John(1991): The political think tanks in the UK and the ministerial cabinets in France, in: West European Politics 14.1., S. 1-17

nen unabhängig von den eigenen ministeriellen Fachabteilungen die Politikgestaltung (Gesetzesentwürfe, Programme, Haushalt) mitbestimmen, also
eine autonome Policy-Kompetenz für sich in Anspruch nehmen. Politische
Koordination verbindet sich mit politischer intraministerieller Kontrolle. Bei
interministeriellen Abstimmungsprozessen steht die Vertretung der
Ressortposition im Vordergrund. In diesen Rollen macht sich durchaus eine
traditionelle Komponente der *cabinets* bemerkbar. Hierzu gehört das Misstrauen der Politiker gegenüber der Verwaltung, die Überwindung von Behar-
rungskräften in der Verwaltung und damit zusammenhängend die Auffassung von einer geringen Innovationsfähigkeit der Ministerialbürokratie. Die
cabinets sollen die Steuerung und Kontrolle der Verwaltung übernehmen. In
dieser Sichtweise lag ihre ursprüngliche Legitimationsbasis.[6] Damit verstie-
ßen und verstoßen sie gegen eine andere Traditionslinie, nämlich die institutionelle Trennung von Politik und Verwaltung. Sie sind Ort dieser Vermi-
schung.

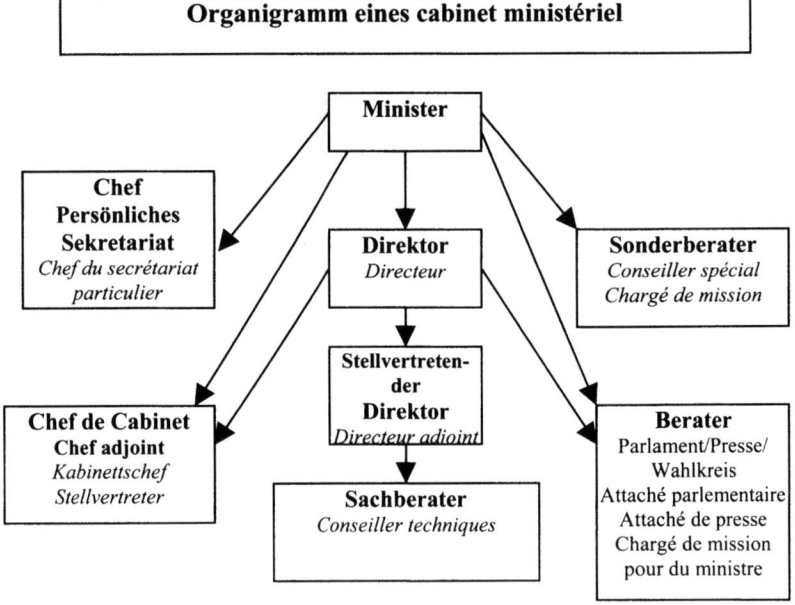

Organigramm eines cabinet ministériel

---

[6] Vgl. Bigaut, Christian (Anm. 4), S. 31ff

Die *cabinets* sind Diener ihres „Herrn". So wie der Premierminister haben auch die Minister faktisch und rechtlich eine autonome Organisations- und Personalgewalt. Die Mitarbeiter, ob Beamte oder extern rekrutierte Personen stehen in einem besonderen Vertrauensverhältnis zu ihrem Chef. Arbeits- und Leitungsstrukturen sind auf die jeweiligen Bedürfnisse der Regierungs- und Ressortchefs zugeschnitten. In den *cabinets* herrscht überwiegend Informalität und Flexibilität bei der Arbeitsweise. Mehr das Mündliche, denn das Schriftliche beherrscht den Arbeitsablauf. Wenn in den Kabinetten insgesamt von flachen Hierarchien gesprochen werden kann, so nehmen dennoch von der Machtposition und der Funktion als engste Berater des Chefs in ihnen die *directeurs du cabinet* eine herausgehobene Stellung ein. Der Führungszuschnitt der *cabinets* auf ihre Chefs kommt auch dadurch zum Ausdruck, dass alle Mitarbeiter mit dem Amtsende ihres Ministers ebenfalls ausscheiden. Bis 1979 gab es auch keinen „Nachlass" der Kabinettsarbeit, was die Kritik an den „Grauen Eminenzen" in den Kabinetten stets verstärkt hat. Durch ein Gesetz von 1979 wurde die Praxis der *terre brulée* beendet. Alle Dokumente der Kabinette sind seither dem Nationalarchiv zu übergeben.

Das *cabinet du Premier ministre* als zentrale Einheit der Regierungszentrale des Premierministers ist auch gleichzeitig die zentrale Koordinationsinstanz für die gesamte Regierungsarbeit. Die Zahl der Berater im *cabinet* des Premierministers hat ständig zugenommen. Lag die Zahl der Mitarbeiter in den dreißiger Jahren noch bei um die 15, sind heute zwischen 50 und 60 Personen im *cabinet* beschäftigt.

Tabelle 1: Anzahl der Mitarbeiter in den *cabinets du Premier ministre* (1959 – 2002)

Debré (1959)	26	Chirac (1974)	21	Rocard II (1988)	43
Pompidou I (1962)	16	Barre I (1976)	30	Cresson (1991)	54
Pompidou II (1962)	22	Barre II (1977)	27	Bérégovoy (1992)	38
Pompidou III (1966)	22	Barre III (1978)	28	Balladur (1993)	27
Pompidou IV (1967)	23	Mauroy I (1981)	28	Juppé I (1995)	39
Couve de Murville (1968)	25	Mauroy II (1981)	39	Juppé II (1995)	38
Chaban-Delmas (1969)	32	Mauroy III (1983)	32	Jospin (1997)	59
Messmer I (1972)	27	Fabius (1984)	30	Raffarin (2002)[1]	58
Messmer II (1973)	28	Chirac (1986)	35		
Messmer III (1974)	30	Rocard I (1988)	38		
Quelle : Documents d'études, Le Gouvernement de la Cinquième République, No 1.23 édition 2002, Paris, S. 48 [1] aus der Internetseite des Premierministers www.premier-ministre.gouv.fr, Stand Januar 2003					

Fluktuationen in der Mitgliederzahl erklären sich u.a. im Fehlen verbindlicher Vorschriften ihrer Begrenzung. Die Premierminister (und auch Minister) haben faktisch ein autonomes Bestellungsrecht, auch wenn sie seit den achtziger Jahren immer wieder versuchten durch zahlenmäßige Vorgaben die Aufblähung zu begrenzen. Neben den offiziellen Mitarbeitern gibt es noch offiziöse (*clandestins*) Mitarbeiter, die außerhalb der Struktur des *cabinet* stehen und meist enge persönliche Vertraute des Regierungschefs sind und von ihm mit besonderen Aufgaben beauftragt werden. Da nur die Ernennung der offiziellen Mitarbeiter im *Journal Officiel* veröffentlicht wird, bleibt sehr oft die Gesamtzahl der Mitarbeiter unbekannt.

Für die Zusammensetzung des *cabinet* des Premierministers war und ist charakteristisch, dass die Mitarbeiter sich vor allem aus der „Hohen Beamtenschaft" (*Grands Corps Administratifs*) rekrutieren und Absolventen der *„Ecole Nationale d'Administration (ENA)"*, also der Kaderschmiede der Verwaltungselite sind. Mitglieder der *Grands Corps* werden für das *cabinet* abgeordnet und kehren nach Ausscheiden in ihre Dienste zurück, von denen sie auch bezahlt werden. Das gilt auch ganz allgemein für sonstige Abordnungen aus den Ministerien. Es lassen sich Verschiebungen in der Zusammensetzung verzeichnen. Der Anteil der *Grands Corps Administratifs* ist von 41,7% zwischen 1958 und 1974 auf 30% zwischen 1974 und 1997 geschrumpft. Die Anzahl der *ENA*-Absolventen variiert mit der Parteifärbung der Regierung. Bei Rechtsregierungen liegt deren Anteil jeweils um 50%, bei Linksregierungen um 30 bis 40%. Eine Ausnahme bilden die Leiter (*directeurs*) und stellvertretenden Leiter (*directeurs-adjoints*) der *cabinets* in diesem Zeitraum. 52% der Direktoren und 93% der Stellvertreter waren *ENA*-Absolventen. Obwohl nur ganz selten Mitglieder des *cabinet* des Premierministers bei Eintritt ein politisches Mandat innehaben, lässt sich bei 45 Prozent von ihnen jedoch eine politische Aktivität in ihrer Biographie nachweisen. Schließlich schwankt der Anteil von dem Premierminister über lange Zeit loyal Verbundenen (*Fidèles*) um 30%.[7]

Das *cabinet* zeichnet sich in seiner personellen Zusammensetzung durch eine hochgradig administrative und politische Kompetenz aus. Der Direktor ist persönlicher Vertrauter und erster Berater des Premierministers. Er ist Nadelöhr für alle Entscheidungsprozesse. Die Aufgabenverteilung auf der sektoriellen Ebene der *conseiller* und der stärker operativen Ebene der *conseillers techniques* orientiert sich an den jeweiligen Ressortaufgaben. Das *cabinet* lenkt, gestaltet und koordiniert über die institutionalisierten intermi-

---

[7] Vgl. Rouban, Luc (1998): Les entourages de l'Élysée et de Matignon: 1974-1997, in: Revue administrative n° 302 – n° 304

nisteriellen Entscheidungsgremien (*réunions-comités-conseils*) die Regierungspolitik. Hierzu gehört auch die unter Premierminister Jospin eingeführte montägliche Sitzung der Direktoren der Ministerialkabinette unter Leitung des Direktors des *cabinet* des Premierministers. Dieser ist der engste Vertraute und wichtigste Berater des Regierungschefs und Machtpol für die Regierungskoordination.

Die politische Koordinations- und Gestaltungsfähigkeit des *cabinet* beschränkt sich nicht nur auf den regierungsinternen Bereich, sondern greift auf parlamentarische und interessenpolitische Arenen über. Im Vergleich zum Bundeskanzleramt hat das *cabinet* eine genuine politische Steuerungsfunktion und ist inhaltlich an der Politikgestaltung beteiligt. Es ist nicht unüblich, das es auch ohne die Ressorts Policy-Aufgaben an sich zieht. Diese Beobachtungen sagen natürlich noch nichts über die Effektivität dieser Aufgabenwahrnehmung aus. Da, wie erwähnt, bei jedem Premierministerwechsel auch das gesamte *cabinet* ausscheidet, muss jedes *cabinet* erneut seine Unterstützungsaufgabe für den Premierminister organisieren. Dass dies nicht ohne weiteres vorausgesetzt werden kann, zeigt der vermehrte Gebrauch von *circulaires* der Premierminister zu Beginn ihrer Amtszeit, mit denen sie Richtlinien und Verhaltensregeln ihrer Regierungsarbeit festlegen. Das Fehlen einer Geschäftsordnung der Regierung führt immer öfter zum Verfassen derartiger Erlasse. Berühmt geworden ist etwa der Runderlass von Premierminister Rocard von 1988 [8] mit einem Verwaltungskodex für die Regierungsarbeit. Ähnlich ausführlich und mahnend der Runderlass von Premierminister Jospin 1997[9], in dem auf die Wichtigkeit der interministeriellen Ausschüsse für die Entscheidungsvorbereitung verwiesen wird und die zentrale Stellung seines Kabinettsdirektors betont wird. Auch zu Beginn der Regierung Raffarin wurde die „cacophonie" beklagt.[10] Das *cabinet* soll den persönlichen Führungsanspruch des Premierministers und die Effektivität seiner Regierungsarbeit in Zusammenarbeit mit dem Generalsekretariat sicherstellen.

Die Funktionswahrnehmung des *cabinet* an der Schnittstelle zwischen Politik und Verwaltung, die Mischung aus politischer Kompetenz und hochgradigem Sachverstand lässt sich an den Merkmalen des Rekrutierungsmusters verdeutlichen. Hierfür sind sechs Funktionskategorien zu unterscheiden:

---

[8] Abgedruckt in: Regards sur L'actualité No. 143, Juillet-Août 1988, S. 15ff
[9] Abgedruckt in: Le Monde, 10. Juin 1997, S.14
[10] Vgl. Le Monde, 13. Juillet 2002, S. 6

- **Kabinettsdirektor** *(directeur du cabinet)*
- **Stellvertretender Kabinettsdirektor** *(directuer adjoint du cabinet)*
  Diese Funktion wurde erst relativ spät aufgrund des Aufgabenzuwachses geschaffen.
- **Kabinettschef** *(chef du cabinet)*
  Obwohl dieser nur „zweiter" Mann im Kabinett ist, hat er eine ebenso enge, wenn nicht noch engere Vertrauensstellung wie der *directeur* zum Chef und gilt als „Schatten" des Premierministers bzw. Ministers. Er ist oft ein langjähriger Vertrauter, der das Kabinett in jeder Hinsicht bis zur Terminplanung verwaltet. [11]
- **Sachberater** *(conseiller et conseiller techniques)*
  Sie sind die eigentlichen Politikexperten und sind meist zuständig für die einzelnen Abteilungen im Ressort bzw. im *cabinet* des Premierministers im Sinne des Konzepts der Spiegelreferate für die einzelnen Ministerien. Die Unterscheidung der beiden Kategorien wird in der Praxis immer seltener. Die Kennzeichnung *conseiller auprès* markiert oft die einflussreichere Stellung gegenüber der politischen Spitze.
- **Sonderbeauftragte** *(chargé de mission)*.
  Oft Mitarbeiter „außerhalb der Hierarchie" für besondere Aufgaben.
- **Sonstige Mitarbeiter**
  Diese sind zuständig für die Kontakte zum Parlament und den Medien, sowie für Aufgaben des persönlichen Sekretariats.

Der Regierungschef und die Mitarbeiter haben bei der Personalrekrutierung für diese Funktionsbereiche freies Ermessen. Sie stellen sich ihre Beratungsmannschaft zusammen. Bezüglich der Herkunft der Kabinettsmitglieder können drei Rekrutierungbereiche unterschieden werden:

Ressortrekrutierung: die Mitarbeiter kommen aus dem jeweiligen Ressort selbst.
Verwaltungsrekrutierung: die Mitarbeiter kommen aus anderen Bereichen der öffentlichen Verwaltung und werden den *cabinets* zur Verfügung gestellt (*mis à disposition*) oder offiziell abgeordnet (*détachement*) für die Kabinettsarbeit.
Vertragsrekrutierung: Mitarbeiter, die auf vertraglicher Basis in das *cabinet* eintreten.

---

[11] Vgl. Bigaut, Christian (Anm. 4), S. 144ff; Thuillier, Guy (1982): Les cabinets ministériels, Paris, S. 66 ff

Durch den Umstand, dass der größte Teil der Kabinettsmitglieder (siehe Tabelle 2) sich aus der Verwaltung selbst rekrutiert und von ihren Herkunftseinheiten weiter besoldet wird, erklärt sich, dass die *cabinets* selbst nur in geringem Umfang über ein eigenes Budget verfügen. Eine Kontrolle der *cabinets* über das Instrument der Haushaltskontrolle ist daher weitgehend nicht möglich. Die bisherige Praxis, dem Premierminister und den Ministern Geheimfonds (*fonds spéciaux*) zur Verfügung zu stellen, aus denen Ausgaben der Kabinettsarbeit finanziert werden und die auch als Quelle von Prämienzahlungen an die Mitarbeiter dienen, trug ebenfalls zur Intransparenz bei und unterstreicht die personenbezogene Ausrichtung der Beratungsgremien.[12]

Der Umfang der Kabinettsmitglieder ist beträchtlich (Regierung Jospin: 583 (2001), Regierung Raffarin: 613 (2002)). Die Mitarbeiterzahl variiert nach Ressortstellung. Bei den vollen Ministern liegt die Zahl zwischen 20 und 30 Personen und bei den Fachministern (*Ministre délégué*) und den Staatssekretären zwischen 10 und 20. Berücksichtigt man ferner, dass es auch in Frankreich ca. 500 Politische Beamte im deutschen, beamtenrechtlichen Sinne gibt, dann wird in Zusammenhang mit der Zahl der Kabinettsmitglieder das politische Führungsreservoir in der französischen Regierungsorganisation deutlich.

Der große Anteil von Ministerialbeamten in den *cabinets* hat oft den Vorwurf einer technokratischen Orientierung hervorgebracht, vor allem weil diese Beamten gleichzeitig Angehörige der Verwaltungselite sind. Das gilt insbesondere in Bezug auf die Absolventen der prestigeträchtigen nationalen Verwaltungsschule, der *Ecole Nationale d'Administration – ENA*. Im Gegensatz zur herkömmlichen Meinung ist der Anteil der *Enarques* in den *cabinets ministériels* gering. Er beträgt für den Zeitraum von 1984 – 1996 im Durchschnitt nur 27,4%.[13] Allerdings sind einige Variationen zu verzeichnen. So greifen Rechtsregierungen stärker als Linksregierungen auf die *Enarques* zurück (vgl. Tabelle 3) und es gibt eine Konzentration von *ENA*-Absolventen in bestimmten strategischen Bereichen, so im Außenministerium, im Wirtschafts- und Finanzministerium und in der Regierungszentrale des Premierministers (*Matignon*). Aber auch hier gibt es ähnliche Variationen bezüglich der Parteifärbung der Regierung (vgl. Tabelle 4).

---

[12] Vgl. Logerot, Francois (Hg.) (2001): Cour des comptes: Note à l'attention de Monsieur le Premier ministre relative au régime des fonds spéciau, Paris

[13] Zum Folgenden Rouban, Luc (1997): Les Enarques en Cabinets 1984-1996. CEVIPOF, Paris

Tabelle 2: Zusammensetzung der *cabinets ministériels* der Regierung Jospin 2001

Ministerium	Anzahl und Herkunft der *cabinet*-Mitarbeiter				Gesamt
	Ressortrekrutierung	Verwaltungsrekrutierung (*mis à disposition*)	Verwaltungsrekrutierung (*détachement*)	Vertragsrekrutierung	
Matignon – Amt des Premierministers	-	48	-	8	56
Wirtschaft, Finanzen und Industrie	18	6	-	6	30
Arbeit und Solidarität	13	11	-	7	31
Justiz	8	7	-	7	22
Innen	9	5	1	6	21
Erziehung	19	7	-	8	34
Außen	11	4	-	1	16
Verteidigung	8	6	1	5	20
Ausrüstung, Transport und Wohnen	11	4	-	5	20
Kultur und Kommunikation	2	5	4	10	21
Landwirtschaft und Fischfang	10	7	3	4	24
Raumordnung und Umwelt	3	7	-	10	20
Parlamentsbeziehungen	-	-	1	6	7
Öffentlicher Dienst und Verwaltungsreform	-	7	-	5	12
Jugend und Sport	7	5	3	9	24
Forschung	8	3	-	-	11
Europa (*Ministre délégué*)	5	4	-	3	12
Familie, Jugend und Behinderte (*Ministre délégué*)	3	10	1	-	14
Francophonie (*Ministre délégué*)	6	3	1	3	13
Stadt (*Ministre délégué*)	-	4	2	6	12
Berufsausbildung (*Ministre délégué*)	4	2	1	4	11
Gesundheit (*Ministre délégué*)	4	13	-	1	18
Zuzüglich der *cabinets* von 11 Staatssekretären	41	41	5	47	134
Gesamt					**583**

Quelle: Ministère de l'Économie, des Finances et de l'Industrie : Projet de loi de finances pour 2002. Composition des cabinets ministériels du gouvernement de M. Lionel Jospin à la date 1er juillet 2001. (Eigene Zusammenstellung)

Tabelle 3: Anzahl von *ENA*-Absolventen in den *cabinets ministériels* (1984-1996) bei unterschiedlichen Regierungen (in %)

Regierung Fabius	Regierung Chirac	Regierung Rocard 1	Regierung Rocard 2	Regierung Cresson
24,3%	34,3 %	28,2 %	26,9 %	22,0 %

Regierung Bérégovoy	Regierung Balladur	Regierung Juppé 1	Regierung Juppé 2	
22,4%	32,4 %	36,0 %	30,3 %	
Quelle: Rouban 1997: 3.				

Tabelle 4: Anteil von *ENA*-Absolventen im Außenministerium, Wirtschaftsministerium und im *Matignon* (1984-1996) bei unterschiedlichen Regierungen (in %)

	Regierung Fabius	Regierung Chirac	Regierung Rocard 1	Regierung Rocard 2	Regierung Cresson
Außenministerium	28,3 %	36,1 %	40,0 %	26,3 %	20,0 %
Wirtschaftsministerium	51,3 %	62,8 %	36,7 %	38,2 %	40,0 %
Matignon	37,5 %	41,9 %	34,1 %	39,1 %	28,8 %

	Regierung Bérégovoy	Regierung Balladur	Regierung Juppé 1	Regierung Juppé 2	
Außenministerium	26,3 %	39,4 %	55,6 %	48,1 %	
Wirtschaftsministerium	48,1 %	55,2 %	57,1 %	50,0 %	
Matignon	38,6 %	61,8 %	46,7 %	47,4 %	
Quelle: Rouban 1997: 5.					

Betrachtet man die oben erwähnten Funktionsstellen der *cabinets*, dann sind *ENA*-Absolventen in den Leitungspositionen (*directeur / directeur-adjoint*) verhältnismäßig stark vertreten. Auch hat die Dauer des Verbleibs in den *cabinets* zugenommen. Das verweist zum einen auf die gesuchte Kompetenz der *Enarques* für die politisch-administrative Führung der *cabinets* und auf die Tatsache, dass die Mitgliedschaft im *cabinet* zunehmend als ein Karrieresprungbrett für Posten in der Politik, in der Verwaltung und in der Wirtschaft angesehen wird. Entgegen dem Technokratieverdachtes haben sich die *Enar-*

ques den Erfordernissen politisch-strategischen Handelns in den *cabinets* angepasst und sich dieser Art von „Politisierung" unterworfen. In der Tätigkeit der *cabinets* lässt sich die Grenze zwischen politischer Kompetenz und Sachexpertise schwer ziehen. Im Vergleich zu den sechziger und siebziger Jahren haben sich die Beratungsstäbe zu einem für Frankreich durchaus neuen Typ von „politischer Verwaltung" entwickelt.[14] Zunehmende „Politisierung" meint in diesem Kontext nicht Parteipolitisierung, sondern die Aufgabe, den Minister im Rahmen der Sachexpertise bei seinen politischen Richtungsentscheidungen zu unterstützen, sich zum Advokaten der Regierungspolitik zu machen.

Zu den Aufgaben des *cabinet* gehört es schließlich auch, die anderen Beratungsressourcen der Regierungsorganisation nutzbar zu machen.

3. Beratungsressourcen im Bereich der französischen Regierung

Wie in Deutschland, so wurde auch in Frankreich in den sechziger Jahren eine Zunahme von Beratungstätigkeit vermerkt. Man sprach von einer *administration consultative*:[15]

An erster Stelle der Beratungsressourcen stehen die ressortbezogenen Beratungsgremien (Kommissionen / Komitees / Räte etc.). Einschließlich der dem *l'Hôtel Matignon*, also dem Premierminister direkt unterstellten Gremien (40) gab es 2002 insgesamt 636 Beratungsgremien (vgl. Tabelle 5). Zu den beratungsintensiven Policy-Bereichen zählen Wirtschaft-, Arbeit, Soziales und Landwirtschaft. Auch wenn die Gremien nur bedingt kategorial vergleichbar sind, so ist der Umfang in Frankreich sehr viel größer als in der deutschen Bundesregierung.[16]

---

[14] Rouban, Luc (Anm 13), S. 40
[15] Vgl. zum Versuch einer nach unserer Kenntnis bislang einzig gebliebenen Bestandsaufnahme Langrod, Georges (1972): La consultation dans l'administration contemporaire, Paris, hier: Introduction und Chapitre 2
[16] Vgl. Murswieck, Axel (1994): Wissenschaftliche Beratung im Regierungsprozeß, in: Ders. (Hg.): Regieren und Politikberatung, Opladen und BT-Drucksache 13/10761 (1998): Zweiter Bericht der Bundesregierung über den Anteil von Frauen in wesentlichen Gremien im Einflußbereich des Bundes vom 20.05.98

Tabelle 5: Beratungsgremien in der französischen Regierung 2002

Ministerien	Anzahl
Matignon	40
Affaires étrangères	14
Agriculture, alimentation, pêche et affaires rurales	84
Écologie et développement durable	33
Anciens combattants	39
Culture et communication	66
Économie, finances et industrie	104
Jeunesse, éducation nationale et recherche	30
Affaires sociales, travail et solidarité	122
Équipement, transports, logement, tourisme et mer	28
Intérieur, sécurité intérieur et libertés locales	11
Sports	26
Justice	34
Outre-mer	5
Gesamt	**636**

Quelle: Ministère de l'Économie, des Finances et de l'Industrie : Projet de loi de finances pour 2003. Liste des commissions et instances consultatives ou délibératives placées directement auprès du Premier ministre ou des ministres.

Die Fluktuation unter den Gremien ist sicher schwer nachzuvollziehen. Auffallend ist der Zuwachs an Beratungsgremien im Amt des Premierministers. Eine der wichtigen Neugründungen war etwa der im Juli 1997 errichtete *Conseil d'Analyse Économique* (Rat zur Analyse der Wirtschaftsentwicklung). Er ist dem Premierminister direkt unterstellt und unterstreicht die Tendenz zur Policy-Zentralisierung in der Regierungszentrale, die mit ihren über 60 Unterstützungseinheiten die Macht des Premierministers sichert.

Des weiteren stehen der Regierung Einrichtungen für die Beratung zur Verfügung, zu denen es bis auf den *Cours des comptes* (Rechnungshof) in Deutschland keine Entsprechungen gibt. An erster Stelle ist der *Conseil d' État* (Staatsrat) zu nennen, der neben seiner Funktion als oberstes Verwaltungsgericht ausdrücklich eine Regierungsberatungsfunktion hat. Neben obligatorischen Beratungen (Stellungnahme zu Gesetzesentwürfen) kann der *Conseil d'État* von der Regieerung jederzeit um Vorlage von Stellungnahmen oder Gutachten gebeten werden. Der *Conseil* sieht sich selbst an der Schnittstelle zwischen Beratung und Entscheidung, betont aber die ausdrückliche Zuständigkeit der Regierung für politische Entscheidungen. Er kann ferner ohne Auftrag tätig werden und Berichte zu ausgesuchten Problemen erstellen.[17] Ähnliches gilt für den *Conseil économique et social* (Wirtschafts- und Sozialrat), dem ebenfalls eine obligatorische Konsultationsfunktion bei wirtschaftlichen und sozialpolitischen Vorhaben obliegt, aber auch jederzeit vom Premierminister oder einem Minister um Expertisen zu speziellen Fragen gebeten werden kann. Auch der Rechnungshof kann, anders als in Deutschland, aber ähnlich dem amerikanischen *General Accounting Office,* mit Untersuchungen beauftragt werden.

Zugenommen hat das Berichtswesen als Instrument zur Vorbereitung und Absicherung von Gesetzgebungs- und Programmvorhaben. Nicht nur die Zahl der *rapports au Premier ministre,* sondern auch diejenige der von Ministern bestellten Untersuchungsberichte ist kaum noch zu überblicken. So begann beispielsweise das berühmte *rentrée* im Herbst 1998, als die Regierungsarbeit nach der Sommerpause auf der Grundlage von 50 im Auftrag der Regierung erstellten Untersuchungsberichten startete, so dass die Berichtsinflation beklagt wurde.[18] Hierzu gehört auch die für Deutschland ungewöhnliche Praxis der Vergabe von speziellen Untersuchungsaufträgen (*missions*) durch den Premierminister an Abgeordnete und Senatoren. Die Auswahl dieser Personen erfolgt vor allem aufgrund ihrer politischen Erfahrung. Ihre Berichte geraten selten in die Parteienauseinandersetzung. Schließlich ist noch auf eine neuere Entwicklung der Regierungs- und Verwaltungspraxis in Frankreich aufmerksam zu machen. Es handelt sich um die Errichtung sogenannter *autorités administratives indépendentes* (unabhängige Verwaltungsbehörden).[19] Im Jahre 2002 gab es 32 derartige Behörden. Sie stehen außerhalb der traditionellen Verwaltungsstrukturen und haben einen hohen Unabhängigkeitsgrad sowie Regulierungs- und Interventionsbefugnisse in einem bestimmten Sektor. Sie unterscheiden sich durch diese Kompetenzen von rein beratenden Organen wie etwa Sachverständigenräten (*comité de sages*), obwohl auch sie beratend tätig werden. Beispiele für diese Behörden sind etwa:

> *Le Comité National d'Évaluation – CNE*
> *La Commission Nationale de l'Informatique et des Libertés – CNIL*
> *La Commission de Sécurité des Consommateurs – CSC*
> *Le Conseil Supérieur de l'Audiovisuel – CSA*

---

[17] Vgl. Long, Marceau (1992): Le Conseil d'État et la fonction consultative: de la consultation à la décision, in: Rev. fr. Droit adm. 8 (5) sept.-oct. 1992, S. 787-794
[18] Vgl. Le Monde: La France au Rapport, 15 Septembre 1998
[19] Vgl. Conseil d'État (2001): Les autorités administratives indépendantes. Rapports et études publiés, Paris

Im Zusammenhang mit weiteren unabhängigen Beratungskommissionen, etwa dem Integrationsrat (*Haut Conseil à l'Integration – HCI*) oder dem Ethikrat (*Comité Consultativ National d'Ethique – CCNE*) wird davor gewarnt, dass ein Ausufern des Beratungswesens schließlich Koordinations- und Abstimmungsprozesse in der Regierungsarbeit erschweren, statt verbessern kann. In Deutschland sind ebenfalls in den letzten Jahren vermehrt Regierungskommissionen zur Politikberatung eingesetzt worden.[20] Ungleich zu Frankreich, wo derartige Beratungskommissionen in das etatistische Regierungsverständnis passen, hat diese Form von Beratungsgremien in Deutschland sich gegenüber den partei- und parlamentspolitischen Willensbildungsprozessen zu legitimieren.

4. Fazit

Neben dem großen Umfang an institutionalisierten Beratungsprozessen in unterschiedlichen Formen sind es vor allem die *cabinets ministériels*, die in ihrer Funktion als politische Beratungsstäbe und politische Koordinationsinstanzen den Unterschied zu Deutschland markieren. Die einmalige Mischung aus politischer Kompetenz und sachlicher Expertise, bereitgestellt durch eine Verwaltungselite, sichert die Machtstellung der Minister und des Premierministers. Obwohl die *cabinets* durch ihre Auflösung bei Amtsende des Chefs ein Moment der Instabilität aufweisen, sind ihre Funktionen von Kontinuität geprägt und durch ein traditionelles Reservoir an qualitativem Personal sichergestellt. Jeder Premierminister und jeder Minister muss diese vorgehaltenen Funktionsdienste personalpolitisch und organisatorisch zu nutzen wissen, um die *cabinets* als persönliche und politische Beratungs- und Machtressource zu etablieren.

---

[20] dazu auch Murswieck, Axel (2003): Des Kanzler's Macht: Zum Regierungsstil Gerhard Schröders, in: Egle, Christoph/Ostheim, Tobias/Zohlnhöfer, Reimut (Hg.): Das rot-grüne Projekt. Eine Bilanz der Regierung Schröder 1998-2002, Wiesbaden

Entscheidungs- und Informationsmanagement in der britischen Regierung
Präsentation, Patronage und Politikkontrolle

Roland Sturm

„Sometimes we gave a sense that we were more worried about what kind of press we were getting than what a policy was going to do over time."[1]

Es ist wenig überraschend, dass der informelle Regierungsstil britischer Premierminister, der diesen einen weiten Spielraum für die Organisation der Regierungstätigkeit gibt, sich auch auf den engeren Bereich des politischen Entscheidungs- und Informationsmanagements erstreckt. Deutsche Bundeskanzler haben es zunehmend als hilfreich empfunden, das Kanzleramt auszubauen, um genügend Sachverstand in unmittelbarer Nähe zu konzentrieren. Dies ermöglicht ihnen heute mit einem Regierungsapparat im kleinen den meisten Ministerien – zumindest was die Richtungsgebung von politischen Entscheidungen betrifft – kompetent gegenüber zu treten.

Britische Premierminister haben als ihre traditionellen Gegenspieler keine Koalitionspartner und selten profilierte Minister. Ministerielle Gegenmacht wird nicht zuletzt durch die häufigen Kabinettsneubildungen verhindert, die erfolgreiche Minister von einem zum anderen Ressort bewegen. Für britische Premierminister sind Konkurrenten um die Gestaltung der politischen Agenda vor allen Dingen das Schatzamt als exklusiver Ort der Wirtschafts- und Finanzpolitik, die Ministerialverwaltung (civil service), die britische Presse und in geringerem Maße das Kabinett insgesamt. Als Informationsressourcen für Premierminister[2] dienen ein Stab persönlicher Berater (das „Küchenkabinett", wie dieser Beraterkreis des Premierministers erstmals unter Harold Wilson getauft wurde) und – je nach Bedarf – das Angebot von „think tanks". Für die Labour Party Tony Blairs waren dies bisher in erster Linie das Institute for Public Policy Research (IPPR), Demos, das dem

---

[1] Alastair Campbell, Director of Communications and Strategy, Prime Minister's Office, zitiert nach Financial Times, 10. 5. 2002, S.9
[2] Vgl. auch: James, Simon (1992): British Cabinet Government, London, New York, S. 198ff

Schatzkanzler Gordon Brown nahestehende John Smith Institute und das Foreign Policy Centre.

Vor allem bei der Wahl von Politikberatern und bei politischen Ernennungen im Civil Service setzt der Premierminister flexibel und strategisch seine Patronagemacht ein. Das Informationsmanagement des britischen Premierministers stützt sich weniger als das deutscher Bundeskanzler auf die Loyalität der Beamtenschaft oder seiner Parteifreunde bzw. der Parlamentarier seiner Partei. Institutionelle Basis der Politikberatung von innen sind im britischen Falle das Prime Minister's Office und das Cabinet Office, die in den letzten Jahrzehnten immer stärker zumindest de facto auch im Bezug auf die Politiksteuerung integriert wurden.[3] Aus zwei Gründen ist die Vermutung jedoch vorschnell, es handele sich hier institutionell und funktional um eine Analogie zum deutschen Kanzleramt. Erstens ist die interne Organisation der beiden britischen Ämter zu unterschiedlich. Und zweitens bleiben Cabinet Office und Prime Minister's Office anders als das Kanzleramt, das kontinuierlich als Machtinstrument des Regierungschefs ausgebaut wurde, viel stärker von den individuellen Präferenzen des jeweiligen Premierministers abhängig, der diese Ämter stärken, aber auch zugunsten eines stärker kollegialen bzw. traditionellen Führungsstils schwächen kann. Das deutlichste Beispiel hierfür ist der Regierungswechsel von Harold Wilson zu Edward Heath 1970, der neu gewonnene Autonomie des Prime Minister's Office gegenüber dem Kabinett und der Ministerialbürokratie wieder rückgängig machte.

I. Das Prime Minister's Office

Dem britischen Premierminister steht traditionell kein Ministerium (Prime Minister's Department) für seine Koordinationsaufgabe zur Verfügung. Er koordiniert seine Regierung und wird beraten durch Zuarbeiter in Downing Street 10.[4] Hier unterstützen den Premierminister 110 bis 120 Mitarbeiter[5], eine sehr bescheidene Ausstattung, wenn man damit die Zahl der Mitarbeiter des Kanzleramtes vergleicht. Die wichtigsten Koordinierungsinstrumente des Amts des Premierministers sind sein „Private Office", sein „Political Office",

---

[3] Burch, Martin/Holliday, Ian (1989): The Prime Minister's and Cabinet Offices: An Executive Office in All But Name, in: Parliamentary Affairs 52(1), 1999, S. 32-45. Zur Vorgeschichte vgl. auch: Hennessy, Peter (2001): Whitehall, London, u.a. S. 382ff

[4] Smith, Martin J.(1999): The Core Executive in Britain, Basingstoke, London, S. 171ff; Groom, Brain (2001): President Blair beefs up Downing Street, in: Financial Times, 9. Juli, S. 17

[5] Bei Margaret Thatcher waren es noch 70-80.

seine „Policy Unit", sein „Press Office" und der Stab seiner persönlichen Berater. Geleitet wird das Prime Minister's Office heute von einem Chief-of-Staff, der auch für die Koordination der Tätigkeit seines Amtes mit dem Cabinet Office verantwortlich ist.

Im Private Office des Premierministers arbeiteten in der ersten Regierungszeit Tony Blairs (1997-2001), wie auch bei seinen unmittelbaren Amtsvorgängern, sechs Beamte. Sie waren rund um die Uhr für die Kontakte des Regierungschefs mit dem Parlament und Whitehall, also den Ministerien, zuständig. Die Policy Unit geleitet von David Miliband wurde von Tony Blair zunächst von acht auf zehn Mitarbeiter erweitert (2001: 14 Mitarbeiter). In der Policy Unit ist das Bemühen um unabhängigen Sachverstand zur tagespolitischen Steuerung am ausgeprägtesten. Die Policy Unit reagiert auf Sachpolitik der Ministerien, dadurch dass sie den Premierminister mit Kritik und politischen Alternativen oder einfach dem neuesten Informationsstand vertraut macht, was Einfluss auf zukünftige Kabinettsentscheidungen haben kann. James Callaghan, beispielsweise, ließ sich von seiner Policy Unit die Probleme des Europäischen Währungssystems nahe bringen, um das eigentlich zuständige Schatzamt zu umgehen und dieses nicht vorzeitig über seine politischen Interessen zu informieren.[6]

Die Policy Unit versucht auch, Sachpolitik durch eigene Ideen zu steuern. Belege hierfür lassen sich bei den von Margaret Thatcher entwickelten Vorgaben für den Umbau des Sozialstaates oder im Hinblick auf die Verwaltungsmodernisierungspolitik John Majors („Citizen Charter") finden. Die einzelnen Mitglieder der Policy Unit sind jeweils für bestimmte Politikfelder verantwortlich. Traditionell waren dies Bereiche der Innenpolitik, wie Bildung, innere Sicherheit oder Wirtschaft. In den neunziger Jahren ist ein Verantwortlicher für Europafragen hinzugekommen.

Für die Entwicklung einer eigenen politischen Sichtweise des Premierministers sind neben der Policy Unit vor allem die persönlichen Berater des Premierministers von Bedeutung. Diese begannen seit den siebziger Jahren eine hervorgehobenere Rolle zu spielen. Für Margaret Thatcher, die sehr trennscharf politische Loyalitäten beobachtete und all jenen misstraute, die nicht „one of us" zu sein schienen, wozu sie zunächst auch die Beamtenschaft zählte[7], waren diese Berater besonders wichtig. Nur hier konnte sie auf ungefilterte Bestärkung ihrer Position hoffen. John Major beschäftigte spezi-

---

[6] James, Simon (Anm. 1), S. 232
[7] Ponting, Clive (1986): Whitehall: Tragedy & Farce, London, S. 222

elle Berater für Außenpolitik, Verwaltungsmodernisierung und Wettbe-werbspolitik.

Für Tony Blair sind Berater vor allem auch bei der Auswahl von politi-schem Personal von Bedeutung. Jonathan Powell, der Amtschef (Chief-of-Staff) hat über seinen Einfluss auf die Personalauswahl eine gewichtige Mei-nungsbildungsmacht als Politikberater. Ansonsten vertraut Blair aber stärker als seine Vorgänger, die immer wieder auch Sachverstand von außen abrie-fen, auf die Berater in Downing Street 10. Selbst der Wahlkampf 2001 wurde aus der Policy Unit heraus geplant. Verantwortlich waren hier der Leiter der Policy Unit, David Miliband, sowie Ed Richards, der 1999 eigens in die Policy Unit berufen wurde, um das Regierungsprogramm der zweiten Regie-rung Blair vorzubereiten. Diese Sonderernennung schien erforderlich, weil die anderen Mitarbeiter der Policy Unit zu stark vom Tagesgeschäft bean-sprucht waren.[8]

Für Insider ist die heutige Konzentration von Sachverstand in Downing Street 10, wie Peter Hennessy[9] berichtet, de facto mit einem schlagkräftigen Premierministeramt vergleichbar:

> „Do we need a Prime Minister's Department? It's largely an academic debate now because we already have one. It's a properly functioning department with a departmental head [Mr Blair's chief of staff, Jonathan Powell; a political ap-pointee, not a career civil servant], with a sense of being *the* central machinery of government. We do now, in effect, have a PMD, *but* (and it's a crucial ‚but') it is not formalised. This is an advantage because it makes it extremely flexi-ble. It makes it possible to bring in a large number of advisers, at very short notice. Almost all the people in the structure hold office at the pleasure of the PM."

Informationen von der Entscheidungsaußenwelt des Premierministerzirkels und in diesen hinein transportieren das Political Office und das Press Office. Das Political Office ist die Schnittstelle zur Partei des Premierministers und zur Parlamentsfraktion, sowie zur Wählerschaft und – wenn die Labour Party regiert – auch zu den Gewerkschaften. Das Political Office ist kleiner als das Private Office. Hier arbeiten Parteigänger des Premiers, keine Beamten (in der Regel vier mit Hilfspersonal). Zwei von ihnen sind Parliamentary Private Secretaries des Premierministers. An der Spitze des Amtes steht der „Politi-cal Secretary" (in der ersten Amtszeit Blair: Sally Morgan, die danach Mini-

---

[8] Butler, David/Kavanagh, Dennis (2002): The British General Election of 2001, Basingstoke, S. 28
[9] Hennessy, Peter (2000): The Blair Style and the Requirements of Twenty-First Century Premiers-hip, in: Political Quarterly 71(4), S. 388

sterin im Kabinettsamt wurde, Lady Morgan). Ihr Nachfolger im Amte wurde Robert Hill). Noch in den siebziger Jahren war es üblich, bei Kontakten zum Premierminister den Weg über das Political Office zu gehen, um die damals noch weit mächtigere Ministerialbürokratie, die das Private Office beherrschte, zu meiden. Das Political Office wird zumindest teilweise nicht aus dem Staatshaushalt, sondern durch die Regierungspartei finanziert.[10]

Das Presseamt mit ca. 12 Mitarbeitern (meist Beamte) hat sich von einer reinen Informationsabteilung zur Stabstelle des Öffentlichkeitsmanagements emanzipiert. Hier geht es nicht mehr darum, was der Premierminister von der Öffentlichkeit erfährt bzw. welche Informationen diese nachfragt. Seit der Regierungszeit Margaret Thatchers wird dieses Amt als Nachrichtenproduzent tätig, im Sinne der Imagepflege der Regierung. Tony Blair hat das Presseamt von vorneherein so verstanden und als Chef des Amtes einen politischen Kopf (Alastair Campbell) und keinen Beamten im traditionellen Sinne benannt. Campbell ist wie der Chief-of-Staff Jonathan Powell Beamter auf Zeit. Seine Aufgabe ist es vor allem den zentralen Zugriff auf den Informationsfluss und dessen zentrale Kontrolle in der Regierung zu kontrollieren:

> „The intention is to establish the government as the ‚primary definer' in media discussions of policy, to ensure the consistency of the government line and to minimize the media profile of any dissenting voices."[11]

Tony Blair setzt damit die Tradition fort, die mit Margaret Thatcher begann, deren Presseamtschef Bernard Ingham (im Amt von 1979-1990, länger als jeder Minister!) zum Inbegriff des gestaltenden Sprachrohrs des Regierungschefs wurde. Und Margaret Thatcher war noch in ihren Memoiren voll des Lobes:

> „Bernard's outstanding virtue was his total integrity. An honest man himself, he expected the same high standards from others. He never let me down."[12]

---

[10] „With Harold Wilson a similar fund was supported by various businessmen, who provided money in a mysterious way. But Mr Callaghan arranged the financing on a more open, accountable footing, with funds contributed from the various elements of the Labour movement." Jones, G.W. (1985): The Prime Minister's Aides, in: King, Anthony (Hg.): The British Prime Minister, Basingstoke, London, 2.Aufl., 81f

[11] Franklin, Bob (2001): The Hand of History: New Labour, News Management and Governance, in: Ludlam, Steve/Smith, Martin J. (Hg.): New Labour in Government, Basingstoke, S. 134

[12] Thatcher, Margaret (1993): The Downing Street Years, London, S. 20

Alastair Campbell ist zumindest so wichtig für Tony Blair wie es Ingham für Thatcher oder auch Joe Haines für Harold Wilson war. Seine Leitung der „Strategic Communication Unit", wie sie in der ersten Amtszeit Blairs hieß, bedeutet, dass jeden Donnerstag, ergänzend zur täglichen Koordination der Presseverantwortlichen, unter seiner Betreuung das sogenannte „Grid"[13] erstellt wird. Dieses „Politikraster" schreibt den Ministern verbindlich die Ankündigungen politischer Initiativen in der kommenden Woche vor, abgestimmt mit kulturellen und Sportereignissen und den möglichen Politikvorstößen des politischen Gegners. Diese Wochenstrategie ist eingebettet in ein Arbeitsprogramm des Premierministers für das laufende Jahr.

Die Komunikationsstrategie von New Labour hat den Government Information and Communication Service (GICS) in nie gekannter Weise politisiert. Dem GICS gehören ca. 1000 Beamte an, die sich einem Verhaltenskodex verpflichten (The Whitehall Red Book), der sie zur parteipolitischen Neutralität anhält. An diesen Kodex sind special adviser, wie der Presseamtschef Campbell, nicht gebunden. Die Regierung nutzte dies, um sich politischen Handlungsspielraum zu verschaffen, und ernannte eine vorher nie erreichte Zahl von special advisers für die Pressearbeit (bei John Major waren es 32, New Labour startete mit 60). 25 Leiter von Pressestellen von (insgesamt) 44 traten beim Regierungsantritt Tony Blairs zurück oder wurden ersetzt. Die neuen Dienststellenleiter wurden als politische Beamte mit Zeitverträgen eingestellt. Sie dominieren inzwischen die Pressearbeit der Regierung. Alastair Campbell griff zudem zu dem ungewöhnlichen Instrument, dem GICS vorzugeben, in allen Mitteilungen an die Presse folgende vier zentrale Botschaften der Regierung zu verpacken:

„Labour is ,a modernizing government', a government ,for all the people' that is ,delivering on its promises' with ,mainstream policies' that are providing new directions for Britain."[14]

Eine Lehre aus dem Wahlkampf 2001 war für die Regierung Blair, die Wählerschaft muss davon überzeugt werden, dass in der Zukunft die Regierenden ihre Versprechen einlösen werden. Für die zweite Amtszeit Tony Blairs wurde das Amt des Premierministers umorganisiert, um die Regierungspolitik stärker zu integrieren und um dafür zu sorgen, dass die politischen Ideen, die in Downing Street 10 entwickelt wurden, rascher und effi-

[13] Hennessy (Anm. 8), S. 388f
[14] Franklin (Anm. 10), S. 139

zienter von den Ministerien umgesetzt werden und gleichzeitig der Öffentlichkeit auch besser vermittelt werden.

Prime Minister's Office vor der Reform	Prime Minister's Office nach der Reform
Private Office geleitet von Principal Private Secretary **Policy Unit** Anji Hunter arbeitet als „special assistant for presentation and planning"	**Policy Directorate** aus Private Office und Policy Unit geleitet vom Chief-of-Staff (Jonathan Powell). Für das Tagesgeschäft zuständig ist der Principal Private Secretary (Jeremy Heywood) und für Vorschläge zur Sachpolitik der Politikberater (Andrew Adonis), zusätzlich wird Anji Hunter **Head of Government Relations,** um die Ministerien stärker in die politischen Vorgaben des Premierministers einzubinden.
Press Office geleitet von Alastair Campbell, daneben existiert von Campbell geleitet: **Strategic Communication Unit**	Press Office und Strategic Communication Unit bleiben bestehen Alastair Cambell wird zusätzlich **Director of Communications and Strategy**
Political Office	**Political Office** bleibt erhalten.

Das Prime Minister's Office ist in den letzten Jahrzehnten erst zu seiner heutigen Stellung als Kommandozentrale ausgebaut worden.[15] Eine historische Tradition haben das Private Office sowie das Press Office, gegründet jeweils am Ende der zwanziger Jahre des 20. Jahrhunderts, und das Political Office, dessen erste Anfänge in den fünfziger Jahren liegen und das Mitte der sechziger Jahre offiziell seine Tätigkeit aufnahm. Vor allem das Press Office wurde seither erheblich ausgebaut. Die Policy Unit entstand erst 1974 durch eine Initiative Harold Wilsons. Margaret Thatcher erfand das Amt des politischen „Chief-of-Staff" 1979, und Tony Blair richtete 1997 erstmals eine „Strategic Communication Unit" ein. Special Advisers als Gegenpole zum Sachverstand der Ministerialverwaltung wurden zuerst in den siebziger Jahren ernannt und erhielten eine überragende politische Rolle zuerst in der Regierungszeit Margaret Thatchers.

---

[15] Burch/ Holliday (Anm. 2), S. 36

II. Das Cabinet Office

Anders als das Prime Minister's Office sind die wichtigsten Mitarbeiter des Cabinet Office nicht direkt beim Premierminister in Downing Street 10 untergebracht, sondern gerade um die Ecke in Whitehall 70. Allerdings sind beide Gebäude mit einem Korridor verbunden. Seine Funktion der Koordination der Arbeit der Ministerien gibt dem Kabinettsamt eine zentrale Rolle in der Politiksteuerung. Hinzu kommt, dass der beamtete Staatssekretär im Cabinet Office an der Spitze aller Ministerialbeamten steht. Auch das Kabinettsamt untersteht dem Premierminister. Er ernennt einen eigenen Kabinettsminister, der auch den Titel Chancellor of the Duchy of Lancaster trägt.

Bis 1983 war die strategische Funktion des Amtes noch deutlicher, weil ihr der Central Policy Review Staff (CPRS) zugeordnet war, der als zentraler „Think tank" der Regierung fungierte. Der Leiter des CPRS hatte direkten Zugang zum Premierminister. Edward Heath richtete den CPRS Anfang der siebziger Jahre ein, um das Denken in Ressorts durch strategische Gesamtplanung zu ergänzen. Margaret Thatcher sah im CPRS nie diese Möglichkeit. Für sie war dieser Think tank nur eine weitere Ausprägung der ineffizienten Ministerialbürokratie. Ihr Versuch, den CPRS zur Bestätigung der Weichenstellungen der von ihr präferierten Spielart konservativer Politik einzusetzen, scheiterte 1982. Dem CPRS war von Premierminister und Schatzamt aufgetragen worden, den Entwurf einer radikalen Reform des Sozialstaates zu erstellen.[16] Bevor dieser Entwurf die Regierung erreichte, lag er der Presse vor und entfachte einen Sturm der Entrüstung in der Öffentlichkeit. Margaret Thatcher musste sich von dem Entwurf distanzieren und sah sich in ihrem Vorurteil bestätigt, dass von den traditionellen Verwaltungsstrukturen getragene Politikberatung dem politischen Gegner in die Hände spielen kann. Die von ihr auch aus diesem Grund initiierte Abschaffung des CPRS fand den Beifall der Ministerien, die sich damit eines ungeliebten Eingriffsinstrumentariums entledigen konnten.[17]

---

[16] Cockerell, Michael/Hennessy, Peter/Walker, David (1985): Sources Close to the Prime Minister, London, Basingstoke, S. 130ff

[17] Smith, Martin J./Marsh, David/Richards, David (1995): Central Government Departments and the Policy Process, in: Rhodes, R.A.W./Dunleavy, Patrick (Hg.): Prime Minister, Cabinet and Core Executive, Basingstoke, London, S. 57. Vgl. auch Jordan, A.G./Richardson, J.J.(1987): British Politics and the Policy Process, London, S. 128ff

Margaret Thatcher ließ selbst keinen Zweifel an ihren Motiven und ihrer Abneigung gegen den CPRS, der sich aus ihrer Sicht zum „freelance ,Ministry of Bright Ideas'"[18] verselbständigt hatte:

> „The CPRS had originally been set up by Ted Heath as a souce of long-term policy advice for the Government, at a time when there were fewer private think-tanks, fewer special advisers in government and a widespread belief that the great questions of the day could be resolved by specialized technical analysis. But a government with a firm philosophical direction was inevitably a less comfortable environment for a body with a technocratic outlook. And the Think-Tank's detached speculations, when leaked to the press and attributed to ministers, had the capacity to embarrass. The world had changed, and the CPRS could not change with it. For these and other reasons, I believe that my later decision to abolish the CPRS was right and probably inevitable. And I have to say I never missed it."[19]

Auch wenn sich in der Regierungszeit Tony Blairs weitgehende Ansprüche der Steuerung der Ministerien und des Informationsmanagements durch den Premierminister herausgebildet haben, blieb formal der eigentliche Ort der Regierungskoordination das Kabinettsamt. Der zuständige Minister, John Prescott, ist in Tony Blairs Amtszeit sogar stellvertretender Premierminister. Die Koordinationsmöglichkeiten des Kabinettsamtes bleiben aber von der Unterstützung des Premierministers abhängig. Mit anderen Worten, das Kabinettsamt ist eine weitere Arena politischer Steuerungsbemühungen des Premierministers.

Das Kabinettsamt ist zum einen das Sekretariat des Kabinetts, schafft also die Voraussetzung für ausreichenden Informationsaustausch, um Kabinettsentscheidungen zu ermöglichen (Austausch von Dokumenten, Tagesordnungen und Berichten, Protokollführung). Dies reicht in der Regel aber heute nicht mehr aus, um nichthierarchische Kommunikationswege zu etablieren. Der „Machtsog" des Premierministers bietet für einzelne Ressortminister mehr als ausreichenden Anreiz, bilaterale politische Lösungen in direkten Verhandlungen mit dem Premierminister am Kabinettsamt vorbei zu suchen. Dies wird von Tony Blair unterstützt, der vom Beginn seiner Amtszeit an fürchtete, die Ressortminister könnten innerhalb und außerhalb des Kabinetts zu unabhängig werden.[20] Die Erwartung trügt jedoch, dass das

---

[18] Thatcher (Anm. 11), S. 277
[19] Ebda. S. 30
[20] Kavanagh, Dennis (2001): New Labour, New Millenium, New Premiership, in: Seldon, Anthony (Hg.): The Blair Effect. The Blair Government 1997-2001, London, S. 12

Kabinettsamt quasi in Erweiterung der politischen Richtungskontrolle durch den Premierminister immer für ein einheitliches Auftreten der Kabinettsminister in der Öffentlichkeit sorgen kann, auch wenn unbestritten ist, dass formal das Prinzip der Kabinettsverantwortlichkeit bei Regierungsbeschlüssen weiterhin gilt[21].

Auf der Arbeitsebene ist die Koordination zwischen Prime Minister's Office und Cabinet Office eng und wird vor allem durch die Leitungsebene und die informelle Zusammenarbeit der Policy Unit mit dem Sekretariat des Kabinettsamts hergestellt. Für Burch und Holliday sieht diese informelle Zusammenarbeit schon so sehr nach funktionaler Integration aus, dass sie beide Ämter zusammen als funktionales Äquivalent zu Regierungszentralen in anderen Ländern, beispielsweise zum deutschen Bundeskanzleramt, betrachten:

> „An executive office in all but name already exists. It centres on the Prime Minister's and Cabinet Offices, and has been significantly developed since the 1960s. ... Quietly and without publicity, indeed in an evolutionary manner that is typically British, there has been a transformation of the centre of the state."[22].

Das Kabinettsamt hatte traditionell zwei Arbeitsbereiche, die seinen unterschiedlichen Verantwortungen entsprechen. Das Office of Public Service (OPS), das seit seiner Einrichtung durch John Major für Zwecke der Verwaltungsmodernisierung mit der Leitung der Ministerialbürokratie betraut ist, und das Sekretariat, das Unterstützungsleistungen für das Kabinett bereit stellt. In der ersten Amtsperiode der Regierung Blair hatte dieses folgende thematische Schwerpunktbereiche: Leistung und Innovation; Verteidigung und Äußeres; Geheimdienste; Europa; Verfassung; Wirtschaft und Inneres (dabei auch Wiedereingliederung in den Arbeitsmarkt – „Social Exclusion Unit"). Die Aufnahme neuer Schwerpunkte geschah als Reaktion der Regierung Blair auf den intern veröffentlichten Wilson Report von 1998, der Wege zur Effizienzsteigerung des Cabinet Office vorzeichnete. Der Bereich Leistung und Innovation ist hier zentral. Er ist direkt dem Premierminister zugeordnet und soll dazu beitragen, die Arbeit an ressortübergreifenden und innovativen Projekten zu fördern.[23]

---

[21] Vgl. auch Brady, Chris (1999): Collective Responsibility of the Cabinet: An Ethical, Constitutional or Managerial Tool?, in: Parliamentary Affairs 52(2), S. 214-229
[22] Burch/Holliday (Anm. 2), S. 43
[23] Richards, David/Smith, Martin J. (2001): New Labour, the Constitution and Reforming the State, in: Ludlam, Steve/Smith, Martin J. (Hg.): New Labour in Government, Basingstoke, S. 150

Nach ihrem zweiten Wahlsieg hat die Regierung Blair das Cabinet Office umgebaut und in einer Weise an die politischen Vorgaben des Premierministers gebunden, die stark an Merkmale eines übergeordneten Ministeriums, auch im Sinne des der britischen Tradition fremden Prime Minister's Department, erinnert. Von einem Blair-Vertrauten ist die Bemerkung überliefert: „The Cabinet Secretary should be our Chief Whip in Whitehall."[24] Im Kabinettsamt wurde eine „Delivery Unit" eingerichtet, die darüber wachen soll, dass Wahlversprechen der Labour Party auch in den Ministerien umgesetzt werden. Daneben entstanden ein Office of Public Services Reform (an der Spitze Wendy Thomson), um die Verwaltungseffizienz zu verbessern, sowie eine Forward Strategy Unit, geleitet von Geoff Mulgan, die als Planungszelle und Ideenproduzent fungiert.

Allerdings ist gerade letztere Reform angesichts der Informations- und Ideenproduzenten im Amt des Premierministers aus Effizienzerwägungen heraus wenig verständlich. Brian Groom erklärt sich die Pluralisierung von Reforminitiativen und Beratungsgremien mit einer Führungsschwäche Tony Blairs, der gerne vielen Ratgebern zuhöre, auch um Konflikte und Entscheidungen zu vermeiden.[25] Das erschwert aber die Politiksteuerung, die gerade auf eine umfassende zentrale Lenkung durch den Premierminister angewiesen ist. Die Tatsache, daß es Tony Blair an der Integration der ihm zur Verfügung stehenden Politikberatung fehlt, ist heute ein Defizit des internen Politikmanagements in Großbritannien.

Unbestritten dürfte inzwischen die parteipolitische Überformung des Politik- und Informationsmanagements im britischen Regierungszentrum sein. Die Idee, dass der unabhängige Civil Service jedem Dienstherrn optimale Ergebnisse liefern kann, gehört der Vergangenheit an. Der Stolz Harold Wilson's[26], das Personal seines Vorgängers in der Regierungszentrale übernommen zu haben und seine Überzeugung, dass dies die britische Tradition sei, sind aus heutiger Sicht politisch naiv. Das Problem ist heute nicht mehr, wie noch Jones argumentierte[27], dass Berater des Premierministers zu stark parteipolitisch zu denken beginnen und deshalb für ihre weitere Verwendung im Machtzentrum und sogar in der Ministerialbürokratie ungeeignet werden. Die Regeln des Informationsmanagements definiert nicht mehr der Civil Service. Die Schwierigkeit besteht vielmehr darin, die notwendige professio-

---

[24] Rose, Richard (2001): The Prime Minister in a Shrinking World, Oxford, S.42

[25] Groom (Anm. 3)

[26] Wilson, Harold (1985): A Prime Minister at Work, in: King, Anthony (Hg.): The British Prime Minister, Basingstoke, London 2.Aufl., S. 15

[27] Jones (Anm. 9), S. 77

nelle Verwaltungskapazität vor dem umfassenden parteipolitischen Zugriff zu bewahren.

III. Merkmale und Perspektiven der neuen „Core Executive"

Verlierer des Ausbaus von unabhängigem Informationsmanagement in der britischen Exekutive sind die Ministerialbürokratie und das Kabinett. Auch wenn die Clichés der Yes-Minister Komödie leicht übertrieben schien, spiegelten sie den Kern des Problems. Die verschworene, sozial homogene Gemeinschaft der Lebenszeitbeamten versuchte sich in der Vergangenheit immer wieder und häufig erfolgreich an der Manipulation ihrer politischen Vorgesetzten. Heute herrschen andere Verhältnisse vor: Politische Ernennungen zu Beratungspositionen, Entscheidungen am Civil Service vorbei, der Ausbau alternativer Entscheidungsstrukturen in der Nähe des Premierministers – dies alles konnte nur den Widerstand Whitehalls provozieren und wurde doch Realität. Margaret Thatcher und Tony Blair haben sich mit ihrer neuen Architektur des Informationsmanagements über die Whitehall-Traditionen ein für allemal hinweg gesetzt.

Der Aufruhr im Civil Service, der 1964 entstand, als Harold Wilson Marcia Williams (Lady Falkender), seine Mitarbeiterin noch aus Oppositionszeiten, als Political Secretary nach Downing Street 10 mitbrachte[28], wäre heute undenkbar. In den sechziger Jahren überprüften die Ministerialbeamten das Verhalten der mit politischem Hintergrund Ernannten in Downing Street 10 noch genau, bis hin zu der Frage, ob von ihnen angefertigte Fotokopien nicht etwa parteipolitischen Zwecken dienten.

Die Regierungszeit Thatcher und die Regierungszeit Blair haben die Mauer zwischen Staatszweck und politischer Zielsetzung im Zentrum des politischen Entscheidens niedergerissen. Margaret Thatcher machte die Welt der Wirtschaft als Informations- und Entscheidungsquelle politisch bedeutsam, und Tony Blair hat die Arbeit in Downing Street 10 in nie da gewesenem Maße „politisiert":

---

[28] Rose (Anm. 23), S. 38f. Vgl. auch: Pryce, Sue (1997): Presidentializing the Premiership, Basingstoke, London, S. 60f.: „The response of some senior civil servants at the time would suggest that some officials regarded Wilson's innovations as constitutionally improper." (S.61).

„The central theme in Blair's approach to Number Ten is that political advice from ‚chocolate soldiers' should ripple through all the activities of Number Ten – and flavour the actions of civil servants elsewhere in Whitehall too."[29]

Das von der britischen Forschungsförderung ESRC ins Leben gerufene Whitehall-Programm hat herausgearbeitet, dass sich das Zentrum der britischen Regierungstätigkeit („Core executive") und damit auch das Zentrum des Informationsmanagements in der britischen Regierung in neue formale und informelle Strukturen verlagert hat. Peter Hennessy nennt dies die „variable Geometrie" des Regierungsstils von Tony Blair.[30] Core Executive wird als Begriff verwendet für all jene Organisationsformen und Verfahren, die die Politik der Zentralregierung koordinieren und als letzte Konfliktschlichtungsinstanz bei Meinungsverschiedenheiten innerhalb des Regierungsapparates gelten.[31] Für die britische Exekutive lautet der Befund: In ihrem Steuerungsmittelpunkt liegt das Amt des Premierministers.[32] Nicht nur hat damit der unpolitische Sachverstand für die politische Entscheidungsfindung weiter an Boden verloren, er wird auch weiter attackiert, weil die britische Regierung zur Programmentwicklung verstärkt auf Grenzen der Ministerien überschreitende Task Forces (Kommissionen) setzt (1997-98 bereits 295[33]). Das Arbeiten der Regierung Gerhard Schröder in Deutschland mit Kommissionen[34] ist gemessen an der britischen Regierungspraxis eine eher späte und schwach ausgeprägte Nachahmung.

Das Büro des Premierministers ist kein monolithischer Block: persönliche Loyalitäten, vermeintliche Sachzwänge und die Notwendigkeit der überzeugenden Kommunikation von Politikergebnissen kreieren ein volatiles Gleichgewicht, das auch das geschickteste Informationsmanagement nicht auf die Dauer stabilisieren kann. Tendenziell geht der Regierung bei ihrem kampagnenartigen Umgang mit Informationen, Beratern und Entscheidungsschwerpunkten trotz gleichzeitiger personeller Kontinuität einer kleinen Entscheidungselite der Überblick über die Wirkungen von Politik verloren. Versucht wird die aktive und informierte Politiksteuerung, das Ergebnis bleibt

---

[29] Rose (Anm. 23), S. 40
[30] Hennessy, Peter (1998): The Blair Style of Government: An Historical Perspective and an Interim Audit, in: Government and Opposition 33(1), S. 14ff
[31] Rhodes, R.A.W. (1995): From Prime Ministerial Power to Core Executive, in: Rhodes, R.A.W./Dunleavy, Patrick (Hg.): Prime Minister, Cabinet and Core Executive, Basingstoke, London, S. 12
[32] Vgl. u.a. Smith (Anm. 3)
[33] Barker, Anthony/Byrne, Iain/Veall, Anjuli (1999): Ruling by Task Force: The Politico's Guide to Labour's New Elite, London
[34] Vgl. z.B. Heinze, Rolf G. (2002): Die Berliner Räterepublik, Wiesbaden

aber in den meisten Fällen defizitäre Implementation, Pressekampagnen trotz nicht ausreichender Politiksubstanz und ein gehöriges Maß an traditionellem politischem „muddling through" und reaktiver Politikgestaltung. Der Versuch der Ablösung von der Ministerialbürokratie dominierter traditioneller Strukturen des Informationsmanagement hat neue im Wettbewerb stehende Entscheidungszentren geboren, die sich alle um die Aufmerksamkeit des Premierministers bemühen. Richards und Smith schildern treffend das heute daraus resultierende Dilemma der Politikberatung von innen:

> „As the new government has attempted to improve coordination at the centre of the core executive, it has established a number of competing centres of power. Indeed, paradoxically, the unforeseen and unintended consequence has been to create confusion over where power at the centre resides. The different central bodies have themselves become locked into a struggle for ascendancy."[35]

Peter Riddell, wie auch einige andere Autoren, hält deshalb die These von der Präsidentialisierung der britischen Politik basierend nicht zuletzt auf einer entsprechenden Fähigkeit des Premierministers, ein effizientes Informationsmanagement zu betreiben, für weiterhin übertrieben: „If Tony Blair has been a Napoleonic figure, he has been a frustrated rather than a commanding one."[36]

---

[35] Richards/ Smith (Anm. 22), S. 152
[36] Riddell, Peter: Blair as Prime Minister, in: Seldon, Anthony (Hg.) (2001): The Blair Effect. The Blair Government 1997-2001, London, S. 40

All the president's men?
Macht und Mythos amerikanischer Regierungsberater

Christoph Strünck

1. Varianten der Gewaltenteilung

Ist der amerikanische Präsident wirklich der mächtigste Mann der Welt? Es gibt viele politikwissenschaftlich fundierte Einwände gegen diese gern geglaubte These: seine eher passive Rolle im Gesetzgebungsprozess, die starke Stellung des amerikanischen Kongresses oder die fragmentierte Struktur der Exekutive. Manche gehen sogar soweit, den Charakter der USA als präsidentielles oder besser: präsidentenzentriertes System insgesamt in Frage zu stellen.[1]

Und dann öffnete sich im Jahr 2002 auch noch die Medienbühne für die vermeintlich mächtigste *Frau* Amerikas, vielleicht sogar der Welt: Condoleezza Rice, die nationale Sicherheitsberaterin von George W. Bush, auf der das Rampenlicht eigentlich nicht ruhen sollte. Angesichts der heraufziehenden Irak-Krise gab es zahlreiche Experten, welche die Professorin hinter den wichtigsten sicherheitspolitischen Entscheidungen der Bush-Administration vermuteten.

Woher stammt diese Macht, und wie nützt sie dem Präsidenten? Der Fall Rice birgt in einer Nussschale alle Aspekte der institutionalisierten Politikberatung im amerikanischen Regierungssystem. Formell steht sie dem *National Security Council* vor, einem Gremium, das der Kongress 1947 ins Leben rief, um den Präsidenten mit allen relevanten Ressorts für die Sicherheitspolitik zu verknüpfen. Der nationale Sicherheitsrat selbst ist wiederum Teil des *Executive Office of the President* (EOP), seiner eigenen Präsidialbürokratie.

Was auf den ersten oberflächlichen Blick an der Rolle von Rice auffällt, ist die latente Konkurrenz zum Kabinett. Denn Kabinettsmitglieder, die diese Rolle vom Präsidenten zugedacht bekommen, handeln in der Regel ebenfalls als Berater, weniger als Entscheider. Rivalitäten sind in der gelebten ameri-

---

[1] Vgl. Jones, Charles O. (1994): The Presidency in a Separated System. Washington D.C

kanischen Verfassung ein probates Mittel, um zusätzliche *checks and balances* auch innerhalb der einzelnen Gewalten einzuziehen, nicht nur zwischen ihnen.[2]

Wenn der amerikanische Präsident möglicherweise doch nicht im Zentrum der Entscheidungsprozesse steht, so steht er auf jeden Fall im Zentrum der öffentlichen Aufmerksamkeit. Daher richtet sich das Medieninteresse auch am ehesten auf die Berater, die in seiner nächsten Umgebung arbeiten. Der Vollständigkeit halber soll in diesem Beitrag aber auch die Rede von anderen Dimensionen der institutionalisierten Politikberatung in den USA sein. Denn sowohl der Kongress als auch die verschiedenen Exekutivbehörden verfügen über eigene Beratungsstrukturen, die nach anderen Mustern gestrickt sind als die Beratung des Präsidenten.

Im Zentrum des vorliegenden Beitrags steht jedoch die interne Beratung des Präsidenten, weil von hier aus ebenfalls Licht auf die anderen Elemente des Regierungssystems fällt. Die marktförmige, professionalisierte Politikberatung in *Think Tanks* und durch *political consultants* bleibt in diesem Beitrag außen vor.

Alle Institutionen und Personen, die innerhalb des Verfassungssystems der Vereinigten Staaten für Beratung zuständig sind, lassen sich anhand verschiedener Dimensionen beschreiben. Da ist zum einen die *formale Dimension*: Welchen Bereichen und Gremien sind Beraterinnen und Berater zugeordnet, welche Kompetenz besitzen diese Gremien? Der reale Einfluss hat jedoch in der Realität häufig nichts mit dem formalen Status innerhalb der Bürokratie zu tun. So mangelt es etwa dem *chief strategist* von George W. Bush, Karl Rove, an administrativen Waffen, denn er hat praktisch keine eigene Mannschaft an seiner Seite. Die persönliche Nähe zum Präsidenten sowie seine parteipolitische Erfahrung sind es, die ihm dennoch einen Einfluss verschaffen, den die meisten Berater und Minister nicht besitzen.

Die *prozessuale Dimension* hilft, den Stellenwert der Berater im Vorbereitungs- und Entscheidungsprozess der Politik zu ermitteln. Hier spielt zum Beispiel das Office of Management and Budget (OMB) im Weißen Haus eine Schlüsselrolle. Was immer der Präsident oder andere Teile der Exekutive an Initiativen auf den Weg bringen wollen, wird vom budgetsensiblen Büro geprüft und damit auch vorentschieden. Das OMB nimmt sich sogar

---

[2] Vgl. Strünck, Christoph (2002a): Where is the party? US-amerikanische Parteien im Strudel der politischen Kommunikation, in: von Alemann, Ulrich/Marschall, Stefan (Hg.): Parteien in der Mediendemokratie, Wiesbaden, S. 310-327

die Effizienz ganzer Gesetzesprogramme vor, wobei programmatische Prinzipien des Präsidenten zur Richtschnur geflochten werden.[3]

Sozusagen die „Jobbeschreibung" der Berater findet man in der *funktionalen Dimension*. Nicht selten agieren wissenschaftliche Experten als Berater, die entweder in den Behörden ihr Know-how weitergeben, oder den Präsidenten mit ihrem Wissen unabhängig von der Expertise solcher Behörden machen sollen. Solche Experten stammen in den USA in der Regel aus Universitäten oder den zahlreichen *Think Tanks*, die wiederum eng mit Universitäten verflochten sind.[4]

Es wäre jedoch naiv anzunehmen, dass etwa der wirtschaftspolitische Berater des Präsidenten lediglich akademisches Wissen beisteuert. Je nach Einfluss in der Administration prägen solche Berater auch die programmatische Linie. Dies ist auf jeden Fall die Funktion der strategischen Berater, die meistens im *White House Office* sitzen, das als Stabsabteilung unmittelbar dem Präsidenten untersteht.

Schwierig einzuschätzen ist die Position der *broker* und *gatekeeper*, was zum Beispiel die klassische Aufgabe des *Chief of Staff* im Weißen Haus ist. Auch wenn er vermeintlich „nur" koordiniert, fällt ihm damit eine typische Beratungsfunktion in modernen Demokratien zu: Er kanalisiert die Informationen, die an den Präsidenten herangetragen werden und steuert damit indirekt die Beratung. Je nach Temperament verstehen sich die Chiefs of Staff auch selbst als strategische und ideologische Berater, was ihnen aber meist zum Verhängnis wird, wie die jüngere amerikanische Geschichte zeigt.[5]

Das typische Merkmal der institutionalisierten Politikberatung in den USA ist sicherlich die *personale Dimension*. Anders als in den beamtendominierten Behörden der Bundesrepublik, aber durchaus ähnlich den Kabinetten im französischen System, werden viele Berater persönlich ernannt.[6] Die Ernennung ist dabei nicht einmal die wichtigste Komponente. Bedeutender ist, woher die Berater rekrutiert worden sind und mit welcher persönlichen Motivation sie sich ihrem Auftraggeber, einem Senator, einer Ministeriumsspitze oder auch dem Präsidenten verbunden fühlen. Diese Motivation kann sich auf starke Loyalität stützen, aber auch auf ein für das Washingto-

---

[3] Vgl. Eisner, Marc Allen (2000): Regulatory Politics in Transition, Baltimore, London
[4] Vgl. Gellner, Winand (1995): Ideenagenturen für Politik und Öffentlichkeit. Think tanks in den USA und in Deutschland, Opladen
[5] Vgl. Jones, Charles O. (Anm. 1)
[6] Vgl. Murswieck, Axel (1991): Führungsstile in der Politik in vergleichender Perspektive, in: Hartwich, Hans-Hermann/Wewer, Göttrik (Hg.): Regieren in der Bundesrepublik II. Formale und informale Komponenten des Regierens, Opladen, S. 81-95

ner Establishment typisches Karrieredenken zurückgehen. Am grellsten sind
die Gegensätze – wie auch die Konflikte – zwischen den akademischen Spezialisten und den wahlkampferprobten Generalisten im Weißen Haus.

Im Folgenden sollen ausgehend vom Präsidentenamt die wichtigsten Institutionen und ihre Berater vorgestellt und die damit verbundenen Herausforderungen und Probleme diskutiert werden. Eine These dient dabei als
Leitlinie: Die besondere Relevanz der personengebundenen Beratung ergibt
sich für den Präsidenten durch die spezifischen Anforderungen an die *presidential leadership*.

Die Wahl zum Präsidenten fundiert nicht seine Macht, sondern erteilt
lediglich das Recht zu Regieren, das aber jeden Tag gefestigt werden muss.
Lyndon B. Johnson, der das Amt nach dem Mord an John F. Kennedy übernahm, hat später gesagt, der Präsident müsse einen moralischen Unterbau
aufschichten, sich permanent des Vertrauens der Bevölkerung versichern,
sonst würde er entdecken, dass er überhaupt keine Macht besitze.[7] Diese
permanente Kommunikation, auf die der Präsident stärker angewiesen ist als
ein Bundeskanzler mit kollegialem Kabinett, Mehrheitsfraktionen im Rücken
und Gesetzgebungsinitiative, braucht eine individuell zugeschnittene Beratung.

Welche Berater ein Präsident auswählt, gibt daher schon zu Beginn ei-
ner Amtszeit Aufschluss darüber, welche Art von Präsident er sein wird.[8] Die
Handschrift eines Präsidenten fließt nicht nur aus einem Füllhalter, denn die
Präsidentschaft ist ein Amt und keine Person.

2. Das Präsidentenamt: Schwacher Präsident und starkes Amt?

Die Macht des amerikanischen Präsidenten entspringt zu einem großen Teil
der wirtschaftlichen, politischen und kulturellen Bedeutung der USA. Und
sie variiert, wie immer bei politischen Spitzenämtern, mit den Persönlich-
keitsmerkmalen des Amtsinhabers und den allgemeinpolitischen Entwicklungen. Es gibt jedoch auch Konstanten wie den verfassungsrechtlichen
Rahmen, in den das Handeln des Staatsoberhauptes eingebettet ist.

„The Presidency", also die gesamte Institution der Präsidentschaft unabhängig vom jeweiligen Amtsinhaber, bürdet dem Präsidenten ganz entgegen

---

[7] Vgl. Johnson, Lyndon B. (1971): The Vantage Point: Perspectives of the Presidency 1963-1969,
New York
[8] Vgl. Polsby, Nelson W. (1978): Presidential Cabinet Making: Lessons for the Political System, in:
Political Science Quarterly, Vol. 93, S. 15-25

dem Mythos seiner Macht viele Nachteile auf. Als Staatsoberhaupt ist er im Prinzip unumstritten, weil nur er von der gesamten amerikanischen Bevölkerung gewählt wird, also das einzige wirklich nationale Amt bekleidet. Doch seine zweite Funktion, Chef der Exekutive zu sein, stellt ihn vor massive Probleme.

Anders als in parlamentarischen Systemen kann der amerikanische Präsident nicht aus einem Reservoir von parteipolitisch loyalen Politikern schöpfen, die für eine Administration einfach zu rekrutieren wären, etwa aus einer einheitlich agierenden Fraktion. Seine eigene Bürokratie kann er zwar weitgehend selbst zusammenbauen, aber ein routinierter Beamtenapparat als Unterbau fehlt weitgehend.[9] Auch weil dieses im deutschen System starke Prinzip des neutralen Berufsbeamtentums schwach ausgeprägt ist, erscheint die Bedeutung persönlicher Berater im amerikanischen System als besonders stark.

Andererseits muss der Präsident weniger auf die Ressortegoismen seiner Minister Rücksicht nehmen, da das Kabinett eine eher schwache Stellung hat[10] Wer welche Position dort einnimmt, entscheidet ohnehin das Staatsoberhaupt. Das wertet die Position persönlich zugeordneter Berater ebenfalls auf.

In dieser Gemengelage gebärdet sich der Präsident eher als ein „Klanchef"[11] denn als administrative Spitze der Exekutive, wie es die Verfassung formal vorsieht. Um diesen Klan führen zu können, ist er auch auf Berater angewiesen. Auf ein instrumentalisierbares Set von Ministerien und Behörden kann er sich jedenfalls nicht verlassen. Die gesamte Bundesexekutive der USA ist traditionell zersplittert und fragmentiert.[12] Diese Fragmentierung hat System, und dieses System ist vor allem einem Faktor zu verdanken, der dem Präsidenten am meisten zu schaffen macht: dem Kongress, dem in diesem Fall wirklich mächtigsten Parlament der Welt.

Das geteilte Regierungssystem Amerikas ist vielfach analysiert worden.[13] In diesen Analysen erscheint das Amt des Präsidenten meist als schwach, weil er nur über ein Veto verfügt und Gesetzgebungsvorhaben daher nicht selbst auf den Weg bringen kann. Allerdings wird ein Veto des

---

[9] Vgl. Hess, Stephen (1988): Organizing the Presidency, Washington D.C

[10] Vgl. Helms, Ludger (2000): Die historische Entwicklung und politische Bedeutung des Kabinetts im Regierungssystem der USA, in: Politische Vierteljahresschrift, 1, S. 65-92

[11] Rose, Richard (1988): The Postmodern President. The White House Meets the World. Chatham, N.J

[12] Vgl. Wilson, James Q. (1989): Bureaucracy. What Government Agencies Do and Why They Do it, New York

[13] Vgl. Nelson, Michael (Hg.) (1989): The Presidency and the Political System, Washington D.C.

Präsidenten nur selten überstimmt, da dafür eine Zwei-Drittel-Mehrheit im gesamten Kongress nötig ist.

Nicht wenige Präsidenten haben sich schon im *divided government* verfangen, wenn der Kongress nicht von der Partei des Präsidenten kontrolliert wurde, was historisch der Normalfall in den USA ist.[14] Im Budgetprozess nimmt sich der Kongress außerdem wesentlich mehr Zeit als die meisten anderen Parlamente und fügt dem Präsidenten und seinem Haushaltsentwurf oft empfindliche Niederlagen zu.

Selbst von der Exekutive ist der Kongress nicht so abgeschnitten, wie es sich James Madison als Übervater der Verfassung eigentlich vorgestellt hatte. Denn die vielen Fachausschüsse des Kongresses kontrollieren auf zwei Ebenen die Bürokratien der Exekutive: durch ihre Mitwirkung bei der Ernennung des Führungspersonals sowie durch die Verabschiedung des *statutory law*, sozusagen den gesetzlichen Richtlinien für die Arbeit der Behörden.[15] Auch wenn es hier um Rahmenbedingungen geht, lassen sich ohne weiteres politische Inhalte und Ausrichtungen in Kompetenzordnungen kleiden. Sämtliche Regierungsbürokratien sind vom Kongress ins Leben gerufen worden und gehorchen damit zwei Herren: dem Präsidenten als oberstem Chef und der Legislative als eigentlichem Auftraggeber.

Um die Eigeninteressen solcher Behörden nicht auswuchern zu lassen, neigen Politiker im Kongress dazu, Kompetenzen zwischen Bürokratien aufzuteilen. Das entfacht einen Interessenkonflikt. Im Grunde hat der Präsident ein natürliches Interesse, die Exekutive zu zentralisieren, während der Kongress dagegen um Dezentralisierung bemüht ist, die nicht selten auch in Fragmentierung der Exekutive endet. Dies führt in der Praxis zu deutlichen Effizienznachteilen, zieht aber auch einen weiteren Pfeiler der *checks and balances* ein.[16]

In gewisser Weise gehorcht also der exekutive Unterbau eher den Kontrollansprüchen des Kongresses als den Bedürfnissen des Präsidenten. Auch auf die Expertise dieser Behörden hat der Präsident keinen exklusiven Zugriff. Einzig sein eigener Apparat im Weißen Haus, das Executive Office

---

[14] Vgl. Dürr, Tobias (1996): Politikblockade durch Divided Government? Präsident und Kongress nach dem Kalten Krieg, in: Dittgen, Herbert/Minkenberg, Michael (Hg.): Das amerikanische Dilemma. Die Vereinigten Staaten nach dem Ende des Ost-West-Konflikts, Paderborn u.a., S. 101-122

[15] Vgl. Eisner, Marc Allen/Worsham, Jeff/Ringquist, Evan J. (2000): Contemporary Regulatory Policy, Boulder; London

[16] Vgl. Strünck, Christoph (2002b): Why is there no Mad Cow Disease in the United States? Comparing the Politics of Food Safety in Europe and the U.S. European Political Relations and Institutions Series, Working Paper No. 1, Center for German and European Studies, University of California at Berkeley (http://ies.berkeley.edu/ pubs/pri.html)

of the President (EOP), steht ihm unmittelbar zur Seite. Das EOP ist zwar formell eine Mixtur unterschiedlicher Behörden, aber in ihm sind auch einige vom Präsidenten handverlesene Berater platziert wie Condoleezza Rice oder Karl Rove. Sie sollen ihm auch dabei helfen, sich gegen die Eigeninteressen der Regierungsbehörden zu behaupten.

3. Die Bürokratie der Beratung: das *Executive Office of the President*

„The president needs help" lauteten die lakonischen Worte, mit denen das Brownlow Committee 1937 einen Bericht zur administrativen Unterstützung des Präsidenten einleitete.[17] Zwei Jahre später wurde das Executive Office of the President (EOP) geschaffen, das bis heute den Verwaltungskörper des Weißen Hauses formt. Der Auftstieg Amerikas zur Weltmacht lud immer mehr Verantwortung auf die Schultern des Präsidenten, dessen administratives Rückgrat allerdings viel zu schwach dafür war.

Das Wachstum der Präsidialbürokratie hat Politikwissenschaftler dazu verleitet, eine separate *„presidential branch"*[18] auszumachen, die sich von anderen Bereichen der *executive branch* emanzipiert habe und ihr mittlerweile am Tisch gegenüber sitze, um sie zu kontrollieren.

Das *Executive Office of the President* repräsentiert diese „institutional presidency".[19] Über 1500 Mitarbeiter sind unter dem Dach des EOP versammelt, zuzüglich vieler aus anderen Behörden abgeordneter Experten. Direkt dem Präsidenten ist das *White House Office* unterstellt, dessen Chief of Staff eine Schlüsselposition einnimmt, die schon im Wahlkampf als Beute verteilt wird.

Die Struktur des EOP ist sehr heterogen und hat im Laufe der Zeit rund 50 Untereinheiten hervorgebracht, von denen viele nur ein kurzes Leben hatten, einige jedoch bis heute existieren.[20] Darin finden sich Expertengremien wie der *Council of Economic Advisers* oder der *Council on Environmental Quality*. Diese beiden, genauso wie der *Domestic Policy Council* oder eben der *National Security Council* gehören zum Inventar des EOP.

Jeder Präsident drückt diesem Behördenschema seinen eigenen Stempel auf. So bezieht George W. Bush wichtige Unterstützung von christlichen

---

[17] Vgl. President's Committee on Administrative Management (1937): Administrative Management in the Government of the United States, Washington D.C.
[18] Hart, John (1987): The Presidential Branch, New York
[19] Burke, John P. (1992): The Institutional Presidency, Baltimore
[20] Vgl. Hess, Stephen (Anm. 9)

Gruppen, denen er programmatisch mit dem *Office of Faith-based and Community Initatives* entgegenkommt. Dessen funktionale Bedeutung richtet sich weniger auf Experten-Beratung denn auf ideologische Unterstützung und Mobilisierung von Wählergruppen.

Eine besondere prozessuale Bedeutung für die institutionalisierte Politikberatung kommt dem *Office of Management and Budget* (OMB) zu. Hier wird nicht nur der politisch so wichtige Haushalt des Präsidenten entworfen. Das OMB begreift sich auch als eine Art Schleusenwärter für sämtliche angepeilten Gesetzesvorhaben, da es sie auf ihre Kosten und wirtschaftlichen Effekte abklopft. Es dümpelte lange Zeit vor sich hin, bis Ronald Reagan es mit David Stockman an der Spitze zu einer zentralen Stelle im Politikprozess ausbaute.[21] Vor allem unter ihm hat der loyale Chef des OMB die allgemeine politische Linie in konkrete Vorgaben gegossen und ihn somit programmatisch unterstützt. Das wurde immer dann besonders deutlich, wenn Pläne von Bundesbehörden nicht unmittelbar den Staatshaushalt belasteten, sondern die Kosten Dritter wie Unternehmen oder Konsumenten auferlegten.

Selbst dann intervenierte das OMB gemäß der Linie des Präsidenten, weil es die Marktkräfte eingeschnürt sah. Insbesondere die Vorhaben der Umweltbehörde EPA, aber auch der Food and Drug Administration und anderer regulativer Institutionen wurden vom OMB häufig abgeschmettert. Die sogenannte „*cost-benefit-analysis*" als allgemeine Richtschnur für bürokratische Interventionen geht nicht zuletzt auf die Initiative des OMB-Spitzenpersonals zurück.[22]

Mit dem *Office of Management and Budget* ist im Weißen Haus so zumindest eine unmittelbare Kontroll- und Koordinationsstelle für die Exekutive herangewachsen. Je nach Herkunft und Beziehung zum Präsidenten beeinflussen die Chefs des OMB jedoch auch politische Richtungsentscheidungen. Insofern können Präsidenten ihre politische Handschrift hinterlassen, indem sie externe Vertraute an die Spitzen des OMB oder anderer Gremien setzen, die allerdings vom Senat bestätigt werden müssen.

Der formale Status der anderen Organisationen im EOP sagt nicht unmittelbar etwas über ihre Bedeutung für die Politikberatung aus. Hier richtet sich die Bedeutung der Gremien, vor allem aber ihrer Vorsitzenden, nach der Bedeutung der Politikfelder, die sie vertreten. Daher ragen neben dem OMB vor allem der *National Security Council* für die Außen- und Sicherheitspolitik sowie der *Council of Economic Advisers* für die Wirtschaftspolitik aus

---

[21] Vgl. Pfiffner, James P. (1988): The Strategic Presidency. Hitting the Ground Running, Chicago
[22] Vgl. Eisner, Marc (Anm. 15)

dem EOP heraus. In der Öffentlichkeit werden tatsächlich häufig nur die Spitzen dieser Gremien wahrgenommen, an denen dann das Etikett der persönlichen Berater haftet.

Diese Berater konkurrieren nicht selten – und nicht selten auch auf Geheiß des Präsidenten – mit anderen Spitzen der Exekutive. So hat etwa der langjährige Wirtschaftsberater von Präsident George W. Bush, Glenn Hubbard, im Gegensatz zum geschassten Finanzminister Paul O'Neill stets die steuerpolitische Linie von Bush untermauert, die er auch selbst mit entworfen hatte.

Die Geschichte ist voll von *chairmen* und *chairwomen*, die die eigentlichen Minister auf ihrem Feld an die Wand gespielt haben, allen voran Henry Kissinger als nationaler Sicherheitsberater und der berüchtigte John Ehrlichman als *domestic adviser*, eine Schlüsselfigur im Watergate-Skandal.

Schon in der *formalen Dimension* unterscheiden sich die im EOP versammelten Gremien von den Ministerien, deren Strukturen sich weniger nach wechselnden Ministern als nach den zuständigen Kongressausschüssen und den sie umgebenden Interessengruppen orientieren. Während in den Ministerien starke organisatorische Beharrungskräfte wirken, fehlt dem EOP jede klassische Form einer Standardbürokratie.

Prozessual sind die Untereinheiten des EOP deshalb von Bedeutung, weil hier die Fäden zum Kongress zusammenlaufen und der Präsident Gesetzesvorhaben nur mit administrativer Unterstützung des EOP im Kongress lancieren kann.

Funktional sind die Aufgaben der Berater im EOP stark diversifiziert: Sie reichen von der Koordination über das Poolen von Informationen bis hin zur strategischen und programmatischen Beratung. Letzteres ist ein Element, das im Weißen Haus sicherlich stärker ausgeprägt ist als etwa im Bundeskanzleramt, wo bis auf die politischen Beamten sich jeder Bundeskanzler auf eine routinisierte Beratung im Behördenstil verlassen muss und deshalb häufig Zuflucht in informellen Zirkeln zwischen Koalition und Regierung sucht.[23] Die von Zeit zu Zeit gestarteten Versuche, persönlich zugeschnittene Planungs- oder Grundsatzabteilungen im Bundeskanzleramt aufzubauen, endeten meist in Sackgassen.

Die Art der Aufgaben ist eng verknüpft mit der *personalen Dimension* der Berater. Generell hat der amerikanische Präsident ein gewaltiges Patro-

---

[23] Vgl. Dittgen, Herbert (2000): Paradoxien der politischen Macht. Politische Entscheidungen in der Präsidenten- und in der Kanzlerdemokratie, in: Korte, Karl-Rudolf/Hirscher, Gerhard (Hg.): Darstellungs- oder Entscheidungspolitik. Über den Wandel von Politikstilen in westlichen Demokratien, München S. 193-212

nagepotenzial, weil er über 3000 Posten nach einer gewonnenen Wahl besetzen kann. Speziell im EOP werden zentrale Posten tatsächlich persönlich vom Präsidenten vergeben, in Absprache mit seinen engsten Beratern. Viele von ihnen stammen nicht aus dem Washingtoner Establishment und besitzen daher kaum Erfahrung mit *big government*. Das mag für den Präsidenten ein Nachteil sein, vor allem dann, wenn er selbst nicht aus diesen Kreisen stammt.

Aber die meisten amerikanischen Präsidenten spüren einen antibürokratischen Reflex in sich, eine latente Feindseligkeit gegen alle Regierungsbehörden, aber auch Capitol Hill als mächtigen Gegenspieler. Daher brachten und bringen sie bewusst Berater von außen mit, um sich gegen eine schleichende Vereinnahmung zur Wehr zu setzen. Dieses Motiv ist nicht unwichtig, wenn man die Rekrutierung der Spitzenberater im EOP deuten will.

Nicht wenige von diesen externen Experten arbeiten im *White House Office*, sozusagen der Stabsstelle des Präsidenten innerhalb des EOP, die mit fast 500 Mitarbeitern allerdings mit „Stabsstelle" kaum mehr zu beschreiben ist.

4. Wahlkämpfer im Weißen Haus: das *White House Office*

Die Mythen um die Beratertruppen und ideologischen Einflüsterer wurzeln eigentlich im *White House Office*, wenn auch die öffentlich prominenten Figuren häufig eher aus dem Rest des EOP stammen. Mitarbeiter des *White House Office* müssen anders als die der anderen Büros des EOP weder vom Senat bestätigt werden, noch unterliegen sie sonst irgendwelchen gesetzlichen Regeln. Ihre Loyalität gilt ganz dem Präsidenten. Knapp die Hälfte aller für den Präsidenten tätigen Mitarbeiter arbeitet hier; die wichtigsten Berater und Mitarbeiter sind in der *White House Staff* zusammengefasst. Diese Mannschaft, die unter Truman noch 64 Mitarbeiter zählte, war bis zur Präsidentschaft von George Bush dem Älteren auf fast 400 angewachsen .[24]

Die Rekrutierungsmechanismen im engeren Bereich der *White House Staff* unterscheiden sich fundamental von denen anderer Einheiten des EOP. Überspitzt formuliert, versammeln sich hier die Wahlkämpfer um den ehemaligen Kandidaten, der nun das Amt erobert hat. Tatsächlich stammen nicht wenige der Mitarbeiter aus dem Wahlkampfteam des Präsidenten. Diese

---

[24] Vgl. Jones, Charles O. (Anm. 1)

Funktion tragen sie auch in das *White House Office*, indem sie sich einer Aufgabe widmen, die man umgangssprachlich wohl am besten mit „Ideologieproduktion" beschreiben kann.

Kaum einer passt zu dieser Rollenbeschreibung besser als der derzeitige Chefstratege von George W. Bush, Karl Rove. Kritiker werfen ihm vor, ein besonders raffinierter Experte für *dirty tricks* zu sein, mit denen er den Ruf politischer Gegner systematisch zerstören würde.[25] Gönner wie Gegner geben zu, dass die ausgeprägte Neigung von George W. Bush, in Gegensätzen bis hin zu Freund-Feind-Bildern zu denken, wohl auf den Einfluss seines engsten Beraters zurückzuführen ist.

Die Karriere von Rove – wie übrigens auch von Beratern früherer Präsidenten – zeigt, dass es keineswegs marktorientierte, parteiferne *consultants* sind, aus deren Pool sich die Präsidenten für spätere Aufgaben bedienen. Schon in den Wahlkämpfen setzt sich ein Teil der angeheuerten Kräfte aus politisch erfahrenen und teilweise auch parteipolitisch hochmotivierten Aktivisten zusammen.[26] Karl Rove selbst schwang sich schon in den 70er Jahren zum Exekutivdirektor der republikanischen College-Organisation auf und arbeitete danach für das *Republican National Committee* sowie für den Vater von George Bush junior auf verschiedenen Posten.[27]

Enge Berater aus dem *White House Office* erfüllen in der Regel nicht die Funktion, den Präsidenten mit unabhängiger Expertise zu versorgen, sondern sollen die programmatische Linie festigen. Sie sind im wortwörtlichen Sinne „politische Berater". Sie sind es auch, die bei wichtigen Reden alle Passagen gegenchecken, weil die eigentlichen Redenschreiber nicht sehr weit oben in der Hierarchie des Weißen Hauses stehen.

Es gibt neben den politisch hoch motivierten Beratern aber noch ein anderes Motivationsmuster, was dafür sorgt, dass das *White House Office* alles andere als eine routinemäßige Behörde ist. Eine Reihe von Mitarbeitern angelt sich Posten, weil erfolgreiche Zwischenstopps im Weißen Haus gerade auch Wirtschaftskarrieren befördern. Als erfolgreich gilt dabei, wer sich gegen andere Regierungsbehörden behaupten konnte.[28] Diese Entwicklung liefert eine weitere Erklärung dafür, warum sich die *presidential branch* tatsächlich zu einem Widerlager innerhalb der Exekutive entwickelt hat.

---

[25]Vgl. Madsen, Wayne (2002): Exposing Karl Rove. In: Counterpunch, Nov. 1 (http://www. counterpunch.org; madsen1101.html)

[26] Vgl. Strünck, Christoph (Anm. 2)

[27] Vgl. Reaves, Jessica (2002): Person of the Week: Karl Rove, in: Time Magazine, Nov. 07

[28] Vgl. Salisbury, Robert H./Shepsle, Kenneth A. (1981): Congressional Staff Turnover and the Ties-That-Bind, in: American Political Science Review, Vol. 75, S. 381-396

Allerdings haben sich auch innerhalb der *presidential branch* selbst die Konflikte und Steuerungsprobleme erhöht. Die Dominanz der Wahlkämpfer in der White House Staff beraubt die engere Führungsstruktur des Weißen Hauses eines institutionellen Gedächtnisses, das für Kontinuität sorgen könnte.[29] Und sie beschert eine Dauerkonfrontation zwischen mitgebrachten Generalisten und den Spezialisten aus der Karriere-Bürokratie.

5. Führungsstile und Beratungstypen

Die vielen Fliehkräfte, die in der *institutional presidency* wirken, drängen auch den Präsidenten dazu, innerhalb der Exekutive verhandeln und überzeugen zu müssen, wie es in den klassischen Studien zur Präsidentschaft herausgearbeitet wurde.[30] Der Präsident kann als politischer Führer die Vorteile der Beratung nutzen, muss aber gleichzeitig das ganze Gebilde als Manager organisieren. Diese Facette der *managerial presidency*[31] wird nicht von jedem Präsidenten gleichermaßen ausgefüllt.

Ronald Reagan zum Beispiel wurde nachgesagt, die wichtigsten politischen Ziele abzustecken, dann die dafür passenden Personen herauszusuchen und anschließend alles den anderen zu überlassen.[32] Ganz anders Präsident Eisenhower, der eine lange Erfahrung im Militär mitbrachte. Er verwandte viel Zeit darauf, die Organisationsstrukturen auszuklügeln, um Reibungsverluste zu vermeiden.

Diese Strukturen sind bis heute so unterschiedlich wie die Temperamente der Amtsinhaber. Grob vereinfacht haben sich die meisten Präsidenten für ihre Präsidialbürokratie bislang immer zwischen dem Muster eines Rades mit vielen Speichen oder dem Pyramidenmodell entschieden. Das Radmodell genügt den komplexen Anforderungen an eine moderne Präsidentschaft kaum noch, weil der Zufluss aus allen Kanälen leicht die Leitungen verstopfen kann. Das Pyramidenmodell hingegen, von Eisenhower und Nixon bevorzugt, erfordert einen sehr starken *Chief of Staff*, der den Präsidenten abschirmt und rigoros Informationen filtert.[33]

---

[29] Vgl. Hart, John (Anm. 18)

[30] Vgl. Neustadt, Richard E. (1961): Presidential Power. The Politics of Leadership, New York u.a.

[31] Arnold, Peri E. (1986): Making the Managerial Presidency. Comprehensive Reorganization Planning 1905-1980, Princeton, N.J.

[32] Vgl. Palmer, John L. (Hg.) (1986): Perspectives on the Reagan Years, Washington D.C.

[33] Vgl. Hess, Stephen (Anm. 9)

Im Verlaufe jeder Präsidentschaft ändert sich die Organisationsstruktur zudem: Zunächst wird sie nach einiger Zeit angepasst, anschließend grundlegend verändert, bis schon die Periode des Übergangs zur nächsten Amtszeit eingeläutet wird.[34]

Doch die Organisationsform ist noch das geringere Problem. Viel schwieriger ist es, die widersprüchlichen Anforderungen unter einen Hut zu bringen, denen Berater im Weißen Haus ausgesetzt sind. Wie Richard Neustadt (1990) betont, erwarten Präsidenten von ihren Beratern, dass sie sie bei ihrer eigenen Linie stützen und zugleich alternative Perspektiven präsentieren.[35] Das stellt hohe Ansprüche an Loyalität, Selbst-Disziplin und Einfühlungsvermögen.

In der jüngeren Geschichte der USA haben Präsidenten sehr unterschiedliche Stile entwickelt, wie sie ihre Berater aussuchen und mit ihnen zusammenarbeiten. Manche von ihnen bevorzugten eine hierarchiefreie Atmosphäre, den gleichberechtigten Austausch von Ideen, wie etwa Truman oder Kennedy. Beobachter weisen darauf hin, dass dieser Umgang typisch sei für Präsidenten, die zuvor im Kongress gewirkt haben, weil dort eine kollegiale Arbeitsweise bevorzugt würde.[36]

Unter John F. Kennedy gab es zum Beispiel keinen *Chief of Staff*, weil alle für die wichtigsten Bereiche zuständigen Berater den gleichen Zugang zum Präsidenten haben sollten. Das förderte in der Erinnerung der Beteiligten eine kollegiale Stimmung. Kennedy wiederum sah in seinen Beratern, von denen er viele schon aus seiner Zeit als Senator kannte, keine Spezialisten, sondern Generalisten, die seine politische Führung mitprägen sollten. Entsprechend suchte er sich Leute, die seine eigene Meinung stark teilten und nicht solche, die gerne argumentativ dagegenhielten.[37]

Im Gedächtnis der Öffentlichkeit sind natürlich die verschwörerischen Berater um Richard Nixon am stärksten haften geblieben. An deren Verwicklung in den Watergate-Skandal entzündete sich dann auch die Kritik an mangelnder Legitimation und Verantwortlichkeit von Beratern, die bis heute anhält (siehe unten).

Am chaotischsten gebärdete sich die Administration unter Jimmy Carter, dessen abwägende und wenig entscheidungsfreudige Art von einer

---

[34] Vgl. Jones, Charles O. (Anm. 1)

[35] Vgl. Neustadt, Richard E. (1990): Presidential Power and the Modern Presidents: The Politics of Leadership from Roosevelt to Reagan, New York

[36] Vgl. Clifford, Clark (1991): Counsel to the President: A Memoir, New York

[37] Vgl. Schlesinger, Arthur, Jr. (1965): A Thousand Days: John F. Kennedy in the White House, Boston

kreisförmig angeordneten Struktur der Bürokratie eher verstärkt als ausbalanciert wurde. Carter vertiefte sich selbst in fast jedes Detail und verstand es als eine Art eigener Stabschef nicht zu delegieren.[38] Führungsstile und Beratungsstrukturen hängen in der Präsidentschaft eng zusammen. So unterschiedlich diese auch sein mögen, ein Faktor verbindet alle Präsidenten bei der Auswahl ihrer unmittelbaren Berater: Vertrauen, eine in der Politik sonst eher knappe Ressource. Gerade weil das Misstrauen in die Gegenkräfte von Washington so groß ist, entscheidet dieses Kriterium häufig viel stärker über die Auswahl als Fachwissen, Beziehungen oder Reputation. Die Zahl der Berater, die anhand dieses Kriteriums ins Weiße Haus gekommen sind, ist jedoch stets sehr gering, wie wahrscheinlich in allen anderen Demokratien auch. Nicht umsonst bestehen die in parlamentarischen Systemen verbreiteten „Küchenkabinette" immer nur aus sehr wenigen Personen, die das unumschränkte Vertrauen des Regierungschefs besitzen.

Einem zentralen Dilemma moderner Regierungsbürokratien kann jedenfalls kein Präsident entfliehen. Je stärker die Anforderungen an das Regierungsmanagement, desto komplexer schichtet sich die eigene Administration auf. Damit jedoch steigen die Steuerungsprobleme, die wieder einen gut Teil der gewonnenen Zeit auffressen.[39]

Der Versuch, den klassischen Regierungsbehörden eine eigene Bürokratie entgegenzusetzen, hat eine funktionale Differenzierung vorangetrieben, auf die die meisten Präsidenten wiederum mit *Zentralisierung* geantwortet haben, vor allem aber mit der *Politisierung* der Spitze.[40] Indem sie im engeren Zirkel des *White House Staff* stärker auf persönliche Vertraute als auf Experten setzten, wuchsen auch präsidiale „Nebenregierungen". Die wachsenden internen Konflikte durch die Platzierung persönlicher Berater können den Präsidenten in der gesamten Exekutive im Endeffekt sogar schwächen. Dies ist vor allem dann der Fall, wenn die wahlkampferprobten Experten den Präsidenten geradezu als persönlichen Besitz betrachten, den sie vor anderen verstecken müssen.[41] Diese Entwicklung mit ihren Folgewirkungen hat auch eine andere Beraterrunde immer stärker entwertet, nämlich das Kabinett.

---

[38] Vgl. Hargrove, Erwin C. (1988): Jimmy Carter as President: Leadership and the Politics of the Public Good, Baton Rouge

[39] Vgl. Dittgen, Herbert (Anm. 23)

[40] Vgl. Moe, Terry M. (1985): The Politicized Presidency, in: Chubb, John E./Peterson, Paul E. (Hg.): The New Direction in American Politics, Washington D.C., S. 235-271

[41] Vgl. Jones, Charles O. (Anm. 1)

6. Zirkel auf Zeit: das Kabinett

Eigentlich müsste das Kabinett an erster Stelle stehen, wenn die Rede von
den Beratern des Präsidenten ist. Denn hier ist traditionell der Ort, an dem
sich das Staatsoberhaupt mit Ministern und anderen ausgewählten Amtsträ-
gern berät und Entscheidungen vorbereitet. Historisch hat das Kabinett in
den USA ab und zu diese Rolle gespielt, insbesondere unter Eisenhower.
Verfassungstheoretisch hingegen ist sie ihm nicht zugedacht, weil das Kabinett dort nicht einmal als Begriff auftaucht.

Entsprechend schwach ist schon die formale Dimension ausgeprägt.
Denn die Verfassungsväter stellten sich den Präsidenten als eine singuläre
Exekutive vor, die die alleinige politische Verantwortung tragen sollte. Als
Konsequenz daraus setzt sich bis heute das Kabinett immer nach den Wün-
schen des jeweiligen Präsidenten zusammen. Wer ihm angehört, wie oft es
zu welchen Themen zusammenkommt, entscheidet er.[42]

Dennoch erfüllen die Kabinettsmitglieder für den Präsidenten eine spezifische Funktion, die sie in den Rang von Beratern erhebt. Aus der Sicht des
Präsidenten stellen seine Minister (*cabinet secretaries*) die Verbindung in die
permanente Regierungsbürokratie in Washington D.C. her. Aus der Sicht der
Minister agieren sie selbst zugleich als Interessenvertreter ihres Politikfeldes
innerhalb der Regierungsadministration, aber auch als „Regierungssprecher"
für dieses Politikfeld in der Öffentlichkeit.

Nur wenige von ihnen entstammen in der Regel der politischen Klasse,
die meisten kommen vielmehr aus der Privatwirtschaft. Nur eine Minderheit
von ihnen hatte irgendwann einmal ein parteipolitisches Amt inne. Die Kandidaten bringen den Vorteil der Außensicht mit, hadern aber auch mit dem
Nachteil, nur mit Schwierigkeiten den eigenen Apparat steuern zu können.

Der Wert der Minister als Berater für den Präsidenten hängt nicht nur
von ihrer persönlichen Beziehung zu ihm ab, sondern auch von ihrer Position
im Ministerium und ihrem Ansehen im Kongress. Anders als viele Berater
im Weißen Haus fühlen sich Minister sowohl dem Präsidenten als auch dem
Kongress verantwortlich, dem sie auch Rede und Antwort stehen müssen,
und der ihre Ernennung in einer aufwändigen Prozedur auch bestätigen muss.

Fachlich steht der Kongress mit seinen spezialisierten Ausschüssen den
Ministerien ohnehin näher als der Generalisten-Präsident an der Spitze des
Staates. Werden Minister zu sehr Teil des *iron triangle* aus Kongressaus-

---

[42] Vgl. Helms, Ludger (2000): Die historische Entwicklung und politische Bedeutung des Kabinetts
im Regierungssystem der USA, in: Politische Vierteljahresschrift, 1, S. 65-92

schuss, Regierungsbürokratie und Interessengruppen, so sinkt ihr Wert als Berater. Stemmen sie sich gegen diese Vereinnahmung, arbeitet der Apparat schlimmstenfalls an ihnen vorbei, womit ihr Einfluss im Weißen Haus ebenfalls sinken dürfte. Es nimmt daher nicht Wunder, dass viele Minister in ihrer Amtszeit glück- und machtlos geblieben sind (vgl. Jones 1994).[43] Da das Kabinett anders als etwa im deutschen System kein Kollektivorgan ist, wachsen den Ministern unterschiedlich starke Aufgaben bei der Beratung des Präsidenten zu.

In der aktuellen Administration von George W. Bush fällt auf, dass der derzeitige Amtsinhaber George W. Bush bewusst einige Mitglieder seines Kabinetts ausgesucht hat, die erfahrene Regierungspolitiker sind, speziell Verteidigungsminister Rumsfeld und Vize-Präsident Richard Cheney. Rumsfeld war schon einmal Verteidigungsminister unter Gerald Ford, und zwar der jüngste in der Geschichte der Vereinigten Staaten. Cheney ist Regierungsurgestein und diente unter anderem dem Vater von George W. Bush als Verteidigungsminister während des ersten Golfkrieges.

Dabei darf man nicht vernachlässigen, dass in der Gruppen-Gesellschaft Amerikas die Minister auch als Repräsentanten für ethnische, soziale, wirtschaftliche und weltanschauliche Gruppen dienen.[44] Nicht selten stellt dieser Aspekt die fachliche oder politische Eignung in den Schatten, weil sich der Präsident auch wahlpolitisch absichern muss. Unter diesem Aspekt betrachten nicht wenige die Wahl von Colin Powell als erstem afro-amerikanischen Außenminister. Als Repräsentanten oder Identifikationsfiguren für gesellschaftliche Gruppen können sie natürlich auch in Beratungsrollen schlüpfen, wie etwa John Ashcroft als Justizminister der Bush-Administration, der in der christlichen Rechten verankert ist.

Vor allem einer aber füllt die Rolle als *senior adviser* so aus, wie kaum ein anderer Amtsvorgänger, nämlich Vize-Präsident Richard Cheney. Das ist erstaunlich, weil der Vize-Präsident außer dem Vorsitz im Senat kaum eine erkennbare kontinuierliche Rolle spielt außer einer potenziellen, nämlich der, stets „einen Herzschlag entfernt" vom Präsidenten zu sein, falls dieser sein Amt nicht mehr ausüben kann. Doch im Fall von George W. Bush hat der Vize-Präsident eindeutig zentrale Beratungsaufgaben übernommen, die auf seiner langen politischen Erfahrung und seinem weitverzweigten Beziehungsgeflecht gründen. Außerdem hat Cheney keinerlei Ambitionen auf ein weiteres Amt, was seine Position festigt.

---

[43] Vgl. Jones, Charles O. (Anm. 1)
[44] Vgl. Vgl. Dittgen, Herbert (Anm. 23)

Das Kabinett steht mit der Bürokratie des Präsidenten in einem delikaten Wechselverhältnis. Je mehr ein Präsident den Eindruck gewinnt, dass sich die Eigeninteressen eines Ministeriums verselbstständigen und der Minister der Gefahr des *going native* ausgesetzt ist, desto eher ist er geneigt, die Strukturen im Weißen Haus zu zentralisieren, um diese Zentrifugalkräfte einzufangen.

Solche Konflikte innerhalb der Exekutive bewirken auch eine besondere Arbeitsteilung zwischen EOP und dem Kabinett. Vertreter von Ministerien argumentieren in der Regel innerhalb ihres Politikfeldes, während die Berater des Präsidenten Wechselwirkungen und Widersprüche zwischen einzelnen Politikbereichen im Auge haben.

Dabei ist es nicht einfach für die Berater des Präsidenten, sich gegen die *policy communities* der Ministerien durchzusetzen. Schließlich stützen sich auch diese auf ihre internen Berater und Beratungsgremien. Das Instrumentarium dafür haben die Einzelbehörden seit Beginn des letzten Jahrhunderts ausgebaut und damit die Landschaft der Exekutive noch mehr zerklüftet. Auch aus diesem Grund setzten Verwaltungsreformer schließlich in den 30er Jahren eine eigene Präsidialbürokratie ein, um die Absatzbewegungen zu stoppen.

7. Wissenschaft als Wegweiser: das Erbe der *Progressive Era*

Die herausgehobene Rolle persönlicher Berater im Weißen Haus ist das eine Element, was am amerikanischen politischen System so einzigartig erscheint. Das andere, weniger öffentlichkeitswirksame Element ist die herausragende Bedeutung der Wissenschaft für die Politikformulierung. Generell gilt, dass Amerikaner mehr Vertrauen in die Erklärungen und Empfehlungen der Wissenschaft setzen als Europäer.[45] Dieses Vertrauen erstreckt sich auch auf die politischen Eliten.

Zu einer wertvollen Ressource für das Regieren entwickelte sich die Wissenschaft allerdings erst in einer Epoche, in der die amateurhafte Organisation des amerikanischen Regierungssystems geschleift wurde. In dieser *Progressive Era* getauften Phase zu Beginn des 20. Jahrhunderts wälzten Reformer das politische Leben um. Zu einer Zeit, in der gigantische Parteimaschinen die Großstädte noch in ihrem korrupten Griff hatten, setzten sich

---

[45] Vgl. Vogel, David (2001): The New Politics of Risk Regulation in Europe. Discussion Paper No. 3, London

technokratische Gegenmaßnahmen in der Politik durch: Die Bürokratien wurden professionalisiert und vom übermächtigen Einfluss der Parteien befreit, die Parteiführer durch Vorwahlen entmachtet, das Rechtssystem modernisiert.[46]

Zu diesem technokratischen Konzept passte die neutrale Position der Wissenschaft. Sie hielt am stärksten im Landwirtschaftsministerium Einzug, das sich schnell mit seiner Auftragsforschung für den Agrarsektor zum modernen technologischen Subventionsministerium mauserte.[47] Ähnlich berühmt und berüchtigt wurde das U.S. Department of Agriculture (USDA) allerdings auch dadurch, dass es wie kaum ein anderes dem *capture* genannten Phänomen ausgesetzt war, der „Eroberung" durch die eigenen Klienten und Interessengruppen.[48]

Aus dieser frühen Phase, in der auch die ebenso stark forschungsorientierte Food and Drug Administration (FDA) entstand, haben sich bis heute die wissenschaftlichen Beratungsgremien erhalten, die typisch für diejenigen Ministerien sind, die in irgendeiner Form in den Markt eingreifen. Mittlerweile haben sich in diesen Ministerien auch partizipationsorientierte Formen der Beratung herauskristallisiert. So werden zu internen Abstimmungen in die FDA sowohl Verbrauchergruppen als auch Produzentenvertreter hinzugezogen, eingerahmt von permanenten wissenschaftlichen Beratungsgremien. Auf diese Weise können die großen Regierungsbehörden aus eigenen Legitimationsquellen schöpfen.

Politikwissenschaftler haben analysiert, wie sich selbst in der naturwissenschaftlichen Beratung bestimmte Weltbilder und politische Positionen in die Behörden hinein verlagern.[49] Schließlich haben sich auch in der naturwissenschaftlichen Risikobewertung längst Lager gebildet, die sich politische Akteure nutzbar machen können.

Dennoch ist der Einfluss solcher Berater, je nach öffentlicher Skandalkultur, so groß, dass sich auch der Präsident nicht immer gegen Empfehlungen aus seiner Exekutive durchsetzen kann. Ronald Reagan führte geradezu einen Feldzug gegen die seiner Meinung nach interventionswütigen Ministerien, die ihrerseits naturwissenschaftliches Wissen als Waffe aufboten.[50]

---

[46] Vgl. Strünck, Christoph (Anm. 2)
[47] Vgl. Carpenter, Daniel P. (2001): The Forging of Bureaucratic Autonomy. Reputations, Networks, and Policy Innovation in Executive Agencies, 1862-1928, Princeton, Oxford
[48] Vgl. Hansen, John Mark (1991): Gaining Access: Congress and the Farm Lobby, 1919-81, Chicago
[49] Vgl. Jasanoff, Sheila (1986): Risk management and Political Culture. A Comparative Study of Science in the Policy Context, New York
[50] Vgl. Reagan, Michael (1987): Regulation. The Politics of Policy, Boston

Der amerikanische Staat leistet sich ein weit verzweigtes Netz staatlicher Forschungsinstitutionen, die nicht nur forschen, sondern auch beraten. Darunter finden sich Einrichtungen wie die National Institutes of Health, die Centers of Disease Control und nicht zuletzt auch die NASA. Allerdings haben viele dieser Institutionen vom Kongress eine Rechtsform übergestülpt bekommen, die sie relativ unabhängig von Regierungsentscheidungen macht. Damit lassen sich auch deren Beratungskapazitäten nicht ohne weiteres von oben instrumentalisieren.

Wissenschaftliches Wissen zapft auch der Kongress selbst an, dessen arbeitsteilige Spezialisierung und üppige personelle Ausstattung ihn zu einem mächtigen Arbeitsparlament machen. Schon das Personal lässt vermuten, wie unabhängig der Kongress vom Wissen der Exekutive ist. Allein zwischen 1960 und 1980 verdreifachte sich die Zahl aller Kongressmitarbeiter beinahe, von 6300 auf mehr als 15.000 Mitarbeiter.[51] Im spezialisierten Congressional Research Service arbeiten inzwischen 800 Angestellte den Politikern zu, und die Zahl individueller Mitarbeiter der Kongressmitglieder sucht international ihresgleichen: So verfügen Mitglieder des Repräsentantenhauses im Durchschnitt über 15 Mitarbeiter, Senatoren sogar über 38 Assistenten.[52]

Diese Kapazitäten sorgen mit dafür, dass das amerikanische Regierungssystem geteilt und fragmentiert bleibt, weil jede Institution ihre eigenen Wissensquellen sprudeln lässt. Dennoch besteht ein fundamentaler Unterschied zwischen diesen Beratungskapazitäten und dem Modell der präsidialen Beratung. Letztere ist sehr viel stärker auf die Person des Präsidenten zugeschnitten als die Beratung im Kongress und den Behörden. Es ist dieses persönliche Element, was die entscheidenden demokratietheoretischen Fragen aufwirft, nämlich die nach der Macht der Berater und ihrer Legitimation.

8. Graue Eminenzen ohne demokratische Legitimation?

Wenn man sich an die Machtdefinition von Max Weber hält, wonach Macht die Chance ist, innerhalb einer sozialen Beziehung seinen Willen gegen den Willen eines anderen durchzusetzen, muss man sie für die Analyse von Politikberatung weiter spinnen. Denn die Durchsetzungskraft entspringt nicht

---

[51] Vgl. Davidson, Roger H./Oleszek, Walter J. (2000): Congress and its Members, Washington D.C.

[52] Vgl. Borchert, Jens/Copeland, Gary (1999): USA: Eine politische Klasse von Entrepreneuren, in: Borchert, Jens (Hg.): Politik als Beruf. Die politische Klasse in westlichen Demokratien, Opladen, S. 456-481

unbedingt Herrschaftsinstrumenten klassischer Art, sondern kann sich auch auf Überzeugungskraft, Vertrauen, Erfahrung oder eine Kombination aus allem stützen.

Seinen eigenen Willen gegen den des Präsidenten durchzusetzen, würde selbst dem ehrgeizigsten Berater nicht einfallen, schon eher, den Willen des Präsidenten zu formen. Und genau an diesem Punkt entscheidet sich die Frage der Legitimation. Würde ein Berater tatsächlich seinen Willen gegen einen demokratisch legitimierten Amtsträger im Weberschen Sinne durchsetzen, wäre sie nämlich einfach zu beantworten: Es wäre illegitim.

Prägt er jedoch lediglich den Willen des Amtsträgers mit, fällt die Antwort schon schwerer. Denn die Logik repräsentativen Regierens und demokratischer Führung funktioniert im Kern noch immer nach dem folgenden Muster: Das gewählte politische Personal konkretisiert seine Pläne, bringt Entscheidungen auf den Weg und stellt sich dann zur Wiederwahl.

Macht sich ein Präsident also einzelne Punkte seiner Berater zueigen und verbindet sie mit seinem Regierungsprogramm, so haben diese Punkte eine Form gefunden, in der die Bevölkerung darüber abstimmen kann, sei es indirekt in den *midterm elections* zum Kongress oder direkt bei der nächsten Präsidentenwahl.

Doch nicht jeder Einfluss von Beratern kristallisiert sich so deutlich heraus, dass über ihn indirekt oder direkt abgestimmt werden kann. Wenn in Krisensituationen adhoc entschieden werden muss, wenn strategische Entscheidungen mit langfristiger Wirkung anstehen, relativiert sich der demokratische Wahlmechanismus. Dann kommt dem Einfluss der Berater überproportionale Bedeutung bei. Im Bereich der Entscheidungspolitik stellen sich die demokratietheoretischen Fragen anders als in der Darstellungspolitik.[53]

Resümiert man, unter welchen Rahmenbedingungen die Berater im amerikanischen Regierungssystem arbeiten, so hat sich ihre Rolle weit entfernt von den Vorschlägen des zitierten Brownlow Reports. Die neutrale Beratung, die sich die meisten Präsidenten wünschen, bleibt eben ein Wunschbild angesichts neuer Karrierewege, auf denen keine unabhängigen Berater, sondern unabhängige politische Unternehmer mit einem eigenen politischen Profil wandeln.[54]

---

[53] Vgl. Korte, Karl-Rudolf/Hirscher, Gerhard (Hg.): Darstellungspolitik oder Entscheidungspolitik? Über den Wandel von Politikstilen in westlichen Demokratien, München
[54] Vgl. Hart, John (Anm. 18)

Allerdings besteht trotz aller Medienhysterie über die grauen Eminenzen kaum die Gefahr, dass einzelne Berater unbemerkt in die Rolle des Präsidenten schlüpfen. Dafür sind in das Regierungssystem der USA zu viele Gegengewichte eingebaut – etwa die *policy communities* der einzelnen Ministerien oder die *oversight committees* des Kongresses – als dass plötzliche politische Schwenks unwidersprochen blieben.

Das gilt jedoch nicht pauschal für alle Politikfelder. Dort, wo der Präsident starke exekutive Vorrechte besitzt, vor allem in der Außen- und Sicherheitspolitik, entfesseln die persönliche Nähe und der Entscheidungsdruck den Einfluss von Beratern. Daher ist es nicht verwunderlich, dass die Medien ausgerechnet Condoleezza Rice zur Schlüsselfigur erklärt haben. Sie ist allerdings auch dem Kongress gegenüber verantwortlich.

Da sich die Spuren des tatsächlichen Einflusses von Beratern im Arkanum der Exekutive verlieren, bleibt nur die Möglichkeit einer einmaligen ex-ante Kontrolle sowie von punktuellen ex-post-Kontrollen. Sollten nicht auch die persönlich ernannten Berater vom Senat bestätigt werden müssen und insbesondere dem Kongress gegenüber verantwortlich sein? Die institutionentheoretische Forschung hat gezeigt, dass ex-post-Kontrollen gerade in Präsidialdemokratien besonders effektiv sein können.[55]

Denn das Kriterium der parlamentarischen Verantwortlichkeit von Ministern – von der Wissenschaft lange Zeit als typisch für parlamentarische Demokratien bezeichnet – ist in diesen Regierungssystemen in Wirklichkeit längst geschwächt.[56] Im Vergleich dazu existieren in den USA einige funktionale Äquivalente zur parlamentarischen Verantwortlichkeit wie zum Beispiel Anhörungen und Bestätigungen vor dem Senat.

Bislang jedoch hat die Rechtssprechung des *Supreme Court* bekräftigt, dass die relative Unabhängigkeit des Präsidenten vom Parlament auch für seine engsten Mitarbeiter garantiert sein muss. Der Anspruch an die Effizienz des Regierens – verkörpert im *executive privilege* des Präsidenten – und die Forderung nach Partizipation – vermittelt durch die parlamentarische Kontrolle – stoßen auch in der institutionalisierten Politikberatung aufeinander. Die Legitimationsdefizite persönlicher Berater entspringen paradoxerweise gerade der eigenständigen demokratischen Legitimation des Präsidentenamtes.

---

[55] Vgl. Strom, Kaare (2000): Delegation and Accountability in Parliamentary Democracies, in: European Journal of Political Research, 3, S. 261-290
[56] Vgl. Majone, Giandomenico (1999): The Regulatory State and its Legitimacy Problems, in: West European Politics, 1, S. 1-24

Als zu Beginn des 20. Jahrhunderts die Präsidenten eine immer aktivere Rolle spielen mussten, änderten sich auch die Doktrinen. Auf Theodore Roosevelt geht die Maßgabe zurück, der Präsident könne und habe sogar alles zu tun, was verfassungsrechtlich nicht ausdrücklich verboten sei.[57] Doch dieser Allmachtsanspruch ist in der Praxis längst gebrochen. Auch wenn George W. Bush – wie auch manch ein Präsident vor ihm – als ein souveräner Herrscher erscheinen mag, so liegt das weder an der Person noch am Amt, sondern eher an der internationalen Bedrohung durch den Terrorismus.

Schon eine leichte Richtungsänderung in der Themenkonjunktur kann den Präsidenten wieder in die Zentrifuge des fragmentierten politischen Systems stoßen. Was seine Berater ihm dann einflüstern, muss der Präsident auch öffentlich rechtfertigen, wenn er es zur Grundlage seiner Entscheidungen macht. Das will und kann ihm kein Berater abnehmen.

---

[57] Vgl. Jäger, Wolfgang/Welz, Wolfgang (Hg.) (1995): Regierungssystem der USA. Lehr- und Handbuch, München, Wien

Literaturverzeichnis

Aberbach, Joel/Putnam, Robert/ Rockmann Bert (1981): Bureaucrats and Politicians in Western Democracies, Cambridge/ Massachusetts

Ackermann, Eduard (1994): „Mit feinem Gehör. Vierzig Jahre in der Bonner Politik", Bergisch Gladbach

Alger, Dean E. (1989): The Media and Politic, Englewood Cliffs

Anda, Bela (2003): Medien, Meinungen, Macher, in: Roessing, Thomas: Politik und Kommunikation. Interdisziplinär betrachtet, Opladen, S.22-24 (i. E.)

Andeweg, Rudy (1999): Advising Prime Ministers, in: Public Money & Management, April-June 1999, S. 13-17

Aranson, Peter H. (1989/1990): Rational Ignorance in Politics, Economics and Law, in: Journal des Economistes et des Etudes Humaines, Vol. 1, Nr. 1, S. 25-42

Argyris, Chris/Schön, Donald A. (1978): Organizational Learning. A Theory of Action Perspective, Oxford

Arnold, Peri E. (1986): Making the Managerial Presidency. Comprehensive Reorganization Planning 1905-1980, Princeton, N.J.

Barker, Anthony/Byrne, Iain/Veall, Anjuli (1999): Ruling by Task Force: The Politico's Guide to Labour's New Elite, London

Beck, Kurt (2000): Bürgerschaftliches Engagement zwischen Tradition und Aufbruch, in Forschungsjournal Neue Soziale Bewegungen, Jg. 13, Heft 2, S.15-21

Becker, Bernd: (1989): Öffentliche Verwaltung. Lehrbuch für Wissenschaft und Praxis, Percha

Beise, Marc (2002): Die Ohnmacht der Ratgeber, Süddeutsche Zeitung vom 13. November

Benzner, Bodo (1989): Ministerialbürokratie und Interessengruppen, Baden-Baden

Berninghaus, Siegfried u.a. (2002): Zusammenfassung und Empfehlungen, in: Zimmermann, Klaus F. (Hg.): Neue Entwicklungen in der Wirtschaftswissenschaft, Heidelberg

Bertelsmann Europa-Kommission (2000): Die Vollendung vorbereiten. Forderungen an die Regierungskonferenz 2000, Gütersloh

Bertelsmann Forschungsgruppe Politik(2000): Ein Grundvertrag für die Europäische Union. Entwurf zur Zweiteilung der Verträge, München

Bertelsmann Stiftung (1997): Das neue Europa – Strategien differenzierter Integration, International Bertelsmann Forum, Gütersloh

Bertelsmann Stiftung (1999): Central and Eastern Europe on the Way into the European Union. International Bertelsmann Forum, Gütersloh

Bigaut, Christian (1997): Les cabinets ministériels, Paris

Blinder, Alan S. (1987): Hard Heads, Soft Hearts. Tough-Minded Economists for a Just Society, Reading, Mass. u.a.

Blumler, Jay G./Kavanagh, Dennis (1999): The Third Age of Political Communication: Influences and Features, in: Political Communication, 16, Heft 3, S. 209-230

Böhret, Carl (2002): Verwaltung und Verwaltungspolitik in der Übergangsgesellschaft, in: König, Klaus (Hg.): Deutsche Verwaltung an der Wende zum 21. Jahrhundert, Baden-Baden

Borchert, Jens/Copeland, Gary (1999): USA: Eine politische Klasse von Entrepreneuren, in: Borchert, Jens (Hg.): Politik als Beruf. Die politische Klasse in westlichen Demokratien, Opladen, S. 456-481

Brady, Chris (1999): Collective Responsibility of the Cabinet: An Ethical, Constitutional or Managerial Tool?, in: Parliamentary Affairs 52(2), S. 214-229

BT-Drucksache 13/10761 (1998): Zweiter Bericht der Bundesregierung über den Anteil von Frauen in wesentlichen Gremien im Einflußbereich des Bundes vom 20.05.98

Buchanan, James M./Gordon Tullock (1962): The Calculus of Consent – Logical Foundations of Constitutional Democracy, Ann Arbor

Burch, Martin/Holliday, Ian (1989): The Prime Minister's and Cabinet Offices: An Executive Office in All But Name, in: Parliamentary Affairs 52(1), 1999, S. 32-45

Burke, John P. (1992): The Institutional Presidency, Baltimore

Busse, Volker (2001): Bundeskanzleramt und Bundesregierung, Heidelberg

Butler, David/Kavanagh, Dennis (2002): The British General Election of 2001, Basingstoke

Carpenter, Daniel P. (2001): The Forging of Bureaucratic Autonomy. Reputations, Networks, and Policy Innovation in Executive Agencies, 1862-1928, Princeton, Oxford

Carton, Daniel (2003): „Bien entendu...c'est off". Ce que les journalistes politiques ne racontent jamais", Paris

Cassel, Susanne (1998): Direkte Demokratie, Bürgerpräferenzen und die Rolle von Politikberatung, in: Renner, Andreas/Hinterberger, Friedrich (Hg.): Zukunftsfähigkeit und Neoliberalismus – Zur Vereinbarkeit von Umweltschutz und Wettbewerbswirtschaft, Baden-Baden, S. 465-483

Cassel, Susanne (2001): Politikberatung und Politikerberatung – Eine institutionenökonomische Analyse der wissenschaftlichen Beratung der Wirtschaftspolitik, Bern, Stuttgart, Wien

Clifford, Clark (1991): Counsel to the President: A Memoir, New York

Cockerell, Michael/Hennessy, Peter/Walker, David (1985): Sources Close to the Prime Minister, London, Basingstoke

Conseil d'État (2001): Les autorités administratives indépendantes. Rapports et études publiés, Paris

Crozier, Michael/Friedberg, Erhard (1979): Die Zwänge kollektiven Handelns. Über Macht und Organisation, Königstein/Ts

Czerwick, Edwin (2001): Bürokratie und Demokratie, Berlin

Davidson, Roger H./Oleszek, Walter J. (2000): Congress and its Members, Washington D.C.

Depenheuer,Otto (2002): „Selbstdarstellung der Politik. Studien zum Öffentlichkeitsanspruch der Demokratie", Paderborn

Derlien, Hans-Ulrich (1996): The Politicization of Bureaucracies in Historical and Comparative Perspektive, in: Peters, B. Guy/Rockman, Bert A. (Hg.): Agenda for Excellence 2. Administering the State, Chjatham, S. 149-162

Dittgen, Herbert (2000): Paradoxien der politischen Macht. Politische Entscheidungen in der Präsidenten- und in der Kanzlerdemokratie, in: Korte, Karl-Rudolf/Hirscher, Gerhard (Hg.): Darstellungs- oder Entscheidungspolitik. Über den Wandel von Politikstilen in westlichen Demokratien, München, S. 193-212

Downs, Anthony (1957): An Economic Theory of Democracy, New York

Dürr, Tobias (1996): Politikblockade durch Divided Government? Präsident und Kongress nach dem Kalten Krieg, in: Dittgen, Herbert/Minkenberg, Michael (Hg.): Das amerikanische Dilemma. Die Vereinigten Staaten nach dem Ende des Ost-West-Konflikts, Paderborn u.a., S. 101-122

Egeberg , Morton (1999): The impact of bureaucratic structure on policy making, in: Public Administration (1), S.155-170

Eisner, Marc Allen (2000): Regulatory Politics in Transition, Baltimore, London

Eisner, Marc Allen/Worsham, Jeff/ Ringquist, Evan J. (2000): Contemporary Regulatory Policy, Boulder, London

Enquete-Kommission „Zukunft des Bürgerschaftlichen Enagements" des Deutschen Bundestages (2002): Bericht. Bürgerschaftliches Engagement: auf dem Weg in eine zukunftsfähige Bürgergesellschaft, Opladen

Esser, Frank (2000): Spin-doctoring als Regierungs-PR. Strategisches Skandal-, Themen- und Imagemanagement der Clinton-Administration, in: Kamps, Klaus (Hg.): Trans-Atlantik, Trans-Portabel? Die Amerikanisierungsthese in der politischen Kommunikation, Wiesbaden, S. 129-158

Felder, Michael (2001): Die Transformation von Staatlichkeit. Europäisierung und Bürokratisierung in der Organisationsgesellschaft, Wiesbaden

Fiol, C. Marlen/Lyles, Marjorie A. (1985): Organizational Learning, in: Academy of Management Review, Nr. 10, S. 803-813

Fisher, Marc (1999): Macht mit Maulkorb, Rheinischer Merkur vom 19. Februar

Forschungsgruppe Europa (1988): Europäische Defizite, europäische Perspektiven – eine Bestandsaufnahme für morgen, Gütersloh

Forschungsgruppe Europa (1998): Strategiepapier zum International Bertelsmann Forum 1998, in: Bertelsmann Stiftung (Hg.): Europa vor der Vollendung, Dokumentation des International Bertelsmann Forum, Gütersloh

Franck, Georg (1998): Ökonomie der Aufmerksamkeit. Ein Entwurf, München, Wien

Franklin, Bob (2001): The Hand of History: New Labour, News Management and Governance, in: Ludlam, Steve/Smith, Martin J. (Hg.): New Labour in Government, Basingstoke, S. 134

Gaffney, John(1991): The political think tanks in the UK and the ministerial cabinets in France, in: West European Politics 14.1., S. 1-17

Gebauer, Klaus-Eckart (1994): Zur Optimierung von Koordination und Planung in einer Regierungszentrale, in: Verwaltungs-Archiv, H.4, S. 485-521

Gellner, Winand (1995): Ideenagenturen für Politik und Öffentlichkeit – Think Tanks in den USA und in Deutschland, Opladen

Giering, Claus (1998): Politikberatung evaluieren: Wie und woran den Erfolg messen? CAP-Thesenpapier, Oktober

Greven, Michael (1999): Die politische Gesellschaft. Kontingenz und Dezision als Probleme des Regierens und der Demokratie, Opladen

Groom, Brain (2001): President Blair beefs up Downing Street, in: Financial Times, 9. Juli, S. 17

Grunow, Dieter (1994): Bürokratietheoretische Ansätze, in: Nohlen, Dieter (Hg.): Lexikon der Politik, Bd. 2, Politikwissenschaftliche Methoden, München, S. 59-63

Grunow, Dieter (2003): Institutionenbildung aus systemtheoretischer Sicht, in: Sommermann, Karl-Peter (u.a.) (Hg.): Institutionenbildung und öffentliche Verwaltung, Baden-Baden

Hansen, John Mark (1991): Gaining Access: Congress and the Farm Lobby, 1919-81, Chicago

Hargrove, Erwin C. (1988): Jimmy Carter as President: Leadership and the Politics of the Public Good, Baton Rouge

Hart, John (1987): The Presidential Branch, New York

Hart, Roderick P. (1987): The Sound of Leadership. Presidential Communication in the Modern Age, Chicago, London

Hedberg, Bo (1981): How Organizations Learn and Unlearn, in: Nystrom, Paul C./Starbuck, William H. (Hg.): Handbook of Organizational Design, Vol. 1, New York, Oxford, S. 3-27

Heinrich, Harald (2002): Politikberatung in der Wissensgesellschaft. Eine Analyse umweltpolitischer Beratungssysteme, Wiesbaden

Heinze, Rolf G. (2002): Die Berliner Räterepublik, Wiesbaden

Helms, Ludger (2000): Die historische Entwicklung und politische Bedeutung des Kabinetts im Regierungssytem der USA, in: Politische Vierteljahresschrift, 1, S. 65-92

Hennessy, Peter (2001): Whitehall, London, u.a.

Hennessy, Peter (1998): The Blair Style of Government: An Historical Perspective and an Interim Audit, in: Government and Opposition 33(1), S. 14ff.

Hennessy, Peter (2000): The Blair Style and the Requirements of Twenty-First Century Premiership, in: Political Quarterly 71(4), S. 388

Hess, Stephen (1988): Organizing the Presidency, Washington D.C

Jäger, Wolfgang/ Welz, Wolfgang (Hg.) (1995): Regierungssystem der USA. Lehr- und Handbuch, München, Wien

James, Simon (1992): British Cabinet Government, London, New York

Jarren, Otfried (1994): Medien-Gewinne und Institutionen-Verluste? Zum Wandel des intermediären Systems, in: Ders. (Hg.): Politische Kommunikation in Hörfunk und Fernsehen. Elektronische Medien in der Bundesrepublik Deutschland. Opladen, S. 23-34

Jarren, Otfried (1997): Politik und Medien: Einleitende Thesen zu Öffentlichkeitswandel, politischen Prozessen und politischer PR, in: Bentele, Günter/Haller, Michael (Hg.): Aktuelle Entstehung von Öffentlichkeit. Akteure, Strukturen, Veränderungen, Konstanz, S. 103-110

Jarren, Otfried (1998): Medien, Mediensystem und politische Öffentlichkeitsarbeit, in: Sarcinelli, Ulrich (Hg.): Politikvermittlung und Demokratie in der Mediengesellschaft, Bonn, S. 74-94

Jarren, Otfried/ Sarcinelli, Ulrich/Saxer, Ulrich (Hg.) (1998): Politische Kommunikation in der demokratischen Gesellschaft. Ein Handbuch mit Lexikonteil, Wiesbaden

Jarren, Otfried/Donges, Patrick (2002): Politische Kommunikation in der Mediengesellschaft. Eine Einführung, Bd. 1: Verständnis, Rahmen und Strukturen, Wiesbaden

Jasanoff, Sheila (1986): Risk management and Political Culture. A Comparative Study of Science in the Policy Context, New York

Jessop, Bob (2002): The Future of the Capitalist State, Cambridge, Oxford

Johnson, Lyndon B. (1971): The Vantage Point: Perspectives of the Presidency 1963-1969, New York

Jones, G.W. (1985): The Prime Minister's Aides, in: King, Anthony (Hg.): The British Prime Minister, Basingstoke, London

Jones, Charles O. (1994): The Presidency in a Separated System, Washington D.C

Jordan, A.G./Richardson, J.J.(1987): British Politics and the Policy Process, London

Kamps, Klaus (Hg.) (2000): Trans-Atlantik, Trans-Portabel? Die Amerikanisierungsthese in der politischen Kommunikation, Wiesbaden

Kamps, Klaus (2002): Politische Parteien und Kampagnen-Management, in: Dörner, Andreas/Vogt, Ludgera (Hg.): Wahl-Kämpfe. Betrachtungen über ein demokratisches Ritual, Frankfurt a. M., S. 69-91

Kamps, Klaus (2003): Politisches Kommunikationsmanagement. Grundlagen und Tendenzen einer Professionalisierung moderner Politikvermittlung, Wiesbaden

Kavanagh, Dennis (2001): New Labour, New Millenium, New Premiership, in: Seldon, Anthony (Hg.): The Blair Effect. The Blair Government 1997-2001, London, S. 12

Kempe, Iris (1998): Direkte Nachbarschaft – die Beziehungen zwischen der erweiterten EU und der Russischen Föderation, Ukraine, Weißrussland und Moldova, Gütersloh

Kerbel, Matthew Robert (1995): Remote & Controlled. Media Politics in a Cynical Age, Boulder u. a

Kloten, Norbert (2001): Wirtschaftspolitische Beratung und politisches Handeln. Statement zum Round Table über wirtschaftspolitische Beratung anlässlich des 30. Wirtschaftswissenschaftlichen Seminars Ottobeuren vom 10.-14. September 2000, in: Deutsche Bundesbank, Auszüge aus Presseartikeln, Nr. 33, 25. Juli, S. 8

Korte, Karl-Rudolf (1998):Deutschlandpolitik in Helmut Kohls Kanzlerschaft. Regierungsstil und Entscheidungen 1982-1989, Stuttgart

Korte, Karl-Rudolf (1999): Das System Schröder. Wie der Kanzler das Netzwerk seiner Macht knüpft, in: Frankfurter Allgemeine Zeitung vom 25. Oktober

Korte, Karl-Rudolf/Hirscher, Gerhard (Hg.) (2000):Darstellungspolitik oder Entscheidungspolitik? Über den Wandel von Politikstilen in westlichen Demokratien, München

Korte, Karl-Rudolf (2001): Regieren, in: Korte, Karl-Rudolf/Weidenfeld, Werner (Hg.): Deutschland Trend Buch – Fakten und Orientierungen, Bonn, S.515-546

Korte, Karl-Rudolf (2003): Populismus als Regierungsstil, in: Werz, Nikolaus (Hg.): Populismus – Populisten in Übersee und Europa, Opladen, S.209-222

Korte, Karl-Rudolf/Fröhlich, Manuel (2003): Politik und Regieren in Deutschland. Strukturen, Prozesse, Entscheidungen, Paderborn u.a.

Krause-Burger, Sybille (2000): Wie Gerhard Schröder regiert. Beobachtungen im Zentrum der Macht, Stuttgart

Kuhn, Fritz (2002): Strategische Steuerung der Öffentlichkeit?, in: Nullmeier, Frank/Saretzki, Thomas (Hg.): Jenseits des Regierungs-Alltags, Strategiefähigkeit politischer Parteien, Frankfurt, S.97

Kümmel, Gerhard (2002): Wenn Welten aufeinander prallen: Die Wissenschaft, die Politik und das Geschäft der wissenschaftlichen Politikberatung, in: Kümmel, Gerhard (Hg.): Wissenschaft, Politik und Politikberatung. Erkundungen zu einem schwierigen Verhältnis, Straussberg

Küpper, Willi/Felsch, Anke (2000): Organisation, Macht und Ökonomie. Mikropolitik und die Konstitution organisationaler Handlungssysteme, Wiesbaden

Langrod, Georges (1972): La consultation dans l'administration contemporaine, Paris

Lehmbruch, Gerhard. (1987): Administrative Interessenvermittlung, in: Windhoff-Héritier Adrienne (Hg.): Verwaltung und ihre Umwelt, Opladen, S.11-43

Lehmbruch, Gerhard (2000): Parteienwettbewerb im Bundesstaat. Regelsysteme und Spannungslagen im politischen System der Bundesrepublik Deutschland, Wiesbaden

Lepsius, Rainer-Mario (1996): Institutionalisierung und Entinstitutionalisierung von Rationalitätskriterien, in: Göhler, G. (Hg): Institutionenwandel, Leviathan Sonderheft 16, S. 57-69

Logerot, Francois (Hg.) (2001): Cour des comptes: Note à l'attention de Monsieur le Premier ministre relative au régime des fonds spéciau, Paris

Lohse, Eckhart (2003): Strategie ohne Festlegung, in: Frankfurter Allgemeine Zeitung vom 4. Januar

Long, Marceau (1992): Le Conseil d'État et la fonction consultative: de la consultation à la décision, in: Rev. fr. Droit adm. 8 (5) sept.-oct., S. 787-794

Luhmann, Niklas (1968): Zweck-Herrschaft-System. Grundbegriffe und Prämissen Max Webers, in: Mayntz, Renate (Hg.): Bürokratische Organisation, Köln, Berlin, S. 36-55

Luhmann, Niklas (1969): Legitimation durch Verfahren, Darmstadt, Neuwied

Luhmann, Niklas (1971): Gesellschaftliche und politische Bedingungen des Rechtsstaates, in: Ders. Politische Planung, Wiesbaden, S.53-65

Luhmann, Niklas (1971): Opportunismus und Programmatik in der öffentlichen Verwaltung, in: Luhmann, Niklas: Politische Planung , Wiesbaden, S.165-180

Madsen, Wayne (2002): Exposing Karl Rove, in: Counterpunch, Nov. 1 (http:/ / www.counterpunch.org/ madsen1101.html)

Maier-Mannhart, Helmut (1994): Die begossenen Pudel – Zwei Experten-Kommissionen mussten erfahren welchen Stellenwert ihre Fachaussagen in der Politik besitzen, Süddeutsche Zeitung vom 12. /13. November

Majone, Giandomenico (1999): The Regulatory State and its Legitimacy Problems, in: West European Politics, 1, S. 1-24

March, James G./Olson, Johann P. (1976): Ambiguity and Choice in Organizations, Bergen, Oslo

March, James G./Olsen, Johan P. (1988): The Uncertainty of the Past. Organizational Learning under Ambiguity, in: March, James G. (Hg.): Decisions and Organizations, Oxford, S. 335-358

Massot, Jean (1993): Chef de l'Etat et chef du gouvernement: Dyarchie et hiérar-chie, Paris

Mayntz, Renate (1995): Politische Steuerung: Aufstieg, Niedergang und Trans-formation einer Theorie, in: von Beyme, Klaus/ Offe, Claus.: Politische Theorie in der Ära der Transformation, PVS-Sonderheft 26, Wiesbaden, S. 148-168

Mayntz, Renate (2002): Zur Theoriefähigkeit makro-sozialer Analysen, in: Mayntz, Renate (Hg.): Akteure – Mechanismen – Modelle, Frankfurt, New York

Menne Haritz, Angelika (1999): Schließung und Öffnung der Verwaltungsent-scheidung: Funktionen schriftlicher Aufzeichnung im Vorgang, in Soziale Systeme(5), S. 137-158

Mertes, Michael (2000): Führen, Koordinieren, Strippen ziehen. Das Kanzleramt als des Kanzlers Amt, in: Korte, Karl-Rudolf/Hirscher, Gerhard (Hg.): Dar-stellungspolitik oder Entscheidungspolitik? Über den Wandel von Politik-stilen in westlichen Demokratien, München, S. 62-84

Mertes, Michael (2001): „Die Entstehung des Zehn-Punkte-Programms vom 28. November 1989", in: Timmermann, Heiner (Hg.): „Die DDR in Deutsch-land", Berlin, S.17ff

Merz, Hans-Georg (2001): Regierungshandeln im Lichte einer Befragung deut-scher Bundesminister, in: Kempf, Udo/Merz, Hans-Georg (Hg.): Kanzler und Minister 1949-1998. Biografisches Lexikon der deutschen Bundesre-gierungen, Wiesbaden, S. 36-81

Meyer, Thomas/Kampmann, Martina (1998): Politik als Theater. Die neue Macht der Darstellungskunst, Berlin

Mielke, Gerd (1999): Sozialwissenschaftliche Beratung in den Staatskanzleien. Ein Werkstattbericht, in: Forschungsjournal Neue Soziale Bewegungen, Jg. 12, Heft 3, S. 40-48

Mintzberg, Henry (1996): Managing Government – Governing Management, in: Havard Business Review, Mai/Juni, S. 75-83

Moe, Terry M. (1985): The Politicized Presidency, in: Chubb, John E./Peterson, Paul E. (Hg.): The New Direction in American Politics, Washington D.C., S. 235-271

Mueller, Dennis C.(1989): Public Choice II, Cambridge

Müller, Marion G. (2000): Parteitagsinszenierungen diesseits und jenseits des Atlantiks, in: Kamps, Klaus (Hg.): Trans-Atlantik, Trans-Portabel? Die Amerikanisierungsthese in der politischen Kommunikation. Wiesbaden, S. 221-246

Müller, Edda (2001): Ministerialverwaltung im Prozess der Normgenese am Beispiel des Bodenschutzes: in: Brandt, Eduard/Smeddinck, Ulrich/Tils, Ralf (Hg.): Gesetzesproduktion im administrativen Binnenbereich, Baden-Baden, S. 17-29

Müller, Peter (2002): „Das haben wir dann gemacht. Warum Politik Theater veranstaltet", in: Frankfurter Allgemeine Zeitung vom 28. März

Münch, Richard (1992): Dialektik der Kommunikationsgesellschaft, Frankfurt a. M.

Murswieck, Axel (1991): Führungsstile in der Politik in vergleichender Perspektive, in: Hartwich, Hans-Hermann/Wewer, Göttrik (Hg.): Regieren in der Bundesrepublik II. Formale und informale Komponenten des Regierens, Opladen, S. 81-95

Murswieck, Axel (1994): Wissenschaftliche Beratung im Regierungsprozeß, in: Ders. (Hg.): Regieren und Politikberatung, Opladen

Murswieck, Axel (2003): Nationale Regierungszentralen in Deutschland und Frankreich, in: Benz, Arthur/ Siedentopf, Heinrich/Sommermann, Karl-Peter. (Hg.): Institutionenbildung in Regierung und Verwaltung. Festschrift für Klaus König (i.E.)

Murswieck, Axel (2003): Des Kanzler's Macht: Zum Regierungsstil Gerhard Schröders, in: Egle, Christoph/Ostheim Tobias/Zohlnhöfer, Reimut (Hg.): Das rot-grüne Projekt. Eine Bilanz der Regierung Schröder 1998-2002, Wiesbaden

Nelson, Michael (Hg.) (1989): The Presidency and the Political System, Washington D.C.

Neumann, Manfred J.M.(1998): Läuse im Pelz der Politik, Frankfurter Allgemeine Zeitung vom 10. Januar

Neustadt, Richard E. (1961): Presidential Power. The Politics of Leadership, New York u.a.

Neustadt, Richard E. (1990): Presidential Power and the Modern Presidents: The Politics of Leadership from Roosevelt to Reagan, New York

Niehjahr, Elisabeth/Pförtner, Rainer (2002): Joschka Fischers Pollenflug – Wie Politik wirklich funktioniert, Frankfurt a.M.

Niskanen, William A. (1971): Bureaucracy and Representative Government, Chicago, New York

Nitschmannn, Johannes (2001): „Die benutzen Journalisten wie Handtücher", in: www.igmedien.de/publikationen/m/2001/06/23.html

Olson, Mancur (1965): The Logic of Collective Action – Public Goods and the Theory of Groups, Cambridge, Mass

Palmer, John L. (Hg.) (1986): Perspectives on the Reagan Years, Washington D.C.

Pfetsch, Barbara (2000): Strukturbedingungen der Inszenierung von Politik in den Medien: die Perspektiven von politischen Sprechern und Journalisten, in: Niedermayer, Oskar/Westle, Bettina (Hg.): Demokratie und Partizipation – Festschrift für Max Kaase, Wiesbaden, S. 211-232

Pfiffner, James P. (1988): The Strategic Presidency. Hitting the Ground Running, Chicago

Pohl, Rüdiger (2002): Geld ausgeben nur zu zweit, in: Financial Times Deutschland vom 14. Januar

Polsby, Nelson W. (1978): Presidential Cabinet Making: Lessons for the Political System, in: Political Science Quarterly, Vol. 93, S. 15-25

Ponting, Clive (1986): Whitehall: Tragedy & Farce, London

Power, Samantha (2002): „A Problem from Hell. America and the Age of Genocide", New York

President's Committee on Administrative Management (1937): Administrative Management in the Government of the United States, Washington D.C.

Pryce, Sue (1997): Presidentializing the Premiership, Basingstoke, London

Raschke, Joachim (2001): Die Zukunft der Grünen, Frankfurt a. M.

Reagan, Michael (1987): Regulation. The Politics of Policy, Boston

Reaves, Jessica (2002): Person of the Week: Karl Rove, in: Time Magazine, Nov. 07

Recker, Marie-Luise (1997): Wahlen und Wahlkämpfe in der Bundesrepublik Deutschland 1949-1969, in: Ritter, Gerhard A. (Hg.): Wahlen und Wahlkämpfe in Deutschland. Von den Anfängen im 19. Jahrhundert bis zur Bundesrepublik, Düsseldorf, S. 267-309

Reinermann, Heinrich (2002): Verwaltung in der Informationsgesellschaft, in: König, Klaus (Hg.): Deutsche Verwaltung an der Wende zum 21. Jahrhundert, Baden-Baden

Reinicke, Wolfgang H.(1996): Lotsendienste für die Politik: Think Tanks – Amerikanische Erfahrungen und Perspektiven für Deutschland, Gütersloh

Requate, Jörg (1995): Journalismus als Beruf. Entstehung und Entwicklung der Journalistenberufs im 19. Jahrhundert. Deutschland im internationalen Vergleich, Göttingen

Richards, David/ Smith, Martin J.(2001): New Labour, the Constitution and Reforming the State, in: Ludlam, Steve/Smith, Martin J. (Hg.): New Labour in Government, Basingstoke, S. 150

Riddell, Peter (2001): Blair as Prime Minister, in: Seldon, Anthony (Hg.): The Blair Effect. The Blair Government 1997-2001, London, S. 40

Riehl-Heyse, Herbert (1989): „Bestellte Wahrheiten. Anmerkungen zur Freiheit eines Journalistenmenschen", München

Rhodes, R.A.W. (1995): From Prime Ministerial Power to Core Executive, in: Rhodes, R.A.W./Dunleavy, Patrick (Hg.): Prime Minister, Cabinet and Core Executive, Basingstoke, London, S. 12

Ronge, Volker/Schmieg, Georg (1973): Restriktionen politischer Planung, Frankfurt a.M.

Rose, Richard (1988): The Postmodern President. The White House Meets the World, Chatham, N.J.

Rose, Richard (2001): The Prime Minister in a Shrinking World, Oxford

Rouban, Luc (1997): Les Enarques en Cabinets 1984-1996. CEVIPOF, Paris

Rouban, Luc (1998): Les entourages de l'Élysée et de Matignon: 1974-1997, in: Revue administrative n° 302 – n° 304

Rudzio, Wolfgang (2003): Das politische System der Bundesrepublik Deutschland, Opladen, u.a.

Rürup, Bert/Bizer, Kilian (2001): Der Sachverständigenrat und sein Einfluss auf die Politik, in: Jens, Uwe/Romahn, Hajo (Hg.): Der Einfluss der Wissenschaft auf die Politik, Marburg, S. 59-73

Salisbury, Robert H./Shepsle, Kenneth A. (1981): Congressional Staff Turnover and the Ties-That-Bind, in: American Political Science Review, Vol. 75, S. 381-396

Sarcinelli, Ulrich (1987): Symbolische Politik. Zur Bedeutung symbolischen Handelns in der Wahlkampfkommunikation der Bundesrepublik Deutschland, Opladen

Sarcinelli, Ulrich/Falter, Jürgen/ Mielke, Gerd/Benzner, Bodo (Hg.) (2000): Politische Kultur in Rheinland-Pfalz, Mainz

Scharpf, Firtz W.: (1973): Fallstudien zu Entscheidungsprozessen in der Bundesregierung, in: Mayntz, Renate/Scharpf, Fritz W. (Hg.): Planungsorganisation. Die Diskussion um die Reform von Regierung und Verwaltung des Bundes, München, S. 68-90

Scharpf, Fritz W.(1973): Koordinationsplanung und Zielplanung, in: Mayntz, Renate/Scharpf, Fritz W. (Hg.): Planungsorganisation. Die Diskussion um die Reform von Regierung und Verwaltung des Bundes, München: S. 107-114

Scharpf,, Fritz W. (1993): Versuch über Demokratie im verhandelnden Staat, in: Czada, Roland/Schmidt, Manfred G. (Hg.): Verhandlungsdemokratie, Interessenvermittlung, Regierbarkeit, Opladen

Scharpf, Fritz W./Reissert, Bernd/Schnabel, Fritz (1976): Politikverflechtung. Theorie und Empirie des kooperativen Föderalismus in der Bundesrepublik, Königstein

Schatz, Heribert (1973): Auf der Suche nach neuen Problemlösungsstrategien: Die Entwicklung der politischen Planung auf Bundesebene, in: Mayntz, Renate/Scharpf, Fritz W. (Hg.): Planungsorganisation. Die Diskussion um die Reform von Regierung und Verwaltung des Bundes, München, S. 9-67

Schlesinger, Arthur, Jr. (1965): A Thousand Days: John F. Kennedy in the White House, Boston

Schlesinger, Katja (2000): Ausbau der Hausmacht im Bundeskanzleramt. Die Systeme Schmidt, Kohl und Schröder, Köln (Magisterarbeit), www.karlrudolf-korte.de/regieren.html

Schmidt-Deguelle, Klaus-Peter (2002): Mehr als nur reaktives Handeln. Die Praxis der Medienberatung, in: Nullmeier, Frank/Saretzki, Thomas (Hg.): Jenseits des Regierungs-Alltags, Strategiefähigkeit politischer Parteien, Frankfurt a.M., S.108

Schnapp Kai-Uwe (2001): Politisches Einflusspotenzial von Regierungsbürokratien in OECD-Ländern, in: Aus Politik und Zeitgeschichte, B 5 ,S. 14-24

Schneider, Herbert(2001): Ministerpräsidenten. Profil eines politischen Amtes im deutschen Föderalismus, Opladen

Schreckenberger, Waldemar (1992): Der Regierungschef zwischen Politik und Administration, in: Haungs, Peter u.a. (Hg.): Civitas, Paderborn, S. 603-614

Schulz, Winfried/Zeh, Reimar/ Quiring, Oliver (2000): Wählerverhalten in der Mediendemokratie, in: Klein, Markus/ Jagodzinski, Wolfgang/Mochmann, Ekkehard/Ohr, Dieter: 50 Jahre empirische Wahlforschung in Deutschland. Entwicklung, Befunde, Perspektiven, Daten, Wiesbaden, S.413-443

Schuppert, Gunnar F. (2000): Verwaltungswissenschaft. Verwaltung, Verwaltungsrecht, Verwaltungslehre, Baden-Baden

Schüttemeyer, Suzanne (1998): „Fraktionen im Deutschen Bundestag. Empirische Befunde und theoretische Folgerungen", Opladen

Schüttemeyer, Suzanne (1999): Fraktionen und ihre Parteien in der Bundesrepublik Deutschland: Veränderte Beziehungen im Zeichen professioneller

Politik, in: Helms, Ludger (Hg.): Parteien und Fraktionen – ein internationaler Vergleich, Opladen

Schwarzmeier, Manfred (2001): Informale Verhaltensregeln und Handlungsnormen im Deutschen Bundestag, in: Oberreuter, Heinrich/Kranenpohl, Uwe/Sebaldt, Martin (Hg:): Der Deutsche Bundestag im Wandel. Ergebnisse neuerer Parlamentarismusforschung, Wiesbaden

Schwartzenberg, Roger-Gérard (1980): Politik als Showgeschäft. Moderne Strategien im Kampf um die Macht, Düsseldorf, Wien

Segbers, Klaus (Hg.) (1999): Außenpolitikberatung in Deutschland, Arbeitspapiere des Osteuropa-Instituts der FZ Berlin, Heft 24

Singer, Hans (2001): A Research Agenda, in: Meier,Gerald/Stiglitz, Joseph (Hg.): Frontoers of Development Economics, New York

Smith, Martin J.(1999): The Core Executive in Britain, Basingstoke, London

Smith, Martin J./Marsh, David/Richards, David (1995): Central Government Departments and the Policy Process, in: Rhodes, R.A.W./Dunleavy, Patrick (Hg.): Prime Minister, Cabinet and Core Executive, Basingstoke, London, S. 57

Steffani, Winfried (1997): Gewaltenteilung und Parteien im Wandel, Wiesbaden

Strom, Kaare (2000): Delegation and Accountability in Parliamentary Democracies, in: European Journal of Political Research, 3, S. 261-290

Strünck, Christoph (2002): Where is the party? US-amerikanische Parteien im Strudel der politischen Kommunikation, in: von Alemann, Ulrich/ Marschall, Stefan (Hg.): Parteien in der Mediendemokratie, Wiesbaden, S. 310-327

Strünck, Christoph (2002): Why is there no Mad Cow Disease in the United States? Comparing the Politics of Food Safety in Europe and the U.S. European Political Relations and Institutions Series, Working Paper No. 1, Center for German and European Studies, University of California at Berkeley (http:/ / ies.berkeley.edu/ pubs/ pri.html)

Thatcher, Margaret (1993): The Downing Street Years, London

Thieme, Werner (1981): Entscheidungen in der öffentlichen Verwaltung, Köln

Thuillier, Guy (1982): Les cabinets ministériels, Paris

Thunert, Martin (1999): „Think Tanks als Ressourcen der Politikberatung – Bundesdeutsche Rahmenbedingungen und Perspektiven", in: Forschungsjournal Neue Soziale Bewegungen, September, S. 10-19

Thunert, Martin (2000): Think Tanks in Deutschland. Beratung für die Politik, in: Deutschland 03

Thunert, Martin (2001): Germany, in: Weaver, R. Kent/Stares, Paul B. (Hg.): Guidance for Governance – Comparing Alternative Sources of Public Policy Advice, Japan Center for International Exchange, S. 157-206

Vogel, David (2001): The New Politics of Risk Regulation in Europe, Discussion Paper No. 3, London

Vorrink, Cathrin (2001): Die Führungsstile der Bundeskanzler Willy Brandt und Gerhard Schröder im Vergleich, Köln (Magisterarbeit), www.karl-rudolf-korte.de/regieren.html

Wasem, Jürgen (1998): Institutionalisierte Politikberatung am Beispiel der Gesundheits- und Krankenversicherungspolitik, in: Ackermann, Rolf u.a. (Hg.): Offen für Reformen? Institutionelle Voraussetzungen für gesellschaftlichen Wandel im modernen Wohlfahrtsstaat, 2. Freiburger Wirtschaftssymposium, Baden-Baden, S. 185-198

Weber, Max (1988): Parlament und Regierung im neugeordneten Deutschland, in: Ders.: Gesammelte Politische Schriften, Tübingen, S.306-443

Weber, Max (1992): Politik als Beruf, Stuttgart

de Weck, Roger (2002): Die wahren Populisten sind die Journalisten, in: Frankfurter Allgemeine Zeitung vom 15. Juni

Weidenfeld, Werner (Hg.)(1991): Wie Europa verfasst sein soll – Materialien zur Politischen Union, Gütersloh

Weidenfeld, Werner (1994):: Maastricht in der Analyse. Materialien zur Europäischen Union, Gütersloh

Weidenfeld, Werner (Hg.)(1994): Europa'96. Reformprogramm für die Europäische Union, Gütersloh

Weidenfeld, Werner (Hg)(1998): Amsterdam in der Analyse, Gütersloh

Weidenfeld, Werner (2000): Die Zukunft Europas – Strategien und Optionen. Der Beitrag angewandter Politikforschung in 15 Jahren Europa-Arbeit der Bertelsmann Stiftung und des Centrums für angewandte Politikforschung, in: Europäische Rundschau Nr. 4, S. 83-94

Weidenfeld, Werner (Hg.)(2001): Nizza in der Analyse, Gütersloh

Weidenfeld, Werner/Turek, Jürgen (2003): Schlüsselfertige Beratung: eine Frage der Kommunikation, in: politik&kommunikation, März, S. 6-7

Weischenberg, Siegfried (1997): Neues vom Tage. Die Schreinemakerisierung unserer Lebenswelt, Hamburg

Wehner, Markus (1999): Politikberatung im Rückwärtsgang, in Frankfurter Allgemeine Zeitung vom 19. August

Wiesenthal, Helmut (1995): Konventionelles und unkonventionelles Organisationslernen: Literaturreport und Ergänzungsvorschlag, in: Zeitschrift für Soziologie, H. 2, S. 137-155

Wildavsky, Aaron (1983): Information as an Organizational Problem, Journal of Management Studies, (1), S. 29-40

Willke, Helmut (1998): Systemisches Wissensmanagement, Stuttgart

Wilson, Harold (1985): A Prime Minister at Work, in: King, Anthony (Hg.): The British Prime Minister, Basingstoke, London, S. 15

Wilson, James Q. (1989): Bureaucracy. What Government Agencies Do and Why They Do it, New York

Woodward, Bob/Griese, Friedrich (Translator) (2003): Bush at war. Amerika im Krieg , Stuttgart

Zaller, John R. (1992): The Nature and Origins of Mass Opinion, Cambridge

Zoll, Ingrid (2003): Öffentliche Meinung und politisches Handeln – Eine ordnungspolitische Analyse der öffentlichen Wahrnehmung von Wettbewerb und Globalisierung, Bern

Zöller, Michael (1998): Innovative Allianzen: Was können Wissenschaft und Stiftungen – angesichts des „Reformstaus" – für die politische Öffentlichkeit und die Bürgerorientierung leisten – und was nicht?, in: Hilterhaus, Friedhelm/Scholz, Rupert (Hg.): Rechtsstaat – Finanzverfassung – Globalisierung: Neue Balance zwischen Staat und Bürger, Symposium der Hanns-Martin-Schleyer-Stiftung, 10.-12. Dezember 1997, Köln, S. 185-192

Autorenverzeichnis

Dr. **Susanne Cassel**, arbeitet im Bundesministerium für Wirtschaft und Arbeit und ist zuständig für Grundsatzfragen der Wirtschaftspolitik.

Dr. **Michael Eilfort** ist Lehrbeauftragter am Institut für Politikwissenschaft der Universität Tübingen. Außerdem ist er Büroleiter des stellvertretenden Fraktionsvorsitzenden der CDU/CSU Bundesfraktion Friedrich Merz .

Dr. **Michael Felder** ist wissenschaftlicher Assistent am Institut für Politikwissenschaft der Universität Duisburg-Essen, Campus Duisburg.

Dr. **Claus Giering** ist Projektleiter Europapolitik am Centrum für angewandte Politikforschung (CAP) der Ludwig-Maximilians-Universität München.

Dr. **Dieter Grunow** ist Professor für Politikwissenschaft und Verwaltungswissenschaft an der Universität Duisburg-Essen, Campus Duisburg.

Dr. **Gerhard Hirscher** ist Referent für Grundsatzfragen der Politik der Akademie für Politik und Zeitgeschehen der Hanns-Seidel-Stiftung e.V., München.

Dr. **Klaus Kamps** war von 2001-2003 Leiter der Gruppe der Referate Medien und Telekommunikation in der Staatskanzlei in Düsseldorf. Er ist Habilitand am Lehrstuhl für Politikwissenschaft II der Universität Düsseldorf.

Erhard Kathmann ist Referent im Büro des Ersten Parlamentarischen Geschäftsführer der SPD-Bundestagsfraktion Wilhelm Schmidt.

Dr. **Dr. Karl-Rudolf Korte** ist Professor für Politikwissenschaft an der Universität Duisburg-Essen; Campus Duisburg und Leiter der Forschungsgruppe Regieren.

Peter Kuleßa ist Referent im Büro des Ersten Parlamentarischen Geschäftsführers der SPD-Bundestagsfraktion Wilhelm Schmidt.

Dr. **Thomas Leif** ist Chefreporter Fernsehen SWR Landessender Mainz.

Michael Mertes ist Ministerialdirektor im einstweiligen Ruhestand. Er ist tätig als freier Journalist und Partner im Politikberatungsunternehmen „dimap consult" Bonn/Berlin.

Dr. habil. **Dirk Messner** ist wissenschaftlicher Direktor der Stiftung Entwicklung und Frieden Bonn.

Dirk Metz ist Sprecher der Hessischen Landesregierung im Rang eines Staatssekretärs.

Dr. **Gerd Mielke** ist Abteilungsleiter in der Staatskanzlei Rheinland-Pfalz und verantwortlich für Grundsatzfragen, politische Planung und internationale Beziehungen des Landes Rheinland-Pfalz

Dr. **Axel Murswieck** ist Professor für Politikwissenschaft an der Universität Heidelberg.

Stefan Raue ist ZDF-Redaktionsleiter der Sendung „blickpunkt" in der Hauptredaktion Innenpolitik.

Dr. **Christph Strünck** ist wissenschaftlicher Assistent am Lehrstuhl Politikwissenschaft II an der Heinrich-Heine-Universität Düsseldorf

Dr. **Roland Sturm** ist Professor für Politische Wissenschaft an der Universität Erlangen-Nürnberg, Campus Erlangen.

If you have any concerns about our products,
you can contact us on
ProductSafety@springernature.com

In case Publisher is established outside the EU,
the EU authorized representative is:
Springer Nature Customer Service Center GmbH
Europaplatz 3, 69115 Heidelberg, Germany

Printed by Libri Plureos GmbH
in Hamburg, Germany